学术名家文丛

学术名家文丛

哀牢文化论

耿德铭 著

云南人民出版社
云南大学出版社

作者简介

耿德铭，男，汉族，1935年1月生于云南省保山城。大学专科肄业，接受过北京大学考古系等单位系统培训。1993年经北京评委评定为考古系列副研究员。先后在施甸土改中队部、中共保山县委、地委、《保山报》社、保山地区博物馆工作，曾任县委调研组组长、"四清"工作团办公室副主任、《保山报》《永昌文化报》副主编等职。退休至今返聘在保山市文化广播电视新闻出版局工作。现任市政协常委、市社科联名誉主席、史志学会名誉会长、文物保护专家委员会副主任等职。

自20世纪80年代以来，作者参加和主持了300多处（次）文物、考古调查、发掘，识读了上万件、项文物、古迹，在《考古》《农业考古》《文物与考古》《抗日战争研究》《东南文化》《云南民族大学学报》《思想战线》《云南社会科学》《云南师范大学学报》《人民日报》及其海外版、《中国文物报》《云南日报》等报刊发表史学作品200多万字，出版有专著《哀牢文化研究》《哀牢国与哀牢文化》《滇西抗战史证》《保山文史纵横》和由作者主撰主审的《保山史前考古》《保山历史文化辞典》《保山历史名人堂》《保山乡土教材》等著作。作品被收入《中国军事文库》《中国当代社科论

文选粹》《新世纪党政干部学习文集》《中国少数民族文史资料书系》《云南特色文化》等40余种文集。作者6次在人类起源、青铜时代考古、抗日战争等国际国内学术研讨会宣读并发表论文。被学术界称为哀牢国——永昌郡区历史研究的拓荒者和理论构建人，荣获"云南省有突出贡献的哲学社会科学专家"等43种省、市奖项。

总　序

中共云南省委书记 李纪恒

　　"盖文章，经国之大业，不朽之盛事。"一部承载责任与使命的好作品，必将是一部千古不朽的立言典范，也必将是一部历久弥新的传世教科书。千百年来特别是明代以来，许多贤人君子和名人大家在广袤的云岭大地耕耘、思考和写作，留下了闪光的足迹和丰厚的作品，足以飨及后进，启迪晚辈。在搜集、遴选和整理云南明代以来学术大家、学术名家著作的基础上，由云南宣传部门牵头推出了《云南文库》，这一丛书的面世诚为云南学术研究和出版界之盛事。

　　编纂《云南文库》是传承云南地域文明、提高云南文化自觉的有益尝试。"七彩云南"这片神奇的土地孕育了对中国乃至世界文明都有重要影响的古人类，造就了云南文化的丰厚积淀，从而构成了博大精深的云南文化艺术宝库。作为中华文化圈、印度文化圈和东南亚文化圈的交汇地，云南自古以来都不缺乏学贯中西的大师和博古通今的大家，从来都不缺乏魅力四射的光辉著作和壮美奇绝的文化遗存。其中，许多学术作品都凝聚了深邃的思想和超凡的智慧，体现了鲜明的地域特色和民族特色，彰显了有云南自身特点的知识谱系和学术传统。今天，我们将历史长河中的明珠拾起，用心记载云南学术史上的灿烂篇章，正是为了守护云南优秀的地域文化，为了汲取进一步繁荣发展云南哲学社会科学的养分和动力，进而筑牢云南文化自信的根基。

编纂《云南文库》是树立云南文化品牌、增强云南文化影响力的重要举措。云南文化是中华文化的有机组成部分，其悠久的历史文化、多彩的民族文化、独特的生态文化、包容的宗教文化，已经成为文化百花园中一枝流光溢彩、香飘四海的奇葩。千百年来，云南学者中英奇瑰伟之士以及众多寓居云南的外省学者念兹在兹，深植于云南沃土，扎根于传统文化，不懈探索、勤奋撰述，留下了一批经得住历史和实践检验的珍贵成果。特别是抗战时期，随着西南联合大学和相关研究机构的到来，昆明一时风云际会，云集了大批我国现代学术史上开宗立派的学术大师和著名专家，云南成为当时中国学术中心之一，诞生了大批学术经典。新中国成立后，云南学术研究取得很大进展，研究队伍空前壮大，学科建设卓有成效，学术成果日益丰硕，推出了一批享誉国内外的学术精品。近年来，《云南史料丛刊》《云南丛书》等一批历史文献和地方文献丛书相继刊印，云南文化的影响力和竞争力不断增强。今天，我们隆重推出《云南文库》，就是要为更多的人了解云南、熟悉云南、研究云南搭建一个平台和载体，为云南的经济社会发展、文化建设、文史学术研究等提供有益的历史借鉴，为在更广领域传播云南文化、打造云南品牌、增强云南软实力创造更好条件。

编纂《云南文库》是保障人民群众的基本文化权益的有效途径。文化建设的根本就是要用健康高雅的艺术、用智慧明辨的思想、用善良温厚的德行启迪人、引导人。编纂《云南文库》一个重要目的是丰富人民群众的精神文化生活、增进人民群众的幸福感。此次收入《云南文库》的著作，涉及哲学、历史、文学、语言、艺术、民族、宗教、政治、军事、外交等诸多方面，包含着丰富的自然、社会和人生哲理知识，体现了高度的人文关怀。阅读这些著作，有助于培育读者自尊自信、理性平和、积极向上的心态，有助于引导人们去发现、享用、珍惜世界和人生之美，能使大众的精神世界得以滋养和美化、人格得以陶冶和熏陶、心灵得以安顿和抚慰、情感得以丰富和升华，从而更好地满足人民群众多层次、多方面、多样性的审美需求。

编纂《云南文库》是推动云南跨越发展的必然要求。云南早在 1996 年就提出了建设"民族文化大省"的目标，是全国最早提出建设民族文化大省的省份之一。2000 年，我省正式确立了"建设绿色经济强省、民族文化大省和中国连接东南亚南亚的国际大通道"的三大目标，把文化事业和文化产业的发展纳入了全省经济社会发展战略的范畴。2009 年召开的中共云南省委八届八次全委会，作出了把云南建设成为"绿色经济强省、民族文化强省、中国面向西南开放的桥头堡"的重大决策，把云南文化建设推向了一个新的阶段。2011 年 11 月，云南省第九次党代会进一步明确了科学发展、和谐发展、跨越发展的发展主题，要求更加自觉、更加主动地推动文化大发展大繁荣。当前，云南人民正豪情满怀地沿着建设民族文化强省的道路阔步前行，具有云南特色的文化模式已经也必将进一步焕发动人而耀眼的光芒。我们将以打造《云南文库》等一批社科品牌和文化精品为契机，继承优良传统，发挥优势，突出特色，以面向现代化、面向世界、面向未来的宏大眼光，锐意进

云南文库·学术名家文丛

取,积极开展学术研究,努力创造出无愧于时代、无愧于人民、无愧于历史的优秀学术成果和文化产品,更好地弘扬以高远、开放、包容的高原情怀和坚定、担当、务实的大山品质为主要内容的云南精神。

《云南文库》最终得以发行,首先是众位先贤心血和智慧的结晶。在此,我们要对创造了云南学术精品并因此而为中华文化做出杰出贡献的学者们表示崇高的敬意!在《云南文库》的编纂过程中,相关编纂单位、出版单位和参加整理的学者,以高度的责任感和使命感,兢兢业业地做好编校和出版工作,正是有了他们的辛勤劳动和精心工作,才有如今的翰墨流芳。在此,我要诚恳地道一声,大家辛苦了!《云南文库》从构想走向现实,离不开众多读者和社会各界人士的支持,我也一并向你们表示诚挚的谢意!同时,衷心希望同志们一如既往地为云南文化建设献智献策,欢迎更多的同仁志士参与到云南文化建设的伟大事业中来!

谨为序。

云南文库·学术名家文丛

目 录
Contents

云南文库·学术名家文丛

云南文库·学术名家文丛

目 录

云南文库·学术名家文丛

哀牢国与哀牢文化

一　哀牢国史论

哀牢是中国西南幅员辽阔、人户殷盛、部落庞杂的巨大部族群体和农业国度。"哀牢夷"后裔包括了中国现今56个民族中的八九个民族。哀牢人创造了独具特色的石器文化、青铜文化，并与其后入境的汉族共同创造了绵延千载的永昌文化。哀牢国主动归属中华民族大家庭，创造了我国和平统一边区的历史典范，保证了哀牢区境人民经济文化、社会生活的安定发展和快速进步。哀牢国史是我们一笔宝贵的民族文化遗产，其研究开发必将对加强当代各民族兄弟情谊，巩固和发展多民族国家的统一、完整以及民族区域的开发、进步提供重要动力。

近些年出现了一些研究哀牢国和哀牢文化的有利因素：经多年搜集校勘，已整理出了历代哀牢文献资料；滇西哀牢国地已发现新、旧石器遗址、地点300多处，青铜时代墓葬、遗址、出土地近百处，原始崖画和汉唐文物遗迹各数十项，它们分布广泛，对我们了解认识哀牢社会发展变化很有帮助。这些有利因素使哀牢国史的探索闪现出了道道霞光。

但是，哀牢国史迄今仍是难度甚大的科研课题。哀牢国史不像滇、夜郎、巴蜀、南越及晚后的南诏国那样，几十年前就成为学术界关注的热点，其研究早已硕果累累；它是一项拓荒工程。由于哀牢处地偏远，归属中原王朝较晚，西汉记载疏略模糊；东汉以降记载增详，但后出史籍抵牾渐多，唐宋之后更错杂纷乱，难以理清。区境考古工作也比昆明、滇、夜郎等区域滞后很多，有计划的专题发掘少，已发掘的一些重要遗址、战国两汉墓葬又许多年不整理发表发掘报告。这使研究者长期处于许多考古隐秘和史籍疑问的困惑之中。

面对哀牢国史研究的难度，加之自己学识学力的浅弱，笔者深知难以圆满完成这一重大课题。本书谨将一些初步认识呈正于学界和读者。

（一）史籍中的哀牢国

历代（特别是早期）的文字记载，是研究哀牢国史的首要根据。最早记及哀牢族区的史籍是2100多年前西汉司马迁的《史记》。司马迁虽因"西征巴蜀，南略邛、筰、昆明"后便"还报命"而未能走近哀牢地，但他记下了采访得知的哀牢东北区域的"同师"和"苞满"部族，事见《西南夷列传》和《司马相如列传》；又据张骞出使大夏（今阿富汗北部）归来报告汉武帝的情况，记下了哀牢西南部今腾冲至德宏及其以西区域的"滇越"部族，事见《大宛列传》。到东汉初期有了一批具体记写哀牢国事的著作，如杨终的《哀牢传》，班固的《东都赋》《东观汉记》《汉书》，王充的《论衡》等。其中最重要的是《哀牢传》，"哀牢内属，汉朝得地，一时盛事，朝命必作史，杨终作《哀牢传》上之，为滇中志书之始"。[①] 可惜此书早佚，仅有九隆故事、一份不齐全的哀牢王世系谱、扈栗史事及地域风土等部分文字，引存或转录于东汉后期应劭的《风俗通义》，晋代史籍《华阳国志》，南北朝史籍《后汉书》《水经注》等。[②] 魏晋南北朝时期至少有20多种文献记述了哀牢国，史事加详，基本内容与两汉一脉相承。汉晋六朝的一大批史籍，我们虽憾其成书稍晚和记述简略，但有关哀牢的不少"要件"资料却颇为清楚明晰，不像有些秦汉族国记载之扑朔迷离。唐宋至明清记述哀牢国事的文字史料，笔者已见110多种，这些史料又调查补充了许多重要史事，并有很多考证、辨异、核实。民国史籍记及哀牢国的也很多，其中有数十种内容重要并为学术界广为引证。两千年文字记载不少于十数万字，我们可从中认定哀牢国史的一些主要事项。

1. 国名

"哀牢国"之称，自两晋以迄民国史不绝书。魏晋南北朝称永昌郡或

---

① 《新纂云南通志》，1949年铅印本。

② 方国瑜：《云南史料目录概说》，中华书局1984年版。

不韦、哀牢、博南县"为（属）哀牢国"，唐宋继后的许多史书加称"永昌""永昌府""金齿""腾越"……"为（属）哀牢国"。哀牢国又称为"哀牢古国""古哀牢国""哀牢旧国""九隆哀牢之国""古哀牢夷之国"等等。值得着重一提的是西晋《续汉书》，唐《南方记》，明清《滇史》《滇系》《读史方舆纪要》等史籍所称的"哀牢王国"，这个名称表明哀牢国是以国王为首的，已构成一套大中小王王制体系。哀牢国之得名，源于永昌（今保山坝）哀牢山。东晋《华阳国志·南中志·永昌郡》说："永昌郡，古哀牢国。哀牢，山名也"；北魏《水经注》说："不韦县，县故九隆哀牢之国也，有（哀）牢山"；其后许多史籍中，"哀牢国"都与今保山坝哀牢山联系在一起。"哀牢"一语的含义，近年有傣语"长子所在地"说和彝语"虎氏族居地"说，学界颇多质疑，尚待深入考证。哀牢国名之被淆乱而需予廓清者，是明清至民国各有极个别文献或碑文，将哀牢国篡改为"安乐国"，如《滇云历年传》说"夷语转安乐为哀牢，则哀牢国乃安乐国也"。对此，一些学者早已给予严厉批评，指出："安乐"被"夷语讹为哀牢"之说既颠倒了源流，又侮辱了兄弟民族。[1]

2. 历史沿革

文字记载哀牢王的最早活动，时在西周后期，事见《纪古滇说集》《滇史》等古籍："周宣王……时（公元前827至前782年）……西天竺（古印度）阿育王有神骥一匹……一纵直奔东向而去，三子各领部众相与追逐……至滇之东山……西山……北野……王……遣舅氏神明统兵以应援。将归，不期哀牢夷君主阻兵塞道，而不复返矣。前哀牢王兵阻其道，阿育王三子不复返，遂归滇各主其山。哀牢国，永昌郡也"。对这一史事的真实性，史学界有不同看法。

缅甸著名史学家貌丁昂《缅甸史》引《缅甸编年史》记述，古印度王子来上缅甸所建的太公城（位于今瑞丽江与伊洛瓦底江汇合区稍南的抹谷附近），是缅甸最古老的城市，上缅甸的另两座古老城市是哈林伊和佩塔诺米亚，佩塔诺米亚城考古发掘之碳14测定年代距今两千年。英国学者哈威《缅甸史》说："阿婆醯罗娑（Abhiraza）与释迦（Sakya）族人来自印

---

[1] 吴光范：《云南地名探源》，云南人民出版社1988年版。

度妙德城，纪元前850年建太公城，825年建阿腊干之叫不当。太公于纪元前600年时（约当我国春秋中期）为华人（所指应为哀牢人）所毁。"[1] 这一军事行动的性质，同于《纪古滇说集》所记哀牢王兵阻天竺王三子兵众过道，都是反对天竺贵族势力东进哀牢地。

可靠的哀牢九隆王族兴起年代是战国中期。《新纂云南通志·大事记》："考……哀牢在战国时早已立国，与庄（蹻之滇）王国为与国（即与滇国是友好国家）……哀牢之先在战国而已显，至光武而内属，至明帝而置郡，世系绵绵数百年"。此说基本符合实际。起自东汉初期的大量史书一致记载九隆九兄"共推"九隆"以为王"，后"九隆代代相传，名号不可得而数，至于禁高，乃可记知。禁高死，子吸代；吸死，子建非代；建非死，子哀牢代；哀牢死，子桑藕代；桑藕死，子柳承代；柳承死，子柳貌代；柳貌死，子扈栗代。"[2] 20世纪前期，周钟岳、方国瑜等学者依《说文》"三十年为一世"推算"禁高生周秦之际"[3]，也有的学者认为每世应以20年计。20世纪后期经学界深入研究，普遍以每代25年计。九隆与禁高之间未曾记知5～10代，至少中缺5代之名，即九隆至扈栗共十五六代，约400年，九隆至迟肇基于公元前4世纪中期周显王之时。其时中原战国七雄的近200年战争已经轰轰烈烈展开，秦、楚势力已南向西南，秦灭巴、蜀以"广国、富民、缮兵"；楚威王（公元前339至前338年）遣将军庄蹻入滇，后为滇王。[4]

牢记在世界各民族后裔传说中的早期祖先有两种人，一是奠基始祖，二是功业显赫的领袖。九隆之后许多代哀牢王名号都不可记知，"至于禁高，乃可记知"，说明禁高是功绩卓著的中兴之王，哀牢国曾中兴于汉武帝初期（公元前2世纪中后期），唯事绩缺载。

公元前2世纪晚末期哀牢王建非在位之时，西汉武帝破匈奴，平南越、夜郎后以兵临滇，公元前109年在滇中设置益州郡，并遣将军郭昌、卫广征讨"西南夷之未服者"——昆明，哀牢东北部成为昆明败军逃亡和汉军

---

① ［缅］貌丁昂：《缅甸史》，第2～5页，云南东南亚研究所1983年印；［英］哈威：《缅甸史》，第48页，商务印书馆1957年版。

② 杨终：《哀牢传》。

③ 《新纂云南通志·大事记》。

④ 范文澜：《中国通史简编》，人民出版社1956年版。

追击地。战后，汉王朝在兵锋所至的哀牢地区、澜沧江两岸设置了不韦、嶲唐、比苏县；东汉初期所置博南县，此时虽未析出单独设县，但已在汉王朝控制之下。哀牢国统治中心被迫西移，此即《华阳国志》所说"孝武时通博南山，渡兰沧水……以取哀牢地，哀牢转衰"。

建非之后的又一代哀牢王，以国名、族名和山名"哀牢"取为己名，既显示其地位的神圣和显赫，又显露其于己于国的自信自豪，透露出公元前1世纪中前期的汉宣帝时期，哀牢国处于一个新的兴盛时期。

东汉光武帝建武十八年（公元42年），即柳承为王后期至柳貌继位初期，据《后汉书》记载，"夷渠帅栋蚕"统率滇池到洱海区域"昆明诸种反叛"，汉王朝"遣武威将军刘尚等"统大军征伐，公元44年"连破之"，45年春"追至不韦，斩栋蚕帅，凡首虏七千余人，得生口五千七百人，马三千匹，牛羊三万余头"。栋蚕穿越云岭、澜沧江、怒山等险山恶水紧急败逃，不可能携带三四万头大牲畜，被掳的牛马羊，还有不少"生口"，必属不韦县哀牢人。不韦追击战无疑得到已建县百多年的不韦县政府、官军支持。汉王朝平定大西南的磅礴气势和在哀牢原都邑这一战的残酷，给已西撤百年的哀牢统治者以巨大震撼，他们必须郑重考量自己的终极去向了。

哀牢国统治中心西移后，依靠优越的自然条件和长期奋力经营，实力得到恢复和增强。东汉光武帝建武二十三年（公元47年），柳貌决定由统理东部区域的儿子扈栗，对已归属汉王朝的不韦西南边境弱小部落鹿茤发动大规模进攻，结果惨遭大败，水陆两军一二万人几乎全军覆没，并死6王。此战开罪于汉王朝，后果不堪设想，在哀牢国引起一片惊恐。柳貌随之做出决断，由扈栗向汉王朝请求将沧、怒两江间17 659人的一个片区"内属"，一则缓和紧张关系，二则试探汉王朝对主动归属的哀牢人的待遇。光武帝以其地并不韦、嶲唐等益州西部6县设益州西部属国，封扈栗等为君长，并选派善理边政的汉族官吏执政，"夷"汉甚得其和。

柳貌又复经营和观望了十多年，终于痛下决心，于东汉明帝永平十二年（公元69年）率种人（5万多户、55万多人）"内属"（约在"遣使奉献""内属"不久，"柳貌死，子扈栗代"），明帝以其地置哀牢、博南二县，割益州西部6县合为永昌郡，是为全国第二大郡，汉王朝举行宫廷盛典隆重庆祝。

云南文库·学术名家文丛

哀牢内属后"王仍旧封",在政治军事上保有相当实力,两种社会制度、两种政治、文化存于既彼此需要又相互矛盾冲突之中,摆在它们前面的发展道路有两条,一条是在相互调适、彼此通融、和衷共济过程中和平整合,另一条是统治者互不相容导致对抗以军事统合。东汉章帝时政治趋向腐败,对农民和少数民族盘剥压榨苛重,哀牢贵族奴隶主又力图恢复被削弱的特权,扈栗之后的哀牢王类牢终于在章帝建初元年(公元76年)、二年(公元77年)统军攻陷嶲唐、博南,汉王朝调集三郡军队,经长久攻战方予讨平,并斩类牢。此次叛乱,给哀牢统治集团带来了灭顶之灾。

3. 地理环境、地域范围和政治中心

(1)地理位置 历代许多史书记称"永昌郡,古哀牢国",此国之具体方位在非常遥远的"极西南"之地。《滇史》说"永昌郡,西邑……古哀牢国,在建宁(今弥渡红岩)极西南"。《华阳国志》说哀牢内属置郡,地在"宁州(治所在今晋宁)之极西南也"。《云南备征志》谈及哀牢国内属后说"云南之极西永昌郡"。《后汉书·西南夷列传》李根源注说"西南以永昌为最远","故言哀牢归中国为'肇自远离'"。《滇云历年传》说"秦时哀牢为蜀之裔境外徼",按战国秦曾置蜀郡,隋初废,隋大业至唐至德年间曾改益州为蜀郡,此言哀牢国在蜀郡境外偏远之地。一些史书还说永昌郡、哀牢国位于"天末""绝域""昧谷"之地,如清《永昌府志》有云:"永昌,古哀牢国……西极南隅","唐虞为昧谷之交,夏商周为戎州之地,为西南徼外之域。"昧谷为古代传说西方日入之境。哀牢国属戎州(南朝梁置,治所在今宜宾市,辖今四川西南部和滇东滇中)之说,还见于明代《滇略》。唐前期重臣张柬之奏文又曾称"姚州,古哀牢国",为其后多种史籍转录。其实哀牢国既不在滇中姚州,更不在川西戎州,而在滇西永昌郡。云南先秦两汉古国、部族位置,师范《滇系》记写确切:"云南府,楚滇国;大理府,古叶榆地……永昌府,古哀牢国","永昌府,古哀牢国……唐属姚州都督府"。宋代史学家乐史《太平寰宇记》也明确记载:"姚州……其州置在姚府(今大姚)旧城北百余步,汉益州郡之云南县,古滇王国",姚州不是哀牢国而属滇国地。

(2)地域范围 史籍中哀牢国的地域比其他秦汉族国清楚,历代文献皆载"永昌郡,古哀牢国",永昌郡范围就是哀牢国地域。早年出现过一个分歧，是东汉哀牢内属时所设永昌郡8县中，东括洱海区域云南（今祥云、弥渡）、叶榆（今大理、洱源、剑川、鹤庆）、邪龙（今巍山、南涧）三县，而诸葛亮南征后此三县归建于云南郡，东汉永昌郡保留于蜀汉两晋永昌郡的县份只有5个：比苏（今兰坪、云龙）、博南（今永平）、雟唐（今漕涧）、不韦（今隆阳、施甸、昌宁等地）、哀牢（今临沧西部、德宏州、龙陵、腾冲及其以西地区），蜀汉时又从5县中分设出了3个新县：永寿（今镇康、耿马）、雍乡（今临沧东部）、南涪（今思茅和西双版纳）。一些学者认为哀牢国地域同于蜀汉两晋永昌郡，但也有人认为同于东汉永昌郡。20世纪七八十年代终以魏晋永昌郡为学界共识，其科学根据是：①如前所说，哀牢国方位在云南"极西南"而不在滇中、滇东。②最早记载永昌郡属县之设的是晋代司马彪《续汉书·郡国志》（后被范晔照录于《后汉书》中），该书"但录中兴改异"即东汉永昌郡8县，并未言及"哀牢"；明白记述"永昌郡，古哀牢国"属县的晋代史书是《华阳国志》，此知哀牢国地域为蜀汉永昌郡8县亦即东汉永昌郡西5县。③西汉、东汉、蜀汉都在西南贯彻"以其部族列郡县"的方针，洱海区域是昆明部族主居区，以今保山为腹心的三江流域是哀牢部族主居区，诸葛亮分郡重新划开了两大部族区界，更好地体现了这一方针。④历代史籍具体描述的哀牢国各局部地方，其拼合面与魏晋永昌郡相符。《云南濮族考》等不少诗、文说"濮水即澜沧江，濮族大宗建哀牢国于澜沧江两岸"，"兰津水抱哀牢国"，此其东北疆界。东南界于很多史志记载的云岭余脉东支哀牢山，它与保山坝哀牢山同名，李根源点破两山相距千里而同名的原因是"哀牢古国以政通称之"①。越过兰津古渡"路入哀牢古国"之后，便是大量史书、诗词记写"永昌府城西南"的九隆山、九隆池和保山坝东的哀牢山，还有保山坝外"地类蒲蛮"的"哀牢旧国深山"，"哀牢客"流连其地的潞江渡、桥，"汉县哀牢"的"巍巍峻岭高黎贡山"。再其西是以今腾冲（元明清时称腾越）为政治中心，包括德宏、缅北等地的古滇越区域，《滇志》《寰宇通志》《读史方舆纪要》《用甫切己录》以及明、清《云南通志》都记其"周为哀牢国境，汉为永昌郡西境，晋属宁州"，"大金沙江（伊洛瓦底江）内外皆是

---

① 　清人赵继善《永昌山脉记》注文，见《永昌府文征》。

也"，吴廷锡《致李印泉书》说："大金沙江之源流，古哀牢国之掌故……胥有关中外之要害"。[①]南北两界，《云南别录》等史书记哀牢夷地"东南接交趾（今越南），西北接吐蕃（今西藏）"。《保山县志》说"哀牢境域东西三千里，南北四千六百里，应包括滇南、缅甸北部、澜沧江以西（原注：博南在内）广大地区"。

被唐宋以来不少史籍所载录的张柬之奏文有言："古哀牢国……今盐布之税不贡，珍奇之贡不入，戈戟之用不实于戎行，赍货之资不输于大国。"文中传达出一个历史信息：与中原王朝国力相比，哀牢是弱小的，但是，在中国西南诸古族国中，哀牢却是强大的。《道光云南志钞》等文献谓："九隆之族先为哀牢国，后开地为永昌郡……西南之国不知凡几，九隆、六（南）诏其最著也。"

中国史籍《皇明象胥录》《国榷》《宙载》《明史稿》《明史》《明实录》《安南杂记》《道光云南志钞》《腾越州志》和越南史籍《大越史记》《舆地志注》《越南历代疆域》等等，还记载说老挝古代也是哀牢国。在中国史书中，老挝古哀牢范围很大；在越南史书中，哀牢国地域主要在老挝中、北部。关于滇西缅北哀牢国与老挝哀牢国的关系，申旭先生研究认为：史籍记载中，公元6世纪哀牢最早出现于老挝，晚于滇缅哀牢国5个多世纪，老挝哀牢国是滇西哀牢人南迁其地建立的，迁至老挝的哀牢人其后演化为老挝主体民族——老族，现今老族的起源传说仍称其先民为云南哀牢人。[②]

（3）地理环境　邓子龙《风水说》："永昌，古哀牢国……自苍山之西，皆丛山叠嶂，另成一乾坤世界。"这"另一乾坤世界"，据史籍描述其具体境况是："路入哀牢之国，天堑称雄，地维作镇[③]"，"山川钟毓，万物熙恬"。此区被称为滇西"天堑""锁钥"，是因所处横断山南部四山夹峙三江[④]北南纵列的险要地形。由于"哀牢古道汉时关"（后来称为南方丝路

---

① 清人赵继善《永昌山脉记》注文，见《永昌府文征》。

② 申旭：《老挝史》，云南大学出版社1990年版。

③ 地维：地的四角，古人以为天圆地方，天有九柱支撑，地有四维系缀。镇，稳定。

④ 由东到西：云岭、澜沧江、怒山、怒江、伊洛瓦底江（上游龙川江、大盈江、独龙江）、担当力卡山。

永昌道）自东向西延伸列布，与三条自北向南奔流的大江相交，自古形成了滇越—腾越（今腾冲）、永昌（今保山隆阳）等交通枢纽和"殊方异域"人口、文化、商品"集散地"，《后汉书》说永昌"至今成（为）都（市）焉"，其后一些史籍、碑文称永昌为"巨镇""西南一大都会"。曾任甘肃永昌知县的龙陵杨逢原等人有"哀牢旧国，深山古寨，峰回路转，地类蒲蛮"一类记述，是即《华阳国志》中哀牢人"往往邑居，散在溪谷"的具体写照。但这里的"溪谷"绝不都是两山之间的小河沟，而多数是一些大大小小的河谷平原即"坝子"。在辽阔的哀牢国地域内，仅今保山市就有1～150平方公里的坝子99个，其中50平方公里以上的8个。这些坝子自然是哀牢人的首选住地。杨逢原等人的著作还称赞哀牢国腹地今保山的美好气候。

（4）政治中心 现在还难以确定哀牢首邑位于某村某寨、某山坡某池边，因为既无史籍或金石铭文记载，也没有足兹定论的考古证据。但是，哀牢国—永昌郡的政治中心所在地区域，是可依史籍记载准确判定的。

《保山县志·大事记》说："汉之永昌郡治在今保山平原（也称'永昌坝子'）。哀牢境域东西三千里，南北四千六百里……为其邑王七十七部所居，而其总王在今保山（指今隆阳）；自古以永昌为重镇经略边境，直达伊洛瓦底江两岸，军事、政治之号令自永昌出，即经济、文化亦莫不以永昌为中心，故其地今虽不属保山，然历史之事昭然。"今保山坝成为哀牢国—永昌郡的政治军事中心，是其独特优越的地理位置和山川形势决定的，《永昌府志·地舆志》概括其地："沧江怒水为襟带于东西，九隆三崇作屏障于左右，据八关二堡之形势，扼三宣六慰之咽喉。"[①] 汉晋史籍记载九隆世族发祥地在哀牢山下，迄至元明清史志仍记保山坝东西两山都有哀牢山地名。特别值得注意的是，称"九龙"的山水地名在中国多不胜数，

---

① "八关二堡"，其他史志多记为"八关九隘"。古代为防御外来侵略，政府在永昌西南今陇川、盈江至缅甸腊戍北部一带各军事要道设置了万仞、神护、巨石、铜壁、铁壁、虎踞、天马、汉龙八关，又在今腾冲和德宏各县设置了"九隘"。八关九隘均据险而立，易守难攻。"三宣六慰"指明代设置在永昌西南边疆民族地区的政府机构：陇川、干崖、南甸三个宣抚司（治所在今陇川、盈江、梁河），车里、老挝、八百大甸、木邦、缅甸、孟养六个军民宣慰司（治所在今景洪、老挝朗勃拉邦、泰国北部清迈、缅甸腊戍新维、曼德勒、克钦邦孟养）。

九隆山下九隆池

而"九隆山""九隆池"仅见于"永昌府城西南"或"保山城龙泉门外"，《纪古滇说》《滇史》《九隆山记》等等文献都说沙壹幼子背龙而坐，因以夷语"背坐"语音命名幼子"九隆"，并"山以人名"，"因名其地曰九隆"或"名其池曰九隆"，这一举世无双的地名具有重要的历史学和文化学意义。战国至西汉前期，今保山坝是碧波荡漾的哀牢古湖，四围是哀牢山，环山居住的都是哀牢人。现在保山坝西侧的九隆山，亦属古哀牢山一部分，《辞源》及著名史学家尤中等都持此说，所说甚是。九隆山和保山坝东哀牢山区的哀牢遗迹、传说很多，都是探索哀牢都邑的重点地区。比较而言，哀牢山多属口头传说，九隆山多记载于史籍、古代诗赋中。九隆山地貌环境（有许多平缓开阔的两级台地）更利于先民栖居，在九隆山南北九岗中已多处发现新石器时代晚期文化遗存，而且山麓及相邻地区发现不少战国至汉晋时代的墓葬、房屋、城址和青铜器，九隆山区毫无疑问也是哀牢王族主要活动区域。

西汉武帝在保山坝设县后，哀牢国统治中心被迫西移，后期都邑很可能在今腾冲。因为《史记·大宛列传》哀牢夷主体民族滇越部族首邑在腾冲；清《用甫切己录》、古诗《玉泉夜月》引言等，都谈到腾冲有"哀牢国王宫遗址""滇越王故城""蛮王故城"；腾冲出土哀牢国时代青铜重器较多并很典型，还在曲石发现其墓葬。①

4. 物产和经济生活

《论衡》《华阳国志》《后汉书》《魏书》等汉晋、南北朝史籍记载"永昌郡，古哀牢国……土地沃腴""多出异物"，产五谷、蚕桑、罽氁（毛织

云南文库·学术名家文丛

---

① 李正：《试论腾冲出土的青铜案与"滇越"的关系》，载《云南文物》总第33期。

品）、帛叠（布）、兰干细布、桐华布、青木香、木连理和"节相去一丈"的濮竹、"无旁子"的魁芋、湿脆燥坚的昔楸、出铜、铁、铅、锡、金、银、光珠、虎魄（琥珀）、水精（水晶）、瑠璃（琉璃）、珂虫（珂贝）、蚌珠、珊瑚、孔雀、翡翠、犀、象、虎（并有白虎）、豹、猩猩、貊兽（大熊猫）、歧尾蛇、鱼，盛产食盐。畜牧业相当发达，汉军追击栋蚕时，一下就在不韦县"虏获"哀牢人的牛马羊三四万头。哀牢人还有"白蹄牛"。唐代史籍说"哀牢旧国……奇珍进贡岁时不阙。诸葛亮五月渡泸，收其金银盐布以充军储"。《云南志》还补充了另一些重要物产，如孟滩竹、藤荪、野桑（又名岩桑）、波罗蜜果、荔枝、槟榔、诃黎勒、椰子、桃榔、麝香、薏苡、长达三尺甚至"丈余"的瓠瓜、冬瓜，动物如大量豪猪，"猪、羊、猫、犬、骡、驴、豹、兔、鹅、鸭，诸山及人家悉有之"，名马有越赕骢，还有丽水（伊洛瓦底江）中的"蛟龙"、鳄鱼、乌鲗鱼以及形象似牛、"游泳则波涛沸涌"的"水兽"。

哀牢物产中有不少驰名中原乃至南亚、西亚的名特产品。例举10种如下。（1）桐华布：木棉布，据《华阳国志》记"幅广五尺以还，洁白不受污"，其柔若丝。（2）兰干细布：优质苎麻细布，其华美有如丝织品中的彩色大花绫锦。以上两种汉代即远销中原和西、南亚。（3）丝织"蛮锦"：哀牢产丝史不绝书，"唐宋八大家"之一的苏东坡赠送欧阳修"蛮锦琴囊"，被欧阳修视为传家宝，李根源考证产自永昌各土司地"夷人"，当代"傣锦"质地仍很优良且十分绚丽。（4）金：哀牢王在马笼头上镶金，永昌郡太守刘君世曾用纯金铸成花蛇，远送京城行贿。（5）光珠：宝石。吕凯之子吕祥任永昌太守时，一次就向朝廷献光珠五百斤。（6）犀、象：哀牢内属后，长期作为贡品。（7）濮竹：又名勐滩竹，即今耿马等地所产的龙竹，干高可达10丈，直径有近1尺者，纤维柔细如麻，可以绞索织履，故也称麻竹，直到明清仍为贡品。（8）藤荪：即藤篾，《云南志》记"以藤渍经数月，色光赤，彼土尚之"。（9）青木香：名贵中药材，主治脘腹胀痛、呕吐、泻泄、痢疾等。（10）良马：越赕骏，又称越赕骢、统轮马，产今腾冲，"尾高……日行数百里"，亦为贡品。

哀牢国社会经济总体发展水平较高，居民贫富差别显著，两极分化早已形成。从哀牢所产精美的食品、纺织品和数十种奇珍异宝（有的靠进口）

看，从哀牢王骑马"金银鞍勒，加翠毛之饰"看，从"邑豪"们都穿优质华美并为汉族高官钟爱的"贯头衣"和权贵们的珍宝贿赂、"贡献"等活动看，哀牢人中久已存在一个锦衣玉食的贵族阶层。更多的人所穿的是以树皮之类为原料的简朴衣着"谷皮衣"①。还有很多人如"裸濮""黑僰濮"和其后所称裸形蛮，则采拾虫、鱼、菜、螺、蚬等为主食，露身，《云南志》记其"无衣服，唯取木皮以蔽形"，有大量人口"跣足"，即打赤脚。哀牢人住屋有"楼居"和"撠栏（即干栏）舍"。交通工具以象、马为骑，以箄船（竹、木筏）为渡。

5. 哀牢民族

汉晋史书称哀牢各族为"哀牢夷""哀牢人""哀牢民"，唐宋时起也称"永昌夷""永昌蛮""土人"。其具体民族，西汉《史记》记其东北部有"苞满"，即其后所称"濮曼""蒲蛮"；西南部是"滇越"，以乘象为其特殊风俗。东汉至南北朝出现了一大批新族称，除"身毒之民"为印度侨民外，都属濮、越两大族系。濮系有"濮""濮夷""木棉濮""文面濮""折腰濮""赤口濮""黑僰濮""闽濮""尾濮""缅戎"；越系有"闽越""僄越""僚""夷僚""鸠僚"；还有泛指濮越同一风俗文身的族称"文夷"。文献对两族系的住区方位、风俗名物、政治军事活动记述较多，尤其是濮系。对于氐羌族系没有任何具体记载，仅在《华阳国志·永昌郡》中有一句含糊其辞的话稍略涉及："哀牢……南中昆明祖之，诸葛为其国谱也。""昆明夷"属于氐羌族系，但当代学者对"南中昆明祖之"一语有多种截然不同的解释，至今莫衷一是。（1）认为"'南中昆明祖之'即哀牢人的祖先九隆是南中昆明族的祖先"；（2）认为这句话说的是"哀牢夷源出氐羌，上绍昆明，下启南诏，排列为：昆明—哀牢—南诏"；（3）认为说的是"哀牢夷尊崇'南中昆明'为其祖先……哀牢夷认为'南中昆明'是他们的祖先"；（4）认为"'祖之'者，把'哀牢尊之为祖'之谓也，不能当成哀牢是昆明的祖先来理解，'祖之'的含义与'之祖'差别很大"；（5）认为"祖之"的含义是"效法"，说的是南诏效法哀牢归汉而归顺唐

---

① 谷木，又称楮树、构树，其皮称"谷皮"，可制"谷皮衣"或"谷皮纸"。《梁书·张孝秀传》："孝秀不好浮华，常冠谷皮中，蹑蒲履。"

王朝；（6）认为"昆明族不是哀牢九隆的后裔，不会以哀牢为祖，所说盖为昆明区域的哀牢人祖述九隆，诸葛亮就作哀牢国谱，从此记载可知，洱海地区在诸葛亮时期哀牢族已建立部落，而且部落酋长是哀牢王族后裔"；（7）认为"'南中昆明祖之'盖指大理、丽江、盐源、西昌一带之土人，皆以哀牢为祖，亦如中原古代殷周皆以帝喾为祖，然殷周本非一族，其理亦同"；（8）认为"'南中昆明祖之'的'祖'字是'狙'字之讹，这句话说的是昆明夷卤承击斩了哀牢王类牢这一史实……（昆明夷大破哀牢夷后）昆明夷又把哀牢祖承起来，这是难以令人理解的，'狙'（击）被后人窜讹为'祖'（承），这是极为清楚的"。①

随着民族的分化、裂变，唐宋元代哀牢夷又有了许多新族名。濮系有"朴子""朴子蛮""望蛮""望苴子蛮""望蛮外喻部落"，元代并已出现"蒲蛮"之称。越系有"金齿蛮""银齿蛮""漆齿蛮""黑齿蛮""绣脚蛮""绣面蛮"。合称傣、德昂等族的名称有"茫蛮"。此外还有"雕题"（怒、傣等族）"裸形蛮"（又称"野蛮"）"麽些"。《云南志》和《新唐书》记载：南诏（蒙舍）统一洱海5诏时，浪穹、邆赕、施浪3诏战败后，其王族均被迫迁永昌；唐代中期的天宝年间，南诏王阁罗凤"以兵围胁"西爨白蛮（白族），一次便"徙二十余万户于永昌城"（"城"应为"地"）；"弄栋（今姚安）蛮，白蛮苗裔也。贞元十年，南诏异牟寻收获弄栋蛮，迁于永昌之地"。《云南志》《旧唐书》记载"南诏蛮，本乌蛮（昆明夷后裔，彝族先民）之别种也"，"贞元年中，献书于剑南节度使韦皋"，"自言哀牢之后"；成书于宋的《新唐书》则说"南诏……本哀牢夷后，乌蛮别种也"，不再提"自言"。当代史学家方国瑜、王宏道、石钟健等认为，昆明夷与哀牢夷既非同族而为异族，"本族人自言（其为哀牢之后）也未必可信，如古代有许多诸侯自称黄帝、夏禹之后，五胡入中原后也有追溯其先祖是黄帝、夏禹的，皆属无根之谈"，"自言"是为了便于统治永昌地区的哀牢人；但汉晋时哀牢族既

---

① 诸说见于祁庆富《哀牢族属考辨》、张增祺《哀牢族源新议》、李伟卿《说"尾"——关于濮、尾濮及其"尾"的札记》、王宏道《关于哀牢与昆明及濮的关系和族属问题》，分载《云南民族学院学报》1984年第1期、1985年第3期、1986年第3期、1993年第3期；方国瑜：《唐代前期洱海区域的部族》，载《南诏文化论》，云南人民出版社1991年版；徐嘉瑞：《大理古代文化史稿》，中华书局1978年版。

已在洱海区域建立部落，其部落也有可能发展为后来南诏的蒙舍诏；昆明夷卤承大破哀牢军时深入其地，融合了一部分哀牢部落，也造成蒙舍承袭哀牢历史。①

到了汉、白等民族大量进入后的明、清、民国时代，哀牢国地又新增了不少民族族名，如"黑濮""朴""普满""哈喇"（佤族）"大百夷""小百夷""摆衣""漂"（"类百夷"，当为"僄越"之后）"吟杜"（即"裸蛮"）"弩人""怒子"（怒族）"峨昌""阿昌""僰""和泥蛮"（哈尼族）等，研究哀牢族属的当代学者引用颇多的朱希祖《云南濮族考》说："柳貌在汉明帝永平中降汉，杨终所撰《传》仅知其七世祖，而其始祖九隆已不知始于何时，盖亦百濮之共同始祖。远起商、周。"清《滇系》记载"金齿城，今府城也"，仍住有哀牢各族。明清史籍追记南诏王世隆到永昌哀牢山建庙祭祀"以示不忘本祖（哀牢）之意"，所祀神像着蒲蛮衣饰。明《金齿新建庙学记》说："金齿……古哀牢夷之国。自汉武……至唐及宋，举不过羁縻而已。故元代取大理，金齿款附……土风民俗宜无以变之者。……（明）设军卫，立官府……教之居室，教之衣服，教之言语，教之亲亲尊尊、日用常行之道，历年既久，夷俗寝（渐）变。"

（二）哀牢国的形成和发展

1. 哀牢生产力的发展

哀牢国地处北南纵列的四大山系夹峙三江的横断山南部亚热带，三江四山纵横网布的支流支脉分割出星罗棋布的大量河谷平原和断陷溶蚀盆地（新石器时代都是碧波荡漾的半封闭型湖泊）。区境水源丰沛，植被茂盛，动物群集，并有丰富的矿产资源。各江岸、湖盆周围有宽广肥沃的可耕地，并都相交于辽阔的原始莽林、稀树草原、河壑溪流，农业、畜牧业、手工业和渔猎条件都相当有利。濮、越两大哀牢主体民族都是学术界公认的古代农耕民族。秦汉"西南夷"的经济状况有"耕田，有邑聚""随畜迁徙，

---

① 见王宏道《关于哀牢与昆明及濮的关系和族属问题》，载《云南民族学院学报》1993年第3期；方国瑜：《唐代前期洱海区域的部族》，载《南诏文化论》，云南人民出版社1991年版；石钟健《论哀牢九隆族和洱海民族的渊源关系》，载《民族学与现代化》1995年第1期。

毋长处，毋君长"和"或土著，或移徙"的半农半牧等三种类型，哀牢经济属于"邑聚"定居的农牧类型，生产力发展水平较高。它是哀牢文化和哀牢国形成、发展的物质基础。

我们先来看看哀牢人的农业生产。滇西哀牢国地是云南原始农业发达区域。此区已在300多个地点发现石器时代晚末期和铜石并用时代文化遗存，其中文化内涵清楚的遗址50多处，出土石、骨、角、牙、蚌、竹、木、陶、玉质器物十余万件、片，房屋、火塘、灶、水沟、灰坑、石器制造场、墓葬等遗迹数以百计（发现房屋遗迹的遗址即有10处）。在已发掘的16个遗址中，最重要的是：时代近至距今7000年左右，已有农牧萌生迹象的隆阳区塘子沟旧石器末期遗址；新旧石器文化叠压的施甸火星山大岩房遗址；距今近4000年至2800多年，出土丰富的炭化稻粮和房屋建筑遗迹的昌宁营盘山、耿马南碧桥、石佛洞遗址；"忙怀类型"新石器文化典型代表云县忙怀、曼干和景东丙况遗址（丙况与石、陶器并出铜器一件）；时代距今4017～3335年的龙陵大花石遗址（晚期文化层中有铜器、铜渣、制造铜器的石范与大量石、陶器共出）；云南发掘规模最大（开探方108个，发掘面积2700平方米）并出土红白彩绘陶器、房屋、炭化稻粮的永平新光遗址（新光文化涵盖沧、怒两江辽阔区域）。[①] 出土器物大部属于农业开垦、耕种、收割、加工、农作物护卫、粮食储存、熟食、农业祭祀等等用器。商周秦汉时代即青铜时代的哀牢人，仍大量制作使用石、骨、蚌、陶、竹、木等农用器具，但青铜器的制作使用，已是生产力和社会发展的根本标志。尽管哀牢地青铜时代的考古工作是云南省的一大薄弱片区，但近20年来也已在近百个地点的考古发掘、文物调查和生产、

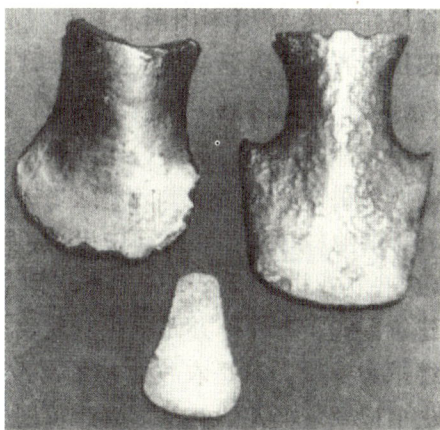

龙陵南林山商代铜斧

云南文库·学术名家文丛

---

① 戴宗品：《永平新光新石器时代遗址》，载1995年度《中国考古学年鉴》；1996年以来《考古》和《云南文物》报道材料。

建设中，出土了约近600件青铜器，这是一个足以令人窥见哀牢社会面貌的可观数量。其中十分引人注意的一个情况是青铜器中约近1/3是农业适用工具，分布广泛的铜斧是农业开垦工具，出土于昌宁、永平、永

保山坝蜀汉墓出土的陶牛、狗、鸡、鸭

德等县的数十件铜锄是垦耕工具，铜锸是插地起土以开沟做垅的农具。滇西哀牢夷区有6个县发现了约作于上述各时代的崖画20余处，面积150多平方米，图形近1600个，其中沧源有屋下双人执杵对舂于臼的图画，这是哀牢各族传统的稻谷脱粒之法。① 《华阳国志》和《后汉书》都记载，两汉之际四川文齐来云南任益州太守，非常重视农业生产，"造起陂池（水库），开通灌溉""穿龙池，溉稻田，为民兴利"，此时哀牢东部的不韦、巂唐、比苏等县已归辖于益州郡百余年，哀牢人的稻作和水利技术必然随之提高。到蜀汉时，今保山坝已有了堰池（水库）。在墓葬中出土了陶堰、水田和大型粮仓模型（这些农业模型以及陶制六畜模型，虽制作于三国时代，但从建筑形式、畜种等方面看，所反映的仍然是哀牢传统农牧业的继承和发展，只是农牧业技术有改变）。这一切都表明，很多史书记载哀牢人"五谷"生产特别是稻作农业具有悠久的发展历史，秦汉之时产量已经很大。哀牢国各大坝子自古至今被称为"滇西粮仓"。哀牢作为史不绝书的农业国度，色彩浓重的农业传统遗俗长盛不衰，一年两度的保山坝哀牢山"犁耙会"，已延续千年，至今每届会期，都有数万人自发前来"朝山""赶会"，进行石、木、竹、藤、铁、陶农器交易。

再看哀牢人的畜牧业。远在旧石器晚末期各遗址和化石产地出土的

---

① 吴学明：《临沧地区史前文化概况》，载《临沧文化》1994年第2期；刘光曙：《苍山西坡的古崖画》，载《大理文化》2002年第2期。刘文认为哀牢内属所设"博南县所辖范围应包括今漾濞直至大理苍山西坡，所以（漾濞）崖画应与生活在这里的哀牢夷有关……崖画中'衣着尾'的人所反映的是哀牢夷的风俗是毋庸置疑的。"

3000多件哺乳动物化石中，家畜祖先野牛、野猪、野羊和狼所占比例高达30%多，证明哀牢先民有着丰富的野生动物驯化家畜资源。许多新石器地点特别是业经发掘的各遗址，大多出土有牛、狗、猪、马等家畜遗骨（其中以牛、狗为多），哀牢先民其时已普遍饲养家畜。在大致绘制于哀牢铜石并用时代的大量崖画中，各种牲畜和人物是主要题材，其中有畜群与牧人组合的放牧图，牲畜中也以牛、狗最多。牛往往被置绘于显赫位置，有的颈套绳索被人牵引，牛后有人驱打；并有二牛相向的斗牛之状。我国先秦古籍《逸周书·商书》载记："伊尹受命，于是为四方令曰：臣请正南……百濮……请令以短狗为献。"著名考古学家李昆声认为："《逸周书》所指献短狗的百濮，即系居住在澜沧江中游的濮人，直到明清时，仍规定顺宁府（今凤庆、云县、临沧、耿马等地）蒲蛮以短狗为贡品。"现在云县等地还有矮脚短狗。[①] 如果这一论证属实，那么哀牢人不但养狗很多，而且长期有名犬"短狗"运往中原进贡。在地下出土哀牢国前后文物形象中，家畜家禽仍属主要题材。17件战国中期到西汉晚期编钟和石寨山型铜鼓，以牛纹装饰为其最显著特色。钟面饰以首尾相接的6头浮牛，有的饰以左右相续的11个牛头，有的饰以两虎利爪相交于一牛头之上的图案；鼓面环饰4头立式瘤牛纹。而在西汉前期的万家坝型铜鼓鼓面上，则雕塑有猎犬搏鹿立体形象。史载哀牢地多产骏马，善行山路，日驰数百里；哀牢王出猎骑马，随行人员当然也多骑马。大牲畜在战斗中是主要掳掠对象。汉光武帝时，今保山坝等地的牛马羊，一场战争中被掳夺了三四万头，这一惊人数字充分显示了哀牢畜牧业的发达程度。到蜀汉之时，墓葬出土陶塑牛马猪狗鸡鸭形象生动，栩栩如生，画像砖上马颈系缰，引颈嘶鸣，

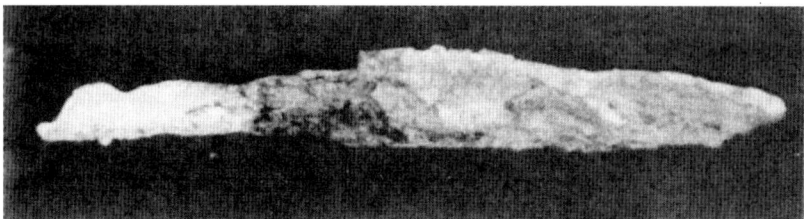

昌宁坟岭岗西汉墓出土的铜鎏铁刃矛，其上包裹有布

---

① 李昆声：《云南考古学论集》，云南人民出版社1998年版。

一派六畜兴旺景象。哀牢人还有一个特殊畜种是驯象，西汉时即大量用以骑乘，以至有了"乘象国"之名，其后还用以耕田、作战。

再看手工业。哀牢人从事的手工业项目很多。依其生产水平和在哀牢人生活中的地位说来，应予重点介绍的是制陶业、纺织业、木作业、竹编业和铜、铁冶铸业。《太平御览》引《周书》说："神农耕而作陶。"制陶与农业生活密切有关，粮食成为哀牢人的主食后，需要大量容器、食具，尤为迫切的是炊煮用具，而定居生活又为制陶提供了有利条件，故而陶器生产颇为发达，绝大多数遗址出土量大，调查所见俯拾皆是，大花石发掘492平方米，即出土陶器3万多件、片。新石器时代的哀牢先民主要生产红、褐、灰、黑四种颜色的夹砂陶器，但大花石、新光等遗址还发现相当数量制作精美的抹光黑陶；器物数量最多的是罐、盆、缸、瓮等大型容器，其他为釜、鼎、碗、钵、杯、豆、壶、尊、纺轮、支架、澄滤器以及陶埙、陶祖等炊煮器、食具、生产工具、乐器和生殖崇拜祭祀器。器面上装饰有数十种几何纹样和鱼、蛇、贝、水波、草、枝叶、树木等动植物形象，装饰方法采用了刻印、压印、拍印、剔戳、指捺、堆塑、镂空以至红、白彩绘等许多种。到战国、西汉、东汉、蜀汉墓葬出土的陶器，以至近现代哀牢后裔傣、佤各族民间制陶，[①] 仍在技法、形制、纹饰等方面传承着上述远古基因。关于纺织业，考古发现和历代史籍记载足证哀牢纺织技术的进步和历史的悠久。哀牢夷区从新石器时代各遗址到汉代墓葬都出土石、陶纺轮；纺轮有大有小，有轻有重，不仅可以纺纱，也能纺线和拈绳。哀牢国时代至少已经生产5种纺织品：桐华（木棉）布、兰干（苎麻）细布、谷皮（构、楮树皮）布、丝织品（彩帛、绵绢）、毛制毡毯类（罽氉）。澜沧江东岸霁虹桥南3公里处出土战国铜斧錾内发现了苎麻纤维；昌宁坟岭岗战国至汉代墓葬群，在出土石、陶、纺轮的同时，还出土了一些布的残片，其质地、织技虽尚待鉴定，但它们至少已证实了哀牢国时代苎麻用途广泛和布的生产已遍及偏僻山坳地区。哀牢后裔佤、德昂等族，现在还沿袭着很原始的"腰机"织布法，将经线前端拴在木桩上，后边系在腰间的卷布

① 杨莉：《云南民间制陶技术的调查研究》，载《中央民族大学学报》2002年第3期。

轴上，两手左右交换穿梭引纬而织。但此种织法布幅较窄，"幅宽五尺以还"的桐华布，显然采用的是进步得多的织机和织法。直至1953年保山地区各族纺织户还有231 066户，织机24 273台，年产棉布50.26万米，窄幅"土布"135.3万件（每件长约8米）；民国年间还大量生产毛毡、毛线、毛头套，仅腾冲松园一带年产花毡即2.8万条。哀牢地是我国养蚕很早的地区之一，魏晋史籍称哀牢丝织品为"文绣""彩帛""绵绢"，其后有"永（昌）绸""永缎""傣锦"等名著称中外。[①] 保山蚕桑生产至今仍在蓬勃发展。如果说，制陶业主要与哀牢人的"食"有关，纺织业主要与"穿"有关，那么木作、竹编则主要与"住"（包括"家具"）有关。哀牢人建筑用材，在遍布区境的原始森林中应有尽有，其中还有一些优质木竹。史籍记载自哀牢国时代至近现代，哀牢夷及其后裔多居干栏式建筑；考古发现则证明，新石器时代和青铜时代前期哀牢先民的房屋有五种建筑形式：（1）干栏式；（2）半地穴式梁椽竹缆两面坡草顶房；（3）半地穴式四面坡尖顶草房；（4）平地起建的丫叉梁架泥皮苇墙草顶房；（5）洞穴内椭圆和方形木柱草顶房。第一种建筑材料以竹为主；第二种以木为主，但仍需大量竹料；其他三种也往往木竹兼用。哀牢地考古出土器物中，石、铜斧、锛、凿、刀等木、竹砍劈剖刨和细加工工具很多。木竹制器因易腐朽难以保存，国内外发现很少；昌宁营盘山出土的一批开凿榫卯的炭化梁、椽、竹缆、编织细密的囤箩和耿马石佛洞盛粮竹盒，一些遗址、墓葬出土陶器底面多有竹器编织印痕，既有平纹也有斜纹，有一经一纬、一经二纬直至三经三纬，腾冲古永大横山和云县下曼品的铜鼓纹饰船形之工整严密、精巧细致，标志着"三代"至两汉哀牢木、竹生产技艺之高，竹、木使用之普遍。

哀牢国地青铜器分属四大类。第一类礼乐器：案、祭盒、鼓、钟、铃；第二类兵器：剑、矛、钺、戚、戈、镞、臂甲，单独出土的剑鞘、镡；第三类生产工具：斧、锄、锸、锥、刀；第四类生活用具：镜、镯、环、带勾、牌饰、串饰小管、镂孔大管、雕塑鱼、蝶、蝉或花卉、饰品盒。青铜器使用于哀牢社会政治、军事、文化及生产、生活等各个领域。以下事实表明，为数不少的青铜器乃哀牢人就地取材制造：（1）《后汉书》《华阳国

---

① 《保山地区志》中卷，中华书局1998年版。

昌宁卡巴洼鞍顶束腰铜盒

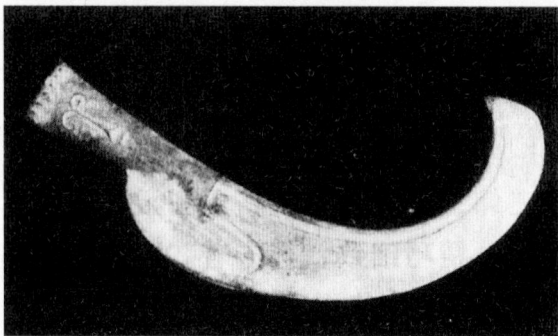

昌宁青铜大弯刀，鋍面饰有形态特殊的人面纹

志》均记载哀牢国地"出铜、铁、铅、锡"，昌宁、龙陵、腾冲、风庆、双江、澜沧等县都在遗址内或青铜墓葬群附近发现冶铸遗迹，包括炼炉、铜矿渣、木炭和铸制铜器的石、陶范。（2）此区多种类型的青铜斧、钺、剑，都可以在当地石斧、石锛、石铲、石剑中找到自己的祖型。（3）哀牢国地成批出现的鞍顶束腰铜盒、人面纹大弯刀、山字足案等，形制独特，是国内外仅见于此区的器物，它们不可能由外地专制输入。（4）出土少量青铜器和石范的大花石遗址上层，时代距今3 335±160年；昌宁坟岭岗青铜墓葬群周围的毕家大田、白沙坡、老寨子等地发现不少炼炉，发掘了毕家大田6座中的3座，2号炼炉碳14测定距今3 250±106和3 160±106年（商代中、后期）；它们都是云南青铜冶铸的最早遗址。[①] 从工艺生产水平看，代表性的一些哀牢青铜器并不比云南内地逊色多少。坟岭岗墓葬群出土的铜鋍铁矛证明，哀牢人至迟在西汉中期即其东北归建为益州郡三县前后已使用铁器。进入东汉后，云南为全国主要产铁地之一，而云南铁主要产于滇池（今晋宁、呈贡）、不韦（今保山）两地，[②] 保山及其以南的5个县区，已出土了两汉时代的一批铁制兵器和生产生活用器。一个罕见的铁器特例是，忙怀类型的昌宁德斯里（村）遗址，村外永昌园

---

① 《放射性碳素测定年代报告（二二）》，载《考古》1995年第7期。
② 《后汉书·郡国志》记益州郡"滇池产铁"，永昌郡"不韦产铁"。

子出土了1件石柄铁锸，[①] 因为石与铁不能像铜铁合制器那样把铜柄和铁刃焊接在一起，便以打制双肩石铲为柄，将铁锸夹嵌在弧形铲刃上。此外，哀牢人的盐业生产、玉石制造也是非常令人注目的。盐矿遍布哀牢各地，以至汉王朝一设置郡县便以缴盐代赋税。原属哀牢国的今孟拱以北玉石矿产区，历来著称于世；隆阳区潞江乡出土的平肩玉斧质色优美，制作精良。[②]

腾冲曲石铜案。我国其他地方出土的铜案均以柱状四足支撑，惟独此案为"山"字形足架

　　还有两项必须提及的是哀牢人的渔猎和商业。史前时代、青铜时代的出土文物和汉晋史籍记载，都证明哀牢人渔猎活动频繁，渔猎产量很大。史前时代至汉晋时代的考古发现，特别是汉晋史籍记载证明，哀牢特产桐华布、兰干细布、丝绸等等其时已远销中原和西、南亚，产自印度、印度洋等地的珂虫、琉璃[③]、海贝等等"宝货"已大量进入哀牢地，并经哀牢东运至中国西南各地，印、缅等国及四川等地商人已往来贩运于哀牢古道，有些"身毒之民"和"蜀贾"已长住哀牢区境。记述东汉史事的《后汉书·哀牢传》言其地"至今成都焉"，是商品生产发展的结果。哀牢及其后的永昌地又被称"殊方异域集散地"和"西南一大都会"，即商业发达的国际贸易区。

　　新石器时代的"农业革命"，不仅导致了哀牢先民稳定的村居和生活的改善，并继而出现"相对剩余"，剩余的积累则导致了私有制的出现。

---

① 李枝彩：《昌宁发现汉代重要文物——石柄铁锸》，载《永昌文化报》第17期。
② 《潞江傣族乡志》，香港天马图书有限公司2000年版。
③ 此处的琉璃不是涂釉的琉璃瓦，而是指一种矿物质的半透明材料。颜师古注《魏略》："大秦国出赤、白、黑、黄、青、绿、缥、绀、红、紫十种琉璃"。

云南文库·学术名家文丛

而畜牧业、手工业、商业的发展则表明，哀牢社会在新石器时代晚末期到秦汉时代，已经经历了三次社会大分工。产品剩余和社会分工，特别是手工业的专业化（尤其是青铜冶铸）需要专门技术和相应的社会机构或公共权力组织提供保证，脱离直接生产劳动的社交、管理阶层随之产生。

另外一个值得重视的情况，是龙陵大花石和施甸牛汪塘商代中晚期遗址陶器器面，出现了一些与文字起源有关的刻画符号。[①] 我国黄河流域和太湖等区域的一些新石器文化此前发现一些陶器刻符，已被论定为文字前身，[②] 大花石有的符号与之近似，而且大花石刻符仅于发掘近结束时偶见于数块残片上，待整理清洗3万块陶片时很可能还有更多发现。

隆阳潞江坝大红山磨光双肩玉斧（墨绿色）

2. 哀牢国的王权、神权、军权统治

考古发现证明，新石器时代末期到商周之际的哀牢社会已出现日趋显著的贫富分化。大花石7座墓葬，随葬石、陶、铜器和鹿、麂、牛、猪，小墓仅有数件，大墓多达百件。[③] 春秋时代已出现少量只有贵族、部落首领方可拥有的铜鼓、靴型铜钺、盛装饰品的扁圆形铜盒等贵重器物。战国、西汉时代出现大批专用于"国之大事"祀与戎的礼、乐、兵器和制作精巧的工艺美术品，这已是奴隶主阶级存在、活动并对峙于奴隶阶级的力证。地处偏僻山坳的昌宁坟岭岗，战国西汉之时是社会经济发展落后地带，但所发掘50座竖穴土坑墓的随葬品，也已清楚地显现着阶级的分化和对立。有20座墓没有任何随葬品，另30座墓大多数只有二三件随葬品，极少数墓多达二三十件，最多的一座40件；其器物组合，女性为纺轮、陶器、装饰品，男性则为剑、矛和有猛兽搏斗形象的牌饰，军事氛围较浓。显然，九隆之世已经形成颇为强大的奴隶制政治实体，承袭于九隆的历代哀牢君

① 杨升义：《施甸半坡牛汪塘新石器遗址调查简报》，载《云南文物》第33期。
② 曹兵武：《中国文明起源：理论与实际》，载《中原文物》1996年第4期。
③ 王大道：《大花石遗址墓地发掘硕果累累》，载《中国文物报》1992年4月19日。

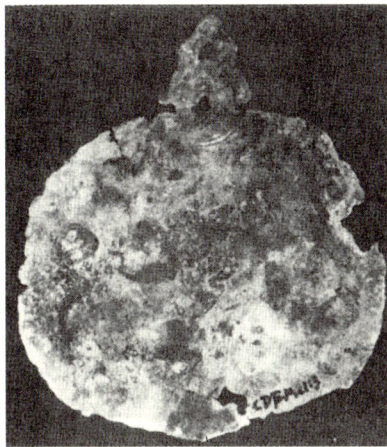

昌宁坟岭岗铜牌饰。悬钮为
圆雕两猛兽直立搏斗形象

王，都是哀牢奴隶主阶级的总头目。蜀汉时期那则《永昌记》，以寥寥18字简略地勾勒出了哀牢贵族的一个具体形象：哀牢王打猎时，来来往往都骑在马上，使用弓箭，笼套上的金、银装饰闪闪发光，头上还装饰着美丽的鸟类羽毛。这是贵族首领的猎装形象，他们平时（包括祭祀、礼宾、宴会等活动之时）的穿戴应该更加华贵。丝织品是哀牢纺织业的最高成就，但它不是给平民、奴隶御寒蔽体的，高贵的"文绣绢帛"只能由贵族享用。既然马具饰以金银，贵族人体装饰首选的自然是史书记载的那些金、银、珍珠、翡翠、琉璃、玛瑙、珊瑚、宝石、水晶（工艺雕刻品）等等"宝货"，考古出土的那些铜鱼、铜蝶、铜蝉、铜花、铜镯之类，虽然精美，但都在其次了。虽然哀牢青铜器可能没有滇国发达，但哀牢贵族生活的豪华程度，较之滇国，估计相去不会太远。

商周之际的团山窝遗址8件陶祖的发现，东汉初年《哀牢传》对哀牢王的推举制自九隆后的十多代转变为继承制的记载，是研究哀牢社会发展状况的两项重要证据。陶祖的出土告诉我们，随着哀牢农业、畜牧业和轮制陶器、冶金术萌芽等手工业的发展，男子代替了妇女在经济生活和氏族公社中的支配地位，世系和财产改从父系计。《华阳国志》《后汉书》除记哀牢王自九隆起，由推举制改变为继承制外，还记载九隆"时哀牢山下复有一夫一妇"，这是婚姻关系在对偶婚基础上，已产生了一夫一妻制，父权制得到巩固，九隆子子孙孙世袭为王的继承制法统得以确立的另一要证。父权的形成使得宗族谱系变得清晰而有联贯性，九隆世族正是哀牢部族中的一个主支宗族。哀牢王权继承制不仅涉及经济（财产等）领域，更重要的是涉及了权力的把持和延续。

最后一个"知其母而不知其父"的部族首领（九隆），被哀牢人最后一次民主选举坐上了哀牢王宝座，而由他开始便施行王权世袭制了。他凭什么被各氏族、部落"推举"为哀牢君王呢？在笔者已查见的史籍中，有

云南文库·学术名家文丛

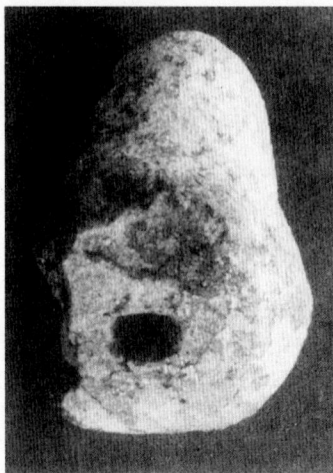

施甸团山窝新石器遗址出土的男性生殖崇拜标志物——陶祖

一二十种共同记载九隆具备以下三个条件：一是九隆"才武"，既有统领族众的才能，又谙于干戈军旅的"经武"之事；二是九隆"黠而有智"，聪明，有智谋；三是九隆曾"为父（神龙）所舐""能与龙言""天所贵也"，哀牢人是敬奉龙神、天神的，九隆既为天神龙神所垂意，大家自然应予拥戴（过了一千多年，《白古通记》《纪古滇说》又为哀牢人增加了一些推举九隆为王的理由，说九隆身边"尝有天乐随之，又有凤凰来仪、五色花开之祥"，并"四时常有神护相随"，这明显是阿叱力"释儒"们从"能与龙言""天神所贵"推演出的衍生情节，它们与秦汉时代哀牢人的宗教信仰是否相同，我们姑置不论）。哀牢君权世袭，如前所述约15世，包括因年代久远失其记载世系湮灭与史籍载明赓续承祚的两段时间，总积年400余年，其世系可列为：

（沙壹）—九隆……禁高—吸—建非—哀牢—桑藕—柳承—柳貌—扈栗—类牢（内属后继位的哀牢王）

综上所述，哀牢国经历了一个循序渐进的发展过程。团山窝时代已处于父系制；随着铜器的冶炼、制作、使用，到战国早中期形成多种经济成分的、多民族的政治区域和政治实体，已靠近九隆之世；大约在九隆之后的战国中期，哀牢称王，奴隶制得到发展，西汉中期为其鼎盛期；西汉中期设不韦、嶲唐、比苏三县，铁器技术进入，这已是文献载明和考古再现的信史。

为了权力的巩固和传承，为了获取更多的奴隶人口和财富以扩大奴隶制生产和剥削，崛起于哀牢政治核心地位的九隆王族，必须对包括各族群体的哀牢社会进行重大整合。整合的基本形式包括了暴力与和平两种途径。暴力即军事、战争手段，包括对内镇压和对外扩张，它是哀牢社会阶级矛盾、民族矛盾发展到唯有武力才能解决时的必然产物。中外史籍记载了截止汉晋哀牢国地的九场战争，其中有八场是哀牢人发动的（详后），更多的早期战争失于记载，但《华阳国志》《后汉书》等史籍记有哀牢王扈栗鹿茤战败后所说的两句至关重要的话，即"哀牢略徼"（扩张战争）"自古有之"，道出了哀牢"自古"以来频繁的战争史。他的话在地下出土青铜兵器特别是成批军事重器上得到了验证。发生在其内部各部落之间并扩大到周邻不同族群的频繁战争，是哀牢走向阶级社会后各族群体间重要的兼并融合过程。和平的主要途径就是利用神灵统治。巩固统治单靠武力不行，还必须用一种思想、精神把广大民众统一起来。而在生产力特别是科学技术不发达、人们迷信鬼神的思想严重的时代，统治者利用神灵来神化王权是很有效的手段，神化王权就是神化哀牢王，九隆是神龙的化身，他的子孙当然也是代表神来统治人民的，统治者们与神交接的法器就是铜鼓、铜钟、铜案、祭盒等礼乐重器。神权、军权、王权一经结合而集于一身，古国之王就拥有了至高无上的权力。

中外史籍所载由哀牢人发动的战争，时间最早的是公元前8世纪兵阻天竺王三子兵众和前5至前6世纪毁太公城之战。史籍记载最详细的是哀牢归汉前的鹿茤之战和归汉初期的类牢反叛之战。其他几战是"元初四年（公元117年）益州、永昌、越巂诸夷反叛"之战、蜀汉时哀牢"夷僚恃险寇害"之战、西晋末哀牢闽濮反叛之战、南朝元嘉年"缅戎寇场"之战，这几战虽然记述简略，但战区、过程、结局基本清楚。八场战争的主要特点：一是由哀牢统治者发起，有计划地主动进攻；二是规模大；三是哀牢军队作战能力强，有的战争动用一二万军兵，有的战争打过怒山沧江，攻夺郡县，交战达两个年头，汉王朝需调遣内地数郡军队或调派名将方能平定。史籍记载的具体战事，考古发现的军权重器、船形图案以及哀牢单人葬小墓中往往矛、斧并存等情况表明，哀牢既有供随时调用的常备军，又有相当

隆阳、昌宁出土的战国至汉代靴型、伞型、扇形刃面铜钺

数量亦兵亦农的预备役兵员；既有包括步兵、骑兵的陆军，又有船筏载战的水军；既有一定的常规军事训练，又有行之有效的统兵制（哀牢王的狩猎活动也与军事训练有关，其目的不同于平民众庶仅为获取猎物以补充生活，而首先是军事训练和演习，其次是获取野兽供祭祀和食用，第三才是游乐①）。哀牢王既可亲自统军作战如类牢，也可命手下将领出征如扈栗，将领出征出自王命，故有军权象征物铜钺和郑重的"授钺"仪式。这也说明哀牢王对军队控制严密。哀牢国日益强大的武装力量，有效地发挥着维护国家统治、维持社会生活秩序的作用，同时用于征伐外族，扩大领地的军事扩张、兼并、掠夺战争。以九隆世族为统治核心的哀牢国，肇基于今保山坝，先统一沧、怒两江间的今隆阳南北区域，尔后四面扩张；但东北方向的洱海区域是强悍的昆明族聚居地，哀牢人难以侵占，因此主要扩张方向是同属濮、越族群主居的西南辽阔区域。在这一扩张基础上，哀牢国约在10万多平方公里土地上巩固发展并走向强盛；其鼎盛时的势力范围，大致东据洱海至元江以西、澜沧江以东的哀牢人居住区，南控今西双版纳南外地区，西北联今印度边区。战争造成破坏，但战争又打破各氏族部落之间千百万年的封闭与隔离，促进了各地区、各族群间经济、文化包括水陆交通的发展。频繁的战争也日益加强了军事首长的权力。

哀牢王室神权，见证于其对九隆神话持续而充分的利用和诸多祭祀器皿的出土。产生于"神话历史"（也称"历史神话"）时代的九隆故事，既具有历史性（包含着对历史事件、人物的真实记述和评价），而又带有"神性"（神龙化育人类）。这是一种图腾感生神话。在九隆故事中，历史是河流，神话成分是覆盖在河流之上的雾霭。我们既要研究故事中的史实，拨开迷雾看清河流；又要研究故事中被转化为强大神权的神话成分，必须将雾霭与河流一并审视清楚。就史实研究而言，神话的本质含义是：哀牢民族由"知其母而不知其父"的母系制社会走向对偶婚和一夫一妻制婚姻的父系制社会，在哀牢王权发展中，出现了父子继承制和居于统治地位的家族，还记下了哀牢王祖先发祥地及11世王族世系，这是极其珍贵的史料。就神权研究而言，神话的本质含义是：进入父系王权制社会以后，既掩盖

① 参考杨升南：《商业经济史》，贵州人民出版社1992年版。

了沙壹无夫生子，又"证明"九
隆降生非凡，他是作为"神"的
化身来统治族民的。哀牢统治者
正是利用广大族民崇信神灵尤
其是龙的社会意识基础，利用九
隆由神龙化生人王的大变局，来
广泛宣扬以强化王权的。哀牢王
族起源神话实质上亦属"君权神
授"体系。哀牢人的青铜鼓、钟、

隆阳下格箐春秋战国时代圆刃斜阑
长方内（柄）铜戚

案、祭盒、戚、钺等等，都具有明显的王族宗教和军事背景，特别是一再出
现威严神秘的人、蛇、虎、牛等雕塑形象，显然都有祈神和威慑的含义。

　　哀牢人和世界许多远古民族（包括汉族）一样，对人的生老病死等自
然现象不理解，有误解，有错觉，以致崇信神灵，崇拜图腾。神灵和图腾
崇拜的神秘性和虚幻心理，衍生出一些特定的社会观念，如：认为人的生
育是由于图腾入居于妇女体内，认为本氏族部落源于图腾，认为死亡是反
回图腾祖先氏族，认为由图腾嫡系统治天经地义，禁忌亵渎、损害图腾及
其象征物，当世系按男性计算后，要为第一位男性名祖找到出世根据，并
把自己的种源与神奇壮丽的事物联系在一起……哀牢人以龙为图腾还与其
农耕文化密切有关，直到近现代，哀牢后裔佤、傣、布朗、德昂和景颇等
民族，仍在每年的宗教活动中，特别是春种秋收时，频繁祭祀龙神，由巫
师祈祷丰稔，感谢龙恩，并如《后汉书》所记，多有以龙形文身之俗。哀
牢王族大力持续宣扬崇奉神龙即崇奉王权的意识，内属时还着重陈述以取
悦于汉王朝，使哀牢"神龙文化"辐射于四面八方，收到了巨大政治效果，
影响极其深远，至今缅甸、老挝、泰国、滇中许多民族仍在广泛传说哀牢
国九隆神话，并以自己是沙壹、九隆后裔为荣。①

　　哀牢首领中的"王"，史书具体载明的有三批：一是由九隆到类牢的
国王、"总王"有10世之名，二是鹿茤之战所死6王，三是随柳貌内属的"邑

　　① 申旭：《老挝史》，云南大学出版社1990年版；王韵凤：《三个国家一传说》，
载《永昌文学》2002年第4期；徐嘉瑞：《大理古代文化史稿》，中华书局1978年版。

王"77人，三批合计93王。失于记载的"王"有两批：一批是"渠帅皆曰王"，不知有多少；另一批是扈栗、柳貌内属前，早已归于西汉不韦、嶲唐、比苏三县的"邑王"，不知有多少。五批相加，哀牢大中小王林林总总绝不下于百。哀牢统治者的军事权威和宗教神威密切结合，哀牢国君及其以下的许多首领身兼政务长官、军事长官和宗教领袖，大小诸王共同执掌着政务、征伐、祭祀等当时最重要的社会职能；王权、神权、军权相互因应，相互为用，三权之用又往往相互交合，例如铜鼓、铜钟既是王权重器，又是神权重器，铜钺、铜戚既是王权象征物，又是军权象征物。

3. 哀牢国的政权体制、社会形态和主体民族

哀牢国是以各氏族、部落群体的传统住区为基本区划的，大的部族区域有如《中国历史地图集》①标绘的"闽濮部""鸠僚部""裸濮部""僄越部"等等，其下则是柳貌内属时所率77"邑王"各自统辖的片区。但这一层级的邑王辖区，与同出《后汉书》的其国境"分置小王，往往邑聚"（《华阳国志》为"往往邑居"）中"邑"的含义并不相同。77邑王每人平均统辖7000多人，多者无疑上万；汉晋时的"邑"也指一定区域的政治经济文化中心所在地，"邑"还是县的别称，县令别称"邑宰"，哀牢此"邑"虽非县，但由此可知其时辖区宽广。而"往往邑聚"或"邑居"，指的是哀牢人长久定居形成的氏族村落。以九隆世族为轴心的王室体系，统合诸族各部，上下递为屏障。

哀牢最高权力机构是九隆世系王庭；中间层级有诸邑王军政官署；基层行政单位是氏族村落。军队强大有如前述，它对外承担扩张、防卫职能，对内则兼有类似现今警察、宪兵职能。官吏之设我们虽然难知其详，但累见于史籍的哀牢渠帅、中小诸王、各级耆老，当是王室以下行使国家权力的基干队伍。渠帅原本指武装反抗的部族酋长、首领，但哀牢渠帅的性质与蜀汉时的雍闿、高定一类有所不同，他们是供职和听命于哀牢王室而又统率一方的军事将领。扈栗在承袭"总王"之前，是一个近似商王武丁子渔地位（武丁子渔时而侍从父王出入，时而代替父王祭祀、征战、田猎）的特殊渠帅，在某些情况下可以代父行使王权。耆老是当时最有学问、智

---

① 谭其骧主编，地图出版社1982年版。

谋、声望，兼管卜筮、祭祀等事务的军政"高参"，在相当程度上左右着当时的政治、军事。诸邑王对哀牢王至少承担着以下义务：（1）随时应召参与重大决策并予统一执行；（2）随时提供军事力量，出军作战；（3）缴纳贡赋（《论衡》《后汉书》《通典》等史籍记载，柳貌内属前哀牢已"岁来朝贡"，"光武季年内属"后岁贡牛马金银珍奇宝货，并"税其盐、布、罽毡以利中土"，这些贡、税无疑来自大量基层贡赋之中）；（4）承担徭役（从哀牢后裔的一些遗制遗俗看，大小诸邑要为王族服许多杂役）。当然，有些设置可能还不够完善，不很专业化，如大小诸王文武不分职，平时主政，战时领兵作战。《后汉书·百官志》说："四夷国王率众王、归义侯、邑君、邑长，皆有丞，比郡县。"扈栗和柳貌内属后，除"王仍旧封"之外，其下的渠帅和众邑王，受封为侯、君、长，他们的官爵封号和其他待遇都比照郡县官员，他们原本都"有丞"即有辅佐官吏。从某种意义上说来，哀牢诸王内属后在一定程度上相当于后世的"土司"。

今沧源班洪佤族地区，直至近现代仍保留着较多的古代遗制遗俗，它对我们了解哀牢国的政权体制有一定的帮助。班洪部落是经过武力征服统一的。最高首领班洪王世袭，但需经各"大户"大伙头和长老协商认可，然后由德高望重的长老主持宗教仪式即继承者的就职典礼。其他头人分管宗教仪礼及其他政事，也都世袭。班洪部落大事的决策特别是军事行动，需召集"大户"头人协商。协助班洪王办事的"衙门"属吏由班洪王近亲贵族担任。其下的"泼勐""拉勐"、队长由班洪王委任。班洪部落77寨，每4～5寨合为一"大户"。村寨头人分大伙头（"达格罗"，兼管祭祀）、二伙头（"达格"，协助达格罗）和小伙头；"达扩特"管理生产，"达布隆"负责司法、调解，"达勒"负责军事，"达朗"负责课税；都世袭（德昂族承担类似职能的村寨头人称"达岗""达干""达吉岗""达布隆""达来""达吉格"，布朗族称"达曼"等等，也大都世袭）。被征服部落村寨要长久为班洪王族和衙门砍柴、种地、挖坟、抬尸……①

---

① 李根蟠等：《早期国家产生的一个实例——试论沧源佤族班洪部落的形成和发展》，载《中央民族学院学报》1982年第4期；《民族辞典》，上海辞书出版社1987年版；《云南辞典》，云南人民出版社1993年版。

　　哀牢国居民分布在高山横亘，峡谷深陷，高山大河支流、支脉交错切割的复杂环境中，适应不同环境的各民族群体社会发展很不平衡（有的属于社会形态的差异，有的属于同一社会形态发展程度的差别），哀牢国一直呈现着多层次的统治结构。南方丝路哀牢干道附近地带和哀牢国腹心区域各平原，大致东起今永平，北达云龙，西含腾冲等地，南括临沧北部，政治经济文化发展趋前，奴隶制率先形成发展起来，不仅农业、畜牧业，而且各类手工业、商业发展水平高，史籍记载繁荣殷富。此区社会已分化形成奴隶主、奴隶和平民三个基本阶级。奴隶主、贵族的主体是大小诸王、渠帅、耆老和郑纯所指的"邑豪"们，奴隶们为他们从事劳动生产和服各种杂役。平民是有相对人身自由和自己经济的一个中间阶级。青铜器是当时社会财富和等级名分的重要物质标志，操握礼乐、军权重器的是上层权贵，拥有少量青铜小件和纺轮等劳动工具的墓主人们，应即属于平民阶级。居住在这一区域之外更广大地区的各族群体，当时还处于参差不齐的原始社会，有些"绝域荒外，山川阻深"的族体，甚至还处在"犹知其母，不得别父"的母系氏族社会。即以佤族而言，直至近现代，分布在镇康、永德的约3万人已处于封建地主经济发展阶段，阿佤山（沧源、西盟等佤族聚居区）中心地区仍残存奴隶制度，而孟连、澜沧至西盟部分地区的7万人还保留原始公社制残余。

昌宁烂野山、打挂坟山出土的战国中晚期
至西汉时的牛、蛇、虎、鹿纹铜编钟

　　哀牢国是在我国先秦至汉代兴起于横断山南部的多民族古国。从距今二三万年至7 000年的塘子沟旧石器晚末期文化，到距今四五千年的新石器文化，再到距今二三千年的青铜文化，前后承续，其最古老的居民是汉晋史书记载最多的濮人先民，他们是塘子沟文化、忙怀文化、大花石文化的创造者。塘子沟文化时代，哀牢祖先大量制作使用的代表性工具，是用来自江边的砾石（鹅卵石）打断而成的石锤和用砾石上剥下的圆形石片加工成的刮削器；新石器时代的忙怀文化、大花石文化时代，哀牢濮人先民大量制作使用的代表性工具，是用砾石上剥下的圆形、椭圆形石片，打去一

端两侧而成双肩的石铲；青铜
时代哀牢人铸制使用最多的代
表性器物，是形同石铲的双肩
铜斧。但从新石器时代晚期开
始，塘子沟—忙怀—大花石文
化独步区境的格局被打破了，
哀牢国地出现了一些新异的文
化类型，证明哀牢先民已由单
一民族族系增加为多种民族族
系。新出现的主要文化类型有
两种。一种是以磨光直角平肩
石斧、石锛为代表性器物的越
人文化，它是自今两广经滇东
南传人哀牢国地的。另一种是
既无打制双肩石铲，也无磨光
双肩斧锛，而以条形石斧石锛、
瓮棺葬、圜底陶器等为代表性

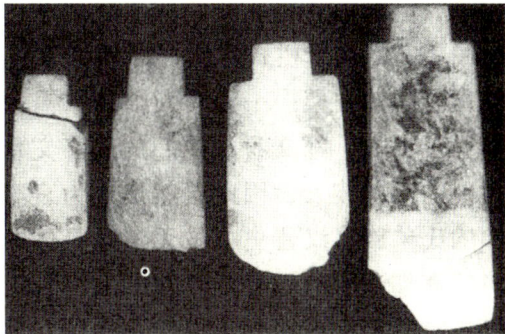
昌宁柯街磨光双肩石锛。最大一件高 24 厘米

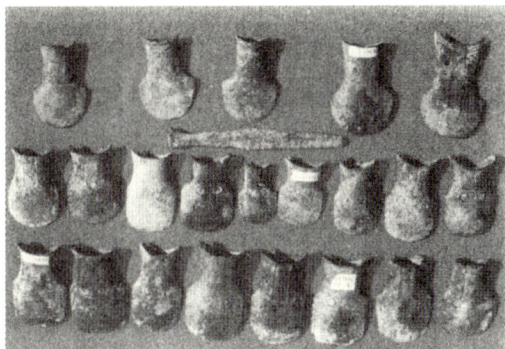
昌宁白沙坡出土的战国双肩铜斧和山字格铜剑

器物的氐羌人文化，他们是从甘青高原经澜沧江、怒江走廊传人哀牢国地
的。在几千年的历史长河中，三大族系都处在运动、变化过程中：既有量
变，也有质变；既在增殖裂变，又在融合同化；既有同源异流（如哀牢濮
人），又有异源同流（如濮、越两族）。哀牢夷三大族系的众多氏族、部落
既相交融互惠而又不可避免地有争斗、冲突，尤其到周秦两汉之时，内外
争战逐渐增多。但无论和平渗透还是冲突战乱都推进着各族融合和社会发
展，加速着三大族系经济文化融合体和政治军事统一体的形成。

越族先民于 4 000 多年前进入哀牢国地后，濮、越双方交好，关系融洽。
他们在新石器时代、青铜时代文化中相容共存，到秦汉之时，史籍记载双
方更加亲密和协调。越人迁入后，多住河湖岸边平原区；濮人原住邻近河
湖的低山坡坳地带，其后一些支系逐渐下迁平原，与越人交错杂居，到蜀
汉时已有大批哀牢濮人远迁云南、建宁二郡。哀牢濮、越族系虽不同源，
但他们有许多共同的文化因子。他们都是长久定居的农耕民族，都住干栏

云南文库·学术名家文丛

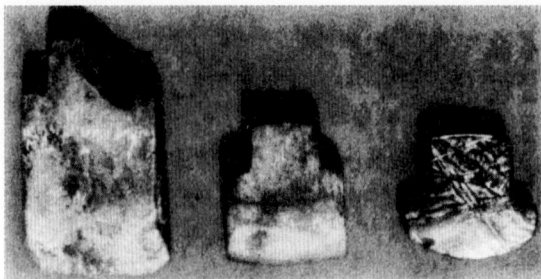

西双版纳景洪、勐海出土的磨制双肩石斧

式房屋，都善纺织（"在纺织业方面，越人妇女很早即知蚕桑……而濮人则以木棉为纺织原料而著称"①），都穿贯头衣，都文身。他们的经济文化发展水平远高于散居在山地的氐羌族人，因此自然形成哀牢夷的主体民族。哀牢夷中的氐羌族，汉晋史书虽无清晰具体的记载，但考古发现和区境后裔都证明确属客观存在，哀牢百王中也理应有氐羌人，但汉晋时汉族官吏在邻近郡、县治所在地接触到和记载下的哀牢官员、居民全是濮人、越人。哀牢文化和哀牢国，是以濮、越为主体的濮、越、氐羌三大族系百万族民共同缔造的，但首开先河的濮人，近两千年来却走过了一条极为坎坷曲折的特殊道路，著名民族史学家王叔武简略概括其过程是："濮—扑子蛮—蒲蛮—布朗、崩龙（德昂）、佤族……古代是一个比较发达的民族，因为各种历史原因，现在比较落后。"②据两汉以来的大量史书记载，濮人（西汉记称"苞满"）在哀牢国时人口、支系众多，住区很广，拥有军队，处于统治地位，直至元明势力还很强大，只因汉晋以来屡次被迫大批外迁，人口减少，历次反抗（特别是元明之时）遭统治者残酷镇压，原住交通沿线和坝区的濮（蒲）人（"根据明代记载，今保山县城周围都是蒲蛮"③）大部融合于汉、傣等民族，只有退居边地的一部分还保持着一些传统文化特点。

还需进一步申述的一点是，哀牢不是洱海"昆明族的一部"或"一个部落"。《史记·大宛列传》《汉书·张骞传》并载："昆明之属……其西千余里有乘象国，名曰滇越"（"滇越这个地区，按其方位来说，应该是云南

① 汪宁生：《试论越、濮不同源》，载《中南民族学院学报》1986年增刊。

② 王叔武：《云南少数民族源流研究》，载《云南省民族研究所建所三十周年纪念文集》，云南民族出版社1987年版。

③ 王叔武：《云南少数民族源流研究》，载《云南省民族研究所建所三十周年纪念文集》，云南民族出版社1987年版。

西部直抵缅甸北部"①）；如果哀牢是"昆明的一部"，昆明与滇越就不应该
中隔千余里，而应是"昆明西连滇越"；哀牢地域广大，人口百万，大中
小王数以百计，怎么可能是"随畜迁徙，毋长处，毋君长"的昆明的一个
部落呢？

（三）哀牢归汉

东晋史学家常璩《华阳国志》说，西汉"孝武时通博南山……渡兰沧
水以取哀牢地，哀牢转衰"。这是对公元前109年滇王"举国降"，汉武帝在
今滇东至滇西隆阳的广大区域设立益州郡后数百年间哀牢国总体发展情势
的真实概括。但是，哀牢国并非陡然全面直线衰落，它的"转衰"是经过
波状起伏渐行下跌的，其中仅在禁高继后的200多年间，即出现了三个波峰，
三个波谷：武帝中后期禁高中兴—武帝晚末期建非西撤—宣帝中前期哀牢复
兴—光武中期汉军屠房不韦—光武中后期柳貌再兴—扈栗惨败到归汉。

公元前2世纪，在今川西、滇、黔、两广等地，存在着邛都、筰都、
冉駹、夜郎、南越、滇、昆明、哀牢等族国。武帝开西南夷，于公元前
111年灭前5族国，设置郡县以统之。前109年"以兵临滇，滇王……举国
降，于是以为益州郡"。②益州郡24县（设置时间稍有先后③），包括了哀
牢国东北地区的不韦、嶲唐、比苏3县，前2县在今澜沧江以西隆阳、漕涧，
是汉王朝军队追击昆明夷败军至其地设立的。战事结束于隆阳、漕涧一带，
但一些逃敌潜匿到"嶲、昆明"人所在的漕涧南北各地，一时难以全歼。
为防御逃敌卷土重来，更为借此推进蜀身毒道的向前开发，武帝毅然决定
在被视为险山恶水、蛮烟瘴雨之地的澜沧江外今漕涧、隆阳设县驻军，并
迁吕不韦宗族子弟于今隆阳，命名为不韦县，旗帜鲜明地宣示了其地已纳

---

① 王叔武：《云南少数民族源流研究》，载《云南省民族研究所建所三十周年纪念
文集》，云南民族出版社1987年版。

② 司马迁：《史记·西南夷列传》；班固：《汉书·西南夷两粤朝鲜传》。

③ 班固：《汉书·武帝纪》："元封二年（公元前109年）秋……遣将军郭昌、中
郎将卫广发巴蜀兵平西南夷之未服者，以为益州郡……六年（前105年）益州昆明反，赦
京师亡命令从军，遣拔胡将军郭昌将以击之……"。方国瑜：《<史记·西南夷列传>概
说》："元封二年汉兵临滇，滇王出降，置益州郡……元封六年，汉兵收复昆明夷及哀牢
夷，设数县，属益州郡"。

入汉王朝。

面对这迅猛严酷的巨变形势，哀牢王建非展现出了他的远见卓识和应变能力，做出了两项立意高远的重大决策：（1）不抵抗汉军入境，任凭汉王朝在哀牢东北区占地设县。他从数年之间西南夷诸族国特别是眼前"昆明"的灭、降中，把握住了内外大势。他的头脑中已没有夜郎和滇王那样的愚昧问题："汉孰与我大？"哀牢地域、人口虽数倍于滇国，但与汉王朝却不敢比量，哀牢在政治上、军事上都绝不能与汉王朝对抗，哀牢继续生存的唯一出路便是避免以卵击石。（2）西迁都邑于怒江与龙川江之间（很可能迁于今腾冲）。这不仅是为回避汉军兵锋和政治压力，更主要是利于统辖和稳定。哀牢国原建都于今保山坝，汉王朝占领哀牢东北地区后，其位置已远远偏于一隅，难以发挥对其广大领地的统治效力。而怒江之西今腾冲至德宏、缅北地区丰肥富庶，东有高黎贡山和怒江峡谷天险极利防御，西南有缅甸大后方足供进退，居民也以濮、越族群为主，并与南外的掸国有亲密关系；腾冲原本就是滇越首邑，气候温和，经济文化发达，选作新都邑当属上策——这就是"哀牢转衰"的大开端：失了半壁江山，不惜示弱于汉王朝而西迁，但经济军事"元气"未受大挫。

哀牢与内地两汉前就有不少经济文化交流。西汉是政治统一、经济文化发达、军事强盛的伟大国家，对四周诸族国都具有强大的吸引力和社会推动作用。益州郡的设置消除了"昆明"这个中原文化与哀牢文化的中间阻隔，内地与哀牢的交流大为加速，对哀牢国的吸引力也更加增强。自建非继承人哀牢开始，借助于更多地引进内地先进文化、技术，哀牢国再度兴盛起来，依附汉王朝的意向也随之增强。但西汉自公元前1世纪中叶转衰，朝廷渐趋腐败，阶级矛盾尖锐，社会动荡，特别是王莽的倒行逆施，破坏和延迟了归附过程。

王莽在西汉与东汉之间建立了一个历时17年的"新朝"，大搞复古改制，大大加重阶级压迫和官吏搜刮，民众困苦不堪，纷纷反抗。为了转移视线，又对匈奴、高丽、西南夷等周边各少数民族发动了挑衅性的非正义战争，并重颁印绶，把西汉所封各部族之王全部降为侯。部族首领（特别是其中的分裂势力）利用族众的不满情绪，乘机叛乱。公元12年滇南晌町王被降为侯，继而被王莽诱杀，栋蚕等"三边蛮夷尽反"。王莽先后遣军

30万征讨，均告失败。到东汉建武十八年（公元42年），栋蚕所率"昆明诸种"已攻入滇池区域。此时，光武帝刘秀征伐巴蜀公孙述的战争已胜利结束十多年，内地社会稳定，经济文化渐趋繁荣，平定益州全境条件成熟且已刻不容缓。于是先遣益州太守繁胜出战栋蚕，败北。次年再遣武威将军刘尚进军，"连战数月，皆破之"，[①] 建武二十一年（公元45年）追至不韦，斩栋蚕帅并虏获人畜四五万（当然还有未及记载的大量其他财产）。哀牢人是否参与了刘尚与栋蚕之战？人们能够推测出的情况只有三种：第一种是不韦县的哀牢"君长"们有如当年建非，对双方都不支持，不干预，族民们也纯然旁观；第二种是"君长"们没有组织大规模的"哀牢夷"军事对抗，但不韦境内的昆明族给予了栋蚕某种方式的支持、援助，给汉军提供了掠掳的口实；第三种是不韦哀牢人在"三边民夷尽反"时已起而反抗王莽，至此仍处于与汉军军事对立之中。前两种情况发生的可能性都不大，它们不应引发汉军大规模屠掳。可能性最大的是第三种情况，它必然导致极其暴烈的后果——这是"哀牢转衰"的新阶段：武帝设不韦、巂唐县只是两个政治据点，实际占据哀牢地方并不多；此次战争使汉王朝势力较大规模进入不韦境，占据地方扩大，是对哀牢部族政治、军事上的一次沉重打击，造成了东北部哀牢经济的一次衰落，还迫使一些哀牢人向西南逃亡、迁徙，哀牢社会元气大伤，抗拒内属的势力由此会有所增长。

东汉光武、明帝时期休养生息，天下太平，百姓殷富，经略和开发西南夷进入一个新的阶段。在哀牢国内抗拒内属势力增强的同时，益州郡县也不断加强对哀牢国各部（尤其是郡县毗邻区）的联结、招徕工作，哀牢国有的边区部落逐渐疏离而致单独归附汉王朝，鹿茤即属此种情况。因为鹿茤是新近脱离和自投汉王朝的，所以哀牢国统治者还想在"内战"名义下加以收复。在是否进攻鹿茤的问题上，抗拒内属势力以压倒之势占了上风。史书记载发动历次战争的哀牢军队，有的是"闽濮"军，有的是"夷僚"军，有的是"缅戎"军，而进攻鹿茤的军队统称"哀牢军"，他们是人数众多的濮越联军。《后汉书》说扈栗所统哀牢军"南下江汉"攻鹿茤，"南下江汉"不可解，《水经注》说扈栗军"南下攻汉鹿崩（多）"，当以此

---

① 范晔：《后汉书·西南夷列传》。

说为是。这次战争有两大战役。第一战，扈栗指挥庞大的水军，乘筚船南下进攻，鹿茤弱小，加之扈栗攻其不备，抗御者纷纷被俘。正当扈栗即将获胜之际，突然"震雷疾雨，南风飘起，水为逆流，翻涌二百余里"，[1] 因筚船沉没而溺死水兵达数千之众，扈栗惨败。这一战是水战。第二战，扈栗"复遣其六王将万人以攻鹿茤，鹿茤王与战，杀其六王。哀牢耆老共埋六王，夜虎复出其尸而食之，余众惊怖引去"。[2] 这一战，扈栗败得更惨，手下的6个军事首领统统被杀，士兵死得比第一战更多，他幸而得脱，战后忆谈，惊若梦魇。第一战后，鹿茤军显然乘胜攻入（或收复）了江西地带，第二战是在江西进行的地面战争。鹿茤两战，在常璩、范晔、郦道元笔下充满类似黄帝战蚩尤的神话色彩，鹿茤之胜被描写成天佑神助的结果，其原因是古代各族先民对风雨雷电、虎豹熊罴等自然现象缺乏科学理解而视为神怪显灵，封建统治者也乐于利用这种灵异之说来神化自己。其实鹿茤战争过程中是发生了急剧的天气变化，出现了超常的暴风雨伴以雷电，而当时哀牢地数量很多的印支虎或华南虎群，又刨食了被掩埋不久的、还可闻到血腥味的六王尸体。鹿茤部落真正得到的支持来自汉政府，他们在鹿茤告急甚或扈栗大军南下之时，即给予了及时有效的救援，这一点从扈栗口中也得到证实，他在战败逃脱后惊叹："中国有受命之王乎？""汉威甚神！"[3]

鹿茤之战中，扈栗动用兵力达一二万之多，这对西撤后的哀牢来说无疑是一场特大战争。军兵作战需要大量筚船、马匹、粮草、兵器和其他装备，扈栗损兵折将，近于全军覆没，给哀牢军事、经济、政治各方面带来了伤筋断骨的巨大损失，加之神怪显灵之说的传播，哀牢一片"惊怖""惶恐""惧畏"，怨怼之声四起，抗拒附汉势力转弱，沧、怒两江间尚未内属的氏族、部落，疏哀附汉声势日壮，而仍在统理这一区域的扈栗，还处于与汉王朝的敌对关系之中。扈栗东与汉王朝疏通谈判，西报其父柳貌，经长时期紧张交涉，柳貌做出了让扈栗统率毗邻不韦的一个片区归属汉王

---

① 范晔：《后汉书·西南夷列传》。
② 范晔：《后汉书·西南夷列传》。
③ 常璩：《华阳国志·南中志》。

朝的重大决策。当时越嶲郡政府负责"外夷归顺"的联络工作，哀牢遣使诣越嶲太守，求"内属""归义"，世祖（光武帝）接纳了他们，以其地设益州西部属国，封扈栗等为君长，郑纯为益州西部属国都尉。①

这一战，使"哀牢转衰"进入了又一个新阶段。但通过扈栗内属，哀牢首领们又恢复了与鹿茤在内的东西部族关系。而汉王朝则在主权归汉的大前提下，通过扈栗等人来统治已内属的哀牢夷区。

至此，哀牢国较之以往更显弱小，南方丝路已畅通至怒江东岸，但哀牢王依仗山水天险、经济资源和族源传统，仍可稳定形势。反对内属的势力依然存在，主张和反对者在彼此消长中不断交锋，但柳貌已清楚地意识到与汉为敌绝不可取，他一直坚持的基本方略是：一方面继续发展社会经济，调整内部关系，逐步消除战争带来的不稳定因素；另一方面努力修好哀汉关系（此期已有扈栗这一政治通道可充分利用），还着力强化"哀牢是龙的传人"神话的宣扬，因为它既利巩固族民固有信仰，又利争取汉王朝认同。对汉王朝而言，为了最终统一西南夷地区，为了贯通蜀身毒道，将哀牢全部纳入版图势在必行，但此时既不宜也不需像对南越、靡莫、昆明那样以军事征伐使之归服。这不仅因为征战面临更加难以逾越的山水天险，更重要的是哀牢王柳貌的继承人扈栗已是光武帝册封授职的汉王朝地方长官，柳貌诚心奉和于汉，为患于汉的反抗势力已呈现削弱的大趋势，归汉意愿正在深入人心。因此汉王朝对哀牢国采取了在稳定地方民族中和平统一的基本方针。汉廷派遣了以郑纯为代表的一批优秀官吏到哀牢夷区东部执政，他们清正廉洁，对哀牢

南方丝绸之路
哀牢段澜沧江西岸水寨故道

① 《汉书》颜师古注："属国者，存其国号而属汉朝"，"唯边郡往往置都尉及属国都尉"。

各族"毫毛不犯"；汉明帝相当重视农业生产，不韦等地自县令陈立、吕不韦宗族子弟到来，到郑纯执政多年，经济迅速发展；加之郑纯等人注重民族团结，"化行夷貊"，营造出了哀牢各族"君长感慕，皆献土珍，颂美德"① 的民族亲和关系；再加上郑纯等积极联络哀牢上层，招徕族众，终致柳貌及其77邑王一致做出归汉的决策，事属水到渠成，瓜熟蒂落。

对于柳貌与77邑王议决归汉后的具体内属过程，汉晋史乘记载很简略，大都三言两语，如班固《东观汉记》："永平十二年，以益州徼外哀牢王慕化，地旷远，置永昌郡；"王充《论衡》："方今哀牢……降附归德，""化不宾为齐民，非太平而何？"郦道元《水经注》："九隆哀牢之国……永平十二年，置为永昌郡，郡治不韦县。"稍为详细的《华阳国志》《后汉书》记有内属时柳貌"遣子奉献"及内属户口、邑王数字和民族、物产、所设县份，也未记其具体过程。但我们将散见于其他史料的有关文字与之对照，尚可理出大致头绪。这一过程大体可分三个阶段，即：谈判、柳貌遣使进京"奉献"、中央和地方举行庆典。谈判涉及很多重要内容，诸如哀牢未来的政治地位，政权形式，行政方式，诸王、渠帅的册封，县域、县治、县名，内地与哀牢经济、技术、名特产品交流，赋税征纳，蜀身毒道哀牢段的扩建、管理，未来的军队设置和军事制度，等等。谈判地点当在不韦，因为战国至两汉这里都是蜀身毒道干线上的滇西一大政治军事经济文化中心，位于西部属国与哀牢国的临界区，比较便于双方相会。汉方与柳貌谈判的全权代表理应是郑纯，因为"属国都尉主蛮夷降者"②；金齿张力先生解读《华阳国志·先贤士女总赞》对郑纯的16字赞词析中肯綮，③"长伯抚遐，声畅中畿。析虎命邦，绰有余徽"，说的是郑纯安抚地处遐荒的哀牢国政绩卓著，广传京师洛阳，明帝授予他虎符，代表东汉王朝与柳貌谈判哀牢国归汉事宜。谈判还关涉到一些须由汉王朝中央定夺的大问题，册封之类还须皇帝颁诏授印，而不韦与洛阳之间相距7 000多里，路远山遥，往返一趟需数月；哀牢国方面也需不断协调统一内部，包括继续制胜

---

① 范晔：《后汉书·西南夷列传》。

② 《续汉书·百官志》《郡国志》刘昭注引《古今注》。

③ 金齿张力：《哀牢归汉，谁与柳貌谈判？》，载《保山日报》2002年9月7日周末特刊。

永昌郡城遗址。国家级重点文物保护单位，是云南迄今仅见的汉代郡城城址

反对势力；因此谈判绝不止两三次，历时可能一两年。协议达成后，柳貌派遣使者前往洛阳进贡和朝见明帝，最佳人选是扈栗，他是柳貌的儿子和继承人，最可信任，又是任职于益州西部属国十余年、与汉方建立了良好关系的汉王朝地方官；他既对哀牢国了如指掌，又熟悉汉方政事，也是谈判中的重要角色。哀牢区域隶属于东汉益州刺史部（治所先后在今成都及其近旁的广汉、德阳），哀牢使臣进京需先到刺史部陈述情况，再经刺史向朝廷述明情由，然后派遣官员引导入都。但扈栗陈述情况后刺史部"三府掾吏（各部门属官），丛积成才，不能成一篇"。[①] 后有熟悉西南夷事的蜀郡上计吏[②] 杨终写成《哀牢传》，竟"斯须不难"。[③] 时在永平十一年（公元68年）冬"年终上计簿"于中央之前。随后刺史部即派杨终送扈栗前往洛阳。杨终进呈《哀牢传》后为明帝所异，征在兰台。兰台之职，著述之所。这既表明明帝对杨终才华的赏识，更表明明帝对哀牢国情况极为重视。《后汉书·杨终传》说："终字子山，成都人，显宗时征诣兰台，拜校书郎，与白虎观焉。"杨终与东汉著名史学家班固，熟识于白虎观讲论五经之时，后来班固不仅在《东观汉记·明帝记》中记述了哀牢归汉置郡，并在《东都赋》中以哀牢归汉设郡盛事，夸赞东汉疆理之广和庆典之隆重热烈，成为千古名篇。洛阳庆典（亦即贡礼）具体举行于何时？《后汉书·明

---

① 王充：《论衡·佚文篇》。

② "上计"是秦汉时考核地方官吏成绩的方法。汉代由县令（长）将该县户口、垦田、钱谷等编为"计簿"送呈郡国，郡国再加汇编上计于王朝丞相。上计原由县丞、郡丞代行，东汉时改派地位较高的掾吏。凡入京执行上计的人员称为"上计吏"。

③ 王充：《论衡·佚文篇》。

帝纪》说："永平十二年春正月，益州徼外夷哀牢王相率内属，于是置永昌郡。"看来庆典也就在这个正月。《东都赋》记"绥哀牢，开永昌，春王三朝，会同汉京"。"王"古时指中原以外的民族来朝，《书·大禹谟》"四夷来王"，孔传"四夷归往之"；"三朝"指正月初一，《汉书·孔光传》"岁之朝曰三朝"，颜师古注："岁之朝，月之朝，日之朝，故曰三朝。"《东都赋》记载洛阳庆典中有许多艺术表演，其中的"傑""侏"（有的史籍写为"禁""昧"）"兜""离"都是古代少数民族舞乐名称，《白虎通·礼乐》说："南夷之乐曰兜，西夷之乐曰禁，北夷之乐曰昧，东夷之乐曰离。""傑""兜"之中或许就有哀牢舞乐，哀牢夷多是能歌善舞的民族，先秦时代的崖画、石刻中就有不少舞蹈、杂技图像，扈栗也有可能随带少数演员入京表演，此事待考。按《后汉书》中"哀牢夷王相率内属""柳貌遣子率种人（各民族代表）内属"等等记载，在洛阳庆典同时或稍后不久，也在永昌举行了有郡县官吏、哀牢诸王和各族人民参加的内属设郡盛大庆典，可惜没有班固那样的辞章加以记载。柳貌内属后，汉明帝给他颁赐了性质、字体类同于汉武帝所赐"滇王之印"的"哀牢王章"。[①]

汉代在哀牢国地设置郡县的整个过程，经历了两大发展阶段，先后178年。其实这两大阶段，汉王朝是分三步走的。第一步是西汉中期武帝在滇中设置益州郡时，有比苏、嶲唐、不韦3个县设在哀牢国东北境区，后2县是汉王朝最早设置到澜沧江以西的县份，"不韦"是出现于哀牢国地的第一个汉语县名。第二步是《华阳国志》《续汉书·郡国志》刘昭注引《古今注》等史籍所载扈栗率17 659人内属后，汉王朝以其地并不韦、嶲唐、比苏等益州西部6县（扈栗内属片区当并入不韦）设益州西部属国都尉。《保山县志》说："是时因哀牢（纳入汉版图部分）已渐治理，益州郡地扩张数千里，乃别立益州郡西部属国，置都尉，治理哀牢人、叶榆蛮。"周钟岳等《新纂云南通志·哀牢世系》说，扈栗内属后设益州西部属国是汉王朝"凭借富强以经画哀牢也"，"欲置郡县先置都尉，两汉一也"，设置益州西部属国的一个重要目的，是为了最终统一哀牢西部。第三步是哀牢王柳貌归汉后，以其地设哀牢、博南2县，合并益州西部属国6县，设立

---

① 清乾隆进士，曾官永平知县的文字训诂学家桂馥《缪篆分韵》一书收载此印。

永昌郡。由于柳貌内属之地，民族情况和地理环境甚为复杂和遥远，东汉王朝的统治势力难于深入县境基层，只能通过哀牢民族上层（诸王）进行统治，所以在广阔的区域范围内仅设了两个县，其境域有如屠述濂《腾越州志》所说："哀牢籍其众，户五万二千，口五十五万三千余，仅分二县，则知汉时其县幅员极广。今腾越、顺宁及土司之境，大金沙江内外，至于南海，皆哀牢、博南地。现在交趾西南犹有哀牢国，地之广大如此。"其说虽非绝对准确，但县地广大则是事实。因为此次内属设县是由郑纯主持的和平统一，不同于当年战争之后以军事占领而设不韦县，故两县之命名都充分尊重哀牢人的意见，西部仍以西撤后的哀牢国名为县名，东部新设之县也以哀牢民族语"博南"为县名。

虽然不韦、鹿茤两战与柳貌内属有一定的因果关系，益州郡及其西部属国的巩固发展也为内属置郡创造了有利条件，但从根本上看，哀牢归汉置郡乃是哀汉双方经济、文化、社会长期发展交流的结果，是华南乃至整个东亚与南亚、西亚及欧洲畅通交流的客观要求，是历史的必然。西汉武帝北却匈奴，西通西域，南灭南越之后，展开了对大西南各区域的经略；至此，西南各部族都归附了汉王朝，基本完成了民族地区的统一工作。武帝、光武帝、明帝、郑纯、柳貌对中国大西南的最终统一都做出了重大贡献，《新纂云南通志》的作者们以深沉的激情称赞了扈栗、柳貌的安民利国功绩，说哀牢国"世系绵绵数百年，不待用兵而内向，休哉贤（扈）栗，休哉柳貌，可以风矣"！哀牢内属置郡，使哀牢各族成为了统一祖国和中华民族大家庭不可分割的有机组成部分，促进了中国大一统局面的最终形成，哀牢历史自此与内地历史相依相循整体发展。哀牢各族为伟大祖国拓疆守土、巩固边防做出了重要贡献。直至明代，王骥三征麓川、邓子龙靖边卫国等历次战争，都依靠了很多哀牢后裔濮、越族系的土司、土官、土人。曾随王骥征麓川，先后镇守金齿30余年的胡志，能使"境内辑宁，军民安堵"，其中有一个重要原因就是胡氏善于"抚驭戎夷（哀牢后裔），不专以威，而能怀之以惠"。[①] 战国秦汉时代，中国南方诸多部族方国，灭国后其遗众都在不长时间内融入了华夏民族，其地现今已成为（或基本成

---

① 见胡志神道碑，现存隆阳太保山碑林。

为）汉族地区，而哀牢国地今滇西各地州市，现今仍是生机盎然的多民族居住区。就连汉族进入最早最多的保山市，哀牢后裔们仍成片成线居住在各县区乡村中；其中长百多公里的怒江河谷两岸，哀牢各族后裔与汉族交错聚居，其传统文化仍各各充盈活力，璀璨夺目。

哀牢内属置郡，使其地成了中国西南内外交往最重要的门户和通道，为中国西南特别是哀牢夷区的发展打开了新局面。由于战乱减少，在官方保护下交通畅达，内外经济、技术、文化交流大大加速，原本就商业兴盛的哀牢—永昌地更是商贾云集，经济文化水平因此加速提升。随着哀牢各族与内地交往的快速增加，境外一些族群与中原王朝也建立和发展了新的关系，使者通过永昌道纷纷入朝，其中掸国国王雍由调三次遣使到洛阳入贡，永宁元年（公元120年）入贡时还带了数达千人的乐团和杂技团表演，和帝、安帝先后封雍由调为"汉大都尉"，赐金印紫绶。[①] 这是郡县发展中的又一件大事，林超民教授指出，由此可知掸国已入永昌郡境内，《华阳国志·后贤志·陈寿传》说："从子阶，永昌西部属国都尉。"此永昌属国都尉可能就在掸国之地。[②] 正如《新纂云南通志》所说，哀牢内属后设立永昌郡是"一以彰国威，一以恢汉土，宏览遐方"，"由永昌而西，大地盘盘"，掸国王、大秦人"俱由哀牢入华"。范文澜也说："哀牢王柳貌率55万余人内附，明帝特立永昌郡……永昌成了中国西南方与天竺、大秦通商的大城市。"[③]

哀牢内属置郡后，建立起东汉统一主权下民族边区的"土""流"双轨制政权，实施优惠的民族政策，外来的汉族与土著民族友善相处。汉王朝既任命太守、县令、县长，又册封土官为王、侯、邑君、邑长，保留哀牢内部的政治、经济、社会结构不变，只征收象征性的赋税。太守主兵，称为郡兵，兵由内郡遣戍。同时兴军屯，筑城堡。东汉以后郡县范围及其治所有过一些变动。蜀汉仍以部族住区和经济区域为基础划分，诸葛亮南征后分南中4郡为7郡，即7个部族区和各有特色的经济区。永昌郡析出东

---

① 《后汉书·西南夷列传》，亦见《后汉书·顺帝本纪》和《东观汉记》。
② 方国瑜主编、林超民编写：《云南郡县两千年》，云南广播电视大学铅印本。
③ 范文澜：《中国通史简编》，人民出版社1956年版。

北3县归建云南郡后，又从所余5县中析出3个新县，原因是哀牢等县在云南当时县份中人口最多，地域最辽阔，统辖不便。西晋沿袭了蜀汉永昌郡，基本无变动。但晋王朝的民族压迫政策引起西南各族反抗，到元康末年（公元299年）吕凯之孙任太守时"闽濮反"，郡治被迫"南移永寿"，与宁州政府失去正常联系。西晋后至南北朝，中原动乱，群雄割据，西南各族多实行"自保"，但并未离弃中原王朝的封号和政权体制。《晋书·地理志》说咸康八年（公元342年）"省永昌郡"，《南齐书·州郡志》说宁州"领郡如左……永昌郡，有名无民，曰空荒不立"，其实只表明中原政权对永昌郡辖治失控而疏离，户籍、贡赋未能逐年呈达，永昌郡并未脱离中国。而且《南齐书》紧接"……空荒不立"之后，又列出了永昌郡统辖的7个县，即永安、永（寿）、不建（韦）、嶲瑭、雍乡、西城、博南，说明南齐不仅仍"立"永昌郡，而且曾在某个时间改动嶲唐、比苏、南涪等县而新设4县。① 此外，《晋书·王逊传》又说，王逊于晋惠帝（公元290～306年在位）末期任宁州刺史时"分永昌置梁水郡"，这是《晋书》又一误记，梁水郡地原均属兴古郡，即今滇东南文山、红河之地，梁水县为今蒙自、个旧地，与永昌郡无涉。②

在哀牢国史中，还有一件重要事情是哀牢奴隶主统治集团的下落。永昌建郡初期哀汉双方关系融洽，发展势头很好，《后汉书·明帝纪》载永平十七年（公元74年）："西南夷哀牢、儋耳、僬侥、槃木、白狼、动粘诸种前后慕义贡献。"可见情况稳定，汉朝统治已逐渐深入，影响不断扩大。但是，中原王朝及其地方政府作为封建统治阶级的代表，他们归根结底推行的是阶级剥削和民族压迫政策，而在他们与哀牢族民之间还有一个并立于郡、县政府的奴隶主统治集团，社会矛盾错综复杂。当中原稳定、政策适宜、用人得当时，则矛盾缓和，不致激化而发生暴烈冲突，反之则阶级矛盾、民族矛盾激化而引起暴力对抗。汉王朝在永昌郡的统治逐渐巩固后，一些汉族官吏迅速加重对哀牢人的剥削压榨，并对哀牢土官内部事

---

① 尤中：《中国西南边疆变迁史》，云南教育出版社1987年版。

② 方国瑜主编、林超民编写：《云南郡县两千年》，云南广播电视大学铅印本；《云南辞典》，云南人民出版社1993年版，等等。

务过多干涉；而哀牢贵族奴隶主则力求保持统治权利并独立发展和扩大奴隶制度，排斥汉族官吏对他们的牵制，建初元年（公元76年）九月，哀牢王类牢就是在这种情况下"与守令忿争"，并煽动族众杀了县令，赶走太守，大规模叛乱的。方国瑜先生指出叛乱出自"县令苛削于哀牢民，侵犯哀牢王利益"①，实属切理分析。东汉中后期，特别是公元89年和帝即位以后，政治上越来越腐败，宦官外戚专权，豪强争利，官吏贪污，西南少数民族不堪"赋税烦数"之苦，大规模联合反抗。安帝元初五年（公元118年）永昌、益州、越巂三郡"反叛，众达十余万，破坏二十余县，杀长吏，焚烧邑廓，剽掠百姓，骸骨委积，千里无人"，朝廷派杨竦统兵镇压，杀人三万多方予平息，期间不得不向朝廷劾奏"长吏奸滑，侵犯蛮夷者九十人，黄绶六十人"，由朝廷加以处分，但朝廷一概免死，② 政治污浊的问题不可能根本解决。质帝时甚至冒出了惊动全国的永昌郡太守刘君世冶铸花纹金蛇，远送京城向独揽朝政、专横贪赃的大将军梁冀行贿，以致刺史种皓丢官，太尉李固惨死的大案。③ 蜀汉至南朝，载入史书的哀牢反抗事件还有前述"永昌夷僚数为寇害""闽濮反""缅戎寇场"等等。由于率众反抗的哀牢之"王"往往起于永昌郡城之西的九隆山区，堪舆家认为"九隆山有王气出"（"王气"，古代指君王所在的祥光瑞气），故"孔明南征时凿断九隆山以泄其王气"。④ 以上历次反抗和失败，是即哀牢奴隶主统治势力的衰亡过程。

二 哀牢文化研究

（一）哀牢文化及其源流

我们从泛文化角度加以审视，哀牢文化是哀牢夷各部族及其先民在漫

---

① 方国瑜：《云南史料目录概说》，中华书局1984年版。

② 见《华阳国志·杨竦传》《后汉书·邛都传》及《资治通鉴》《蜀鉴》等。"长吏""黄绶"泛指郡县官吏；"邑廓"指统治据点、城堡；"百姓"指歧视和损害少数民族的汉民。

③ 《后汉书·种皓、杜乔列传》。

④ 见《南诏野史》《滇史》《景泰云南图经志书》《云南备征志》《滇志》等。

长的岁月中共同创造的物质文化和精神文化的总和。哀牢文化源远流长：它发端于旧石器时代晚期；兴盛于新石器时代晚期和青铜时代；到铁器时代早期即永昌郡建立、汉族大量迁入的汉晋时代起，哀牢文化逐步吸收、全面接纳汉文化，最终其主体文化消融于汉文化，原哀牢国地历史文化渐变为以汉文化为主体的汉文化与哀牢文化的融合体。

1. 哀牢夷区史前文化

在无文字可稽的史前时代（包括铜器时代早期），哀牢人及其先民给我们留下了丰富的物质遗存以研究其原始社会历史。前属哀牢国地的滇西7地州已发现古猿化石产地1处，旧石器遗址和人化石出土地点9处，新石器文化分布点300多处（文化内涵清楚的遗址50多处），出土古猿、人类、动植物化石和人类生产生活用器10余万件、片，石器制造场、房

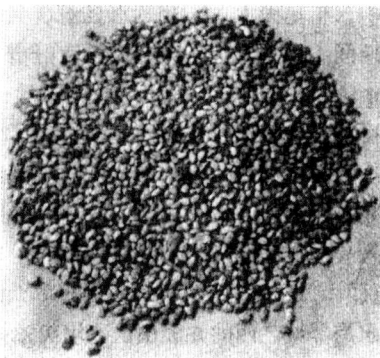

昌宁营盘山炭化稻米

屋、灰坑、灶、墓葬、炼炉等遗迹上百项。[①] 这些发现使云南人类史前史发展的几个重要阶段在这里取得了突破性进展，保山古猿化石，旧石器时代的塘子沟文化，新石器时代的大花石文化，营盘山、石佛洞、南碧桥遗址出土的稻粱和房屋遗存等等发现都非同凡响，它们使哀牢先民创造的上古历史文化放射出了不可磨灭的光辉。

探索人类起源之谜是全世界近百多年来的重大科研课题，人们对于人类起源地点、起源时间、由猿到人的演变过程等重大问题，一直在等待圆

---

① 所列考古发现资料见戴宗品《永平新光新石器时代遗址》，载1995年度《中国考古学年鉴》，1986年以来《考古》和《云南文物》报导材料。并见：

A. 张兴永、耿德铭、李枝彩等编著：《保山史前考古》，云南科技出版社1992年版。

B. 李昆声：《云南新石器时代考古资料汇编》，邱宣充：《西双版纳考古拾零》，均载《云南民族文物调查》，云南人民出版社1988年版。

C. 黄桂枢：《云南思茅地区新石器遗址调查》，载《考古》1993年第9期。

D. 吴学明：《临沧史前文化概况》，载《临沧文化》1994年第2期。

E. 怒江州文管所编：《怒江岩画》，第8页，怒江州民族印刷厂1994年10月印。

昌宁营盘山出土房屋遗迹

满答案。1992年1月在保山坝南侧羊邑清水沟煤窑出土了距今800～400万年的古猿颌骨1件、单颗前臼齿1枚和一些哺乳动物标本，证实了古哀牢地是世界人类祖先起源演化的重要地区之一，化石年代处于人、猿揖别的转折关键时期，故属从猿到人过渡期间的重要代表之一。还有很值得注意的一点，是保山古猿产地所在的横断山区和化石丰富的东非人类起源地，都处于板块构造的大断裂带附近，说明造山运动导致气候变化，森林减少，地面草地食物吸引古猿下地，人类始祖恰适在这种森林—草地过渡环境中学会直立行走并向人类方向发展，[①]横断山区发现更多古猿和早、中期古人类化石、旧石器文化前景良好。

滇西哀牢国地是云南旧石器晚期文化和新石器文化颇为发达而又延续很长的区域。就旧石器文化而言，云南已在13个县发现早、中、晚期遗址30处，其中属哀牢地5县9处，出土7 000至1万年前的"蒲缥人""姚关人""南姑坝人"化石9件，动植物化石和人类生产生活用具近4 000件，火塘和房屋遗迹9项。[②]保山坝龙王塘遗址时代上限距今二三万年，下限为化

① 计宏祥：《造山运动与人类诞生地点》，载《化石》1986年第4期。
② 《云南辞典》，云南人民出版社1993年版。

石中巨貘绝灭的12 000年前；施甸姚关老虎洞遗址碳14测定距今2万年左右；沧源硝洞、镇康淌河洞、瑞丽南姑坝遗址距今一二万年；姚关万仞岗、大岩房、大马圈岩房遗址距今七八千年；保山蒲缥塘子沟遗址距今七千年左右（见附表）。这些遗址都坐落在盆地边缘山麓地带。就是说，至迟在距今二三万年到七千年前，在哀牢国地东部、中南部，西到今云南极边的一些坝子周围，已生息繁衍着一个个人类群体，并非开化很晚。此区旧石器文化越过了传统划分新、旧石器的年代界限（更新世与全新世交接期，距今1万年），下延至全新世早后期，是年代最晚的旧石器文化，它与最早的元谋人文化处于早晚两极，这对研究中国旧石器文化的终始有特殊科学价值。

哀牢国地古猿、古人类和石器文化分期年代表

考古分期		人类发展阶段	化石、石器文化及其年代
新石器时代	晚期	晚期智人	沧源崖画碳14测定画面覆盖钟乳石距今3030±70年，崖画颜料孢粉分析距今2 500～3 500年； 耿马南碧桥碳14测定距今2 820±75年，树轮校正距今2 925±110年； 昌宁营盘山碳14测定距今3 304±82年，树轮校正为公元前1 870～1 890年； 龙陵大花石热释光测定上层距今3 335±160年，中层距今3 532±170年，下层距今4 017±190年
	早、中期		施甸火星山各遗址距今约5 000年 施甸湾子铺松山距今约近6 000年
旧石器时代	晚期		保山塘子沟1989年碳14测定距今6 250±210年，树轮校正距今6895±225年； 保山塘子沟1984年碳14测定距今8 000年左右； 施甸万仞岗、大岩房、大马圈岩房距今7 000～8 000年； 瑞丽南姑坝人牙化石距今约10 000年； 沧源硝洞、耿马淌河洞距今10 000年前； 保山龙王塘下限距今12 000年； 施甸老虎洞碳14测定距今18 403±1 181年
	中期	早期智人	
	早期	猿人	
古猿			保山羊邑古猿化石距今800～400万年

此外，此区旧石器文化还具有以下鲜明特征：

（1）保山、施甸6遗址同属一种地方色彩浓厚的文化共同体——塘子沟文化，即以全国仅见的单平面砾石手锤为代表性器物的、石骨器并重的、以狩猎为主要经济生活来源的旧石器晚末期文化；硝洞、淌河洞主体器物的原料和基本制作技法近似塘子沟，地理位置接近，应属同类或近亲文化。

（2）石、骨器制作技术先进，石器广泛进行第二步加工修理，复合工具比例颇高，钻孔技术使用较多，骨角牙器制作工艺代表了旧石器时代的终期水平。

（3）多数人群仍住洞穴，但已有走出洞穴平地建屋者。

（4）各遗址丰富的火堆遗迹表明，人工取火用火水平已很高。

（5）经济生活多以狩猎为主，采捞辅之，反映了自然环境的特殊性，石、骨制装饰品反映了人们已有一定的审美观念，刻意追求艺术之美。

（6）从为数不少的骨、角制针、锥看，人们已学会用兽皮缝缀衣服以御寒。

由攫取性经济时代即旧石器时代向农牧业生产经济的新石器时代过渡，是人类历史上一次划时代的巨大变革。考古材料初步证明，哀牢夷先民在横断山南部经历了这一巨大变革。磨制石器和陶器是适应农耕经济的需要而产生和发展的。由蒲缥到太平、施甸、姚关北南邻连的四坝西山地区的十多处遗址和采集点，是一批较典型的由旧石器文化过渡而来的新石器文化遗存，石器打制比例很高，以塘子沟文化为祖型发展演变源流清楚，其中火星山大岩房遗址下层为旧石器、上层为新石器遗存，是此种过渡关系的一项特有证据，这一地带又处于塘子沟文化分布范围，这一切都说明塘子沟文化孕育了此区新石器早、中

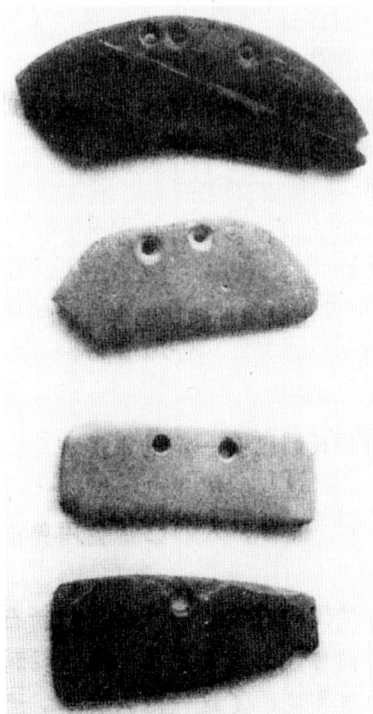

腾冲油灯庄等地弧刃穿孔石刀

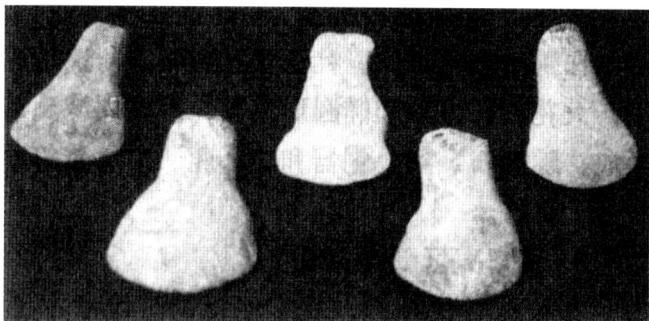
龙陵怒江北岸木城马鞍山磨光扇形刃面弧肩石斧

期文化。时代距今约6 000年的太平湾子铺松山遗址，数十件石器中有个别磨光梯形斧并有少量制作粗糙的陶器和鹿、狗化石，表明农业已产生但仍以采猎为主；其他一些遗址磨制石器上升到30%～50%，陶器和家畜遗骨增多，表明农牧业已建立，时代距今约5 000年。到了距今三四千年的新石器晚期，松山类型文化随着古湖出口的切割，湖水的下降，离开地势甚高环境艰苦的山岳地带，下迁至湖盆山麓和河谷坡坳地区，发展为以大量磨光梯形、条形石斧、石锛、石刀，夹砂灰陶、褐陶罐、盆、钵、缸、瓮为主体器物，近似洱海白羊村类型的新石器文化；同时来自滇东南距今4 100年的，以磨光双肩石斧为典型器物的麻栗坡小河洞①类型越人文化，经西双版纳、孟连、双江、耿马②到达德宏、龙陵、腾冲、施甸、昌宁、泸水③等热带、亚热带坝区；在沧、怒两江及其各支流河谷坡地演变发展成为以打制双肩石铲为主要垦耕工具、陶器相当发达、石刀磨盘等农具和渔猎工具也很多的大花石文化（龙陵大花石遗址发掘出土早、中、晚三期文化遗存，早期石器全部磨制、中期少量出现、晚期大量出现打制双肩石铲），其分布范围广及西双版纳以北、德宏以东四地州大部地区；保山市中南、中东至泸水一带是以上几种文化的交接区。此外，在保山、德宏南部国境附近发现一种颇为特殊的新石器——木城马鞍山类型文化，以大批磨光弧顶弧肩弧刃斧、矛斧兼用器为代表，并出石刀、石磨盘、石纺轮和

① 邱宣充等编著：《云南文物古迹大全》，云南人民出版社1992年版。

② 李昆声、肖秋：《试论云南新石器文化》，载《文物集刊》第二集；云南省文物队：《南碧桥新石器时代洞穴遗址》，载《云南文物》总第16期。

③ 德宏、腾冲、龙陵、施甸、昌宁沂盘山出土磨光双肩石斧石锛见《保山史前考古》《腾冲画报》和《云南文物》总第22期。其后昌宁柯街芒赖村马桑林洼又出土4件大型磨光直角双肩石斧，现存县文管所；泸水排路坝直角双肩石锛，现存怒江州文管所。

渔猎器，陶器不见绳纹，其磨光双肩石斧似由小河洞类和大花石铲融合而来，年代可能稍晚于大花石上层而靠近耿马南碧桥。

在以上新石器文化遗存中，有一些引人注目的遗物遗迹，它们突出反映了哀牢先民的社会经济文化特征。如：营盘山、石佛洞、南碧桥各出土大量炭化稻粮，营盘山炭化稻米是云南迄今所见年代最早的古稻遗存，表明哀牢夷具有悠久的稻作史；各遗址发掘所见房屋形式、结构不同于外地：大花石是长方形丫叉梁架泥皮墙房，营盘山是半地穴式长方形榫卯梁椽两面坡草顶房，石佛洞是在洞穴内立柱建盖

龙陵大花石遗址石刻花卉

椭圆形、长方形居室；施甸团山窝遗址出土父系氏族社会标志物陶祖8件；大花石陶器器面发现有考古界多认为与文字起源相关的刻画符号；思茅县南夺遗址发现原始吹奏乐器陶埙1件；施甸狮子山和大花石两遗址出土了在磨光石斧、石片上线刻的人物形象[①]和花卉图案，证明哀牢人绘画、石刻历史至迟开始于三四千年前的新石器时代；沧源、耿马、永德、泸水、福贡5县发现崖画面积约近150平方米，图形近1 500个，前3县为红色涂绘，后2县多为黑色涂绘，内容为山川日月、巢居、穴居、村落、干栏式房屋、道路、植物、动物、人类的农牧渔猎生产和采集、战争、舞蹈等等活动，[②]这是哀牢先民内涵丰富的形象史书，在揭示当时自然、社会状况方面，与遗址出土材料有互补作用；大花石长方形和椭圆形墓葬，墓坑周缘到墓顶均以石块垒砌而成，随葬石、陶、铜器和鹿、麂、牛、猪等动物，小墓数件，大墓上百件。

2. 哀牢夷区青铜文化

和石器时代相比，哀牢地青铜时代考古工作做的较少，仅发掘了有早期遗存的大花石遗址和属于中、晚期遗存的坟岭岗古墓群（发掘报告尚

---

① 汪宁生：《云南考古》，云南人民出版社1992年版。

② 李昆声：《云南文物古迹》，云南人民出版社1984年版；邱宣充等编著：《云南文物古迹大全》，云南人民出版社1992年版；李昆声：《云南艺术史》第一章，载《云南文物》总第36期。

未发表），但有很引人重视的一个情况，是近年来各地州市县近百次（处）在生产建设中出土和在文物调查中发现了青铜器，发掘出土与零星出土者相加已近600件，数量和器类都颇为可观，它们已以较丰富的内容和特有的形式展示了哀牢人的生产生活、社会面貌和民族特征，我们可据此初步勾勒出哀牢地青铜文化的大体轮廓。

滇西哀牢地青铜器多数出自墓葬，少数出自遗址、窖藏。器物可分礼乐器、兵器和生产、生活用具四大类。四类中的斧、刀、锥等是兼用于生产生活或兵事的复合器。各大类中有一些地域和民族特征鲜明的器物：

（1）山字架足铜案。出土于腾冲麻栗山古墓，案面近似内地，但以长方铜片连接成两"山"字架为足，器面布满统一和谐的几何图案。

（2）鞍顶束腰铜盒。昌宁、隆阳、腾冲出土5件。最大者（隆阳罗明）

腾冲古永苏江万家坝型铜鼓

勐海布朗山万家坝型铜鼓

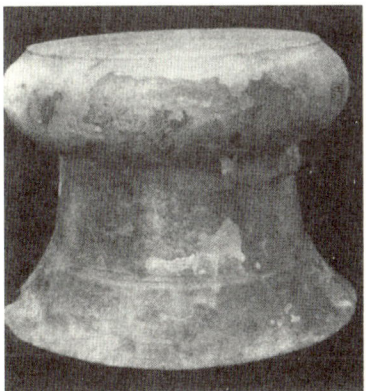

腾冲中和小卧龙山寨
万家坝型铜鼓

昌宁天生桥山出土，是迄今惟
一一个鼓面有立体雕塑的万家坝型
鼓，被视为向石寨山型过渡的代表

高58、盖顶宽33、盒底宽44、盒厚9厘米，最小的一件（昌宁沙子沟）仅存盒盖，盖顶宽14.2、厚2.5厘米。除器底之外，盒面都布满几何纹饰。腾冲盒出土时直立于平放的铜案之上，应亦属祭器。

（3）铜鼓。有铜鼓"鼻祖"之一——腾冲二龙山鼓，有石寨山型立体雕饰始创期三鼓之一——腾冲小钟山鼓，最特殊的一件是昌宁天生桥原始型（万家坝型）鼓，鼓面有了犬、鹿等动物立体雕饰4组。

（4）斜銎尖踵靴型钺。隆阳、昌宁、凤庆出土10余件，形体较大，有的高27.3、刃长33.3厘米，均饰几何纹。

（5）圆刃方内斜阑戚。隆阳下格箐出土5件，阑下一圆穿，器薄而轻。

（6）人面纹大弯刀。昌宁营盘山出土2件，为刃端平齐的长弯刀，銎面人面纹圆眼，圆口，长鼻，眉斜竖，通长55、刃宽7厘米左右。

（7）斧斨类。数量和类型众多，其中有一批单凹侧叉角肩直銎斧，还有袋形斧和重肩斧。

（8）动物（蝶、鱼等）、花卉（近似蝉）形铜饰品，数量不少。

哀牢地青铜器没有滇池区域那样大量精美的艺术装饰，也不像洱海至德钦等地纹饰少，而是绝大部分有纹饰，少数为小型透雕、圆雕动、植物或在器物上作立体附饰。纹饰大多为几何形纹，均为阳线铸纹，主要有弦

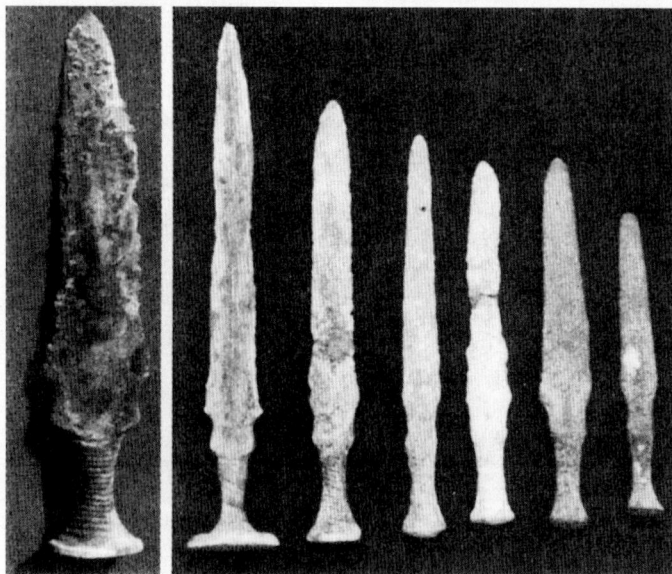

昌宁坟岭岗、白沙坡"山"字格、花蒂格缠缭纹铜剑

纹、绳纹、缠猴纹、圆圈纹、同心圆纹、点线纹、双勾纹、云雷纹、羽纹、栉纹、三角纹、方格网纹、菱形纹、叶脉纹及其组合图案。人物形象仅见于铜鼓、铜刀。纹饰和雕塑中的动物、植物、器物形象有虎、鹿、牛、狗、蛇、蛙、蝶、鱼、花卉、龙舟、鼓、弩等。较精美者为动物、花卉形饰品，看来哀牢人擅长仿照小动物和花卉雕铸逼真而小巧玲珑的工艺品。

哀牢地青铜文化的分期、断代现在还很困难，因为尚无考古发掘提供充分的地层依据和科学测定的年代序列。我们只能就器物质色、类型、纹饰，参照个别放射性碳素测定数据，试行分出相对意义上的不同阶段，大致说明其发展过程的几个先后时期。

早期：以出土铜锥、铜器残片、铸制铜器的石范和冶铸遗迹的大花石上层为代表，包括年代稍早或晚于大花石上层的一些地点，分布在龙陵、施甸和怒江州中南部，特点是铜器大都与石器并存，工具主体仍是大量石器，铜器器型单调（仅见斧与锥），其中一批铜斧是锻打的小型实心红铜器，铸制的有銎斧也很粗糙，技术落后，发展缓慢，上限为商中期，下限西周，是属哀牢地青铜文化的滥觞期。

中期：以昌宁白沙坡、坟岭岗和云龙漕涧坡头村墓葬为代表，同期器物出土地点广布哀牢区境，特点是器物种类和数量大增，技术显著进步，全部礼、乐、兵器、装饰品和大部分生产工具均出此期，许多器物铸制精良，纹饰繁美并有人物、动物、植物，或为透雕、圆雕制品，坟岭岗晚期墓葬中已出土1件铜銎铁矛，时当春秋、战国至西汉前期，是哀牢地青铜文化的育成与繁荣期。

晚期：西汉中期起，云南出现较多的铁器，至公元前109年武帝在哀牢地设置不韦、嶲唐、比苏3县，随着汉族移民迁入引进铁器，哀牢地在西汉中后期步入青铜文化衰落期，此期青铜器见有石寨山型铜鼓、铜斧、汉式铜镜等。

哀牢地青铜文化始于公元前14世纪，至公元前5至前2世纪处于繁盛期，公元前1世纪进入铁器时代，青铜时代延续了1300年左右；中后期和晚期是哀牢国存续时代。

生产工具的进步是社会生产力发展的标志，哀牢地青铜器以生产工具（主要是农具）为大宗，超过了总数的1/3，标志着农业、手工业已发展到

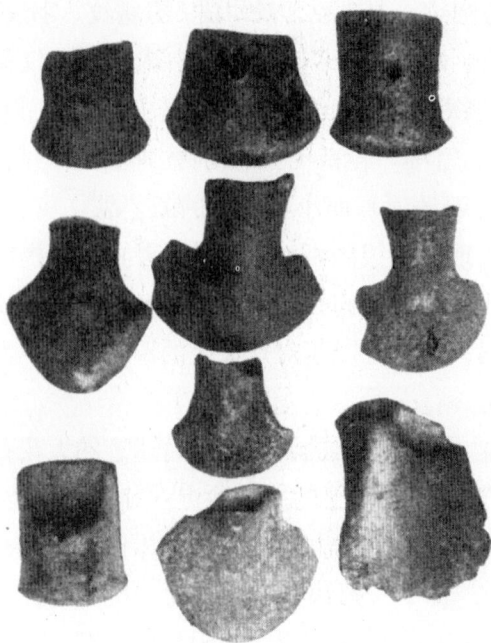

腾冲打苴铜斧

一个新的水平。此区铜材主要用来制造生产工具，这相同于滇文化而迥异于中原。铜和锡是青铜文化赖以产生发展的首要物质基础，中原很少制用青铜工具是因铜源困难，仅有的铜、锡大都用于制作礼乐器和兵器了；云南与中原不同，铜、锡埋藏和开采量均居我国前茅；[①] 哀牢地现今勘探开采证明铜、锡蕴藏亦颇丰，这与《后汉书·西南夷列传》记载"哀牢地出铜铁铅锡"相符。哀牢地生产工具中，数量最多的是用于砍伐开垦的各类型铜斧，其次是用于起土平地的铜锄，用于开沟做垅、类似铁锹的铜锸，还有近似傣族弯镰和保山等地梯田"砍埂刀"的青铜大弯刀。铜制农具的增加和改进，联系此区发现新石器时代晚末期到青铜时代的大量炭化稻粮、家畜遗骨、房屋遗迹和规模较大的氏族墓群，不仅进一步证明哀牢夷主体民族是长久定居的农耕民族，也证明哀牢夷青铜文化繁荣期农牧经济已很兴旺发达；偏僻谷地坟岗墓葬中出土的一些纺轮和纺织品遗存，则说明战国、西汉时期纺织业已早有长足发展。此外，龙陵、腾冲、昌宁、云县、双江、澜沧等县都发现青铜冶铸遗迹（其中铸制青铜器的石范和陶范11件，所刻铸型与本区青铜器物一致），证明此期哀牢地青铜冶铸业已具有一定规模。

古代中国、印度、巴比伦等地的青铜时代即奴隶制时代。哀牢国地位于邻接印度的中国西南部，青铜器中最能说明已进入奴隶制社会的是礼乐

---

① 张增祺：《云南青铜文化研究》，载《云南青铜文化论文集》，云南人民出版社1991年版。

器和兵器。奴隶制社会"国之大事，在祀与戎"，在贵族奴隶主频繁的祭祀活动和部族争战中，需用许多礼乐器和更多的兵器。中原礼器以钟、鼎为代表，鼎乃"立国传国重器"，西南夷各族国的铜鼓除具有类似鼎类礼器的性质外，还用于赏赐、进贡、击鼓以通神灵，又是财富的象征物，哀牢地见诸文献著录和考古报道的传世和出土铜鼓已100多面。南部西双版纳到德宏一带多是唐代开始流行的西盟型鼓，中部区域即今隆阳、腾冲至临沧北部均见春秋战国时代的万家坝型和战国至汉代的石寨山型鼓；两套编钟、单件发现的铜钟、案、盒等祭祀器和代表统军权力的军事重器大型铜钺也出自中部区域；中部出土兵器中的戚亦具礼乐器性质，春秋战国时代祭祀等仪式中的雅乐分文舞、武舞两大部分，武舞舞者手执干（盾）戚。哀牢地青铜兵器有"劈兵""刺兵""勾兵"、箭镞等进攻性武器和防身格斗的剑，主要器类近于齐全。我们从已见的这些礼乐器和兵器中可明显感受到阶级的对立和对内对外战争的时有发生。滇池区域青铜器图像表明其时存在奴隶主贵族、平民、奴隶3个阶级。我们从哀牢地数量不少的青铜生活用具中看到，即使那些小小装饰品也绝非奴隶们所可享受。滇西哀牢地呈中部西凸的长条形，礼乐器在北、西、南部都极少发现，绝大多数礼乐器和戚、钺等军事重器都出土于地处腹心的保山市及其附近，说明在哀牢国时代及其前若干世纪，此区均属一大经济文化中心和军事重地。出土前鼓钟共存，案盒共存，戚钺共存，钺盒共存，这使我们大致看出了各种礼乐器和军事重器的基本组合关系。四大类青铜器物从不同侧面共同反映了哀牢国形成的条件和概貌。

3. 哀牢文化和汉文化的融合——永昌文化

哀牢地设县置郡、进入汉晋时代后，上承青铜文化余晖，下汇来自中原、巴蜀的汉文化而成"永昌文化"体系，它由哀牢社会自身发展的要求和汉王朝开发西南边区并扩大与南亚、西方经济文化交流的要求结合而形成，此区历史发展进程因之大大加快。汉晋时代云南有些地区屡经攻伐战争才走向统一和融合，哀牢夷区则虽有小的波折而主要是在汉"夷"长久交往共处中和平发展，自然融合。融合过程即永昌文化的形成过程分三个时期：自武帝设3县至柳貌内属置郡的170多年是开始期，置郡开始至闽濮反、郡治南移永寿（今耿马）的230多年是高潮期，其后至南朝末的300多年因中原纷乱，南中扰攘，关系阻隔而处于低潮期，但仍沿着两汉开拓的永昌文化道路前进。由于700年永昌文化的形成和发展，哀牢夷区由青铜时代迅速转入铁器时代，经济文化得到巨大发展，汉"夷"文化渐趋整合，在今保山等腹心地区建立了带有奴隶制色彩的地主庄园经济，而其他地区仍为奴隶制和原始部落制的"夷"文化区，全境呈现为以汉文化为主导和龙头，汉"夷"交错融合的经济文化体系。保山坝是当时中原向西南迁徙移民、传播文化的前哨阵地，这里发现一批汉晋城址、房屋、堰池、墓葬和其他遗迹，为研究永昌文化的形成发展提供了足兹佐证的实物材料。

当先进强大的客体文化进入相对落后的土著文化领域时，后者被融合虽属历史发展的必然，但前者的被接纳和后者的转化并终至合一，需具相应的条件。汉王朝政策和方式的适宜即采用了不同于内地的政权形式和施政措施，创造了决定性的前趋条件。当时如骤然取消适应于奴隶制和原始社会形态的部族组织而代之以只适应于封建地主经济社会形态的郡县制度是行不通的，因此"即其部族列郡县"，以部族分布区域为基础划分政区；设置郡县的同时保留部族组织，在派遣汉族官吏、任命太守、令长的同时，加封土长为王（如扈栗、柳貌、类牢）、侯、邑长，要他们听命于郡守县令，但各自"复长其民"即继续控制族区；郡县官吏则"从其俗而长之"，然后逐步结合哀牢地区实际"立法施教""创立制度""渐迁其俗"，诸葛亮更将成套政治统治规制、礼仪绘成图谱赐予"祖之哀牢"的民族头人，使"夷甚重之，动以如之"；主政于永昌的一些有能力而又廉洁的郡县官吏如前述不韦县令陈立、永昌太守郑纯和吕凯、王伉、霍弋等等，也在汉"夷"文化融合中起到了特殊的推动作用，他们"抚和异俗，安抚夷汉"，致力于发展经济，兴学倡教，因此"恩威并著"，"夷汉皆感悦"，共"荐美"。当然，也有一些郡县官吏急于求成或压迫苛重、贪酷榨取，或"夷"人贵族首领过分贪求特权，以致引发对抗，汉王朝便不惜动用武力以清除障碍，在永昌设郡后曾有过史书明载的击杀哀牢王类牢①、"益州、永昌、越巂

---

① 范晔：《后汉书·西南夷列传》。

诸夷反"被大军平息①、"永昌夷獠寇害"被霍弋讨平②和爨龙颜西征缅戎③（缅戎当即永昌闽濮）等历次军事征伐事件。

汉王朝大举移民殖边是汉文化大规模传播于哀牢夷区的主要形式。史籍著录武帝时即已迁入不韦等地的汉族移民估计为数不少，否则在民族情况至为复杂的"极边"前沿区难于立足；永昌郡存续期间还历有迁来者，不详于记载而已。西汉移民殖边始于文帝时为抵御匈奴招募百姓屯戍塞下，赐予被招募者爵位、一年粮食和冬夏服装，免除赋税徭役，并为他们"营邑立城，制里割宅，通田作之道，正阡陌之界，先为筑室，家有一堂二内，门户之闭，置器物焉"，又"为置巫医，以救疾病，以修祭祀，男女有婚，生死相恤，坟墓相从，种树蓄长，室屋完安。此所以使民乐其处而有长居之心也"。④ 这里记述的虽是屯垦北方塞下的情况，但其后在包括不韦在内的西南边区做法也基本一样，而且措施会更加完善配套。我们从移民塞下和不韦等记述可知，当时大批移民不仅举族而来，而且是把中原汉族的城池、村镇、房屋、农耕、婚姻、服饰、器物、医疗、宗教祭祀和葬俗等等即汉文化的整套社会模式都移植而来了。在政府招募之外，还有来自另

1999 年 4 月汉营村永昌郡城址发掘现场

① 常璩：《华阳国志·南中志》。
② 《三国志·蜀书》。
③ 《爨龙颜碑记》。
④ 《汉书·晁错传》。

白塔山东汉墓

一些渠道的移民：一种是被派遣来滇西作战，因离散而流落下来的，如王莽倒行逆施导致"三边蛮夷尽反"，王莽在牂牁郡和益州郡滇池、洱海区域3个战场进行了13年不义战争，动辄兴兵十数万，发"转输者"数十万，期间每每"士卒死者什七"，"死者数万"，[①] 实际上其中很多士卒和"转输者"是逃亡了，洱海战区的逃亡方向即其西部永昌；一种是避难而来的，如西晋太安年间宁州刺史李毅、王逊强暴统治，"夷遂大反，破坏郡县，围攻州城"，"役吏民……晋民或入交州，或入永昌"，[②] 宁州治在味县（今曲靖），当地汉族有难不逃邻近郡县而不避山水险恶远走永昌，说明永昌是汉族避难的好去处；一种是利之所趋经商而来的常住人口。这些人都汇入了移民殖边群落。两汉时相继而来的官吏、屯军、移民都以郡县治城为中心自成系统，星罗棋布于土著居民邑落之间，与土著民族渐次进行生活、婚姻、文化、技术等交往。由于以宗族为基础的移民集团为适应复杂陌生的环境都聚族而居，掌握文化知识和宗法特权的宗族领袖特别重要，久而久之渐成强宗豪右，吕不韦"宗族子弟"到不韦300多年后，其后裔吕凯为蜀汉永昌方土大姓和汉文化主要代表，执掌郡守职权。据《保山市地名志》和其他地方史志记载，保山坝东北金鸡、北部板桥、中部汉营、南部汉庄等村镇均

---

① 　《汉书·西南夷列传》及《王莽传》。
② 　《华阳国志·后贤志·李毅传》及《南中志·总叙》。

始建于西汉、东汉和蜀汉时代。不韦县治所在地、吕凯故里金鸡村有吕凯墓、吕氏居址、祭祠及其操点兵将等军事活动的种种遗迹；金鸡村北侧有地势平缓、面积达十数万平方米的古城坡遗址，出土大量汉代砖瓦并发现柱础、石基，[①] 该址应即不韦县城遗存。汉营村内外亦多汉晋遗迹，最重要的是村东侧汉晋古城址，近正方形，面积11.6万平方米，周边残存层层夯筑而成的高2~5米、厚9~14米的城墙，北墙向西、西墙向南延伸出城外，性质似同马面类军事附属设施，城内多处出露夯碎平实的建筑台基和卵石砌筑的搪盖石面，出土大量汉砖汉瓦、陶器和铜钱（据说是五铢钱）、铜器残片，西延的北墙中上段地下出土杂乱无章的人骨堆（筑城时的刑徒骨骸？）西墙外出土了"元康四年造作"砖，[②] 此城当系东汉至晋元康末年（闽濮反前）永昌郡城。这些，是"营邑立城，制里割宅"的遗证，由移民传来"一堂二内"的汉式住屋在永昌郡地延用已2 000余年并普及四境。"墓葬相从"的冢群已多处发现。1992年在坝西北白塔山前放牛场发掘了东汉元嘉二年砖室墓1座，附近还发现另两种东汉墓砖；1987年龙王塘山下台地南诏建筑遗迹基部发现东汉中平四年砖一批，形同汉代墓砖；同年在郎义村梯田内发掘汉晋画像砖墓1座；蜀汉墓葬除前述吕凯墓外，坝子南部汪官营至小汉庄一带发现5座，发掘了2座延熙十六年墓，它们无疑都是汉族移民墓葬。发掘了的东汉、蜀汉墓葬出土的水田、堰池、粮仓模型、稻谷和陶塑牛、马、猪、狗、鸡、鸭，还有汉营之西筑于蜀汉时的诸葛堰，是"通田作，正阡陌"并六畜兴旺的形象和实物证据。两汉汉族移民所"置器物"中最重要的是带来了铁器及其冶铸技术，据《续汉书·郡国志》记载，进入东汉后不韦县已成为整个西南夷区开采铁矿并就地铸造铁器的4县之一（另3县是滇池、台登、会无，台登、会无即今四川冕宁、会理），保山汉墓、施甸大理召、昌宁永昌园子、澜沧班岁梁子寨、永德象圈坝等地已出土了汉代铁犁、铁锸、铁钉、铁剑。

在永昌文化700年发展中，儒学、汉语书面文学由植根发育而渐趋发达、传播，作用显要，惜乎作品存传很少。《蜀世谱》记载："汉初设不韦

云南文库·学术名家文丛

---

① 刘晖：《古城坡疑为不韦城址》，载《保山报》1989年5月31日。
② 李枝彩：《话说诸葛营古城》，载《活水》1995年第2期。

县时，已开文教之风。"并记："蜀郡王阜为益州太守，建兴学校，逮及蜀汉，经学未衰，雍闿、吕凯皆能文章。"产生于汉代开发哀牢夷区时、记述了辟建南方丝路永昌道一代盛事的歌谣："汉德广，开不宾，度博南，越兰津，度兰仓，为他人。"是史有明载、素被公推的云南最早诗歌，在云南文学史上有着重要地位，作者族属虽无从得知，但所表现的较高汉文化程度表明它明显师法于汉文学艺术。东汉中后期，云南出现了两个影响巨大的文化名人：滇东的尹珍和永昌郡太守曹鸾。尹珍在桓帝时就学于著名的古文学家、经学大师许慎，归乡后讲学于陆良，后官至刺史。曹鸾，据袁嘉谷《滇绎》考证是永昌人，为人刚直，惨死于"党锢之祸"。东汉桓、灵二帝时，宦官操纵朝政，卖官鬻爵，大肆挥霍，遭到太学生的坚决反对。为此，宦官集团两次大规模镇压，所有"党人"及其师生、父子、兄弟和为"党人"喊冤的人都被捕、被杀或免官。远在西南边郡的曹鸾对此痛心疾首，熹平五年（公元176年）毅然上书为"党人"鸣冤，书见袁宏《后汉纪》："夫党人者，或耆年渊德，或衣冠英贤，皆宜股肱王室，左右大猷者也，而久被禁锢，辱在泥涂。谋反大逆，尚蒙赦宥，党人何罪？独不恕乎？所以灾异累见，水旱荐臻，皆由于斯，宜加沛然，以副天心。"奏章文辞高雅凌厉，伸张正义，褒贬朝政，慷慨激昂。疏文既上，宦官们立即胁迫灵帝下令用槛车（囚车）将曹鸾由永昌押送入京，处以"弃市"。曹鸾之死，从一个侧面反映了东汉时永昌郡一直与中原文化界声气相通，汉文化在永昌已有新的拓展。保山坝东汉、蜀汉、西晋墓葬、城址纪年砖、铭文砖，不仅使人四处可见汉文遗迹，文句、款识悉遵汉制，而且"长乐未央"等祝颂词语极其典雅，书法也颇具神韵，表明作者们有相当高的汉文化修养。吕凯《答雍闿书》则不仅证明汉文久已成为汉"夷"交流的极重要工具，而且文体高洁，切理精辟，文气酣畅，辞令工巧，实属价值很高的史学佳作和三国时代的滇文上品。西汉武帝时哀牢夷区既"已开文教之风"，历经300年"逮及蜀汉经久未衰"，其时永昌郡、县之"能文章者"当然绝不止吕凯一人，吕凯只是《蜀世谱》列举当时文人两大显例之一。

永昌文化的产生和发展并非由汉文化的单向融入形成。土著文化需要吸收、接纳先进的汉文化以更新自己，而容纳力很强的汉文化进入横断山亚热带民族区域后，面对新的生存环境也必须吸纳一切有利于自身的土著文化因素，因此始终呈现双向融入、结合演进状态。以住房为例，蜀汉墓在出土大量汉式遗物和束发高髻的土著民族越人俑的同时，并出土了亚热带地区利于防潮湿、防虫蛇的干栏式传统房屋模型，说明干栏式曾与一堂二内的汉式平房长期共用，其后演进为一堂二内升至上层、下层关养牲畜的楼房并普及区境。其他生产、生活、宗教、风俗莫不如此，直到近现代这种双向融合的余绪尚存。

（二）哀牢文化的主要特征

1. 一脉相承和四方交流融合

哀牢夷区石、铜器时代至铁器时代早期文化，表现着前后相续的连贯性和传承性，即一种特有的地域和民族文化传统。迄今所见最早至最晚的石器均为砾石器；塘子沟文化的主体器物单平面砾石手锤持续沿用到新石器晚期；始见于大花石中期的、以砾石片打制的各式双肩石铲，衍制出形态与之相同的双肩铜斧一直沿用到汉代；新石器时代普遍出现的扁圆形石、陶纺轮和一些陶器器型、纹饰也延续到汉代；除石佛洞之外的新石器至蜀汉时代房屋形式、结构，在今三江流域各民族建筑中仍可觅见渊源关系；由旧石器时代到青铜时代所见主要狩猎对象都是鹿麂类：哀牢人及其先民创造了适应自身生存环境的物质文化和生活方式。同时，哀牢夷区的上述古代文化一开始就明显受到内地影响，塘子沟骨器、角器相似于龙潭山昆明人遗址和贵州猫猫洞古人类遗址。进入三代（夏商周）之时，不仅与地域相交的洱海、滇东南、滇西北、南亚、东南亚有了日趋密切的交流，而且与两广、巴蜀、西北也多有联系，尤其是中原文化也已传播到了这块边陲之地，哀牢文化中已聚合和闪烁着多种文化色彩。新石器时代与境外文化的关系多属单向输入型：以磨光双肩斧、锛为代表的越人文化系由距今五六千年的

腾冲上营乡广柜寨出土的打制双肩石铲

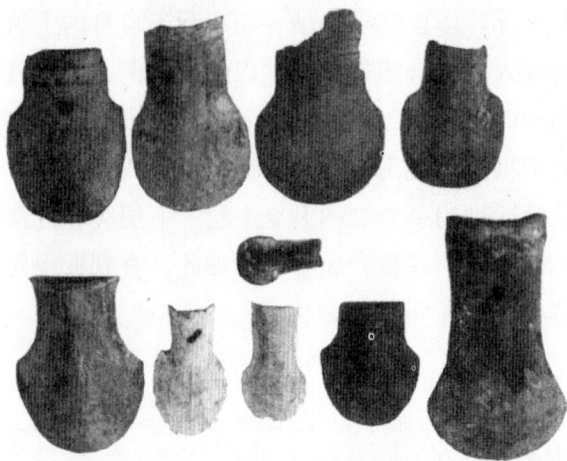

腾冲曲石乡战国双肩直銎斧

珠江三角洲等地经滇东南而来；哀牢地和洱海并出的鼎（足）、豆等是早见于仰韶文化、龙山文化的华夏文化代表性器物，半月形穿孔石刀亦多见于龙山文化，营盘山半地穴式房屋与洱海、中原虽区别较大，但掘地建屋于坑基本性质一致；哀牢境内分布最广最密的大花石文化（即忙怀类型）典型器物打制双肩石铲，曾发现于西藏昌都卡若、兰州下清河遗址和四川青衣江流域，即在沧怒两江上源和金沙江某些支流地带有类似文化遗存；在诸类文化汇聚中既保留有起自塘子沟的本土文化基因，而又打破传统，推陈出新，共同为哀牢文化的形成奠定了基础。青铜时代哀牢文化开始外向辐射并更多地吸收周邻和中原、岭南文化成分，交流更为频繁。公元前14世纪诞生于大花石一带的双肩铜斧四向传播，公元前12世纪出现于剑川海门口后在洱海区域广为流传；最早见于哀牢地的斜銎尖踵靴型钺少量传向洱海、滇中，而南经中南半岛到达海岛东南亚者却在爪哇等地获得大发展。与此同期，洱海、滇中、滇西北、两广等地的三叉格剑、山字格剑、窄叶刃圆骹矛、尖阔叶形锄、袋形斧等青铜器进入了哀牢地，早期的两类铜鼓并出于哀牢地和滇中，源出于商周青铜文化的铜钟、铜戈、铜镜等等也先后传入了哀牢地区；商代至西汉的四川三星堆、茂汶、宝兴，贵州赫章、威宁，云南石寨山、李家山等考古发现，则证明产自西、南亚和南海的海贝、蚀花肉红石髓珠等已大量抵达哀牢地并转运至内地，[①]而中国丝、邛竹杖、哀牢布等商品也由此运抵南亚、西亚。到汉晋时代特别是永昌置郡后，哀牢文化内与中原汉文化逐步整合，外与西、南亚交往川流不息，不少印缅商人已常住永昌。还应特予指出的是巴蜀文化在永昌

---

① 史占扬：《川滇缅印古道探论》，载《东南文化》1991年第3～4期。

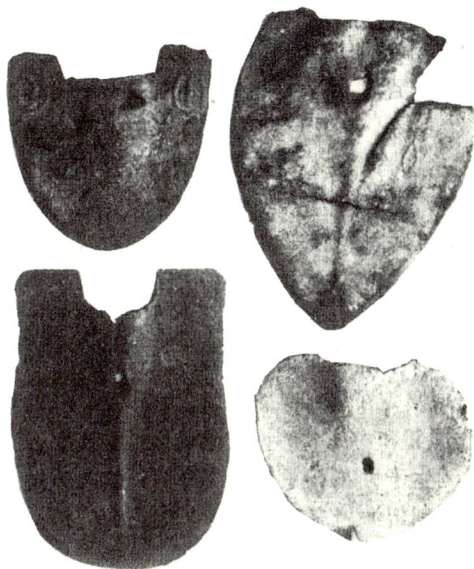

腾冲曲石乡龙川江两岸出土的尖阔叶形和长方形弧刃铜锄

的突出传播，保山东汉至蜀汉墓葬葬制、葬俗、随葬器物与四川几乎一般无二，原因是蜀身毒道起于成都而永昌乃中途一大枢纽地；吕不韦宗族子弟和诸葛亮南征都带来了巴蜀文化；西汉至蜀汉派到永昌的郡县官员多数属今四川人（笔者见诸史籍记载的太守、县令13人，有籍贯者10人之中四川9人[①]）。东西贯通的蜀身毒道和南北贯通的三江走廊为哀牢人及其原始先民提供了四方交流的条件；史载蜀身毒道只有两千多年历史，其实沿途各部族先民为相互交往"筚路蓝缕，以启险道"，接力遴连当始于商前。

2. 横断山垂直环境的立体文化

由于人类生活所需的劳动资料、能源、食用物品，在根本上依赖于包括地貌、气候、土壤、水源、动植物和矿产等因素的自然地理环境，自然地理环境影响和制约着人类生存活动的内容、形式、范围和程度，导致社会历史、文化发展进程、性质、区类的不同。滇西哀牢夷区地处世界第二大峡谷所在的横断山南部。一系列北南并行的巨大山系组成区境地貌骨架，大山之间并流着北南纵裂强烈下切的三大江系，水流汹涌湍急。这些山系、江流的走向与我国其他地区山川近于直交，阻隔了东西交通，横断山由此得名。区内重峦叠嶂，沟壑纵横，山高谷深（高差往往数千米），在水平距离很短的范围内由河谷底部沿垂直方向向山地顶部攀登，可迅速经见热带、亚热带、暖温带、温带、寒温带和终年积雪的寒带等不同气

---

① 太守郑纯、张化、常员、沈稚、黎彪、吴顺、王伉，永昌属国都尉陈阶，县令陈立属今四川人；太守霍弋，枝江（湖北南部）人；太守之未记籍贯者：王寻、刘君世、曹鸾。见《汉书·西南夷列传》《三国志·蜀书》《华阳国志·南中志》《后汉书·西南夷列传》《后汉书·孝灵帝纪》《后汉书·种皓列传》《后汉书·杜乔列传》。

候带，以及相应不同的土壤、植被、动物、民族分布、生产方式和生活习俗，其中包括不同的农作物、土地利用方式、家畜种类、生产生活器具、房屋等等，民谚的形象描绘是"一山有四季，十里不同天"，"山高一丈，大不一样"，在同一纬度附近集热、温、寒带自然景观和人文景观于一地为世界罕见。区境整体地势由北向南倾降，但以腾冲至永平一线（3 000米等高线）划分，则北南两部有很大区别，北部为由湿热河谷上升至冰峰雪帽的高山峡谷垂直景观，南部主要为山丘、盆地、河谷平原地形的热带、亚热带和中温带垂直景观。全境不同自然地理环境的社会经济文化可分四种类型。第一类是热带河谷平原型，第二类是亚热带、暖温带中低山盆地型，它们都靠近古代湖河水源，土壤丰厚肥沃，气候温暖，利于动植物生存繁衍，宜农宜牧宜渔宜各种手工业，是水稻主产区。第三类是山坡、丘陵型，在高山半腰、河岸山坳台地或丘陵巅坪，大都面积较小而不甚平坦，水源不太便利，但四邻山林草地利于牧猎。第四类是地势高峻的山岳型，气候寒冷，农牧条件差，环境艰苦。后两类是旱地作物和畜牧业主要分布区，大多长期采用刀耕火种的落后生产方式。由于此区古代各部落、氏族被纵横的河流和层层大山分隔在自成区域的空间地带，经济文化发展较云南其他地区更不平衡，相互差距更大，社会形态横向存在的阶梯状态更显著，直至解放前，居住在高寒山区和偏远地区的基诺、阿昌、独龙、怒等民族许多方面还处于原始社会末期或向阶级社会过渡的农村公社阶段，居住于中山区带的景颇、佤等民族还保留着奴隶制残余，主居各坝区及其附近的傣、德昂等民族已处于封建领主制或地主经济制形态，而汉、回等民族则已有资本主义生产关系。相应于不同地理环境，社会经济的意识形态也有明显差异，例如神话：山区民族多以山神为自然神，坝区民族多以龙王等水神为自然神。

3. 以农业为主，兼事畜牧、渔猎和多种手工业的复合型经济文化结构

哀牢夷区的地貌环境、生态环境、自然资源和民族构成，最适宜农业而又宜兼营畜牧、渔猎和多种手工业，自新石器时代中晚期到汉晋时代始终保持这种以农为主、多样性发展的经济文化形态，汉晋时代则随着经济的变化，交通、城邑的建设和郡县的设置，商业贸易也相当繁荣。怒江中游历来是以水稻为大宗的云南粮食主产区之一。稻粮遗存在新石器晚期、

汉代、唐代到宋元时代的遗址、墓葬中都有出土，同时出土了大批罐、盆、缸、瓮和囷箩、干栏式粮仓等大容积粮食储存设备或模型，范围广及三江流域。在畜牧方面，从新石器遗址文化层普遍出土的家畜遗骨、崖画动物形象到蜀汉墓出土的陶塑畜禽，牛马猪羊狗鸡鸭六畜

白塔山东汉墓前室铜板。其上粘附很多稻谷

俱全。建武二十一年（公元45年），汉军追击渠帅栋蚕时在不韦即抢获马3 000匹、牛羊3万余头。[①] 在渔猎方面，旧石器晚末期是主业，新石器时代以迄近现代久盛不衰；新石器时代渔猎器广泛发现，大花石有的箭镞还插在野猪颌骨之中，石网坠在西双版纳、思茅西南部到龙陵一带出土尤多，有的成批满装于罐内。在旧石器、新石器遗址化石、陶纹至汉墓砖纹中，多见水波、方格网和鱼、螺、蚌等水族动物以及鱼叉等遗存。此区手工业之特出者为制陶业、木作和建筑业、纺织业、皮制业、竹编业和大花石晚期至汉晋时代的铜、铁等金属冶铸业。从大花石、油灯庄、团山窝、营盘山、南碧桥等遗址看，距今三四千年前的陶器生产量已很大，器类繁多，纹饰兼有动物、植物和几何形图案，制技已高。木、竹、皮、棉、麻、丝制品虽易于腐朽，难以保存，考古所见不多，但大量石、铜斧、锛和石、陶纺轮，大量的猎获动物和石骨角牙锥、针，十多座房屋遗迹和模型，炭化榫卯梁架和竹笆、篾囷箩、篾盒、陶器编织纹，战国至西汉墓葬出土的纺织品残片，汉晋文献记载哀牢国地盛产棉、麻、丝、毛织品，史证充分。还有交通的开拓和城邑的建设也是多种经济特别是商品发展的佐证。商品交换是道路开发的主要动力，"秦汉时期城市发展特点是建成了大一统的郡县城市体系，兴起一批边塞城市，涌现出若干区域性经济中心"[②]，永昌郡

云南文库·学术名家文丛

① 范晔：《后汉书·西南夷列传》。
② 张南，周伊：《秦汉城市发展论》，载《安徽史学》1989年第4期。

白塔山东汉墓砖砌墓壁。墓壁用往复
循环的鱼纹砖叠砌而成，鱼头均为五铢钱

城既是军事防卫设施，又无疑是农牧渔猎及各种手工制品等四方商货集散中心、转运中心。哀牢地这种以农业为主的混合型经济发展有过三次跃进。第一次是原始农业发展后期即鼎盛期，第二次是青铜文化繁荣期，第三次是跨入铁器时代并设置了郡县的数百年。农业的每次较大发展，都刺激和带动其他各业的发展，为诸业的发展提供更多的原材料、劳动力和物质生活保证，其他各业的发展又反过来推进了农业，相辅相成，相得益彰。居住在哀牢地区高山、平坝、低热河谷相间延展立体地形的各族人民，虽各以经营水稻、热带作物、旱地作物或畜牧为主，但都从事农业兼营其他，因为各种地貌共处一境，并无决然分野，而是相互交叉混合，互补互利，共存共荣。这一特点，是哀牢文化与史记昆明族、中原汉族单一的游牧或平原农业经济文化的显著区别。这种多样性的混合型经济文化需要面广，有很强的适应性和接纳力，故在与汉文化接触时表现出强烈的趋同意识，能较主动地向先进文化靠拢。

4. 以濮、越为主体的多民族文化共同体

史籍记载哀牢夷族别之最早者为《史记》，记及其东北部有"苞满"，西南是"滇越"。成书于东汉初期的《哀牢传》说："哀牢夷……种人皆刻画其身，象龙文，衣皆著尾。"之后，在蜀汉、两晋至南朝（宋）的6种文献中有哀牢族别及其风俗的记载，它们是《三国志·蜀书·霍峻传》《永昌郡传》及《永昌记》（均《太平御览》引）、华峤《后汉书》哀牢条、《广志》《华阳国志·南中志·永昌郡》、范晔《后汉书·西南夷列传》，后三著记述较详。以上八著所记"种人"，除"身毒之民"外，土著族称14，其中濮称9，越（僚）5。所记各族住区和风俗合有：濮人在永昌南、西南，地有木棉树，境出桐华布，有濮竹，濮人穿贯头衣，衣著尾，文面、赤口，赤口濮折齿、露身无衣；越（僚）人乘象，产兰干细布；哀牢王世系不行

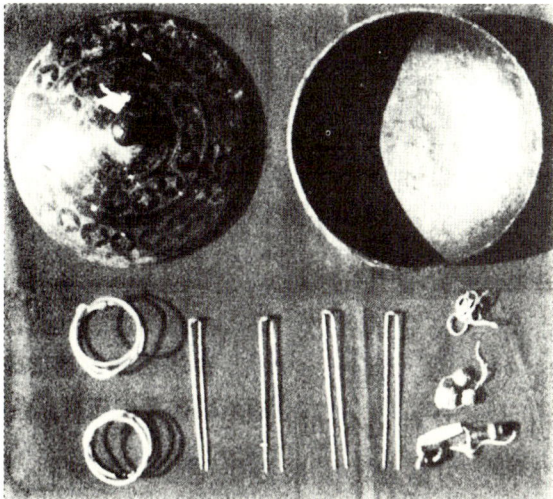

保山坝汪官营村战国扁圆形铜盒，
内盛金、银三圈箍，金灯笼、锈球、银钗，
玛瑙等物

父子连名制，哀牢王出入射猎骑马，加翠毛之饰，哀牢六王死均行土葬。所记与哀牢民族相关的政治事件有：东汉太守郑纯与哀牢人约，邑豪岁输布贯头衣二领；建初元年哀牢王类牢反叛攻嶲唐、博南，邪龙县昆明夷卤承等应募率种人大破斩之，传首洛阳，赐卤承帛万匹，封破虏傍邑侯；蜀汉永昌郡夷僚恃险不宾，数为寇害，为霍弋讨平；李恢迁永昌濮民数千落于云南、建宁界；西晋元康末年永昌闽濮反，郡治由不韦南移永寿。上列西汉至永昌郡时代文献记载说明：

（1）当时汉族进入的郡、县治所在区域，居住的都是濮、越两族系居民。

（2）他们风俗多相似，拥有军队。

（3）濮人支系最多，住区很广。

（4）濮人是哀牢国的统治者。

自唐代以后，文献记载哀牢濮、越分布、风俗日趋详明，族称有改变。南诏、大理国时代，曾称今泸水到德宏、永德、镇康、镇沅、景东等地为金齿部地，保山、临沧等地为蒲蛮部地，西双版纳等地为茫部地。随着时间的推移，各民族间相互迁徙和文化的传播、习染，汉晋时代各民族特有的一些风俗有了改变，许多习俗已为濮、越、氐羌各族所共有，近现代汉族也有文身。西汉至南朝（宋）文献记述哀牢民族未曾言及氐羌，并非区境无氐羌，盖因氐羌族人分散居住在边远、山区，汉族尚未接触，极少了解，拉祜、基诺、哈尼、怒、独龙等民族都是哀牢地的古老居民，据一些学者研究，前3种民族都渊源于南迁的古氐羌人，基诺等民族定居今地时尚处于原始母系氏族社会，后进入父系氏族社会，而原属寻传的景颇族和阿昌族，也早在汉唐时已定居在怒江中上游及其以西地区。①

在考古学上，追溯民族渊源一般从新石器时代开始，但塘子沟旧石器文化年代下延极晚，而又具有本地区新石器祖先文化特征，我们在分析哀牢民族源流时有必要适当联系。据康熙《永昌府志》等地方史志记载，塘子沟所在的蒲缥坝系以蒲人缥人居住得名，"蒲人，即古百濮……有因以名其地者，若蒲缥、蒲甘之类是也"；塘子沟文化分布密集的姚关一带现尚住有布朗族8 000人，其位置正处于赤口濮所在的"永昌之南"；"姚关人"头骨化石生前缺失上门齿2枚，很可能与赤口濮折齿之俗有关。新石器文化中的湾子铺松山、大花石、木城马鞍山三种类型都出土单平面砾石手锤，应属年代不同的濮人文化；其中大花石文化可能为西北南下的氐羌人与濮人共同创造；木城马鞍山出土磨光弧刃弧肩石器，与越人文化有密切关系。新石器时代越人文化的典型遗存是磨光双肩石器、陶器中鼎豆罐共存、稻粮、干栏式建筑等，此类文化的分布已如前述，不赘。

综上所述，哀牢国地是多民族活动的历史舞台，濮、越、氐羌都是此区原始居民，以濮为最古老，其后越族来自东南，氐羌来自西北。自青铜时代起濮人沿今永平、云龙等地渐迁至洱海区域，到汉魏之时，濮族已在洱海区域建立部落，《华阳国志》载哀牢九隆故事说"南中昆明祖之，诸葛亮为其国谱"，所说很可能为昆明地区的哀牢部落酋长（并可能属哀牢王族后裔）祖述九隆后昆明由以"祖之"。② 哀牢国九隆世系族属"濮系"，史证颇多，此处略举一例：保山哀牢山下有大官庙和小官庙，据明张志淳《南园漫录》、清倪蜕《滇小记》和《永昌府志》记载，"每正月十六日蒲、僰会祭……其题神位，大官则曰'大定戎方天下灵帝'，小官则曰'大圣信直列物灵帝'"，"蒙氏……传世隆。世隆追封其十世之祖曰'大定戎方'，盖指创有南方之祖也；曰'大圣利物'，盖指其安辑哀牢之祖也。皆本细奴逻以上而庙祀于哀牢山下，以示不忘本祖之意耳……今以小官塑像

---

① 参见《民族辞典》（上海辞书出版社1987年版）和《云南辞典》有关词条。

② 方国瑜：《唐代前期洱海区域的部族》，载《南诏文化论》，云南人民出版社1991年版。

观之，其衣服之制，俱与蒲蛮同。两庙皆被火更建，遂俱易以礼服，而小官庙像未焚，尚存原服，故可考。……蒙、段僭窃五百余年，其本在此，盖哀牢山之蒲也，能服属僰人，故僰人祀之"。

三　结　语

由于地域、历史、民族形成的偏见，由于此区考古、史学等工作滞后带来的资料限制，早先一般都把哀牢地区的人类历史设想得很迟，认为这里史前时代没有人类居住，其后也没有过早期文明。20世纪八九十年代以来，保山等地古猿化石和石、铜、铁器时代大量文物、遗迹的出土，古地理学、气象学、生态学、民族学以及史学资料的发现和汇集，使世人重新认识这片古代"荒僻不毛"之地。

哀牢国地"土地沃腴"，水源充沛，物产丰富。既有富饶的平原，起伏的丘陵，又有巍峨的高山，深陷的峡谷，气候垂直变化非常典型，并处在北寒带和南热带的生物过渡区，动植物种类繁多，分布密集。这种丰富多彩的自然环境，为多种民族的劳动生息、以农业为主的不同经济类型、不同水平生产力的共同发展提供了很有利的条件。哀牢国地位于蜀身毒道交通孔道与三江走廊枢纽地区，这又为文化交流提供了有利条件。1981年冬春的文物普查揭开了哀牢夷区石、铜、铁器时代的地下史册，其后20余年又经各级文物工作者相继不断地辛勤工作，发现了更多的文化遗存，证明此区"三代"之时农业、畜牧业、手工业不断发展（其中稻作、纺织、青铜冶铸等都有较早的生产传统），剩余产品逐步增多。到战国两汉之时，十几代哀牢国王统治下的各族人民，在这里艰苦奋斗，使经济文化颇为繁荣发达。虽然九隆传说给哀牢国的发祥披上了一层神秘外衣，实际上哀牢社会发展的基本规律与祖国内地是一致的，即生产力的发展导致私有财产和阶级的形成，由原始社会发展到奴隶社会，再进入封建社会。

哀牢国是建立在滇越、闽濮、裸濮等众多部族基础上的。哀牢国兴衰史共约400年，在考古学分期中处于青铜时代，在社会发展分期中处于奴隶制社会。青铜时代生产水平虽然有了很大提高，但广大奴隶还是以石、

云南文库·学术名家文丛

木、陶等工具为主进行极其艰苦的劳动生产，奴隶主奢侈豪华的生活享受靠的是对奴隶们的剥削、压榨，这就必然激起奴隶们的强烈反抗。奴隶主阶级维持辽阔范围的统治，靠的是以对奴隶专政为主要职能的"公共权力"，如军队等等。礼器是奴隶制社会意识形态的主要标志物，奴隶主统治集团在实行军事专政的同时，还需要礼制来进行精神上的层层统制。战国两汉之时，哀牢国已拥有了一套礼乐、祭祀制度。

汉王朝在距今两千年前后开发和统一哀牢夷区的事业，是进步的事业。从根本上说，它是以一种新的生产方式代替旧的生产方式，并最终实现了汉武帝梦寐以求开通蜀身毒道而使中外人民得以广泛交流的目的。哀牢归汉，设置永昌郡，是在生产力的发展、社会的进步（包括奴隶的解放）、国家的大一统、中华民族的大联合、中外人民经济文化交流等等要求，汇合成不可抗拒的历史潮流，各种内因外因条件成熟的情况下实现的。东汉末年中原军阀混战，魏晋南北朝时期中原很多时间处于分裂状态，永昌郡与蜀汉及中原王朝关系时而密切，时而疏离，但哀牢人从未割据，哀汉文化融合过程从未中断，永昌郡始终是伟大祖国不可分割的一部分。

"哀牢"在战国以前是族名和山名，战国中后期起又为国名，公元前约1世纪中前期曾为一代哀牢国王之名，公元1世纪作为我国西南边区一个大县县名，现今仅为地名。哀牢5名之用，蕴含和表述着悠久绵延的哀牢文化史。

哀牢文化是在特定地域与时间内形成发展的一种多民族历史文化，即存在于怒江中游、横断山南部的史前时代至汉晋时代的地方民族文化，它是繁衍生息在这一地域和时代的多民族人群整体生存方式的综合反映。哀牢国是战国中后期至东汉前期存在于这一区域的一大部落国家，但考古学概括的"哀牢文化"不仅指哀牢国文化，而是包括整个哀牢部族文化发展的全过程，它在时间上要比哀牢国存在的时间长远得多，包括了哀牢夷民族孕育、形成、发展、繁荣、衰落到逐步被新的文化所更替的整个历史过程。早期哀牢文化为旧石器晚末期到新石器晚期的史前文化，中期哀牢文化为商中期到西汉前期的青铜文化，晚期哀牢文化指西汉中期后与汉文化的融合文化，即永昌文化。它在地域上主要包括今滇西与缅北的原哀牢国范围，但文化的分布与国境不可能完全一致，具体范围需随考古进展逐步解决。

关于云南早期历史文化区系、族系的划分，近一二十年来曾有三说。其一为滇、爨、南诏三文化同一系统说，三文化中心曾东移、西移；提法有所不同，有的说它们是"云南民族历史文化演进过程"的"三个阶段"，有的说它们是"云南本土文化发展史上"前后相继的"三大系统"或"三个文化"①。其二为云南民族历史文化的三区系、三族系说，或将云南新石器文化划分为滇池区域、洱海区域和横断山区域三种文化类型，②或依部族分界提为"滇文化""昆明文化"和"哀牢文化"。③其三为云南先秦至汉代青铜文化的滇池、滇西两区域说，此说较早。前一说未涉及哀牢夷区历史文化，后两说也很少涉及哀牢文化具体内容。拙见以为云南早期历史文化，按地域划分分属滇东高原（亦称"滇中高原"）和滇西横断山纵谷区两大区域，滇东高原为"三文化同一系统"所在地，横断山纵谷区为哀牢文化所在地；昆明文化所在的洱海区域地处东西两部的过渡区，与其东的滇文化和其西的哀牢文化都有密切关系。云南地处高原山区，属青藏高原南延部分。由南到北以元江、大理、剑川谷地一线为界，分为东西两大地貌单元。东部滇东高原，地形作起伏不大的波状延展，平均海拔2000米左右，在云南地形图上基本上是一片黄色；西部横断山系纵谷区，高山深谷相间，全省最高的山地、山峰和最雄伟的山系均在此区，地势险峻，海拔一般北部在3000~4000米，中部1500~2200米，东南至西南地势低平在800~1000米，地形图上基本上北部褐、中部黄、南部绿色。滇东区域石器文化和青铜文化的一大突出特征是内陆高原湖泊文化，滇池、洱海、抚仙湖、星云湖、杞麓湖多有新石器时代贝丘遗址，有的遗址螺壳堆积厚达9米，面积24000平方米，各遗址螺壳尾部多被敲去，遗址内除有石器、陶器外，还有新石器时代墓葬和用火遗迹，战国到汉代的许多墓葬也分布在湖滨地带，此类文化经济生活在相当程度上依赖于湖泊。而横断山区总体上是"靠山吃山"，石器遗址、青铜遗址和墓葬坐落在河谷平原、一层层

---

① 范建华编：《爨文化论》，云南大学出版社1991年版。

② 张增祺：《滇池区域青铜文化内涵分析》，载《云南青铜文化论》，云南人民出版社1991年版。

③ 刘小兵：《滇文化史》，云南人民出版社1991年版。

山坡台地到高山盆地周围，呈现出多种多样的经济、文化色彩。

　　包括今滇西和缅北广大地区的哀牢国地，位于中国大陆至东南亚和太平洋至印度洋以及南亚、西亚的"世界十字路口"；滇西哀牢夷区文化是古代云南很重要的区域性历史文化，是中国西南、华南史前史、文明史、民族史的重要组成部分；加强哀牢国与哀牢文化研究以填补云南历史研究空间空白，具有巨大学术意义和现实的学术迫切性。

哀牢夷青铜器简说

一 哀牢贵族祭祀器——铜案

铜案发现于高黎贡山之西的腾冲北部曲石乡张家寨麻栗山坡麓，位于南方丝路永昌道北线路侧。1989年元月农民张正益建房掘出一座土坑墓，墓中出土铜案、铜盒各一件，出土时案横置平放，盒立其上。墓坑后18米处有南北长约200米、厚约1米、残高1米多、两端向西折伸的土围埂，迹象表明埂内系一墓葬群。该墓所出铜案，是云南继声震中外的江川李家山牛虎铜案之后见于西部地区的第二件。李家山案为战国末期器，麻栗山案较早，时在春秋至战国时代。

麻栗山铜案的基本形态类同于长沙马王堆等中原铜案和云南李家山铜案，皆为中部微凹的长方形案面短足几形。但体积、结构和艺术装饰大不相同。麻栗山案面长38.6厘米、中宽15.2厘米、两端宽24.3厘米、高11.4厘米，未及李家山案之一半；李家山等铜案各设柱状四足，麻栗山案则于案面下之两侧各设由三纵片一横片构成的山字形脚架，两"山"字架之两下端用细横梁撑连，以增强其稳固性和承重力，既较小巧轻便而又显庄重严整；在艺术装饰方面，人物、动物立体雕饰是滇池区域青铜文化的主要特色，李家山案以极富生气和动感的二牛一虎形象体现出作者的丰富想象力和高超的艺术技巧，而哀牢国地青铜器较少人物和动物形象，麻栗山案以布满器面的几何图案为其显著艺术特色；案面划分为均衡对称的2段、4等分、12长方格，格内填以雷纹4排和由云纹衍变而成的双勾螺旋纹12组，四角羽纹，四周围以三角锯齿纹，脚架架面被划分为40个三角框，框内填以斜向枥纹，脚架各下角施以雷纹，布局统一和谐，构图明快秀丽，抽象地表现了自然社会事物的本质美。与铜案共存的铜盒盒面还饰有弦纹和联珠纹。两器诸种纹饰分别习见于滇池、两广和中原青铜器，云雷纹被学术界普遍认定是商周中原青铜器上的主要装饰纹样；纹饰和铜案造型都表明，哀牢夷青铜文化与滇池、岭南和中原地区都有较密切的联系，绝非如《华阳国志》所说哀牢夷"生民以来未尝通中国也"。

案是奴隶主贵族用以祭祀天地神灵和宴飨宾客的礼器，秦汉后渐用为摆放食品的盛具。《左传·文公二年》："祀，国之大事也。"《诗·豳风·七月》："朋酒斯飨，曰杀羔羊。"《汉书·朱博传》记"朱博为御史大夫，食不重味，案上不过三杯。"用于切肉盛肉者称俎，西周痋壶铭文中有周王赐痋"麤俎""羔俎"的记载，均长方形，中部微凹，四足。云南一些古代民族，凡祭祖、战争、盟

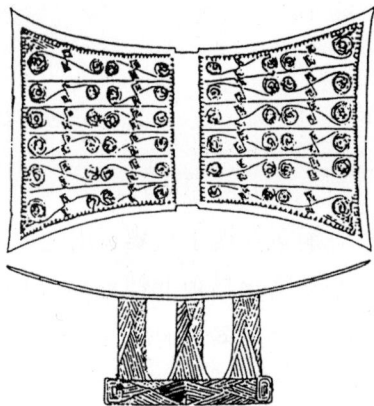

铜案

誓、出巡、生产、狩猎、畜牧、婚丧、灾异都要举行宗教祭祀。石寨山六号墓出土干栏式房屋模型之上层，窗前露一留须人，栏板上置牛头一个，牛腿两只，肉一块，其前偏右一人站立，一人坐跪，坐跪者手抚于案，案上有物；窗下置一铜鼓，鼓前跪坐一人；屋左右又有两人跪坐，一人吹葫芦笙；正面左角有三人及铜鼓数事；此外还雕铸有蛇、犬、鸟等吉祥、神灵象征物；这就是古滇人案祭典仪：案、鼓是祭祀礼器，牛头牛腿牛肉是祭品，击鼓占卜者是巫师，留长须立于窗前祭坛者是地位较高的主祭巫师。麻栗山铜案及邻近区域成批铜鼓、编钟、铜钺、铜戚的出土，不仅证明哀牢夷已进入阶级（奴隶制）社会，并已盛行祭祀之风。

《史记·大宛列传》和《西南夷列传》并载，武帝遣使四道并出以求通"蜀身毒国（今印度）道"，至南方皆受阻于嶲、昆明，"昆明之属无君长，善寇盗，辄杀略汉使，终莫得通。然闻其西千余里有乘象国，名曰滇越"。西汉"昆明"在今洱海区域。依其地望、方位证之后世史籍，学术界认为滇越位于今腾冲至德宏等地。腾冲又名腾越。《腾越州志·建制沿革考》说：

"腾越者，古滇越也，亦曰越赕，其来久矣……其称乘象国，则今所辖各土司犹能驯象，故知腾越即古滇越也。"滇越是哀牢夷主体民族和古代"百越"部族之一，是今傣族先民。在铜案出土地东西两侧的汶上、上江、古永还出土了靴型铜钺、单凹侧叉肩铜斧和石寨山型铜鼓等越人典型器物。元明之时在此设置越甸县、瓦甸长官司和宣抚司，《明史·云南土司三》载："瓦甸长官司初隶金齿，永历九年改隶云南都司，土官刀帕赖言金齿远，都司近，故改隶焉。"傣族土官刀帕赖是越人后裔。以上可知，铜案出土地古代当属越人（傣族）聚居区。

二 "国之重器"——铜鼓

铜鼓是具有浓郁地方民族特色的青铜器，铸制和使用时间已延续了二三千年。云南是世界铜鼓的起源地，迄今已发现六种类型200多具，其中地下出土的两类早期铜鼓55具（春秋战国时的万家坝型23具，战国晚期至东汉初的石寨山型32具）。人们熟知的是滇中、滇东铜鼓，对滇西古哀牢国地（今保山及其南、西、北6地州）铜鼓颇为陌生，而据笔者见诸库存实物、文献记载、考古报道的哀牢国地传世和出土铜鼓已有100余具，可见哀牢夷区亦为古代"铜鼓王国"。其中最引人注目的是腾冲、昌宁、云县出土的11具早期铜鼓（现存8具）。它们当中的5具始祖型（万家坝型）鼓"长幼有序"，不仅孟、仲、叔、季齐全，而且云南省同一类型鼓的"长兄少弟"均出此地。长兄是腾冲固东二龙山鼓，少弟是昌宁城关天生桥山鼓，还有一具是云南省石寨山型中最早出现立体蛙饰的三鼓之一——腾冲固东小钟山鼓。这一颇不寻常的考古现象表明，哀牢国地在铜鼓起源发展史上处于特定的重要地位。

万家坝型铜鼓的共同特征是：铸作粗糙，含锡量低；形制古拙，明显分为胴（胸）、腰、足三段，鼓面小，胴径和腰部收束程度大，足部短促外撇；耳小；纹饰简单稚拙，鼓面饰无光芒的太阳纹，胴足无纹，腰部饰纵横线条或云雷纹、菱形纹，鼓面无立体雕饰。而二龙山鼓除此以外，还有更突出的特点：铜色紫红，鼓壁有不少砂眼，说明冶铸时不能较好地掌握合金配比并除去杂质，使铜液中含有气泡，铸铜内外形成砂粒状空孔；浇口疤痕块块，两道合范线宽而不规则，足部厚薄不匀，高低不平，两两靠近的四耳有浇铸所致的断痕，说明鼓范的制作和使用技能低下；1981年7月该鼓出土时鼓面向下且有烟炱，说明尚属釜鼓并用之器；鼓面径仅29厘米、胴高8.6厘米、胴径36厘米、腰径30厘米，而足径达50厘米；通体光素无纹；显现着原始型铜鼓的初始形态，是属迄今所见铜鼓鼻祖之一，年代应当在春秋初期甚或早至西周晚期。

天生桥山鼓1988年9月出土于地表下90厘米处。通高37厘米、面径34厘米、胴径42厘米、腰径31厘米、足径47厘米，紫铜，器面亦有砂眼，鼓面中央有一凸起如圆饼的太阳纹光体，但无光芒，基本形态为万家坝型。

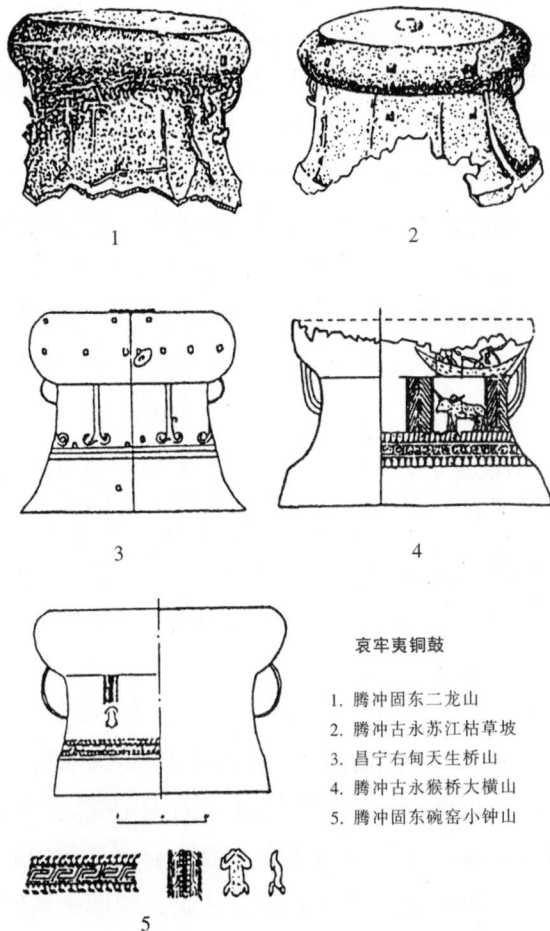

哀牢夷铜鼓

1. 腾冲固东二龙山
2. 腾冲古永苏江枯草坡
3. 昌宁右甸天生桥山
4. 腾冲古永猴桥大横山
5. 腾冲固东碗窑小钟山

但鼓面四边有4组立体雕饰物，完整的一组为猎犬搏鹿形象，残缺的三组中有两组似猎人引弩跪射，一组似搂鼓助威者；胴腰间有扁平条耳两对；腰部被6对双纵线和两道合范线划分为8格，双纵线下端为向外卷曲的云纹；足部内沿有折边。该鼓体形凝重，比例和谐，更兼有类似石寨山型鼓的立体雕饰，时代也可能晚到西汉前期，是迄今所见万家坝型铜鼓的唯一晚期代表和向石寨山型的过渡形式，弥足珍贵。

石寨山型铜鼓晚期，是该型鼓立体雕饰物的始创期，云南迄今仅在东西两端出土3具，即腾冲小钟山鼓、江川李家山独蛙鼓和晋宁石寨山10号墓3号鼓，时在西汉中、后期。小钟山鼓1976年出土于离碗窑村2公里处，通高38.6、面径50、胴径56、腰径47、足径48.2、足高7.8厘米，体形、鼓面、鼓耳显著增大，足部增高，表明制作者对铜鼓形制与音响、用法等关系已达到较高的认识水准；鼓腰部饰有由菱纹、三角齿纹和雷纹组成的纵横纹带，并有立蛙4只，蛙头向下；铸造工整匀称精致。哀牢夷的主体民族是古代濮人（今布朗、佤、德昂族先民）和越人（傣族先民），他们不同于汉代洱海区域"随畜迁徙，毋常处，毋君长"的昆明族，而与滇池区域的滇族一样是耕田、邑聚和由众多王、侯、君长统属的农耕民族，小钟山及保山周围其他各地出土石寨山型铜鼓之上的船纹、羽人纹、瘤牛纹和象征雨水、丰稔、繁殖的云雷纹、蛙饰等，对此提供了丰富的印证材料。

哀牢国地早期铜鼓尤其是以上3鼓的出土表明，铜鼓未必是"起源于滇中后迁播至滇西"，而可能起源于滇中至滇西一带，尔后向外传播；哀牢国地有时代最早的和早晚过渡类型的铜鼓；天生桥山和腾冲小卧龙寨等铜鼓殊异于外地；考古发现哀牢国地商代至汉代铜器冶铸遗迹颇多，龙陵大花石遗址出土了公元前14世纪铜器和铸范，证明这里有云南最早的铜器冶铸历史；《后汉书》记载哀牢国产铜铁铅锡金银，《云南通志》记载直至清代此区还开设铜厂，现今勘察开采也证明此区铜锡铅锌矿颇丰，这些矿产证明此区历代不乏铜鼓原料。

铜鼓在古代是少数民族统治阶级占有和使用的礼、乐器，是贵族奴隶主用以号召部众从事战争、主持祭祀和用作赏赐、进贡的重器。石寨山滇王族墓葬出土的人物屋宇镂花图案上的铜鼓形象，女俑铜杖头饰和鼓形铜杖头饰上的铜鼓形象，都表明铜鼓是贵族奴隶主心目中的神物、重宝和统治权威的象征。哀牢国地出现和使用铜鼓的社会契机，是随着青铜文化的发展，哀牢夷社会出现了相互对立的阶级，一批人成了王、侯、渠帅、邑豪即奴隶主阶级，更多的人沦为奴隶阶级。奴隶社会"国之大事，在祀与戎"，据《华阳国志》等记载和地下出土的许多兵器、成套编钟、铜案等证明，哀牢夷区部落战争和祭祀活动颇为频繁，故哀牢王国像滇王国一样拥有众多铜鼓并沿用长久。

三　王室、贵族打击乐器——编钟

在蜚声国内外的云南古代青铜器中，编钟是引人瞩目的器类之一，全省已在11个地点出土了38件（现存32件），其中哀牢夷区6个地点出土15件，哀牢编钟自有其特色。

编钟是中国历史悠久的宫廷打击乐器，是历代帝王祭祀、庆典、宴享中不可缺少的"庙堂之乐"，每套少者3件，多者64件，按钟体大小、音响高低排成序列悬挂槌击。它兴盛于音乐文化繁荣的春秋战国时代，各诸侯国举行规模宏大的"钟鼓之乐"都以编钟、建鼓为主乐器作音乐表演。西汉刘向《新序》记载鲁国孟献子到晋国访问，晋国设宴招待，酒宴搬迁了三个地方，处处都有编钟编磬组成的固定而庞大的乐队。湖北随县，（今随州市）发掘的战国曾侯乙墓，中室陈列着124件乐器，俨然是墓主的音乐演奏厅，安排于突出位置的64件编钟分三层悬挂在彩雕的钟架之上，经测试总音域跨5个8度以上。明太祖朱元璋颇懂钟磬之乐并亲自规定了乐队中编钟乐工的配置。到了清代，宫廷乐队乐钟改制为金编钟，更强化了编钟被用以炫耀帝王、贵族身份和威严的性质。在云南，滇王墓中与滇王金印一起出土的6件编钟，被称为滇王编钟。哀牢编钟则是哀牢部族首领专用的民族乐器，是哀牢人进入文明时代的一种标志物。

哀牢编钟出土于澜沧江、怒江之间的昌宁右甸、漭水、鸡飞和施甸姚关等坝子边缘山地、古墓。最早见于右甸坝东大横山，1964年出土早期铜鼓2具，其中1具之内置存有编钟6件；1986年，姚关吴家山坡边因水土冲刷出土编钟1件；1988年，右甸坝南烂坝山农民开茶地挖出编钟1件；

1993年9月，漭水坝西北打挂坟山农民开茶地挖出编钟4件，出土时大小递次排列；1996年3月，在邻近施甸的枯柯河谷东部鸡飞乡大新寨西（偏南）大团山麓出土编钟2件，并出铜剑、铜镯十余件。此外，漭水以东南涧乐秋河山坡也出土编钟1件。这批编钟虽久经沉埋，但出土后器物基本完好，色泽鲜明，纹饰清晰，声音清朗洪亮，音列清楚，并有双音钟（钟面中、侧可敲出两个声音）。中国古代编钟有甬钟（钟顶部有系以斜向悬挂的筒型钟柄）和钮钟（钟顶有系以直悬的半环钮）两大类。云南都是钮钟但又分属两小类，滇东（石寨山）和滇西（哀牢地）都是形状相同的半环钮钟，滇中楚雄一带以羊角钮钟（顶部两端有一对羊角形銎钮作悬系之用）为主，也有半环钮钟；两小类钟体（共鸣箱）都是长腔半椭圆形，但半环钮钟平均体积约比羊角编钟大近一倍（漭水编钟通高21.3～45、钟口长径12～19.7厘米）。羊角钮钟素面无纹或仅有乳钉和蛇纹，而半环钮钟纹饰繁美。滇王编钟都有两侧和两面对称的蜿蜒龙纹8条，近钟口处有绳纹夹云纹一圈。哀牢编钟则以矫健鹰扬的虎纹、健壮稚拙的牛、鹿纹和卷曲盘旋的蛇纹为其显著特色，钟面下部为两横圈绳纹或平行斜线纹、"回"纹、云雷纹条带，其间嵌以首尾相接的6头浮牛或11个牛头，中、上部为虎噬牛、鹿或盘蛇图；漭水3、4号钟面均两虎对峙凌空飞腾，4号钟和大团山

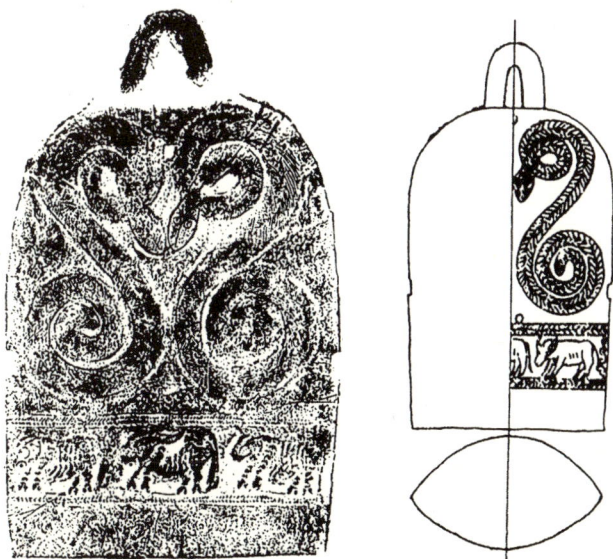

牛蛇纹钟

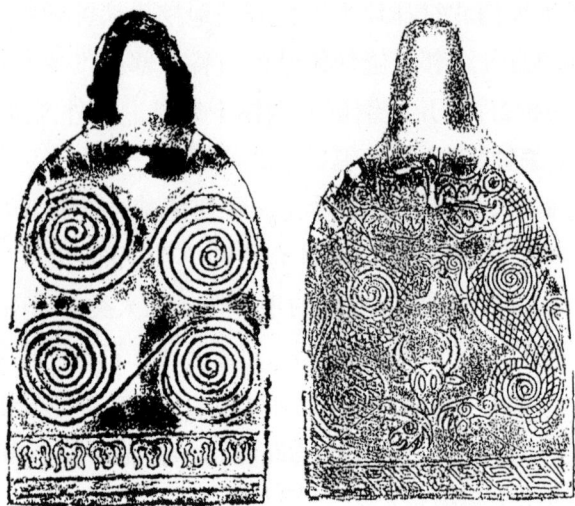

牛纹钟　　　　　　　　　牛虎纹钟

一钟钟面两虎利爪相交于一牛头之上，线条流畅，形态活灵活现；烂坝山钟面两蛇左右相对，右蛇前身向左盘卷于上，头下伸于卷盘之外，后身向右盘卷于下，尾收于卷盘中心，左蛇相反，动感颇强。哀牢人生活在河湖密布、莽林辽阔的横断山南部，当时蛇、虎很多，对人威胁很大，人们对蛇、虎由畏而敬，终至将其作为图腾加以崇拜；牛纹之多说明哀牢地畜牧经济发达，这可与文献记载相互印证，《后汉书·西南夷列传》记载建武十八年（公元42年）渠帅栋蚕率洱海等地"昆明诸种反叛"，汉王朝遣武威将军刘尚等进兵破之，二十一年（公元45年）正月"追至不韦，斩栋蚕帅，凡首虏……马三千匹、牛羊三万余头"，这在当时的保山坝等地带是一笔很大的畜产数字。哀牢与滇王钟纹样虽有所不同，但哀牢编钟各种几何纹饰和动物形象广见于滇王族墓群的大量其他青铜器，应属于同一文化体系。祥云大波那1号墓出土1件饰有雷纹、回纹、蛇纹的半环钮钟，碳素测定年代距今2 350±75年，而滇王墓时在西汉中晚期，此知哀牢人的蛇、牛、鹿、虎纹钟使用于战国中晚期到西汉中晚期，大致在哀牢国存续期。

从哀牢编钟纹饰的特殊性、哀牢青铜器群的整体工艺水平和青铜冶铸遗迹看，哀牢人有可能自己铸造编钟。编钟对青铜器铸造技术要求较高，因为每件编钟对乐音的特殊要求决定了各有其形制的自我规定性，每件编钟，每个部位的大小高低厚薄比例，模具型腔的规范化程度以及合金配比的合理性等等都会影响音频和音响效果。编钟的较多出现，表明哀牢人不仅懂得了一定的乐理知识，而且在设计、铸造和测音试音等方面都掌握了相应的技能。

四　贵重的特种容器——长方束腰铜盒

近几年保山市先后出土了5件器形状特异、全国仅见的青铜盒，考古界对它们的出现甚感惊喜。这些铜盒的出土地点虽然相互距离很远，但它们的基本形态、结构、器面装饰图案和制作工艺相同，不同的只是体积的大小和具体纹样的组合布局。铜盒整体呈扁长方形，各由上宽下渐窄的盒盖和上窄下渐宽的盒身扣合而成，扣合部内收呈束腰之状，盖顶下弧呈鞍凹形，盒底平齐，底面各有4个近方形孔（为掏捣内模土而凿，除土后补上），器身各存铸造时留下的12个、16个支钉孔，盒身中下部、两侧上部和盒盖中上部铸有纵的、横的、向上倾斜的半圆或椭圆绳形环钮。盒底素面，其余五面都布满几何图案，大面以三束横轴线、一束纵轴线划分为6格或8格方框，格内填以斜方格网纹、数以千计的圆圈纹和束线菱纹；两侧饰以斜方格网纹或以纵、横线为隔界的横行圆圈纹、折线纹；盖顶饰斜方格网纹或菱纹。当时制造这样的空腔铸件难度是比较大的，5件铜盒和与之共存的青铜器都形制规整，器壁匀薄，纹饰细腻华美，这标志着哀牢人的青铜铸造业已达到相当高的水平。

发现最早、体积中等的两件铜盒，出自昌宁县中部达丙乡中三甲村西南卡巴洼小山北坡，与铜盒伴出有3件大型铜钺，为1986年9月农民平整茶地时掘出于地表下70厘米深处；卡巴洼四面皆山，出土地高于洼地水田十余米，海拔1 660米；出土时器物呈北南向置放，盒北钺南，相距15厘米；两盒上下叠置，盖北身南，套口脱离，盒内装满泥土，下盒略小于上盒，但四侧转角有宽出盖、身的薄边，盒通高35、底宽26.5、顶宽22.5、厚4厘米；对称刃长柄钺置于两盒中后，其东西两侧各置一不对称刃钺。体积小的两件铜盒出自腾冲北部曲石乡张家寨麻栗山和昌宁北部大田坝乡西南沙子河边。1989年1月农民在麻栗山建房时掘出古墓1座，墓内有铜盒、铜案

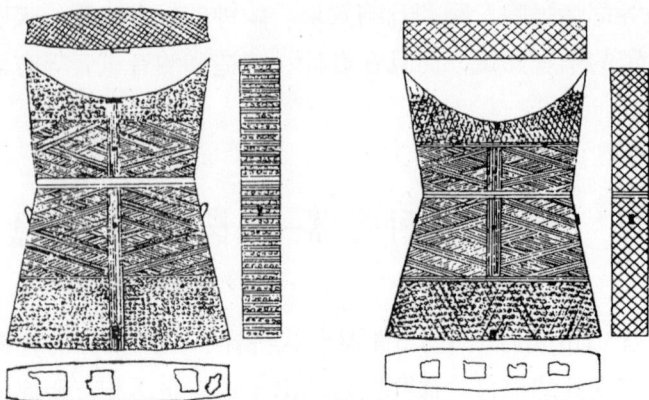

昌宁铜盒

各1件，出土时铜案横置平放，铜盒立于案面之上，出土后盒身被毁，现存盒盖顶宽12、厚2.5厘米。沙子河是怒江支流枯柯河源流，河在峡谷陡坡之下，坡面若干小台地见有墓葬，1992年大田坝铁匠寨农民霍平周、刘成在河床西北侧拾到铜盒盖1件，顶宽14.2、厚2.5厘米。体积大的一件铜盒为保山市（原地区）文物管理所1995年8月征集于废金属收购人，收购人购自保山市怒江东岸罗明坝，据说是农民掘得于地下。此盒除了形体特大（通高58、顶宽33、底宽44、厚9厘米）之外，还有两个不同前述4盒的特点：一是盒盖两侧下部各增设1半环绳形钮；二是纹饰发生了较大变化，盒面中间的纵轴线束改变为长方框中铸饰菱纹，两侧和盖顶的方格、圆圈纹变换成密集的折线纹和菱形纹，纹饰更显大方、繁美。迹象表明，这些铜盒大都出自墓葬。

根据保山市已出土数百件商代到西汉青铜器的质地、技术工艺和纹饰比较，麻栗坡和沙子河铜盒应为春秋战国之际的器物；卡巴洼和罗明铜盒（尤其是后者）体量增大，钮耳增多，纹饰有发展，铸技递趋先进，是属战国后期至西汉前期器物；哀牢人制造和使用这种铜盒延续了四五百年。这些铜盒的出土地都在古代越人居住的热带、亚热带及其附近地区，与铜盒共存或附近出土的靴型铜钺、石寨山型铜鼓等青铜器是古代越人的典型器物，铜盒的创制者当属文献记载哀牢人中的滇越民族。铜盒的用途原被推测为"军旅士兵之遗物"——"箭盒"，看来不切实际。制作的精致华丽和密封的盖体说明它们是贵重而特殊的容器；悬殊很大的容积说明盛入者是长短大小不同的物体；铜盒造型、底面无纹和麻栗山出土现象说明盒乃立置使用，钮耳设置可能为日常保存或搬运携带用以系挂；与盒共存的是同等精美的贵族奴隶主祭祀礼器铜案和军权重器铜钺，说明铜盒拥有者生前应是集神权和军权于一身的显贵人物。总的看来铜盒是与军权、祭祀等活动有关联的用器，但它们更具体的功用还有待更多的考古发现。

五　统治者的舞乐道具——铜戚

1993年3月，保山市（今隆阳区）汶上村农民徐明青等3人在村西北2公里下格箐坡地开采石料时，在下离地表约1米深的石夹中挖出了铜戚5件，靴型铜钺1件，铜器出土时呈不规则一字形置放，分布范围1平方米左右。这是洱海以西迄今仅见的铜戚，是云南青铜器中形态较独特、时代甚早的一批铜戚。

铜戚是和铜钺性质相同的一类古代兵器。《诗·大雅·公刘》："弓矢斯张，干戈戚扬。"戚也用作军权象征物和刑具，并用于祭祀活动。《左传·召公十五年》载："戚钺秬鬯，彤弓虎贲，文王受之，以有南阳之田，抚征东夏。"《召公十二年》还记有"君王命剥圭以为戚柲"。不同的是文献记载铜戚更多地用为乐舞中的战舞道具。《礼记·文王世子》记"大乐正舞干戚"，《祭统》也记"朱干玉戚以舞"，《礼记·名堂位》则说"朱干玉戚，冕而舞大武"。古代的万舞必用戚。周代雅乐万舞分文舞、武舞两部。武舞用于歌颂王朝的"郊庙之祀"。"郊庙"是在郊外祭祀天地、祖先的建筑设施，冬祭于南郊，夏祭于北郊，汉武帝时有郊祀歌。武舞舞者手执干、戚。"朱干"为彩色盾牌，"玉戚"泛指玉、铜质戚类。保山、滇池、红河等地皆铜戚铜钺并出，说明中原汉族用于庙堂的万舞曾传播到云南，云南古代民族有过模仿万舞类乐舞。汶上位于怒江东岸的隆阳北部，北邻泸水和漕涧，在莽林辽阔、河渠网布、湖泊星列的远古时代是属军事交通咽喉，村北村西两次出土的铜钺、铜戚应与当时较重大的军旅活动有关。

下格箐铜器出土后，有人为辨验其是否金器而进行暴烧锤打，有1件戚被打成碎片丢掉。现存4戚1钺。4件铜戚形式相同，只是体积大小稍有

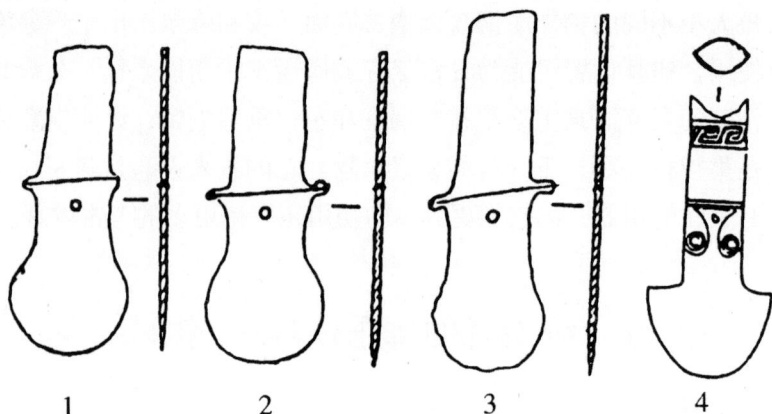

1–3. 隆阳纹上　　4. 云龙坡头村

戚

差异。戚身颀长，器薄而轻；下部为圆形刃面，中腰部两侧收束，上部为长方形"内"（插入柲柄的实心榫头），内、腰之间两面有略斜而对称的横"阑"（阻隔柲柄滑向腰部的凸棱，并有装饰作用），阑下中部各有一系绳的圆孔；素面无文；器各厚2.5毫米左右，刃面中部微隆。最小的一件通高19.8、刃宽7.8，较大的一件通高23.2、刃宽7厘米，最大的一件内已断失，残高14.5、刃宽7.8厘米。小件腰部两侧收束度较大，刃面浑圆；大件腰部两侧收束度较小，刃面显得较窄而仅略呈圆形。

中原铜戚最早见于夏代都邑今河南偃师二里头遗址，碳素测定年代为公元前1900至前1500年；其后盛行于商周时代，在河南安阳小屯商王室墓葬妇好墓中还出土了玉戚、玉钺等仪仗器。在云南，红河和江川李家山墓葬出土了战国中晚期铜戚，晋宁石寨山墓葬出土了6件西汉中期铜戚。中原铜戚多设长方内，形制有长条形宽弧刃有阑戚（夏代，无纹）、腰两侧微内收的圆弧刃有阑戚和铲形无阑戚（商周，有兽面或龙纹）等类，下格箐戚整体形态、结构近似前两类。红河和石寨山戚均圆形刃面椭圆銎，无阑，略如乒乓球拍。红河戚饰简洁的几何纹，石寨山戚除饰繁缛的几何图案外，还在銎之一侧焊铸猪、穿山甲、鹈鹕等立体动物。下格箐戚与之刃形近似而銎内相异。下格箐戚乃红铜铸造，不仅粗素无纹，而且砂眼遍布，形态原始，规整度也差，时代应在春秋后期，不会晚于春秋战国之际。

六　军权标志物——铜钺

近十余年来，隆阳区汶上村滥坝田、下格箐，昌宁县东南龙潭山、八甲大山、卡巴洼，西连昌宁的凤庆大寺乡石门坎和德宏中南部陇川邦瓦等7个文物点出土了15件铜钺。它们是揭示哀牢部族政治史、军事史、民族史，及其与内地特别是东南亚文化关系的一批重要物质凭据。

在青铜兵器中，钺不是士兵使用的普通兵器，而是军权标志物。中原发掘所见铜钺，大都出自生前握有大量兵权的王侯、方伯、王妃或其他军事将领墓。古籍记载铜钺的主要用途，一是国君与统军将帅授掌兵权的信物和象征物，二是用作仪仗器，三是勋彰武功的表识，四是用于宗教祭祀活动，五是用于一些特殊对象的大型刑具。

铜钺由上下两部分构成。下部为刃身，上部为"銎"（安装木柄的套孔）或"内"（插入木柄卯孔的实心榫头）。哀牢钺上部都是装柄之"銎"，銎体上宽下渐窄，有直竖銎和斜竖銎两种样式。连接于钺銎下端的刃身，都刃口长而锋利，刃面宽薄，刃口长达18～28厘米；其中又分刃面两侧对称型与不对称型两种形式。对称型钺1件，銎部窄长直竖，下端逐渐展开为扇形刃面，饰菱纹、栉纹和三对圆圈。另14件都是刃身左右两端不对称型钺，其中又分为以下两类：一类是直銎伞形钺，整体似展开的倒伞，惟"伞柄"（銎）不居中，刃两端弯曲成弧度很大的半圆形刃线，刃身有的两端尖锐，有的一端尖锐，另一端呈长方顶，銎面饰细密的斜方格网纹、叶脉纹和"十"字外套圆圈纹，刃面上侧沿边施以栉纹条带。另一类是斜銎靴型钺，刃身两端一长一短，一高一低，"踵"端短尖上翘，"蹠"端斜长而端顶呈斜齐的方形，銎刃之间均饰"几"形纹、点线纹，銎面饰乳钉或菱形纹、平行线纹、圆圈纹，銎口均呈椭圆形，有的近于唇形。

伞形钺迄今仅见于哀牢地。哀牢地体态独特的尖踵方蹠斜銎靴型钺另见于云南省者有2件，1件出自祥云大波那战国中期墓，饰穗纹和"几"纹；1件出自晋宁石寨山西汉中、晚期墓，銎饰叶脉纹，銎侧铸有一单耳。

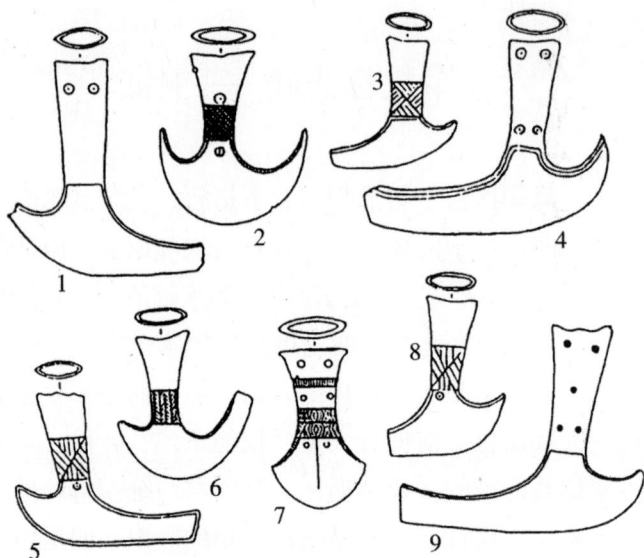

1.昌宁龙潭山　2、6、7. 昌宁卡巴洼　3、4.隆阳汶上
5、8.昌宁八甲大山　9.凤庆石门坎

钺

依器物质地及制作技术水平比较，哀牢国地靴型铜钺明显分属早晚不同时期。早期的如龙潭山钺，红铜铸造，工艺粗糙，器面砂眼很多，除銎口之下一对乳钉外通体粗素无纹，云南省文物鉴定组认定其时间约同于原始铜鼓，即不晚于春秋中、后期。稍晚于龙潭山钺的是滥坝田、下格箐、石门坎钺，铜色仍多紫红，器面还有砂眼，纹饰一般仅将乳钉增加到4～5个，年代不会晚于战国早期。再后是八甲大山等处铜钺，器表铅青色，器面光洁，均饰菱纹、平行线纹和圆圈纹，年代接近大波那即战国中期。年代最晚的是卡巴洼3钺，合金配方比例合理，并于器表镀锡，质地细腻，色白不锈，光洁发亮，工艺精湛，纹饰繁美，但未铸耳且无铁器共出，应早于石寨山钺。哀牢钺沿用了四五百年，说明哀牢归汉以前已有长久的军事历史。在北邻哀牢国的东南亚地区，今缅、老、越、泰、印尼各国都发现靴形铜钺。靴形铜钺是越南东山文化的典型器物，其中有哀牢型靴形钺。东山文化时在公元前2世纪至公元初，即当我国西汉时代。在印尼茂物、加拉璜等地发现的十余件靴形铜钺，与哀牢地靴形钺惊人地相似，且形大体重（刃口最长者达133.7厘米），制作精美，装饰华丽，由于明显不具备实

用武器功能而称为"仪式斧"。

目前的国内外资料表明，哀牢国地是斜銎尖踵方蹻靴形钺的主产区和最早产地，以后东渐南下，南下者传到东南亚，又有过大的发展。

七　哀牢东部铜斧群

铜斧是哀牢夷青铜器中数量最多、形态纷繁的一类用器，发现总数已约150件（包括铸制铜斧的石、陶范），分布广及20个县。这些铜斧可划分为两大部分。第一部分是集中于中、东部的以圆刃直銎斧为主体的铜斧群，第二部分是以仅见于西南部的叉角肩单凹侧斧为代表的铜斧群。这里简介第一部分。这一部分共130多件，它们在全区四境广泛出土，但密集分布区是保山市及其北、南连邻地带，其中亘批出土两处（次），一处是昌宁大田坝乡白沙坡墓葬42件，另一处是北连隆阳区的怒江支流孙足河畔的云龙布麻乡坡头村墓葬30件；此外在保山各县的另21个地点还出土27件，其中最重要的是龙陵大花石、南林山、梅子寨等遗址、地点与大量石、陶器并出的一批铜斧、铸斧石范和冶铸遗迹；保山以北的怒江州中、南三县20个地点出土21件；保山以南的风庆、云县、永德、耿马、双江、澜沧、景洪等县各地点或墓葬发现10余件；保山以西的潞西、陇川、梁河各见1件。总的看来，以圆刃面直銎斧为代表的铜斧群和哀牢地大量打制双肩石器共出于同一区域，即史书记载的濮人主居区，而在越人主居地区则仅有零星发现。

古代的铜斧又称"斤""斨"，《说文》斤部释"斤"乃砍木之斧，"斨"乃方形柄孔之斧，"斧椭銎，斨方銎"；哀牢地大部为椭圆柄孔之斧，少数为方形柄孔之斨。商周时代铜斧主要有四种用途：一是砍伐林木，《诗·豳风》《南风》中多篇记述用铜斧砍柴、砍劈斧柄、砍伐桑枝，《荀子·劝学》也记"林木茂而斧斤至焉"；二是农业开垦，《周礼正义》卷七十《秋官·柞氏疏》载斧斨"砍草木以种谷"；三是木材的加工制作，《孟子·梁惠王上》有记"斧斤以时入山林，材木不可胜用也"，剑川海门口遗址第二次发掘中有一个非常引人注意的现象，是所出土的一件铜斧尚砍入在干栏式建筑

的横梁上；四是用作兵器，《豳风·破斧》描写东征将士经破斧缺斨苦战
后庆幸自己得以生还说："既破我斧，又缺我斨，周公东征，四国是皇。"
哀牢地出土铜斧銎口、刃口多有磨损和残缺，表明其使用频率很高，除用
于上述农、工、兵事之外，哀牢地采猎活动很兴盛，铜斧无疑也用作狩猎、
采集和其他生活用具。

哀牢中东部铜斧群，依质地之不同可分红铜斧（23件，占近20%）和
青铜斧两类，依制作工艺之不同可分为锻制品和铸制品两类，依器身形态
具体用法等不同可分为实心柄樺无銎斧、扇形刃面直銎斧、圆形刃面双肩
直銎斧、袋形体直銎斧4类十多个式样，总体特征是双肩斧所占比例很高
（约近85%）。实心柄樺无銎斧皆素面无纹，其中有高梯形，上身长方形
下身梯形斧，圆形刃面长条形柄樺斧，两角上翘的半圆形刃面高梯形柄樺
斧，通高2.5～12.8、刃宽3～7.5厘米，最小的龙陵蚌勒红铜锻制斧仅高2.5、
宽3厘米。扇形刃面直銎斧也都素面无纹，有的銎上部一侧铸半环形耳，
高13.5、刃宽8.5厘米。圆形刃面双肩直銎斧有肩起于斧身中段两侧的圆
形、半圆形刃面斧，肩起于斧身上段两侧的椭圆形刃面斧，肩起于斧身
下部两侧的新月形刃面斧，大部有纹饰，纹饰有弦纹、圆圈纹、同心圆
纹、双勾纹、双旋纹、云雷纹、栉纹、三角齿纹、方格网纹、动物纹，通
高4.4～16.4、刃宽4～11厘米。袋形体直銎斧整体呈弧刃长方形，銎腔阔长，
銎口自斧顶两侧垂直延伸至两刃端，饰弦纹和"X"纹，高9～11、宽7

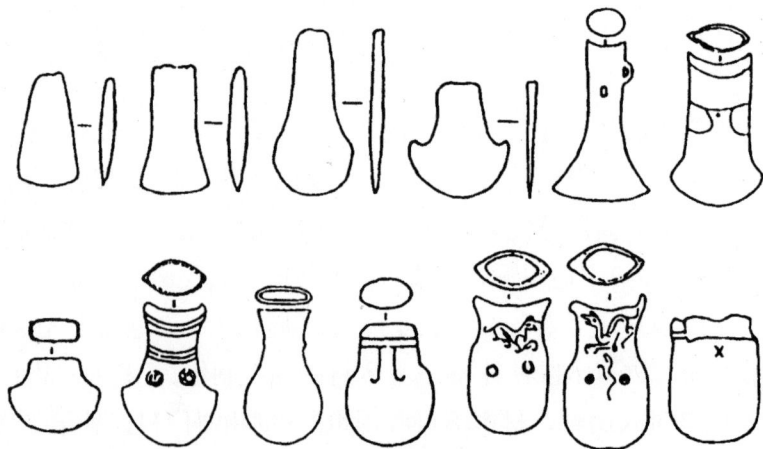

哀牢东部铜斧

厘米。此外还有一种整体近正方形、刃侧微内收、中央（偏上）有一圆孔的弧刃斧。型式、纹饰的多样性反映了自然环境、民族支系、文化传统的复杂性。

业经大规模科学发掘的龙陵大花石遗址有三个文化层，出土大量石、陶器、零星铜器和铸斧石范的上层经测定年代距今3 335±160年，时当商中期。大花石西侧几个地点与石器共出的红铜斧，都是用自然铜锻打的小斧，从锻打自然铜小铜器到成批铸制銎腔铜器一般需经相当长的发展过程，其年代还可能稍早于大花石上层。在哀牢中东部铜斧群中占3/4的圆刃直銎双肩斧，已测定之年代上限为大花石商中期，在区外发现同类斧并测定过年代的有商代末期的剑川海门口遗址和公元前7至前3世纪即春秋前期至战国后期的楚雄万家坝、剑川鳌凤山、祥云大波那墓葬，最晚见于贵州清平坝西汉晚期墓葬，哀牢中东部其他各类型铜斧都分别处于这一年代跨度内，就是说，哀牢中东部铜斧的创制和沿用年代可能自商中期至西汉后期共一千三四百年。

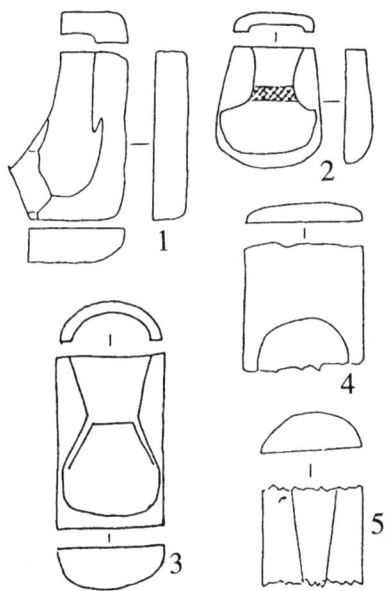

1. 龙陵大花石　　2. 澜沧拉巴乡
3. 双江邦驮胶厂　4、5. 腾冲油灯庄

铸造青铜斧、钺、矛的石范
（1、2、3、5）、陶范（4）

哀牢中东部铜斧群既有自己的地方民族特色，而又与我国内地有较多的文化联系。圆刃直銎双肩斧除洱海、滇中多处出土外，还偶见于川、黔和两广，扇形刃面直銎单耳斧类同于滇池区域；袋形体直銎斧在广西白露村、银山岭和四川岷江流域有类似出土者。哀牢斧面的多种纹饰也习见于云南内地和中原，特别引人注目的是坡头村两件铜斧上相向踞立的二虎图，两虎曲身欲跃，昂首，竖耳，利爪，尾屈翘，姿态琦玮诡谲，线条流畅简练，题材内容和构图方式都相似于湖北随县战国早期曾侯乙墓漆画、易县燕下都陶壶纹饰和河北平山战国墓石板刻图；在战国至西汉中原人们观念中，白虎是护卫灵魂升天的神物，

坡头村虎图含义亦当类此。

八　滇越地铜斧群

滇西哀牢国地西南部铜斧群，其分布地域包括保山西南部、德宏州、临沧地区、思茅中南部和西南部以及西双版纳州。这是凸出于云南西南部的一个长方曲边区片，东邻滇中，南邻印支半岛的越、老、泰、缅诸国，北连保山东、北部。区境已发现铜斧近50件。其中不乏相同于哀牢东部铜斧群的一些种类，如圆形、半圆形、新月形刃面直銎斧和梯形实心斧。但更多的是与此大不相同的以下四种类型：

第一种，四边形刃面双肩直銎斧。出土于龙陵、永德、云县、双江等县。刃面呈近正方形、长方形和倒梯形；双肩平直或稍斜、弧：有直刃，有弧刃，都素面无纹。体量都比较小，仅长10、宽7厘米左右。云县南部袁木匠村黄薯山遗址出土了一副铸造此种铜斧的石范，两块石料合为一范，所刻铸形为横长方刃面近直刃双肩斧，并发现磨光石斧2件和铜矿石、矿渣、木炭及灰烬等遗迹，表明石铜器并用时代哀牢先民即已铸制此类铜斧。双江大田村发现的两件近正方形刃面双肩斧，出土于澜沧江支流滚岗河西战国时代的竖穴土坑墓群。此类斧见于外地者均出自我国东南部及越南等古代越人分布区，两广出土者时在春秋晚期。

第二种，半圆形刃面重肩直銎斧。在斧身中上至中下段两侧设铸出一窄一宽两级肩，上肩横平，肩角弧钝，下肩弧圆；銎口椭圆。形体稍小于第一种斧。与此类似的铜斧，以往曾见于广东德庆和广西平乐等地越人墓，銎口长方形或六棱形，都出土于战国墓葬，消失于秦汉。哀牢地仅在龙陵发现1件，从形体、銎口等差异看，时代可能稍早于两广。

第三种，长身束腰扇形刃面斧。数量较多。出土于凤庆大寺石门坎竖穴土坑墓、双江胖品邦驮胶场、思茅纳勒河村东、广山大地、迁洛干巴山、澜沧拉巴小寨、勐海曼宰竜、勐润寨、曼罕寨等地。銎面倒梯形，銎口多为椭圆形，也有长方形；腰部收束成钝角折肩；其下外展呈扇面弧刃。体积多数略大于第一种，小的宽长只5～6厘米。多数素面，个别饰弦纹二道。

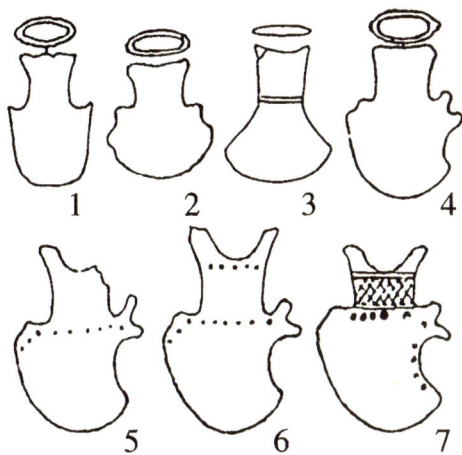

滇越地铜斧

邦驮胶场出土的是铸斧石范,斧面有如铺开的连衣裙,其附近多处有铜矿,表明此种铜斧亦为本区铸造。此类铜斧在广东广连、罗定、清远和广西贺县、宾阳越人墓葬中已曾出土50件,绝大多数亦为素面,少数饰几何纹,时在战国前后,被称为"折肩扇形斧"。

第四种,单凹侧叉角肩直銎斧。在四种之中为数最多。分布于隆阳区怒江西岸的芒宽乡和德宏州潞西、陇川、盈江等地。刃面总体呈半圆形,但都有一侧作新月形凹入,使刃部两侧一盈一缺;多数铜斧双肩肩角都下凹(一肩微凹,一肩深凹成叉),少数铜斧有一肩作斜弧转折而不下凹;隆阳区芒宽件銎口横平,素面无纹,德宏各件銎口都弧凹呈鞍形,在銎面、肩侧和凹边饰有乳突、弦纹和斜方格网纹,显现出此类斧自身有着由简单到复杂的演进过程。其时代大致在战国与西汉期间。体积稍大于前三种。此类斧由于形态特异,国内外罕见,引起考古界的浓厚兴趣。

从器物特征和古代民族分布看,以上四类铜斧的制作和使用者都应是哀牢人中的越人。越人是我国东南及滇黔等各省区的古老民族群,因种系繁多被称为"百越",周秦汉时代已创造了很高的文化,其青铜器甚富地方民族特色。《史记·大宛列传》记"昆明……其西千余里有乘象国,名曰滇越",《华阳国志·南中志》记"永昌郡,古哀牢国",其地有"鸠僚""僄越"。滇越、鸠僚、僄越都是越人(今傣族先民)部族;滇越、僄越在今德宏及其邻区,鸠僚在今西双版纳及其邻区。两广的越人称为"西瓯"和"骆越"。上述铜斧的前三种为西瓯、骆越、鸠僚、滇越所兼有并用,后一种为滇越人特有的用器。哀牢地越人铜器的发现和史籍记载都证明,远在汉晋以前,两广等地与哀牢夷区已早有政治经济文化交往,史籍如《汉书·西南夷列传》便记载西汉武帝时"南粤以财物役属夜郎,西至桐师(今保山),然亦不能臣使也"。

九 青铜工具锥、锄、锸、刀

这里介绍铜斧以外的几种生产工具，包括铜锥、铜锄、铜锸、铜刀等。其中昌宁营盘山人面纹刀风格独特，被视为哀牢夷青铜文化的"标准器"之一。

铜锥是出现最早的一种青铜工具。它形体小，制作简单，主要用于木、石、陶料等钻孔，也可用于楔、抠和皮革等的穿刺。山东、内蒙古、河南、甘肃等省的9个遗址曾出土距今4 000年左右的铜锥。哀牢地在龙陵大花石遗址晚期文化层出土了商代中期铜锥，型式有两种，一种是圆柱体圆尖锥，一种是方柱体扁尖锥，出土时锈蚀严重，尖均断失。前者较短细，残长近4厘米，后者较粗长，残长近9、断面径近1厘米。剑川海门口商代末期遗址出土的6件铜锥两种型式与此类似，江川李家山西汉古墓群出土的6件铜锥都是圆柱体圆尖。

锄，又名镬、镢，是古代主力农具之一，用于垦荒、刨地、掘根和翻土碎土松土除草。《淮南子·精神训》："鑃者揭镬臿。"高诱注："鑃，役也；揭，举也。"《释名》："锄，助也，去秽助苗长也。"我国青铜锄出现于西周。云南流行于春秋至汉代，有长条形、近正方形和尖叶形三种，滇池、洱海、哀牢三大区域都是三种形式齐全且数量不少。但哀牢地以尖叶形为最多，19件中有14件，所占比例近于3/4；其余5件中，长条形凹弧刃锄2件，近长方形凹弧腰凸弧刃3件。昌宁达丙乡营盘山出土的1件铜锄呈尖阔叶形，因使用磨损严重致刃缘秃缺已不很规整；椭圆銎凸起于锄面中间，由上至下渐收细；銎口弧凹，銎面中心有固定锄柄的插钉孔；铜色紫红，锄面粗糙且有砂眼，形态、工艺都相似于祥云大波那铜棺墓所出者，时在战国早中期。楚雄万家坝和晋宁石寨山墓葬出土的一些铜锄上所保留的木柄和铜鼓鼓面图像证明，这种铜锄是选用粗细适中、构成适当夹角度的枝丫树或弯曲木棍，砍削后将弯折的一段插入锄銎，手握长柄（树干）使用。

锸（臿），是古代起剥土块、开沟做垄的农具。《释名》："臿，插也，插地起土也。"《汉书·沟洫志》形容众多农夫以锸开沟的盛况说："举臿为云，决渠为雨。"中原商周锸有两种型式，一种是楔形空腔（銎）长方体，一种是凹口銎腔宽体形。用法近似现今的锹，安装直柄，銎口套一横木，使用时双手握柄脚踩其肩部使之插入土中，再向后扳动以剥离土层。福贡施朵村、基洛村和永德忙况山等地出土的铜锸为长方体，昌宁永昌园子、景东白屯西山脚和澜沧班岁梁子寨出土4件汉魏时代的铁锸有的为凹口銎宽体形，有的平面形似马掌。

以上三种工具都相似相同于内地乃至中原，澜沧铁锸与中原锸已如出一辙，说明哀牢人的生产工具与内地有密切联系，有的明显仿自中原。

昌宁营盘山出土的两把铜刀，是哀牢人创制使用的一种独特器物，区外迄无所见。刀，泛指用于切割削砍斩铡的利器，分属军用兵器、生产工具和生活用具三类；中原商周遗存中发现较多，云南剑川海门口、德钦永芝等处曾出土多件；大都刀体长匀，长10～40厘米，刃平面是长条锥尖形或长条翘尖形、长条卷尖形，多为素面，少数有雷纹或兽面纹。营盘山铜刀有三大特点：一是形体甚大，长宽达55.5厘米和7厘米；二是刃面成弯钩形，刃后部肥阔而向前渐窄，刀顶端呈平齐状，因有利刃无锋尖而属保山人所称的"平头刀"；三是倒梯形銎面上有人面纹饰，人面纹与銎口之间有弦纹夹短纵线束的横纹带；铜色紫红，铸工较粗糙，应为战国早、中期制品。这种铜刀略似梯田"砍埂刀"和傣族的一种弯镰，但銎面图案似如中原兵器的馘首之形，古代战时割取被格杀者头颅或耳朵以计数献功称"馘首"，因此也有可能用作砍杀武器或刑具。在保山坝蜀汉墓中也出土有青铜刀，但已完全是另外一种样式，为宽仅1.5、残长达45厘米的直背长刃刀，大约自东汉起，哀牢地青铜器已趋同于内地和中原了。

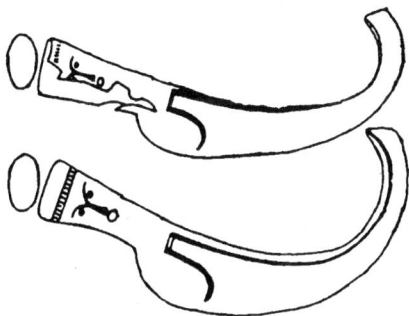

人面纹大弯刀

十　常规兵器"五刃"俱全

除斧、钺、戚、刀外，哀牢地青铜兵器还发现有戈、矛、剑、镞和臂甲。其中数量最多的是剑和矛，零星出土者已有20余件，出土最多的是昌宁坟岭岗50座墓达50件以上。戈、镞发现则不多。这种兵器组合可能反映了峰峦起伏、江河纵横、莽林密布的古代横断山区不太适宜车马及远射战而更多采用步战。

剑是我国古代随身佩带的格斗兵器，可斩可刺。汉代以前佩剑还标志等级身份，依剑的长短轻重分上制、中制、下制。剑由窄长刃身和短柄两部分构成。刃身中央一条凸起的棱称为"脊"，脊两边的刃口称为"锷"，刃身前端的尖突称为"锋"；供手握使用的短柄称"茎"；凸出于刃身与茎间的护手称"格"；茎末端圆面内凹部位称"首"。云南青铜剑主要有"山"字格剑和"一"字格剑两大类。哀牢剑属山字格系列，早期剑长仅20余厘米，均为实心茎，茎面绳纹横细单调，其后渐成花蒂格粗绳斜绕并加其他纹样，长度延伸到40余厘

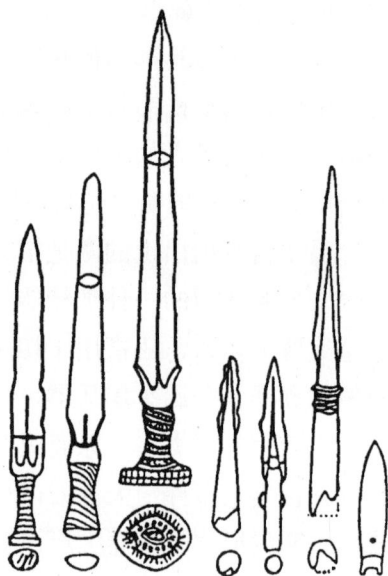

剑（左1-3）矛（4-6）镞（7）

米，有了空心茎。1988年保山坝西九隆山第三峰山麓墓葬出土的战国前期短剑，是发现在相传为哀牢王族发祥地带的重要器物之一，长13厘米，刃宽3.5厘米。体积最大的是1992年春，昌宁坟岭岗晚期墓葬出土的1件花蒂格长剑，造型精美，剑锋尖锐，空心茎面绳辫纹中兼施竖线和米点纹，更特殊的是在剑首侧圈环以两列方格，并在顶面作四重同心圆，内饰太阳纹和圆圈、芒纹各一周，长41、刃身宽5.5厘米，重504.5克。昌宁大田坝等地，还有剑鞘与剑一并出土。

矛是我国古代用于刺杀的主要兵器。矛体分锋刃和骹两部分。锋刃包括前锋和两翼。骹，是插装木质长柲的管筒（戈、矛等兵器的柄称"柲"）。哀牢铜矛多数出土于昌宁白沙坡、坟岭岗墓葬，兰坪澜沧江东岸和云县等地也有出土。昌宁出土的是窄叶刃圆骹矛，时代早的战国早、中期矛体短小，锋刃不发达，骹管所占比例很大，无耳，铸工粗糙；其后铸工渐精，

长近30厘米。云县阔叶刀矛时在西汉之时，矛面饰斜格网纹和同心圆纹。哀牢矛中很重要的1件是坟岭岗晚期墓出土的铜骸铁刃矛，它标志着其时已进入铜铁器交替时期。铁仅用于刃部而骸筒仍全部用铜，说明哀牢人已认识到铁比铜坚硬锋利，但铁还很少很贵重，并说明哀牢人可能已开始了自己的冶铁史。

戈是可钩可啄的长兵器。戈体与柲作直角安装。戈的主要部分（横刃）称"援"，像宽刃的大匕首；转折而下的部分称"胡"，其上有孔，以便穿皮、绳绑固于柲；援后的短柄称"内"，穿入柲杆之中，其上也有孔，可穿皮、绳与柲绑固。哀牢南部墨江龙潭戈无胡，援略似长剑但后段宽，前锋凸弧，中线起脊，形态较原始；双江县发现的铜戈亦为长条形；勐腊勐满农场出土的是长胡戈，内、胡之上有绳孔，鉴定为战国时代兵器。

镞，就是弓箭的箭头，尖锐锋利，安装在箭杆顶端，箭杆尾部装有羽毛以平衡飞行方向。哀牢先民至迟在七八千年前即已使用弓箭，各石器遗址出土了不少骨镞和石镞，有柳叶形和扁圆锥形两种。兰坪出土的青铜镞为柳叶形，全长6厘米。

青铜铠甲是防御性护身武器，有颈甲、胸腹甲、臂甲和腿甲。江川李家山墓葬出土的臂甲是一块套在手下臂的圆筒形大铜片，卷接线两侧口沿有对应的各一列穿孔，全长21.7厘米。澜沧江东岸霁虹桥南永平仁德村与24件青铜器共出了一些臂甲片，现存1片长6.5、宽3.3厘米，一端有7个小圆孔，整体形制可能类似李家山。

刀、剑、矛、戈（其后为戟）、弓矢是古代的主要兵器，总称"五刃""五兵"或"五戎"。据《华阳国志》和《后汉书》记载，哀牢举国内属前哀牢王扈栗发动进攻鹿茤的战争时说："我曹略徼，自古有之。"哀牢夷区青铜时代的考古发掘工作虽还做得很少，但出土的青铜兵器已五刃俱全，长短兵器、远射程兵器和军权重器齐备。

十一　哀牢人的青铜工艺装饰品

青铜被古人誉为"美金"，因其光泽绚丽，即使锈蚀后呈油绿色也别有一种艺术韵味。哀牢人制作和使用了很多小巧精美的青铜工艺品，包括铜镜，铜镯，牌饰，带钩，铜环（似为耳环），铃形、管形和小动物、昆虫、花卉形装饰品，大部分是女性身饰品，有的是经过了装饰加工的生活用品，有的可能是陈设工艺品；昌宁坟岭岗50座墓发掘出土数百件青铜器，其中男性墓随葬品主要是兵器和牌饰，女性墓主要是青铜装饰品和陶器。哀牢人的青铜工艺品，采用透雕、圆雕、镂孔、刻纹等工艺方法制成，它们以完全写实的形象，生动地展现着哀牢人的生活情趣和审美观念。

铜镜，是古人整容照面的生活用品，《战国策·齐策》记"朝服，衣冠窥镜"，《唐书》说"以铜为镜可以正衣冠"；早期铜镜是贵族妇女梳妆打扮的高级工艺品，长沙等地战国墓铜镜出土时与梳、篦一起放在漆盒内。滇池区域西汉铜镜纹样繁多，半数有篆书铭文。哀牢地馆藏文物中有历代铜镜数十面，民间收藏也很多。保山坝九隆山、霍家坡、邓家坡和腾冲、昌宁等地都出土了日光镜、日月昭明镜等两汉时代铜镜，迄今所见时代最早的是昌宁烂野山出土的三棱镜，铜色紫红，镜面有细砂眼，背面中心设半球形钮孔，除三周凸起的棱圈外别无纹饰，作风粗拙原始，制作时间至迟在西汉早期。

昌宁烂野山铜镜

铜牌饰是近于"护心镜"之类的佩件。晋宁石寨山13号墓所见88面牌饰，都佩戴在骑士腹部腰带之上。有些牌饰牌面有纹饰。坟岭岗21号墓圆形牌饰牌面无纹。但悬钮为双兽（象和野猪）搏斗图，两兽后足下撑，相对直立，两首相交，前爪相搏，形态逼真，面径达14厘米。

带钩，是扣接束腰革带以在带上悬挂囊物、饰品的铜钩，是贵族、官僚、文人武士相互炫耀身份、地位的华丽装饰，《淮南子·说林训》说"满堂之坐，视钩而异"。形状有条棒形、琵琶形和鸟兽形三类，昌宁大田坝出土者为琵琶形。

铜镯，出土较多，是哀牢人戴在臂腕上的环形饰品，每只由七八个到十余个扁方圈连成，此种手镯佩戴之法现今在布朗、德昂、佤等民族妇女中还常可见到。哀牢人还喜欢在铜镯上作不同的镂孔装饰。

擅长制作和喜爱使用小巧玲珑的鱼形、蝶形、蝉形、铃形、花卉形、竹节状管形等装饰品，是哀牢人的一大生活特色，调查发掘中出土颇多：这些以小鱼、蝶、蝉、花卉为艺术造型的青铜器，在滇池、洱海等地较为稀见或迄今未见，在丰富多彩的滇池区域动物造型青铜器中，动物种属大多是大中型兽类和鸟类。在

昌宁坟岭岗出土的青铜装饰品：
铜镯、铜花、铜铃、串饰、铜管

哀牢人这些个体精小的饰品中，动物都以全躯形象、正面形象和动态形象出现，头尾翅躯比例和谐，宽、高仅2～5厘米，厚仅1～2毫米，那些线串的竹节状小铜管仅长1厘米，直径才2毫米；它们被佩戴在妇女颈下、胸前、腰侧，犹如现今的项链、领花、胸花和有些少数民族响声叮当的腰饰品。蝶形饰品是云南迄今仅见于哀牢古墓的铜雕工艺品，它们都呈四翅展平飞行之状，而没有四翅合竖于背部的静止形状。

哀牢人的青铜装饰品，既表现着自身特有的地方民族色彩，又鲜明地显现着内地、中原文化特征，例如铜镜、带钩都来自中原，带钩原本是华夏族的发明，"动物纹"牌饰是由北方草原南传而来，铜镯和镂孔筒形器都相同或相似于滇池、洱海区域。无论生产工具、兵器、礼乐器和其他用品，都证明哀牢夷区在青铜时代已与祖国内地有较广泛的经济文化联系。

青铜时代是哀牢部族的一个极重要的发展阶段。哀牢先民使用了千百万年石器后，至此跨入了使用金属器具的崭新时代。随着青铜器的制作和使用，哀牢人步入了文明时代的奴隶制社会。根据史籍记载推算，哀

牢国正是孕育、形成和存续于这一时代。出土文物是研究这一时代哀牢社会的根本依据；研究哀牢文化，青铜文化理应是重点。以上11篇小文，笔者撰写和发表于1995年，但笔者对哀牢夷青铜文化至今未及进行全面综合和研究论证，以上文章的收列，算是一个粗浅而略系统的介绍。

近些年来，有关哀牢夷青铜文化的情况，发生了很多重要变化：

第一是地名改变，如保山地区改为保山市，原保山市改为隆阳区，部分乡改为镇。

第二是有不少新的考古发现或新见的文献资料报道。如《中国文物地图集·云南分册》中新见青铜器出土地十余处、器物数十件，其中包括思茅靴形钺、澜沧县铸斧石范和

西双版纳勐腊铜戈。显著特点是"援"特别长

澜沧江两岸青铜时代墓葬群6处，面积在1000～5000平方米之间。《云南文物》新见隆阳汪官营出土扁圆鼓腹铜盒内装金、银器14件和玛瑙4粒；永平澜沧江东岸、霁虹桥南3公里处出土铜锄、铜斧、铜釜、铜臂甲24件；景东丙况新石器遗址发掘出土石、陶器的同时，并出青铜兵器1残件；梁河出土1具万家坝型铜鼓。吴学明先生《临沧青铜文化管窥》一文介绍青铜器近20件（以往报道仅7件）。西双版纳文管所罗廷振先生惠寄照片，介绍三县出土青铜斧、钺、戈、鼓8件。还有笔者所见腾冲、昌宁等地民间收藏青铜器，如腾冲农业银行副行长段生馗先生20年来收藏文物2 700多件，其中铜器500余件，包括了一大批先秦至汉代各种型式的铜斧、铜钺、铜锄、铜锸、铜剑、铜矛、铜戈，还有1具万家坝型铜鼓，大多记有出土地点与时间。20世纪90年代，国有文博单位收藏哀牢国地出土青铜器近500件，现在已约600件，倘加民间收藏可能已近千件。

第三是云南省学术界对哀牢夷青铜文化给予了越来越多的关注，以往只在论证云南2种或4种青铜文化区域类型时，零星触及沧、怒两江哀牢地青铜器，近几年有些学者已将此区青铜文化作为独特的区域类型进行综合分析。

在20世纪80年代以前出版的云南考古著作中，澜沧江两岸及其以西的广大哀牢区域，基本上都是一片空白。刘小兵的《滇文化史》一书，把云南先秦至汉代的历史文化划分为"滇""昆明""哀牢"三大民族区域文化，但全书19万字，"由于'哀牢'文化不像'滇'文化和'昆明'文化那样有考古资料可供参考"，哀牢文化仅限于对《后汉书》两段文字的诠释，总共数千字。其

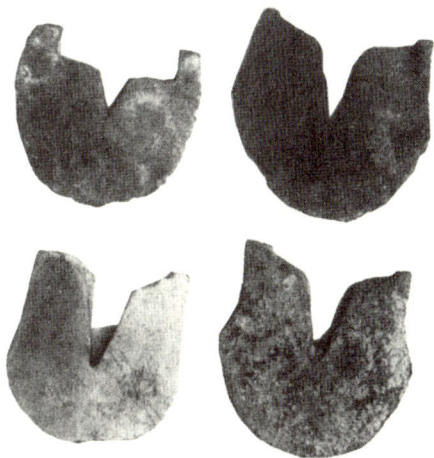

腾冲曲石铜锸

时云南省考古界把云南青铜文化分为"滇池地区"和"滇西地区"两大类型。著名考古学家张增祺《滇西青铜文化初探》一文"滇西地区出土青铜器统计表"中，5地州18个地点出土1 356件青铜器（其中前属哀牢国地的保山昌宁、临沧云县3个地点48件），代表性器物是三叉格剑、双肩直銎斧、心形和长方形锄、万家坝型鼓和条片弯镯。时代最早的是剑川海门口遗址，距今3 115±90年，即公元前12世纪；最晚的是大理大墓坪、金梭岛等地铜器，时在西汉中、晚期；昌宁等地铜器处于战国中期到西汉初期的中间阶段。张先生"从大量考古材料分析，战国中期至西汉初期，滇西地区已进入奴隶制社会……楚雄、祥云、洱海区域以至保山、昌宁等广大地区的民族，无疑已进入了阶级社会"。

最早对哀牢夷青铜文化进行大范围调研的领衔学者是原云南省文物处处长邱宣充先生，他在主持1981～1985年文物普查期间现场考察了保山、临沧、德宏很多文物点和青铜器出土地，其后发表了一批综合介绍普查收获的重要文章，所得结论之一是："普查前，我省青铜文化可分作滇池地区和滇西地区两种类型。通过普查，可以断定昭通、曲靖与黔西是一种自成体系的青铜文化，红河与藤条江是另一种青铜文化类型。从云南这四种大的类型看，与云南新石器大多有着直接的承袭关系。"此后，学术界都把云南青铜文化划分为四五个区类，只是区域范围和所举"标准器"有所不同；哀牢夷青铜器各被纳入"滇西""滇西北""滇西南"或"洱海区域"

类型。邱先生虽然没有把哀牢夷区青铜文化单列一类，但他首次推介出云县袁木匠寨黄薯山、双江邦驮胶厂两处青铜器冶铸地，凤庆大寺石门坎、双江忙糯大田、昌宁达丙八甲大山3处青铜时代墓地，大田坝蓝家凹青铜时代居住遗址，一批新发现的青铜器和铸制青铜器的石范，"在怒江等地发现了一批青铜文化早期、相当于剑川海门口时期的红铜器，说明云南青铜文化的源远流长"。并指出此区古属"哀牢夷"区。云南省博物馆黄德荣和张绍全两先生合著《近年来云南昌宁出土的青铜器》一文进而指出：哀牢国辖地甚广，先秦两汉哀牢人一直生活在这里，"这批材料无疑会给古代哀牢人的研究提供珍贵的实物材料"。笔者与张绍全合著《云南昌宁青铜器综说》一文，则首次提出东起昌宁，西括腾冲、德宏的青铜文化独著风采，似称"怒江中游类型"为宜，其典型器物以山字足案、人面纹弯刀、鞍顶束腰盒和靴型钺为代表，族属濮、越两大族系。

其后数年，王大道先生发表《云南近年来青铜时代的考古发现及其研究》等3篇重头文章，把云南青铜文化划分为5个区类。前4个区类是"滇池区域""洱海区域""红河流域"和"怒江、澜沧江上游（包括剑川、宁蒗、德钦、福贡、云龙、昌宁铁匠寨和德斯里）青铜文化"。第5区类是"澜沧江中下游青铜文化"，包括昌宁八甲大山和云县、凤庆、双江、景洪、孟连等地青铜器。文中虽说"目前保山县（指今隆阳区）、腾冲县、德宏州的青铜时代文物发

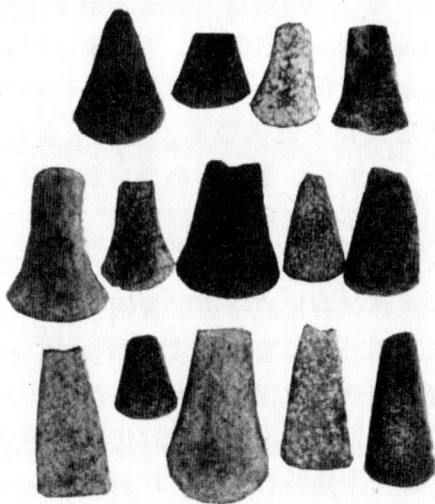

腾冲五合、上营、固东历年
出土的梯形弧刃、直刃实心铜斧

现极少（其时3地已出土案、盒、戚、钺、各式斧、早期铜鼓等50余件，惟极少披露），故暂不论列"，但已将靠近前几区类的哀牢东南部青铜器单列一区类，典型器物是中腰收束的弧刃铜斧和宽刃靴型钺，族属"滇越"。

20世纪90年代哀牢夷区最重要的青铜时代考古发现，是龙陵大花石遗址和昌宁坟岭岗墓葬群的发掘。大花石上层在出土大量石、陶器的同时，

广泛出土青铜冶铸遗迹遗物，并有铜器残件和铸制双肩铜斧的石范，时代距今3 335±160年，即公元前14世纪，比剑川海门口早两个世纪。坟岭岗位于偏僻山坳的古代经济文化落后地带，两次发掘50座墓，出土青铜器近300件，其中牌饰、管、镯、铃和花、蝶、鱼形装饰品独具特色。20世纪90年代后期，学术界对哀牢夷区青铜文化又有新的论列。肖明华《云南考古述略》一文，在析述滇池、滇东北、红河流域和滇西4区类青铜文化后说"滇西南的澜沧江、怒江中游的昌宁、施甸、龙陵、腾冲、云县、双江、凤庆等地，存在一种以靴型铜钺、弯刀、牛纹编钟、案、盒为特点的青铜文化，其中重要遗存有坟岭岗墓地，这一文化与《史记·大宛列传》记载'滇越'人的分布地望相吻合"。李淳信《云南保山青铜文化考古发现及其研究》一文说，保山数十个地点出土的铜盒、铜刀、铜案为国内外所罕见，面无纹饰、腰有蹲蛙的无耳铜鼓也为保山所独有，保山所出的铜剑、铜镦、铜矛、手镯、编钟等也有地方特色，"云南古哀牢地分布着一种富有地方风格与民族特色的青铜文化，它拥有自己的典型基本器物，具备了青铜文化新类型的构成条件，以其历史地名称为哀牢青铜文化是可以的"；"以保山为中心的哀牢青铜文化，创造者当属古哀牢国主体民族百濮系统之濮、裸濮和百越系统之滇越、越、鸠僚"。

上述考古材料的新发现和学术研究的新进展，为全面深入研究哀牢夷青铜文化提供了更较充分的根据和更较开阔的思路。

主要参考文献

1. 邱宣充执笔：《保山德宏文物普查的主要收获》《临沧地区文物普查概述》《云南文物普查的主要收获》，载《云南文物》总第11、12、18期。

2. 李伟卿：《腾冲县发现古代铜鼓》，载《云南文物》总第11期。

3. 谢道辛、王涵：《云龙县首次发现青铜器》，载《云南文物》总第12期。

4. 保山地区文管所：《昌宁大田坝青铜兵器出土情况调查》，载《云南文物》总第13期。

5. 黄德荣、张绍全：《近年来云南昌宁出土的青铜器》，载《考古》

1990年第3期。

6. 王大道：《大花石遗址、墓地发掘硕果累累》，载《中国文物报》1992年4月19日。

7. 王大道：《昌宁坟岭岗青铜时代墓地》，载1995年《中国考古学年鉴》，文物出版社1997年版。

8. 王大道：《云南近年来青铜时代的考古发现及其研究》，载《云南省博物馆建馆三十五周年纪念文集》。

9. 王大道：《云南铜鼓》，云南教育出版社1986年版。

10. 王大道：《云南青铜文化与新石器晚期文化的关系》《云南出土青铜时代铸范及其铸造技术初论》《云南青铜文化及其与越南东山文化、泰国班清文化的关系》，均载云南文物考古研究所《云南考古文集》，云南民族出版社1998年版。

11. 杨帆：《云南文物考古工作十年回顾与展望》；杨帆、王大道：《云南省文物考古研究所十年大事记》；载同上。

12. 耿德铭，张绍全：《云南昌宁青铜器综说》，载《考古》1992年第5期。

13. 李惠兰：《下格箐青铜戚钺调查》《保山汪官营出土青铜盒调查》，载《云南文物》总第42、49期。

14. 李正：《云南腾冲出土春秋战国时期青铜器》，载《文物》1995年第7期。

15. 杨复兴、吕蕴琪、李淳信、李正关于腾冲出土早期铜鼓的介绍，载《中国古代铜鼓研究通讯》第2、5、9期。

16. 张绍全、李淳信、王锦麟、杨升义、耿德铭、李志耀、张琪亮、李正关于保山各县出土青铜器的15篇报道，载《云南文物》总第22、25、26、27～28、29、31、36、42、52期。

17. 李淳信：《云南保山青铜文化考古发现及其研究》，载《云南民族学院学报》1996年第3期。

18. 吴学明：《临沧青铜器管窥》，载《临沧文化》1995年第1期。

19. 田怀清、谢道辛：《永平澜沧江东岸首次发现青铜器》，载《云南文物》总第47期。

20. 李枝彩：《试论滇西南地区的青铜文化》，载《东南文化》1992年第1期。

21. 新编纂《保山市志》、昌宁、腾冲、施甸、龙陵、梁河、临沧、永德、凤庆、云县、镇沅、孟连、澜沧、景洪、勐海、勐腊等县志。

22. 戴宗品执笔：《景东丙况遗址发掘简报》，载《云南文物》总第55期。

23. 国家文物局主编：《中国文物地图集·云南分册》，云南科技出版社2001年版。

24. 肖明华：《云南剑川海门口青铜时代早期遗址》《云南考古述略》，载《考古》1995年第9期和2001年第12期。

25. 李昆声：《云南文物考古四十年》，载《云南文物》总第25期。

26. 张增祺：《滇西青铜文化初探》，载《云南青铜器论丛》，文物出版社1981年版。

27. 张增祺：《云南开始用铁器的时代及其来源问题》，载《云南社会科学》1982年第6期。

28. 云南省博物馆：《云南石寨山古墓葬群发掘报告》，文物出版社1959年版。

29. 云南省博物馆：《云南江川李家山古墓群发掘简报》，载《文物》1972年第8期。

30. 云南省博物馆：《云南楚雄万家坝古墓群发掘简报》，载《文物》1978年第10期。

31. 中国古代铜鼓研究会编：《中国古代铜鼓》，文物出版社1988年版。

32. 马承源主编：《中国青铜器》，上海古籍出版社1988年版。

哀牢史地辨正

一 为哀牢正名

保山有人著文，对"哀牢"和"九隆山"等古代民族名称提出疑问，这有点儿触及了哀牢历史的构成基础，笔者拟分别陈述其简要原委以兹澄清，不妥处敬希识者赐正。

质疑"哀牢"名称的根据是："保山宿儒张殿甲，于民国初年在《安乐山寺（指哀牢寺）重修厢房记》中透露出一些玄机，说：'安乐，夷语转为哀牢，盖古时此地之国名也，《华阳国志》《后汉书》所称九隆肇迹之地，即是山焉。'早在明代万历年间（着重点为本文作者所加，后同），居滇三十多年的浙江人诸葛元声所撰《滇史》一书中已有记载说：'哀牢山在司城（明代称保山为金齿司）东二十里，本名安乐，夷语讹为哀牢'。《云南山川志》和《永昌府志》亦有与此相同的记载。"据笔者所知，还有清顾祖禹《读史方舆纪要》和倪蜕《滇云历年传》也说，永昌府城东哀牢山"本名安乐，夷语讹为哀牢"。以上六种记载一致认为凡"哀牢"原本都是汉语名称"安乐"，都是被咬字不清、语音不准的土著民族"讹"为哀牢了，哀牢山、哀牢国、哀牢寺，当然还有哀牢夷、哀牢王、哀牢县等等，"本名"乃是安乐山、安乐国、安乐寺、安乐夷、安乐王、安乐县……这就需要纠错，需要正名。

但是，只要稍加探究就会发现，称说哀牢原名安乐的六项记载，最早一项成书也已晚到明代后期的万历四十六年（公元1618年；其他五项清代和民国年间记载，明显都属因袭抄录），而"哀牢"是距今2000年前后的哀牢国、永昌郡使用的名称。研究哀牢国、永昌郡历史，形成于当时或时间与之接近的文献，比较而言应该是最为可靠的。远在汉晋时代的许多著名典籍中已大量记有"哀牢"，拙著《哀牢文化研究》辑录汉晋文献中，即有17种（篇、条）30多次述及"哀牢"，未辑入拙著的还有《古今注》《水经注》等重要著作，它们无论山称、族称、国称、王称、县称，始终一律"哀牢"而一无安乐之说。其中最著名的有《论衡》《哀牢传》《东都赋》《续汉书》《华阳国志》《后汉书》《晋书》等等。很难想象，以王充、班固、司马彪、常璩、范晔、郦道元等史家的博学和严谨，竟然在叙写"安乐"山、族、王、国、县名时全都以讹传讹。到了7世纪至13世纪的唐宋时期，被称为"唐人著述云南史地最重要典籍"的是《蛮书》（《云南志》），还有《旧唐书》《新唐书》、武周宰相张柬之《罢姚州疏》、唐人《南方记》、宋《资治通鉴》等等，无论山、族、王、国、县名亦均称"哀牢"；据府志县志记载，保山"哀牢山麓"曾出土大理国时的"哀牢夫人"墓碑，碑文中有"月出碧鸡，照哀牢之名县"句，也都不见"安乐"之称。还应特别指出的是，上述一千多年所有文献的作者，都是汉族史家史官而非"夷人"，"哀牢"是汉人写的汉字而非"夷文"，"哀牢夷"是汉族对土著民族的称谓而非哀牢人的自称，被"夷讹"根本无从谈起。

　　大约到了"哀牢"名称使用了1 500多年，汉族成为滇西主体民族后的明代晚期，方才有人创作出"本名安乐，夷语讹为哀牢"之说，欲以取代"哀牢"。其动机多为"驯雅"，有的明显出于民族歧视，《永昌府文征》李郑一文就说，哀牢县改为汉名县是"一扫千余年无谓之夷语，改正也，归文化也"。但是，"安乐"之说不仅应者寥寥，明代以来，绝大多数学者和官方、民间人士都坚持"哀牢"名称，而且"安乐"出世不久就受到严正批评。在《滇史》撰写前不久，邓子龙游览哀牢山，题写《过哀牢祠》（哀牢寺原名哀牢祠）一诗有云："哀牢前属国，山川尚有灵。"《滇史》成书30多年后，以记述史地准确著称的徐霞客游历其地，他在《游记》中写道："……金井也。今有树碑其上者，大书为'玉泉'……碑者顾溺之，何也？又一碑树北顶，恶哀牢之名，易为'安乐'焉，益无征矣！"还有著名的董难《百濮考》、万历《云南通志》等等，皆称"哀牢"，举不胜举；《永昌府文征》载有写到哀牢山、哀牢国、哀牢人、哀牢寺的诗文数十首（篇），作者大多是云南名士和地方官吏，无论标题、诗序、诗文、注释，都只见哀牢而未见安乐。到了近现代，《辞海》《民族辞典》《云南辞典》等大型人文类辞书都设有"哀牢""哀牢山""哀牢夷""哀牢国""哀牢传""哀牢归汉""哀牢县""哀牢山变质岩带"等不少哀牢词条，释文中概无"本名安乐"之说。当代省内外著名史学、考古、民族学家大量著述也通称"哀牢"。《保山县志》除记有"哀牢传说"，"永昌原为哀牢之根据地"等外，还有非常重要的一条是"大官庙后哀牢山半有哀牢寺，有金井观鱼，……上有哀牢王墓"。《保山市地名志》也有"哀牢山"专条。1988年出版的吴光范先生《云南地名探源》"民族语地名"一节中说："夷语讹为哀牢之说不妥，不但称兄弟民族为'夷'是侮称之词，应予批评，而且说本名安乐，讹为哀牢，亦颠倒了源流。"此说一语破的。"蛮""夷"之称，在古代带有一定歧视和侮辱性质，带有封建统治阶级偏见和大汉族主义色彩。

再说汉代郡县名称和土著民族王、侯的封号，只有朝廷、官方才有权命名，如果命名永昌郡名前已命名过"安乐王""安乐县"，那史籍为何不见只字片言记载？为何后来又要另取郡县名并把吉祥美好的汉语名称反而改写为"哀牢王""哀牢县""哀牢夷"等呢？道理很简单，哀牢归汉设郡前，汉王朝不可能去哀牢国从事命名安乐县和封安乐王之类的活动。《云南地名探源》把"哀牢"划在"民族语"章节之中是准确的，朱惠荣教授《云南民族语地名研究》一文也说："汉晋时期云南的地名多为民族语地名，其中一部分被用作郡县名称，如……哀牢……嶲唐……比苏等。"正因其原属土著民族名称，而汉王朝在建郡时的社会历史发展又需要给这个新置的西南边郡取一个政治性较强、词义鲜明的汉语郡名，方才命名永昌郡——永昌郡是汉王朝平定云南的多次叛乱后设置的，《读史方舆纪要》说："东汉建武中，西南夷栋蚕叛，诏刘尚讨之。尚追破之于不韦，斩栋蚕帅，西南夷悉平。永平十二年哀牢内附，置永昌郡，西南夷少事。""永昌"有纪功的含义，但其主旨在寓意边区从此昌明安宁，祈愿"累世承平"（社会持久安定），因此也属"意愿地名"。《汉书》引《广志》说："永昌一郡，见龙之耀，日月相属亦永；永昌，明之义也。"《辞海》："昌，兴盛，繁荣。"

汉族在汉代才开始成批进入哀牢国——永昌郡地区。此前此区居住的是包括多种族系的土著民族"哀牢夷"。此区至今仍是保存古代民族名称最多的地区之一。这些名称曾与早期汉语名称交错使用，成为区内一批特殊的历史符号，现在具有重要的科研价值和教育价值，特别是"哀牢""九隆""鹿茤""嶲唐""破虏傍邑侯""卤承"和"不韦""永昌""郑纯""永昌道"之类典型的、代表性的"夷"、汉名称，更属珍贵的历史文化遗产，它们是地方史、民族史、语言学等学科研究的宝贵资料，它们从一个侧面证明保山几千年的开发建设成就是各族人民共同奋斗的结果，使人们自觉珍惜和维护民族团结和友谊。但是，要很好地运用这些"符号"揭示古往今来沧桑变迁的历史之谜，还有赖于对它们进行准确研究和科学解析，解析错误则将淆乱历史且不利于民族团结。哀牢人没有自己的文字，其族、国、人、地等类名称都是由汉人据音录记入汉语文献的，不同的人录记时选用不同的汉字，加之各族语音差异，有些音在汉语中找不到对应的同音字就用近音字，因此往往一名多写，如《滇南志略》"景东直隶厅"一条所记："哀牢山在厅东八十里，山为干河右臂，一名爱乐。""爱乐"显然是为挑选词义较好的汉字而使用了近音字，造成了译记误差。但是，"本名安乐"之说性质与此不同，它是本名哀牢而被"恶'哀牢'之名者"颠倒源流讹为安乐了，首开"恶"例者早不过明代。

二 三座哀牢山和一个哀牢国

《华阳国志》等典籍记载："永昌郡，古哀牢国；哀牢，山名也。""哀牢夷"部族在哀牢山地区创造了哀牢历史、哀牢文化，并创建了哀牢国，尔后内附中国，设永昌郡。但是，省内外熟知的多是云岭支脉的哀牢山，那里虽然没有两千多年来哀牢建国和永昌设治的史证，但许多年来以自然风光、民族风情和清代晚期农民起义为内容的"哀牢山文化"的研究宣传颇为红火，而积淀着哀牢发祥、永昌设治悠久历史文化的保山哀牢山，却深深地封存于保山人心里和历代史籍中，鲜为外界所知，以至《哀牢文化研究》出版后，省内外好些人（多数闻其名未见其书）提出了一个很大的疑问："保山怎么会冒出了哀牢文化？"

《云南地名探源》说："今云南之山，称哀牢者，一是保山县东二十华里处的哀牢山，属怒山山脉南延之余脉；二是礼社江（即元江）以西、无量山和把边江以东的哀牢山脉，云岭南延支脉之一。"滇西抗战时期，中国远征军的一些将领称云岭哀牢山为大哀牢山，称保山坝哀牢山为小哀牢山。但据笔者所知，哀牢山还不止以上两处，在保山城西还有一处哀牢山。这三处由东到西的哀牢山史地简况如下：（1）云岭哀牢山。陈永森等著《云南地理》称其"为一西北—东南向的巨大山脉；隔元江与滇东高原相邻，受元江及其支流切割又分出几条分支，向东南逐渐进入越南"。《云南辞典》说它"北起大理州南部，绵延数百公里，为元江、把边江的分水岭"。《辞海》说它"有栗树、樟木、茶树等经济林木，富矿藏"。（2）保山坝哀牢山。"在（永昌）府城东"，与坝西九隆山相向而立，《徐霞客游记》说："出东门，十里至河中村，抵东山之麓，过大官庙（村）。上山……二里余，至哀牢寺……其上崖势层叠而起，即哀牢山也。"明谢肇淛《滇略》描写它"孤峰耸秀，如拱如坐，高三百余丈，雄峙西陲，延袤三十里许"。记载与此相同相似的史籍颇多。（3）保山城西哀牢山。在今杨柳乡。《滇系·山川·永昌府·保山县》："玛瑙山，在城西百里；山产玛瑙，名哀牢山支脉也。"《滇系·赋产》："玛瑙出永昌哀牢山支岭。"《保山县志》卷十一："玛瑙山，旧通志、府志并曰，在保山县西一百里，产玛瑙石，故名。"《一统志》言："玛瑙出哀牢山支陇。"明景泰《云南图经志书》《滇略》等也有类似记载，《滇略》说："玛瑙产永昌之哀牢山，红白二色，其相间者谓之缠丝，近辽东玛瑙盛行而滇产遂废。"杨柳乡现今还有玛瑙山、玛瑙洞、玛瑙林场。

哪一处哀牢山区是九隆世族的缘起之地和哀牢王国的肇基之地？

从古籍记载的地理位置看，《华阳国志·南中志》记："孝武时通博南山，渡兰沧水、渚溪，置巂唐、不韦二县……渡兰沧水以取哀牢地，哀牢转衰。"杨慎《兰津桥》诗有"兰津南渡哀牢国"句，张含《兰津渡》诗说过了江便是"黑水（指澜沧江）之西哀牢东"，"山形宛抱哀牢国"，都清楚表明其地在澜沧江以西今保山一带。明钱古训《百夷传》说："百夷在云南西南数千里，其地方万里。景东在其东，西天古剌（今印度）在其西，八百媳妇（今泰国西北部和缅甸东南部）在其南，吐蕃（今西藏）在其北，东南则车里（今西双版纳），东北则哀牢。"也从另一个方位清楚表明其地在今保山一带。《华阳国志》所述"哀牢转衰",正因为汉军越过澜沧江,占领了哀牢王族经营了几百年的统治中心哀牢山及山前今保山坝地带,哀牢国势才发生了急剧变化。从古籍记载哀牢内属而后的建置沿革看,古代永昌是滇西最大的行政中心,诸书所记汉晋永昌郡、唐(南诏)永昌节度、宋(大理国)永昌府、元至元十一年永昌州、至元十五年以迄明清永昌府、民国初年永昌县,治所都在今保山坝(古称永昌坝),保山城历称永昌城,从《华阳国志》的"永昌郡,古哀牢国"到唐人《南方记》"永昌等邑,古属哀牢国"、《蛮书》"永昌城,古哀牢地",再到元《混一方舆胜览》"永昌府……景致……哀牢山……"、明施武《永昌词》序"永昌,故哀牢国也"、清《读史方舆纪要》永昌军民府"故哀牢王国"、《云南郡县释名》"永昌,古为哀牢国,九隆世居之"……哀牢在永昌,史不绝书,一脉相承。从文物遗迹看,保山坝周围出土了距今一两万年至四千年前后的很多人类生活遗存、战国至汉代的青铜器,至东汉、魏晋时期,坝子西部和东北部不仅早已村寨相望,而且已经建有郡城、县城并留下了成批墓葬,哀牢山一岩洞中曾发现刻塑于南诏时代的九隆家族石雕坐像群,山麓曾发现哀牢夫人墓,县志还记哀牢山有哀牢王墓。从民间传说看,保山城在九隆山下,因位于"九隆之阳"又名"隆阳城",城西南山麓有九隆池,"蛮妇沙壹"在此感生哀牢王九隆的神话广传区境;哀牢寺大殿最早的塑像是"哀牢娘娘"沙壹和九隆,九隆裸上身,下身着尖叶状叠纹服饰,故保山有针对赤身和言语粗俗的地方歇后语:"你这人真是哀牢寺的菩萨——衣裳都不穿了!"保山有个世代相传的顺口溜:"哀牢国里有座哀牢山,哀牢山上有个哀牢洞,哀牢洞里住着个哀牢官,哀牢官就是哀牢王。"哀牢山麓的大官庙村原名哀牢村,大官庙和小官庙里塑的是"哀牢大官"和"哀牢小官",风景优美的玉泉是哀牢王的御花园,还有哀牢王麦仓、哀牢公主出嫁、哀牢公主井等等传说,县志说"哀牢传说多在保山",切合实际。此外,保山坝正当云南西部的适中处,又位于世界古代文明的一条贯穿线上,是南方丝路永昌道上四方辐辏的枢纽地,史书称之为"殊方异域集散地"和"西南一大都会";《保山县志》记述保山坝子"面积之广,约当滇池盆地水陆之全部,田地之多,过于昆明环湖四县之总和,群山环绕,形势天成"。我们说九隆世族兴起和哀牢国肇始于此区,这些依据足资佐证,无可争辩，并早为古今史家学者所共识；而另两处哀牢山则未见如此多的史证。大理学者林荫曾先生《九隆神话与哀牢国》一文早就作了完全符合上述史证的具体结论，他说："哀牢国源于现在的保山县"，"哀牢国以哀牢山而得名，主峰在保山县境内"，"哀牢国最早的根据地在保山县的哀牢山周围，城府在今保山坝子。"

哀牢地域辽阔。朱惠荣教授《论名城保山的历史地位》言："其范围应东（北）起澜沧江，东南至礼社江与把边江间的哀牢山，西至印缅交界的巴特开山，北抵今缅甸与西藏交界处，南达今西双版纳等地。"这与《华阳国志》刘琳注释和《中国历史地图集》基本相符。就是说，哀牢三山都在哀牢国境，保山两山地处哀牢国腹心区域（其中保山坝哀牢山地区是哀牢肇基地），云岭哀牢山位于哀牢国东南边区，哀牢国东南境无疑包有今西双版纳和思茅等地区；亦即哀牢三山同处于横断山南部，云岭哀牢山北段与保山两哀牢山邻近于澜沧江东、西部。而保山两哀牢山均属怒江支脉，怒山山脉由北向南波状伸张，至此分为东西两支，将保山坝包夹其中，保山坝东山之东侧为澜沧江，西山之西侧为怒江；保山坝西玛瑙山被史书称为"哀牢山支脉""支岭""支陇"，联系汉晋全部哀牢记述，可知哀牢国时代今保山坝东西两山及其北部连接区域统属哀牢山，山上山下都住哀牢人，其后两千年，随着民族的不断迁徙、分化、融合、同化和居民点的增加，逐渐产生了一处处新地名，老地名则随之改变或逐渐收缩了覆盖范围（如保山坝哀牢山明代还"延袤三十里许"，到地名普查时已特指其中西部的"6平方公里"面积）。

我们现在勾画出的哀牢境域，诚如"史学巨擘、南中泰斗"方国瑜先生所说："此其大概也。"其四周具体地界，特别是包括云岭哀牢山的东南境界，尚待考古工作和历史研究的深入发展予以解决。据笔者所见史籍，有的地段域境显然还存在重要差距，例如明张合《宙载》一书有记："哀牢……永昌城东有哀牢山……顷见成化十六年（1480年）敕谕云南镇守抚按三官：'得尔等奏，据车里宣慰司公文称：安南国（今越南北部）娶哀牢女不得，赖老挝宣慰夺娶，恃强调兵，攻破老挝地方。'成化十七年，又敕谕镇守抚按有云：'得尔等奏，安南国王黎灏调军开路，将哀牢攻破，随到老挝，杀死宣慰刀板雅兰父子。又在哀牢盖仓积粮，要攻八百（媳妇）'云云。可见云南所有哀牢，乃介乎博南（今永平一带）、腾越（今腾冲）间者；交趾（今越南北部）所攻哀牢，乃介乎车里、八百（媳妇）间者。据予所见有两哀牢。"于此可知，哀牢疆境不止"南达西双版纳"，西双版纳南外地区亦当属之；南外哀牢受到侵害，由车里宣慰司公文上报，原因之一是车里与南外哀牢历来共属哀牢部落群体。

三　有关哀牢的三则最早记载

具体记述云南历史最早最可靠的典籍是《史记》，但司马迁"奉使西征巴蜀以南，南略邛、筰、昆明，还报命"之时（公元前110年），"昆明"人还在洱海地区阻断着西汉拟通身毒（印度）的南方丝路，益州郡尚未设置，离汉军首次进入哀牢地还有5年，离哀牢归汉置永昌郡还有179年，因此西汉及其以前的史籍中找不到对哀牢的直接记载，间接的记载也十分匮乏。笔者多年寻觅仅见四条，虽极简单但很重要，它们涉及了哀牢山川地域、主体民族、特有风俗及与中原、南越的关系。其中"苞满"一条另文有介绍，这里介绍其他三条。

（一）华阳黑水唯梁州

我国时代最早、科学价值很高的地理著作《书·禹贡》形成于战国，它把中国行政区划追溯到夏禹时代，说夏王朝统治区域分为冀、兖、青、徐、扬、荆、豫、梁、雍九州，其中有"华阳黑水唯梁州"，"导黑水至于三危，入于南海"。"华"指华山，位于今陕西，是横贯我国中部的秦岭山脉主峰，"华阳"即华山之南，"唯黑水"意指"黑水"为划分梁州地理南界的标志，它流经"三危"（险峻的高山）进入中国南方的大海。而"入于南海"的巨大水系只有滇西的澜沧江、怒江和上源在滇西（龙川江、大盈江、独龙江）的今缅甸的伊洛瓦底江（中国古籍称"大金沙江"或"南金沙江"）。其后的一些古籍明确指出今陕甘南部和川黔滇三省包括哀牢国地皆属古梁州，如万历《云南通志·沿革总论》就说："云南《禹贡》梁州之域……滇（今滇池等地）为善阐国，大理昆明国，临安（今红河等地）

句町国，永昌古哀牢国。"但对黑水究竟指上述三江中的哪条江说法不一，唐代以来至少有十多种考辨黑水的重要著作，唐人樊绰，明人张机、黄贞元，乾隆《腾越州志》及清人阚桢兆、王思训等认为是伊洛瓦底江，明人李元阳、史秉信、杨升庵认为是澜沧江，清圣祖（康熙帝玄烨）和清人黄楙裁、赵继善等认为是怒（潞）江。无论黑水是此三江中的哪一条，哀牢国都全部或大部在梁州境内。

考辨著作之认为黑水为伊洛瓦底江和澜沧江者，主要依据有两条：一条是"源广流长"，说"形式狭隘则不足以匹江河，界州域"；另一条说黑水是"界别华夷"的，"水内汉人，水外夷缅"。这两大理由的根据都经不住客观实际的科学检验。我们认为黑水应为怒江：（1）康熙帝是派出使臣到沧江怒水区域"详考明核"后认定怒江为黑水的，非同于间接采访资料，其《澜潞诸江考》说："朕于山川名号必详考图籍，广询方言，务得其正。故遣使臣到黄河、黑水、澜沧诸水发源之地，目击详求，考证明核，庶可传信于后……澜沧之西为哈拉乌苏，即《禹贡》之黑水，今云南所谓潞江也。其水自达赖喇嘛东北哈拉脑儿流出，东南入怒夷界为怒江，入大塘隘为潞江，南流经永昌府安抚司境入缅甸。"（2）黄楙裁《潞江源流考》说潞江"渊澄黝黑，蒙古呼黑为喀喇，水为乌斯，故名喀喇乌斯"。（3）云南新闻研究所《云南——可爱的地方》说怒江"因江水深黑，《禹贡》把它称为黑水，上游藏语叫作'那曲'（又译'拉曲卡'），即'黑水河'，流出国境的水量为黄河的1.6倍"。西藏怒江上游现有那曲县，1965年前名黑河县。哀牢国位居怒江（黑水）中游腹心区域。

著名民族学家尤中《中国西南变迁史》指出，《禹贡》九州说，事实虽不完全如此，但它表明战国时期全中国统一的形势日趋明朗，黑水流域情况已被认识，并已被置入了内地华夏族统治者们的区域范围之内。

（二）同师（桐师）

见于《史记》的哀牢事迹有"同师""滇越"和"苞满"三项。同师载《西南夷列传》，凡两见。其一：

> 其（滇）外，西自同师以东，北至叶榆，名为嶲、昆明，皆

编发，随畜迁徙，毋长处，毋君长，地方可数千里。

《汉书》《后汉书》之《西南夷列传》所记与此基本相同。叶榆治今大理，《汉书·地理志》有据可考，历来没有争议。同师，学术界也早已公认在今保山，但1998年出版段鼎周先生《白子国探源》一书提出否定，主要理由是"保山至大理，大体是东西一条线，'北至叶榆'无法解释"；"保山大理之间没有南北地界，'地方可数千里'无法匡定"。段先生认为同师应在今丽江金沙江两岸一带。我们认为司马迁的记述是准确的，保山地属同师的方位是极其清楚的。"西自同师以东"，同师（保山）的正东是邪龙，即今巍山、南涧、漾濞三个彝族（昆明人后裔）自治县。再"北至叶榆"，始置于西汉元封二年的叶榆县，始终包有今大理、洱源、剑川、鹤庆等市县地。同师位居叶榆南方略偏西位置，这在2100年前算是记述相当准确的了！如果同师在今丽江，那同师东北的叶榆岂不要移入四川吗？作为昆明人主要聚居区邪龙、叶榆包括的现今7市县，面积近15 000平方公里，当时记写"地方可数千里"，也属很正确的表述。《史记》之后的史书，还有《华阳国志》记及同师，说"南中，在昔皆夷越之地，滇濮、句町、夜郎、叶榆、桐师、嶲唐、侯王国以什数"，文中把同师列在叶榆和嶲唐之间。嶲唐在叶榆西南今云龙漕涧等地。那么据此也可判定同师在今保山即汉晋不韦县，设县前民族语名称"同师"，设县时以汉语命名"不韦"，但同师还很可能包括了同为哀牢人居住的博南即今永平县。这里把同师、叶榆、嶲唐都称为"侯王国"，按《辞海》"国"既指国家，也指地域，《汉书·百官公卿表》称"列侯所食县曰国"，到三国时，县和与县相当的王国、公国、侯国为同一级政区。

《史记》同师其二是：

> （王恢）因兵威使鄱阳令唐蒙风指晓南越。南越食蒙蜀枸酱，蒙问所从来，曰道西北牂柯江，广数里，出番禺城下。蒙归至长安，问蜀贾人，贾人曰："独蜀出枸酱，多持窃出市夜郎。夜郎者，临牂柯江，江广百余步，足以行船。南越以财物役属夜郎，西至同师，然亦不能臣使也。"

这段话说的是西汉攻灭东越（闽越）后，派遣鄱阳令唐蒙去劝告南越国（国都番禺即今广州，辖今两广、黔南和越南北部等越人区）归属，南越用枸酱招待唐蒙，唐蒙在打探枸酱来历时，得知南越国利用财、物去役属夜郎、同师，即要夜郎、同师臣服和隶属于南越；据《汉书》记载，南越兼并桂林、象郡，后顺利"役属"了闽、粤、瓯骆等部族，但同师却"未能臣服"。这段话对研究哀牢历史具有重要意义：（1）同师在南越之西（保山大致在广州正西方向），离南越颇为遥远；（2）相距虽远，但已有较密切的联系，已有经济文化交通线，南越当溯珠江北上夜郎，西达滇南；（3）哀牢经济文化发达，影响广远；（4）哀牢是重要的越人居住区，但可能因为濮人制约等因素，未尝"臣使"于南越。

（三）滇越

公元前128年，张骞作为汉武帝的特使，相约大月氏国（在今阿富汗阿姆河流域）夹击匈奴，无法谈妥，便渡过妫水到大夏国（今阿富汗北部）都城游访，在店铺林立的街上突然看到中国西南特产邛竹杖和蜀布，喜出望外。一经探问，得知是当地商人经身毒（印度）长途贩运而来，并由此得知有一条自成都（蜀）经云南通向西、南亚的交通线（今称南方丝路）。当时北方丝路为匈奴阻断，张骞报告汉武帝："从蜀，宜径又无盗。"汉武帝便先后派出几拨使者沿此道前往身毒；但走到洱海地区时，都被当地的"昆明"人所阻，没有去成。因此发生了汉武帝派汉军攻伐滇国和昆明夷区的事件。《史记·大宛列传》在记述"昆明"时道出了后来成了哀牢夷中一大族群的"滇越"：

> 昆明之属无君长，善寇盗，辄杀略汉使。然闻其西可千余里有乘象国，名曰滇越。而蜀贾奸出物者或至焉。

《汉书·张骞传》所记与此完全相同。滇越是西南距内地最远的一大民族群体，是百越的一支，是傣族先民，是东汉"哀牢夷"的重要组成部分，亦即魏晋时所称"僚""夷僚""鸠僚""僄越"，这已为学术界共识。这一记载对研究弄清哀牢国疆域、哀牢族属、气候、生态环境、风俗特征等具有重要意义。这里所说的傣族，包括缅甸的掸族，"国家民委民族问题五种丛书"之一《傣族简史》说："掸国就是滇越。掸即'掸亚姆'，是一个梵文名词，最初是印缅北部居民对永昌徼外掸人的称呼，其后由四周各族长期沿用，直到目前对傣族的这一称呼仍未改变，我国境内的景颇族称其为'阿掸姆'，崩龙（德昂）、阿昌、布朗、佤族称其为'掸姆'，汉文译写时去掉'姆'的尾音以后

蜀身毒道腾冲曲石故道

都读作'掸'，足见傣族先民被称为'掸'已有近两千年的历史"，"'掸'为他称，'傣'其自称"。著名民族史学家王叔武《云南少数民族源流研究》也有相似的阐述。

至今犹存分歧的一大问题，是滇越所在的位置和范围。乾隆《腾越州志》和《云南辞典》说："腾越即古滇越"，"滇越，又作藤越，后作腾越，大理国于此置腾冲府，即今腾冲县。"现今大多数学者认为滇越绝不止今腾冲。《民族辞典》说："滇越，秦汉时分布在今保山至德宏傣族景颇族自治州一带，地处川滇通往缅甸、印度要道。"王叔武认为"滇越，应该是云南西部直抵缅甸"掸族地区。《傣族简史》域界则西抵印度东部，说："滇越无疑包括今傣族聚居的德宏，但滇越不仅仅局限于德宏，德宏应是滇越的东部区域，其中部区域当在今缅甸北部，其西部区域则及于印度东北部的曼尼普尔和阿萨姆。"还有一种主张是"滇越即哀牢"。《腾越州志》说："西汉所称'滇越'，在东汉为范《史》所传之哀牢。"申旭《老挝史·哀牢的演变》提出了滇越即哀牢的四项佐证：第一，哀牢国面积很大，包括滇越在内是没有问题的；第二，西汉时期的"昆明"之西有滇越，以后不再见于记载，而刚进入东汉就在滇越地区出现了哀牢，显

然哀牢国即滇越国；第三，哀牢、滇越都在西南边境，哀牢内属后，对外交往便大有转机；第四，滇越和哀牢国都盛产大象；"虽然二者的地域范围不能等同，但至少可以说，哀牢国的范围包括了以前滇越国区域"。

综合滇越地望（在昆明之西千余里），出土文物实证，乘象族俗分布和越人后裔（傣族）住区等方面情况，我们认为滇越幅员至少东括今西双版纳，西含缅甸掸邦，北达保山地区，南及老挝北部。这一区域广泛出土越人文化最典型的代表性器物磨光双肩石斧石锛和铜斧铜钺。这一区域在汉唐以来的记载中一直都有越人及其后裔居住、活动，其偏北地带越人唐宋后虽多南迁或被其他民族所同化，但至今遗留着不少傣族地名并四处出土越人文物。据德宏等地学者研究，乘象国梵化的名称是"果占璧国"，后称"勐卯国"，果占璧国第一代国王"召武定在象群帮助下夺得了王位"。到宋朝淳熙七年（1180年）傣族先民以今景洪为中心，建立了"景龙金殿国"，《泐史》记其国"有人民844万，白象9000条，马97000匹"。《蛮书》记傣族地区"象大于水牛，一家数头养之，代牛耕也"。西双版纳和德宏等傣族地区都经历了长久的农奴制度，广大农奴要为领主承担数十种专业性劳役，分村寨包干，其中一项即养象。元明两代，此区发生过许多"象阵之战"，其中最大的三战：第一是元至元十四年（1277年）干崖（盈江）之战，战火延及永昌，外军战象800头（英国史学家哈威说2000头）；第二是明前期沐英与麓川政权的定边（南涧）之战，麓川军战象百多头；第三是明中期邓子龙靖边卫国的姚关（施甸）之战，外军战象上千头。

四　保山的九隆山和九龙山

宣扬哀牢"本名安乐"的人还否定保山的九隆山和九隆池，说："九龙池从来不叫九隆池，而九隆山实为九龙山……与九隆传说毫无联系，我们只能从《华阳国志·南中志》中关于'诸葛亮乃为夷作图谱'一语的注中发现元张道宗《纪古滇说》亦载沙壶（壹）故事证明'九隆'山之名最早出现于唐（南诏），而九隆传说的时代，则为周赧王时期。一般人所称九龙（隆）山，或称九岭冈，为黄龙山、白龙山、青龙山等九条岭冈组成，与九隆兄弟共十人也不符合。"并一再暗示九龙山是九条不同颜色的龙（山）。

"九龙池"真的"从来不叫九隆池""九隆山"真的"实为九龙山"吗？

笔者随手打开案头一批史书，几乎每本都记写着保山九隆池、九隆山（大多山水一并叙述），有些则同时记写沙壹触木受孕就在九隆山下的九隆池。本文有必要一一加以摘列：

（1）大型权威辞书《辞源》："九隆，山名，即（哀）牢山，在云南省保山县西南部，山势起伏凡九。"

（2）在笔者多年辑录的100多首历代哀牢诗词中，有34首写到九隆山、水、城、人，作者皆属乡贤名宦，或举人、进士，或官居知县、知州、知府、道尹、将军、刑部侍郎乃至封疆大吏、钦差大臣，如林则徐、简宗杰、王昶、张含、袁文典、袁文揆、耿煊、李学诗等等。家住永昌（隆阳）城的作者写"九隆冈下是侬家"，"九隆山下且躬耕"；袁文揆《九隆山谒墓》有句："九隆山巍巍，中有冢累累"；林则徐在保山赞美"九隆山翠锁重重"；《九隆冈》："滇西灵气九隆钟"；《易罗池吊杨升庵》："九隆烟景半苍苍"；《和芝轩广文原韵》："隆山雄秀水清遒，金齿烟云望里收"；《隆阳九友逍遥图》："九隆之阳有散人焉……歌曰：九叠隆山妙境开"；《登太保山》："九隆风物望眼收"；《法明寺有感》："半夜钟声迎故帝，九隆僧舍贷余生"；《游宝山寺》："九隆离立高相参"；《金鸡温泉》："隆阳东北三十里"；《纪永昌疫事》："九隆城头愁云昏"；《太保山》："梯云迢迢兰津水，花树逶迤接隆阳"；《隆城竹枝词》："太保山前香社开"；《别永昌》："一别隆阳便黯然"；《读杨秋帆墓表感赋》："峨峨太保山，灵秀九隆饶"；《吊杨秋帆》："隆城未拔胡廷帜"；《春满隆阳》："莺花一片满隆阳"；等等。

（3）我国杰出地理学家徐霞客《游记》保山城西之行中，十写九隆池、山，池四山六："（五月）二十四日……过胡家坟……其墓……偏侧不依九隆山正脉，……循山而北一里，上一东盘之嘴，于是循冈盘坳，甃石引槽，分九隆池之水，南环坡畔……又三里抵龙泉门……城外山环寺出，有澄塘汇其下，是为九隆池……（六月）初九日，闪太史招游马园。园在龙泉门外……园之北即峡底也，西自九隆山后环峡而来……十三日，……清水关，南抱为卧佛岩……入谷即有池一围当寺来，其大不及九隆池，而回合更紧……（七月）初五日……乘霁出龙泉门，为干海子之游。由九隆池左循北坡西向上……下峡中有深涧……水声骤沸，即马家园绾九隆南坞之上流也。……外至坞口，遂伏流不见……北溢而下泛者，为九隆泉池，皆此水伏而再出者也……路遂之而上……为宝盖之脊，又东下而为太保，由此而南……为九隆南山之脊，又东下为九隆冈。"

（4）《南诏野史·南诏古迹》："九隆山，在永昌府。"

（5）《滇史》记："周末"，沙壶（壹）之夫死于"九隆山……下九隆池中"，沙壶（壹）生子"始居九隆"，"九隆山在金齿司城南七里，……乃沙壶（壹）生子处，非哀牢山也"，"今永昌府城南有易罗池……即沙壶（壹）沉木孕子处，去哀牢二三十里，何得混为一也"。

（6）明蒋彬《南诏源流纪要》："九隆氏……居永昌之哀牢山，其配名沙壶（壹），浣絮易罗池中，触流沉木……妊，产十男。"

（7）景泰《云南图经志书·金齿军民指挥使司·山川》载："九隆山，又名九坡岭，在……诸葛村之西，约高一百五十余丈。"

（8）《永昌府文征》载《九隆山记》一文详记"保山县西之九隆山"，并记"昔人称永昌府城为隆阳郡，谓其在九隆山之阳也。又称八景之一曰'春满隆阳'，谓其桃红柳绿，绮丽明媚之盛也。"

（9）方国瑜等《保山县志》记东河"西纳……易罗池——又名九隆池——黄龙河水"；"由太保山南行，为九隆山"；"法宝山……在保山县南十里，与九隆（山水）相望"；"交椅山。沙河出其西麓，西南流两山间，至九隆山南"；"濯缨亭……左倚高城，右环九隆诸峰，湖山在望"；"九隆山。旧《通志》曰，在保山县城西龙泉门外……世传九隆氏兄弟居此。府志曰，在保山之南，山势蜿蜒，似群龙并立者然……其麓有泉，自地涌出，凡九窦，居民甃石为池，是为易罗池，其下会为大池，广三十亩，曰九隆池……即沙壶（壹）浣于水感沉木处"。《保山县志》记卧佛寺石刻有"金齿守吏王家相、九隆邑吏吴士鲸"等四人七律五首。县志还记保山八景中的"梨花香雪在城西南五里九隆岗下"。《保山县志·教育》："国立华侨中学：民国29年，教育部令就保山龙泉门外之腾越会馆旧址，并推广到九隆山下之菜花旷地，扩建临时房屋数十间，开办华侨中学。"

（10）著名历史学家尤中先生《僰古通记浅述校注》说："沙壹浣絮

之处或捕鱼之水……在今保山县西郊之易罗池中，易罗池又名九龙池，即九隆池。"又在《中国西南边疆变迁史》中说："哀牢人是哀牢山下最原始的古老居民。此哀牢山在今云南保山县城西部，又称九隆山，即因其为原始的九隆氏族居地的缘故。"

（11）朱惠荣教授《论名城保山的历史地位》说："保山坝子东边有个哀牢山……西边有个九隆山，山下有易罗池，又称九隆池，有九隆出世的传说。"

（12）刘秉朝，倪开陞主编《历史文化名城保山》一书称易罗池为"九隆圣地"，《保山市地名志》"易罗池概况"征引的是《九隆山记》文字。

此外还有明《一统志》《罪惟录》、正德《云南志》、清《一统志》《滇南志略》《滇中琐记·御笔钩》、道光《云南志钞》《肇域志》、民国《清史稿》……总计100余处（次）记述着保山坝西的九隆山、九隆池和因在九隆山之阳而得名的隆阳城，这绝不是"九龙池从来不叫九隆池"之类的武断说法所能轻易否定的。

《永昌府文征·九隆山记》说："保山县西九隆山，历史上得名最古"；"考九隆山历史，以九隆得名，周朝时……九隆长成，诸兄服其神智，共推为哀牢王，国渐强盛，其王居九隆山下，九隆据此为主山，以己名命名其山曰九隆山，由来久矣……九隆山渊源所自，为全滇哀牢人种发祥之地。"此说既与其他史料相符，又与九"隆"山、池到九"龙"山、池的演变轨迹相合，也与中国龙文化史的发展一致。朱惠荣教授《论名城保山的历史地位》说哀牢山、九隆山、九隆池、九隆出世这些说法的依据可以在1 600多年前成书的《华阳国志》和《后汉书》中找到，指的正是对第一代哀牢王九隆的记载。《滇史》对九隆山、九隆池的得名记述也很具体："周末"，沙壶（壹）在九隆池触木感孕生子，木化龙出水，诸子惊走，"独小子背龙而坐，龙舐之，其母鸟语，谓背曰九，谓坐曰隆，因名其地曰九隆，小子名习农乐。"《南诏野史》《滇史》、景泰《云南图经志书》和《云南备征志》一致记载："九隆山，在永昌，有王气出"，"孔明南征，掘断九隆山以泄其王气，有迹存焉。"这是为了对付内附后多次反叛的哀牢邑王，古代堪舆家以起伏绵亘的山势为"龙脉"，而历代哀牢王都是龙子龙孙，中唐刘禹锡有诗句"埋剑人空传，凿山龙已去"。这一记载还表明：

九隆山地区出过若干哀牢酋长；蜀汉军队在九隆山一带有过不少活动。县志、府志、万历《云南通志》、天启《滇志》均记"太保山巅尝有掘地者，于此得巨砖甚多，俱有'平好'二字，旧传为武侯所遗"，道光《云南通志》录此砖于汉代；南诏筑建的永昌城（隆阳城）曾称"寨子城""九隆邑"；地下出土的建筑材料和古老地名表明，建城前其地已早有隆阳邑寨聚落，并为大邑所在，而非一片荒原。此外，我们从汉字音译"夷"语"九隆"的选字上，亦可析见哀牢内附时代其地地名并非九龙山、九龙池，译者当时就避开了易于引发误会的"龙"字，而选用了泛指多数、聚合的"九"和有高凸、兴盛、尊重含义的"隆"。

综上可知，哀牢九隆神话是九隆池、九隆山名的唯一本源；第一代哀牢王九隆得名于"夷"语"背坐"译音；九隆池、九隆山得名于第一代哀牢王九隆；隆阳城和八景中的"春满隆阳"以及后世出现的"隆阳又一村"、隆阳路等等，均得名于九隆山（之阳）。至于九隆山"由九条山岭组成，与九隆兄弟共十人不符合"，此类问题已近于节外之枝，"夷"音"九隆"的含义是"背坐"，"九"在这里不是数字，九隆既不是"九条龙"，也不是"十弟兄"，它是一代哀牢王的名字，有什么理由因为哀牢王名九隆而要求九隆山必须是十峰或九峰呢？说到九隆山是"黄龙山、白龙山、青龙山……等九条山岭（俗称九岭岗）"，这也不能仅凭道听途说的传闻简单判定。《永昌府文征·九隆山记》的记载才是准确、正道的传统名称："保山城西之九隆山……为怒山之余支，包括九峰。第一峰宝盖山及下部之太保山，第二峰莲花山，第三峰黄龙山，第四峰十八坎，第五峰梨花坞，第六峰砚池过峡，第七峰兰花坡，第八峰九岭岗，第九峰龟山。"这里除了黄龙山，没有白龙山、青龙山等其他颜色的"龙山"；保山坝西侧有一座白龙山，县志、府志记载"保山县城北十里，东汉时有白龙之祥"；"九岭岗"乃特指第八峰，晚后才被人们泛指"九条山岭"。九峰名称各有来历，其中宝盖山特别是黄龙山与哀牢"王气"有关，《史记·夏本纪》："鲧死，化为黄龙，是用出禹。"鲧禹世系都是黄龙化身，其后象征历代中国帝王的龙也是黄色，九隆山独有此种颜色的龙，这不是偶然的。

"九龙"的起源不在哀牢地区，而在中原。远古时，各氏族、部落大多把一种动物如蛇、牛、虎、鹿、狗等当作自己的祖先、守护神和族标，后在相互兼并、融合中，华夏族把众多合并氏族、部落的图腾，综合为一种代表性形象，于是产生了自然界并不存在的虚拟动物——龙。龙的原始属性是高贵的吉祥物，又司雨水，助兵战，供天帝骑乘；周代开始相继有了大的水域龙王和四海龙王；秦时始皇称为"祖龙"；汉高祖出身微贱，更需借助龙的神威抬高身价，龙从氏族、部落共同祖先附会而成刘邦的生身父亲，并自此有了"真龙天子"的说法，司雨水的神性转移到各江河湖海龙王身上；隋唐时龙因象征皇帝更趋尊贵，但皇袍上并无龙；元代有了龙王龙母、龙子龙孙、龙太子龙公主的家族系列；明代皇权专制被强化，皇袍绣龙成为定制，龙纹围绕帝后服御之器广阔展开，崇龙更盛，中原等地区几乎凡有水的地方都有了龙，并由独龙而三龙、五龙、九龙，以九龙最为高贵显赫，李东阳《怀麓堂集》开始了龙生九子之说，九龙池、九龙潭、九龙湖、九龙漈、九龙江、九龙河、九龙溪、九龙县、九龙乡等等，大量涌现于内地各区域，洪武年间大同代王府所造琉璃九龙壁，被称作明清两代建筑杰作，其后北京故宫、北海、广东石湾仿造的九龙壁、景德镇大量烧造的万历款黄釉和凸雕九龙瓷盂，都驰名中外。而恰在内地九龙繁盛的明代，大量汉族人口迁入永昌，数量超过了土著民族而成为主体民族，他们携带着内地九龙文化而来，眼见九隆山"山有九岭，泉出九窦"，再加上"隆"和"龙"同音而讹，于是九隆（龙）山、池便进入了"隆""龙"变异期，只有明察史实的史志家们仍坚持本名"九隆"，而此期有些史籍已"隆""龙"混乱，沙壹十子渐改为九子，如《白古通记》中九隆故事讲了两遍，第一遍说沙壹在九隆池触浮木孕产十子，后十弟兄娶了哀牢山下十姊妹，四次提到沙壹幼子，前三次称"九隆"，第四次则称"九龙"，第二遍讲的已是"生九子，名九龙氏"。其后《云南名胜志》引"隆"作"龙"，明《一统志》《滇史》等干脆生九子，为九龙，娶九女，改九隆池为"易龙池"，再后更屡见方志和大理石刻碑文引作"九龙"。著名历史学家、中国西南民族史学会理事长王叔武在两则按语中指出：《白古通记》前文言生十子，后说生九子，是后人以九子附会"九龙"之说而窜改；《辞海》批评明《一统志》"引用古事错误颇多，为学者所病"，其重要"古事"之一便是哀牢九隆（龙）之事，正如《南诏源流纪要》所说："《一统志》止（只）云九人娶九女，第十子无考，殊不知第十子即九隆也。"然则，尽管上述"隆""龙"变异波及面甚宽，但500年来仍"隆""龙"并用，态度严谨的乡贤名宦、史家学者从未轻易弃"隆"附"龙"、弃"十"附"九"。

否定九隆山、水的文章判断"'九隆'山之名最早出现于唐（南诏）"的唯一根据，是四川大学教授刘琳先生1981年为《华阳国志》所作的一条注释引用元张道宗《纪古滇说》的几句话，但在作者转引时，第一，忽略今仅云南省图书馆存有抄本的《纪古滇说》，《永昌府文征》未收载，而已给予批评说："哀牢九隆故事，始见于《华阳国志》，范晔采之，较为详尽，而张道宗《记古滇说》《白国因由》所载多异，盖民间传说经久愈讹也。"第二，刘琳注引述张道宗文字有前后两段，前段缩写张文"因名其地曰'九隆'"等内容，后段为刘琳本人的按语，按语指出张道宗"将沙壹、九隆之事移至唐初……将始祖传说移于后代……故时间与史书所载不合"，构成了错误，史事后移千多年，跟上后移的地名、人名当然也通通"大错位"了，但作者转引时删去了前面的"按"字和后面的批评语句，再以"移至唐（南诏）"后的地名为据，断代说九隆山名"最早出现于唐（南诏）"，做出了与原文本义大相径庭的结论。另，作者摘引了《滇史》中哀牢"本名安乐"的一段话，可是紧连这段话前后，还有多达五六百字记述哀牢、九隆之事，其中五次提到九隆山、九隆池，并说"今永昌府城南有易龙池"，还明明白白说在"周末（周代末期）……名其地曰九隆"，两文竟一概弃置不顾，只管宣布"九龙池从来不叫九隆池"，"九隆山名最早出现于唐（南诏）"，此种引证之法，实在令人匪夷所思。

哀牢族属问题

一 哀牢族属的百年争议

先秦至汉代的哀牢夷，是西南地区的一个巨大族群，位居我国通向东南亚、南亚、西亚的枢纽重地，自古迄今跨境而居于中、缅等国。哀牢民族源流研究关系到社会科学许多学科发展的共同需要，但和滇东、滇中的"滇""昆明"两大族群相比，滇西哀牢族属研究的进展滞后很多，至今仍然众说纷纭，莫衷一是，有待加速步伐走出迷宫。

远在四五百年前，起自明洪武年间，少数史家学者、命官使臣便已开始探讨哀牢族属，成书其时的董难《百濮考》，钱古训、李思聪《百夷传》等等都是重要著作。清代和民国年间的大批官修史书和史家著述，更多地涉及了哀牢族属，如朱希祖《云南濮族考》、章太炎《西南夷属小记》，[①] 特别是被列入"中国学术丛书"的吕思勉《中国民族史》[②]、被列入"中国文化史丛书"的林惠祥《中国民族史》[③] 影响深远。和国内研究相继展开相呼应的，是在19世纪前期到20世纪前期的100多年，有为数不少的英、法、美等国学者和日本学者，译述和研讨哀牢史事、九隆神话，对哀牢族属也做出不同分析。新中国建立后，哀牢族属研究日益受到领导和学界的重视，20世纪70年代后期和80年代后期出现了两次讨论热潮，许多学术刊物、大

---

① 《百濮考》《百夷传》《云南濮族考》《西南夷属小记》，均载《永昌府文征》。

② 1934年世界书局出版，1987年东方出版中心再版。

③ 1937年商务印书馆第5版，1990年上海文艺出版社影印。

学学报刊出很有分量的两批文章，方国瑜、江应樑、尤中、张增祺、申旭、刘小兵等学者在他们的专著中都设置了专篇专章，对哀牢族属进行了深入探讨和热烈争论。在数百年的探讨、争议进程中，所提出哀牢族属之说多达一二十种，归纳起来有五种基本观点，即濮人说、越僚说、掸泰说、氐羌说、濮与昆明融合体说。明清时期和20世纪七八十年代以濮人说为主，19世纪至20世纪前期，林惠祥、吕思勉和西方学者们的掸泰说影响很大，近些年则以"哀牢夷是昆明族之一部"说较为流行。

濮人说认为哀牢夷就是汉晋文献中记载的永昌濮人，是近现代孟高棉语族中布朗、德昂、佤族的先民。这实际上是中国学者的传统看法，当今许多民族史学家仍主此说。根据是：明董难《百濮考》说："哀牢即今永昌濮人；"朱希祖《云南濮族考》据《汉书·地理志》记"仆水，今云南维西厅澜沧江，源出西藏，东南流至车里（今西双版纳）土司西北境"，认为澜沧江因仆族居住，原名仆水，至东汉时名兰仓水，仆加水旁而为濮，兰仓加水旁而为澜沧，濮族繁衍于濮水两岸；《周书》《后汉书》记"百濮以短狗为献"、永昌郡有"濮竹"，明清职贡顺宁（今凤庆、云县等地）专贡矮犬，永昌、顺宁皆贡濮竹；柳貌始祖九隆亦百濮之共同始祖，濮族大宗建哀牢国于濮水两岸。方国瑜《战国至汉初的西南部族社会》[1]等文说：《华阳国志》载永昌郡部族称濮者三，《广志》载永昌郡部族称濮者五，永昌郡境多濮人；诸书所载永昌郡风土，有称哀牢，有称濮人，其事迹大都相同，可知永昌濮人即哀牢人也。王宏道《关于哀牢与昆明及濮的关系和族属问题》[2]认为，东汉建初元年（公元76年），邪龙县（今巍山和南涧县）昆明夷酋长卤承率种人大败永昌哀牢军，斩哀牢王类牢，受封"破虏傍邑侯"，"虏"指敌人，"傍"乃哀牢濮人，"傍"是"布朗""蒲曼"的合音，与"博南"以及布朗族、佤族自称本人的"本"音也很接近，而博南县是以布朗、蒲曼分布其地设置的。持哀牢夷为濮人之说的，还有江应樑主编的《中国民族史》[3]，沈汇《哀牢文化新探——倭奴即哀牢说》[4]等等。

① 载《研究集刊》1982年第一辑，云南省社会科学院历史研究所。
② 载《云南民族学院学报》1986年第3期。
③ 民族出版社1990年版。
④ 载《社会科学战线》1985年第3期。

越僚说认为哀牢夷是历代文献中记载的滇越、鸠僚、金齿百夷，是近现代侗傣语族中傣族、壮族和老挝人的先民。具体说法有八种。一说滇越。申旭《哀牢问题研究》[①]认为，哀牢的先民为秦汉时期的滇越，乾隆《腾越州志》说"腾越者，古滇越也……腾越在西汉时为张骞所称之滇越，在东汉时为范史（指范晔《后汉书》）所传之哀牢"；东汉时期的哀牢，魏晋时称为僚，唐宋时称为金齿、茫蛮等。郭保刚《哀牢族属新论》[②]也认为哀牢属于古越人的一支，其演变过程是：滇越—哀牢—僚—傣。二说"越僚"。刘小兵在其《滇文化史》等著作[③]中说，哀牢人的习俗可归纳为儋耳、文身、善于纺织、穿贯头衣等，是生于水中沉木的习水民族，这些习俗与古代越、僚人完全相同，而"哀牢"也往往单称为"牢"，"牢"就是"僚"，哀牢的族属应当是越或僚。三说"粤族"（依其释文，"粤""越"相通）。吕思勉《中国民族史》"粤族"章说，哀牢夷设郡县于后汉明帝时，以其地为永昌郡，今云南之保山县也；哀牢夷之居永昌郡者，谓之永昌蛮，其西有朴子蛮、望蛮、茫蛮、望苴蛮、寻传蛮、裸蛮、黑齿、金齿、银齿、绣面种、雕题种、穿鼻种、长鬃种，又有三濮，观其习俗及分布之地，皆可知其为古粤族也。四说（百越中的）"濮越"。祁庆富《哀牢夷族属考辨》[④]分析了哀牢夷的十项文化特征后，认为哀牢夷的主体民族"应属濮越族群，即汉藏语系壮侗语族先民"。罗香林《中夏系统中之百越》[⑤]也说哀牢族属"濮越"。《华阳国志》刘琳注释认为"越和濮本为同系"。五说"金齿百夷"。顾祖禹《读史方舆纪要》卷118说："百夷之俗，以金裹两齿者曰金齿蛮，漆其齿者曰漆齿蛮，文其面者曰绣面蛮，刺其足者曰花脚蛮……总曰哀牢蛮。""金齿诸蛮"元代文献以"金齿百夷"并称，明后省去"金齿"仅称"百夷"。清陆次云《峒溪纤志》说："金齿，古哀牢国，其苗人皆九隆之后也。"六说傣族。石钟健《论哀牢九隆族和

① 载《东南亚》1990年第4期。

② 载《郑州大学学报》1986年第5期。

③ 《滇文化史》，云南人民出版社1991年版；《哀牢族属新论》，载《民族学与现代化》1986年第4期。

④ 载《云南民族学院学报》1985年第3期。

⑤ 独立出版社1933年版，转引自祁庆富《哀牢夷族属考辨》。

洱海民族的渊源关系》①说，语言是区别民族源流的重要标准，哀牢语同百越之后的壮傣语，可能有先后承继的同源关系，哀牢语很可能属于古时壮傣语支的傣语。石安达《从哀牢山下傣族的葬礼看古滇青铜文化》②说，新平傣族葬礼中，在灵柩上覆盖布及死者家属向死者祭衣服后再自己穿的习俗，与《华阳国志》载哀牢夷用桐华布"以覆亡人，然后服之"的丧葬习俗一致，而此俗在其他民族中从未发现，由此可见傣族与哀牢族源之间的隶属关系。法国汉学家伯希和在其九隆神话、哀牢史书译著中，将其称为"歹（傣）种之一传说"，并称之为"中国史文"。③七说壮族，黄现璠等《答花山壁画之由来等问题》说石寨山型"铜鼓花纹（船纹式）原为壮族民族体系的哀牢人制作"；1962年8月8日《广西日报》报道，广西学术界讨论壮族历史时，有人认为滇西哀牢族与壮族的前身僚、骆有关，骆越就是牢越，壮族可能包括哀牢族在内。八说老挝人（又称"佬人"，即寮人）。泰国学者姆·耳·马尼奇·琼赛《老挝史》④说，"佬"这个词是不常使用的，他们有时被称为"佬"，有时称为"泰"，有时称为"哀牢"；清人李仙根《安南杂记》说："交趾东北界广西，东界广东，西界云南，亚南界老挝即古哀牢。"

掸泰（也作"泰掸"）说认为哀牢夷属于与越僚同为壮侗语族的掸人泰人。由于掸泰是东南亚民族，而此说又较多见于欧美学者著作，并曾被西方一些殖民官员、情报官员和传教士搅乱，故本文单列一说。中国较早提出此说的有民族史学家林惠祥、吴之光、陈序经等。陈序经《掸泰古史初稿》⑤说："在掸泰族所统治的古代几个国家中，从地域方面来看，哀牢主要在我国云南境内"。林惠祥《中国民族史》"哀牢夷"节说"所谓泰掸族，掸为种族名，泰其自称之语，意为自由者"，"汉时为西南夷之

---

① 载《民族学与现代化》1985年第1期。
② 载《云南民族学院学报》1993年第1期。
③ 转引自闻宥《哀牢与南诏》，载《永昌府文征》。
④ ［泰］姆·耳·马尼奇·琼赛：《老挝史》，福建人民出版社1974年版。
⑤ 陈序经：《掸泰古史初稿》，转引自陈吕范《泰族起源问题研究》，国际文化出版公司1990年版。

一部，即哀牢夷，六朝时之僚，现代之摆夷"。吴之光《哀牢考》^①说哀牢
为泰族。陈吕范教授《泰族起源问题研究》^②一书称中南半岛的泰族、佬族、
掸族和滇西南的傣族为"掸泰族群"。西方的论证者曾普遍认为，哀牢及
祖述哀牢的南诏，都属于东南亚的掸泰民族，英国学者卢斯《掸与哀牢》^③
导言说：中国人清楚地记述了公元1世纪掸或哀牢与它的关系；哀牢故地
有哀牢山，这座山据 Sainson 识别，就在永昌府的天井山；哀牢可能就是
泰族。一些西方和东南亚学者直称哀牢、南诏为"泰族哀牢王国""泰族
南诏王国"或"南诏泰族王国"，如泰国学者坤维集·苏哈马拉和姆·耳·马
尼奇·琼赛，琼赛在他的著作中说："泰族哀牢国国王坤銮柳貌……死于
公元78年，儿子坤类牢嗣位。中国派了一个太守到哀牢去。"^④还说"哀牢"
这个原始的民族，被不同的研究者例如美国的恩布里博士、道奇博士，丹
麦的塞敦法敦先生、米尔恩小姐，英国教授拉古伯里乃至法国的研究者们
叫作"泰"。十分离奇的是：拉古伯里1885、1887年在他的两种著作中，^⑤
胡说掸泰是中国本土的"最早占有者，公元前2208年就建立了自己的国
家"，"掸族发源地位于四川北部与陕西南部的九隆山脉中"，还说哀牢山
"在河南、湖北、安徽交界处，向西伸延形成川陕间的九隆山脉"。其后数
十年，一批西方学者特别是美国牧师杜德^⑥、在印度的英国殖民局副局长
戴维斯^⑦、英驻泰外交官吴迪等^⑧，纷纷著书立说加以鼓吹，更胡诌自公元
前6世纪到公元1234年，中国汉族对哀牢人压迫、进攻和"大征服"，迫使

---

① 吴之光：《哀牢考——历史上中国境内之泰族》，载《益世报》边疆研究周刊第
26期，1941年5月21日。
② 陈序经：《掸泰古史初稿》，转引自陈吕范《泰族起源问题研究》，国际文化出
版公司1990年版。
③ ［英］卢斯著，林超民译：《掸与哀牢》，载《史学论丛》第6集，云南大学出
版社1997年版。
④ ［泰］姆·耳·马尼奇·琼赛：《老挝史》，福建人民出版社1974年版。
⑤ ［英］拉古伯里：《掸族发源地》，载1885年伦敦出版阿·罗·柯奎翁著《在掸
族间》一书；《中国人来到中国之前的中国语言》，1887年，伦敦。
⑥ ［美］威·克·杜德：《泰族》，1923年，美国衣俄华。
⑦ ［英］享·理-戴维斯：《云南——连接印度和扬子江的链环》，1909年，英国
剑桥。
⑧ ［英］吴迪著，陈礼颂译：《暹罗史》，商务印书馆1947年版。

哀牢人从川陕间"九隆山地区"七次大举南迁到东南亚，从此"哀牢族才获得他们的新称谓：'泰'，即'自由'之意。"对于这种荒谬绝伦的海外奇谈，云南著名史家陈吕范、贺圣达、黄惠焜、张增祺等等，在他们的专著中，列举大量确凿史证做出了深刻透彻的驳论，证明远在新石器时代，掸泰先民就生活在东南亚和我国粤桂滇区域，川陕等地根本没有九隆山、哀牢山，哀牢人所在的九隆山、哀牢山在云南保山，"汉族迫使哀牢（掸泰）七次南迁"纯属捏造，这一历史雾霭逐渐在东西方得以廓清。

氐羌说认为哀牢夷是汉藏语系藏缅语族彝、怒等民族的先民。具体说法又有"氐羌""昆明""怒子"和"彝族先民"四种。徐嘉瑞《大理古代文化史稿》[1]一书主张"哀牢、昆明皆羌族"。黄惠焜在《哀牢夷的族属及其与南诏的渊源》[2]等文中说："'昆明'人是内涵极广的氐羌族群，哀牢是其中的一支，或者说是一支以哀牢自称的'昆明'人，是'昆明'中较为先进的部分。"主要根据是：（1）哀牢夷主要分布在今保山、大理为中心的永昌郡，《史记·西南夷传》说"西自同师（今保山）以东，北至叶榆（今大理），为嶲、昆明……地方可数千里"，这正是永昌郡的基本范围，也是哀牢夷的大聚区，因此永昌郡的哀牢人实属氐羌系统的昆明人；（2）《华阳国志》详细记述了龙生哀牢夷的故事，即著名的九隆神话，又说"南中昆明祖之"，因此，九隆神话乃是昆明人和哀牢夷的共同神话；（3）唐代史书记南诏自言本哀牢之后，而南诏系乌蛮属氐羌，故哀牢夷必属氐羌。肖秋等《略谈南诏国的族属》[3]说：西汉时被称为昆明的地方，到东汉时设立了永昌郡，哀牢夷是那里的主要部族；洱海以南以云县为代表的新石器分布地区，正是"地方可数千里"的昆明蛮中心区域。尤中在《中国西南的古代民族》[4]等著作中说：昆明族出自氐羌，哀牢部落是滇西昆明部落群中的一个部落；昆明族是近代彝族先民的主体，哀牢人是彝族先民中的一部分。马曜主编的《云南各族古代史略》[5]亦称"哀牢人是'昆明诸种'

---

① 中华书局1978年版。
② 载《思想战线》1976年第6期。
③ 载《文物》1978年第10期。
④ 云南人民出版社1980年版。
⑤ 云南人民出版社1977年版。

之一"。闻有《哀牢与南诏》一文,列举九隆之"隆","怒语称背正若此",以及怒族文身、衣饰尾、长于编织等特点后,说"哀牢即怒子之祖先,怒子即哀牢之后裔"。

著名学者张增祺所著《哀牢族源新议》[①]认为,哀牢人是濮人与昆明人的融合体,哀牢与濮人、昆明人都有共同的民族特征,只有族源相近的民族才会有相似的民族特征。(1)哀牢夷与永昌地区濮人的族源关系:①有相同的"衣著尾"装饰。《广志》《通典》记永昌地区有"尾濮",《华阳国志》《后汉书》记哀牢夷亦"衣著尾""衣后著十尾"。②有相同的"文身"习俗。《广志》说永昌地区有"文面濮","其俗劕面,而以青画之",《华阳国志》《后汉书》记哀牢夷亦"臂胫刻文""种人皆刻画其身,象龙文"。③有相同的"桐华布"即木棉布。《广志》记永昌有"木棉濮,土有木棉树","黑僰濮,其境出桐华布"。《华阳国志》《后汉书》都记哀牢有梧桐木,其华柔如丝,民绩以为布,洁白不受垢污,俗曰桐华布。④有相同的"贯头衣"。《广志》说黑僰濮"其妇人以一幅布为裙,或以贯头"。《后汉书》说永昌太守郑纯"与哀牢人约,邑豪岁输布贯头衣二领"。(2)哀牢夷与永昌地区昆明人的族源关系:①有相同的"龙生"神话。《哀牢传》《华阳国志》《后汉书》均记哀牢夷为龙所生,而昆明人中亦流行"龙生夷"传说,"夷人大种曰昆,小种曰叟……诸葛亮乃为夷作图谱,先画天地、日月、君长、城府,次画神龙,龙生夷及牛马"。②同为善于骑马的民族。《永昌记》说"哀牢王出入射猎骑马,金银鞍勒,加翠毛之饰"。彝、白、纳西等民族,由于他们的先民是游牧民族,骑马也是他们的特长,而傣、壮、佤、布朗等民族先民的主要交通工具则是牛和象。③哀牢夷尊崇"南中昆明"为其祖先,《华阳国志》说"(哀牢王)世世相继,南中昆明祖之"。④唐代往往以"哀牢"称"昆明"。如张柬之《请罢姚州疏》说"姚州者,古哀牢之旧国也",实乃"昆明之旧国",张还把西汉时"昆明"阻汉使说成哀牢夷,唐代视"哀牢"为"昆明"可能比较流行。(3)剔除神话的神秘色彩,余下的成分往往就是真实历史,九隆神话说的是哀牢山沙壹生十男,与山下一夫一妇所生十女结合,"后渐相滋长",才出现大量哀牢夷,对此可作

[①] 载《云南民族学院学报》1985年第3期。

如下理解：哀牢夷最先是由山上的游牧民族昆明人，和山下的农业民族濮人融合而成新的民族共同体。

二　哀牢夷是以濮、越为主体的
多民族共同体

　　前辈学者们以上诸说开辟了哀牢族属的研究先河，提出了许多宝贵看法，已为我们展现了广阔明亮的认识天地。为了加速今后研究进程，现在需要弄清长久聚讼难解的原因。笔者粗浅分析认为：

　　（1）哀牢族属问题自身的复杂性带来研究的复杂性。清人刘彬《永昌土司论》说："天下唯滇夷最多，种类色目殆数十余，而附于永昌者居其大半。"哀牢夷住地边远辽阔，人口众多，族系、支系、族称交错繁杂，随扈栗进攻鹿茤和随柳貌内属的邑王，亦即哀牢夷部落、氏族首领多达83人，哀牢后裔又出现新族名数十种，头绪纷然。

　　（2）汉晋史籍记载比较简略且有相互抵牾之处，唐宋后的文献、野史错乱和矛盾更多，加之有些研究者对史籍中的某些文字理解不同，由此引发不少分歧。如对《华阳国志》中"南中昆明祖之"这一关键性句子，至今存在多种截然不同的解释。又如文献中的"哀牢夷""哀牢人"，在某些情况下是对整个哀牢国地土著居民的统称，而在另一些情况下则专指汉族官吏某一时间接触到哀牢中某一民族、部落成员，而非泛指全体哀牢人，但有的学者却凭后一类记载而把全体哀牢人指认为某一民族。

　　（3）研究对象的时空范围没有统一界定，有的研究者混淆了东汉永昌郡和魏晋永昌郡，有的混淆了云岭哀牢山和保山哀牢山，有的把"哀牢国中心"定位到大理甚至姚州（今姚安），有的把今德宏、腾冲、西双版纳都划在永昌郡"徼外"。对"西自同师（今保山）以东，北至叶榆（今大理）"的"嶲、昆明"所在地域，按汉语表述四至区界方式，如无"以东"二字则包括了同师在内，而有了"以东"则界指东外之地而不包括同师在内，但有的学者却据此囫囵地把同师及其以南大片地区都划在了"西汉被称昆明的地方"了。

（4）整个讨论基本上都在依据有限的史籍记载各抒己见，未曾调动其他学科特别是考古学材料全面论证，而考古等其他学科材料当时也确实极少，1991年出版的刘小兵先生《滇文化史》，19万字中，"哀牢文化"部分仅数千字，书中说明这是"由于哀牢文化不像滇文化和昆明文化那样有考古资料可供参考"。

（5）有些学者对照某一时代（晚到近现代）的少数几项甚至仅仅一项文化习俗特征，即指认哀牢夷为某民族，不是把众多文化特征作为有机整体加以考察，并忽视了各民族相互交融几千年，某些文化习俗已非如汉晋前为某族所专有，而且同一民族处于不同自然和社会环境的支系还会有不同的发展模式。例如"断发文身"，它是文献记载汗牛充栋的越人最大民俗特征，但其实早已成为濮、越、氐羌民族所共有了，而且汉晋前"断发"也只是我国东南部和越南北部越人习俗，云南越人并不"断发"而是"椎髻"。

我们界定的研究对象，是晋代史书《华阳国志》《南中八郡志》所记"永昌郡，古哀牢国"的土著居民。这个永昌郡（古哀牢国），指的是魏晋永昌郡而非东汉永昌郡，包括的是西汉军队"渡兰沧水以取哀牢地"所置不韦、巂唐二县和柳貌内属时所设哀牢、博南二县以及博南之北的比苏县（后来五县析置为八县）；它不包括诸葛亮从东汉永昌郡划出归建云南郡的"昆明夷"主要分布区洱海等地区。前属哀牢国的今滇西各地州，近些年考古、地名普查和民族民俗调查工作有了重要进展，它使我们可以把论据、论证置于更加坚实的基础之上，并拓宽了论证视野。笔者曾在《哀牢文化研究》一书中提出哀牢夷是"以濮、越为主体的多民族共同体"的基本观点，现以考古学资料为主作进一步阐述。

在哀牢夷"种人"中，濮人确是历代史书记载最多、族称稳定的巨大族系。《史记》载其西汉之时有"苞满"之称，东汉至南朝文献记称"濮""尾濮""闽濮""裸濮""木棉濮""文面濮""赤口濮""黑僰濮""折腰濮"，[①] 唐代史书称"朴子蛮""望蛮""望苴子蛮"，[②] 元

---

① 见《华阳国志》《永昌郡传》《广志》等。
② 见《蛮书》（《云南志》）、《南诏野史》等。

明清时称"蒲蛮"(也写作"蒲曼""卜满""蒲满""蒲莽")"蒲龙""波龙""崩龙""蒲人""卡瓦",[①] 现今发展为布朗、德昂、佤三个民族。苞满、蒲蛮、布朗、濮、卜、朴、蒲等等,都是汉字记录对濮人族称的同音异写。哀牢濮人的分布,历代史籍、辞书说"多在澜沧江两岸""在澜沧江以西""在永昌西""在永昌西南""在郡界千里""在郡西南千五百里",[②]《蛮书》说:"开南、银生(今思茅、西双版纳、临沧东部)、永昌(今保山、德宏、临沧西部)、寻传(今伊洛瓦底江上游)四处皆有,铁桥(今迪庆州)西北边延澜沧江亦有部落。"哀牢濮人历史上发动和参与过许多战争,内属前发动大规模水战进攻鹿茤的哀牢军明显是以濮人为主力的濮越联军;东汉建初元年(公元76年)哀牢王类牢率军攻占巂唐县,又横渡澜沧江猛攻博南县,汉王朝调集三郡军队打到第二年才镇压下去,类牢主力无疑亦为濮人;晋元康末年(公元299年)"闽濮反",规模更大,以至把郡政府都赶到了千里之外的永寿县境,并长期隔绝了州(宁州)郡关系;到刘宋元嘉九年(公元432年)闽濮再次发动战乱,爨龙颜率军西征,仍未能真正平息。哀牢国邑王、渠帅有大量濮人,直至元明,万户、千户、百户、知府、知州、长官司长官及其他土舍头目中,这一族系的人仍然很多。布朗族、佤族至今自称"本人""本人族""本族",自释含义是"古老的本地人","本地守土之人",傣、景颇等民族也认为德昂、佤、布朗族人在他们之前开辟了这一区域,傣族谚语说"天是天王造的,地是腊人开的"("腊人"是傣族对布朗、佤、德昂族系的古称)。证诸考古材料,以云县忙怀遗址为代表的"忙怀类型新石器文化"[③] 的主要创造者,应是哀牢濮人先民,这一文化恰好分布在史籍记载的哀牢濮人分布区今保山、临沧、思茅、怒江等地州,其中又以古濮水(澜沧江)两岸最为密集;忙怀等地居民至今仍自称"蒲人"。据考古学家王大道等研究,忙怀类型文

① 此期史籍有大量记述,撮其要者如:《元史》、李京《云南志略》《明史》《明实录》、万历、雍正、道光《云南通志》、天启《滇志》、景泰《云南图经志书》、清《蛮司志》《云南备征志》及各府、州、县志。

② 见《华阳国志》《永昌郡传》《广志》等,并见于③之各史籍。

③ 云南省博物馆文物工作队:《云南云县忙怀新石器时代遗址调查》,载《考古》1977年第3期。

化的特点是：“大多数石器是用砾石打制而成”的弧肩器（即双肩石铲，形似双肩石斧但未经磨砺，没有锋利刃口）；而“打制的单平面砾石手锤、椭圆形刮削器及椭圆石片打成的网坠均富特色”。大规模科学发掘的龙陵大花石遗址晚期文化遗存，已出土了铸制双肩铜斧的石范和铜屑，距今3335年（商中期），是时代较晚的忙怀类型文化。[①] 而单平面砾石手锤是距今约2万年到7千多年的塘子沟旧石器文化的代表性典型器物，从砾石上打下椭圆形石片为刮削器也始自塘子沟文化，双肩石铲则是以椭圆形砾石片打缺一端两侧而成，故塘子沟文化与保山各区县忙怀型文化有明显承袭关系，塘子沟文化的创造者很可能是哀牢濮人的远祖，塘子沟所在的蒲缥，《云南辞典》[②] 说是以东汉蒲人缥人居住得名。以双肩石铲为祖型创制的双弧肩青铜斧的起源地和密集分布区也在史籍记载的哀牢濮人区，到商代晚期后才流向氐羌区和越人区。考古发掘中还有另两项与濮人相关的重要发现。一项是施甸出土的“姚关人”头骨化石，有两枚上门齿生前断失，位置恰在晋《广志》记“赤口濮在永昌（今保山）南，其俗折其齿”的赤口濮地带，《民族辞典》[③] 也说“赤口濮分布在永昌周围，有折齿、染唇习俗，为布朗族先民”，遗址附近的摆榔、木老元等乡，现仍为布朗族聚居区。另一项是昌宁发掘哀牢国时代的坟岭岗墓葬群，墓区和附近遗址曾出土成批忙怀型石、陶器和双弧肩青铜斧，墓葬中出土了200多件青铜器，同时出土了石、陶纺轮和较多的布的残片，[④] 在汉族还不生产棉花棉布的秦汉时代，哀牢人中的“木棉濮”和“黑僰濮”，就生产著名的“桐华布”（木棉布），这是极珍贵的物证。

越人是我国古代南方最大的一个族系，《后汉书·地理志》说：“自交趾（今越南北部）到会稽（今江浙等地）七八千里，百越杂处，各有种姓。”著名民族史学家江应樑教授研究列出百越“种姓”之最著者13种，其中哀

---

① 王大道：《再论云南新石器时代文化的类型》，载《云南考古文集》，云南民族出版社1998年版。

② 云南人民出版社1993年版。

③ 上海辞书出版社1987年版。

④ 王大道：《昌宁县坟岭岗青铜时代墓地》，载《中国考古学年鉴》(1995)，文物出版社1997年版。

牢越人占了两种，即"滇越"和"僄越"。^①其实这两个族名并未出现在同一时代。"滇越"出自西汉《史记·大宛列传》："昆明……其西千余里有乘象国，名曰滇越。"这里的"昆明"指的是主居金沙江两岸至洱海及其以东地区，出自氐羌系统的民族群体，"滇越"是居住在今德宏、保山西南部、临沧和思茅南部、东至西双版纳及其南外地区的越人部族，乘象、象战、象耕之俗在这一区域延续了一二千年。到了晋代的《华阳国志》，对哀牢越人"越""僚"并称，西部今德宏等地称"僄越"，东部今西双版纳等地称"鸠僚"，有时也简称"僚"，如"（哀牢）有兰干细布，兰干，僚言纻也"。在唐宋时代的《蛮书》《唐书》等文献中，哀牢越人后裔有了金齿蛮、银齿蛮、黑齿蛮、绣脚蛮、绣面蛮以及"漆齿""雕题""茫蛮"等十多种族名，他们分布在三个区域：一是开南及其以南地区，即今景谷到西双版纳地区；二是"永昌城南"包括今德宏等地；三是怒江中游以西到丽水城、安西城，即今缅甸伊洛瓦底江上游地区。元明清时代史志文献对哀牢越人后裔的记载大量增加，族称演变为"白衣""白夷""伯夷""百夷""僰夷""摆夷""歹"。现今滇西所属前哀牢地越人统称傣族，分布区域与唐宋前后基本相同。哀牢越人自蜀汉起也发动过数次战争。有的学者认为哀牢夷越人是秦汉以后甚至唐宋以后才东迁而来，进入滇西南后北上至现今住区，这既有悖于史籍记载，也与考古实证材料不相符合。广泛出土于江浙闽粤桂、台湾、香港和滇东南的磨光平肩石斧和有段石锛，是新石器时代百越文化最典型的代表性器物，西双版纳勐腊、景洪，思茅镇沅，德宏潞西、梁河，保山隆阳、龙陵、施甸、昌宁、腾冲，怒江泸水的很多地点都出土了此类器物，它们是大量越人新石器时代就在此区居住、活动的物证。作物栽培是不同民族的重要文化特征，百越是我国稻谷的最早栽培者，年代距今近四千年的昌宁城东营盘山遗址出土炭化稻米7 000多克，距今近3000年的耿马石佛洞和南碧桥遗址各出土了大量炭化稻谷，营盘山西南和耿马现仍为傣族聚居区。据文献记载和古今学者考证，越人以制造和使用青铜钺而得名，哀牢夷青铜文化中，铜钺发现不少，保山、临沧、德宏一些区县出土的靴形钺、伞形钺和德宏、保山怒江边出土的叉角

---

① 江应樑：《傣族史》，四川民族出版社1983年版。

肩铜斧，都是哀牢越人的典型器物。考古学家李昆声研究云南"某些青铜农具（如尖叶形铜锄）与百越的一支——骆越居住地越南东山文化相同"，并认为集中出土于滇东至桂西、越南北部等地的石寨山型铜鼓，可以作为该区百越文化特征之一；[①] 昌宁营盘山、永平澜沧江边已出土尖叶形铜锄14件，[②] 腾冲和云县已出土石寨山型铜鼓3具，而且腾冲古永两鼓胴部各铸有船纹6只，每船2人操楫划水，习水善舟也正是越人显著的共同民族特征。到了魏晋时期，保山坝蜀汉墓出土的女性头颈俑，是"束发高髻"的典型越人形象。干栏式建筑的创造者是越人，"干栏"是古越（壮）语建筑名词，[③]《魏书》《南史》记载魏晋至南北朝时住干栏的都是僚（越）人；保山坝蜀汉墓出土了典型的干栏式仓房模型：房屋平面正方形，屋脊高凸，房屋四角之下各立一根圆形的带榫底柱将房屋架空；直至近现代，哀牢越人后裔傣族仍普遍筑居干栏。凡此种种，都是哀牢越人与我国东南沿海乃至滇东南越人考古文化一致性的真实体现。

在汉晋史籍中，找不到哀牢"种人"中氐羌人（包括"昆明夷"）的明确记载。但是，这并不意味区境无氐羌，而是因为氐羌人分散居住在边、山地区，生活在更为封闭的村社组织中，他们的生产力水平相对落后，他们尚未登上哀牢国的政治舞台，与汉族还极少接触。拉祜、基诺、哈尼、怒、独龙等民族，都是哀牢区境的古老居民，据一些学者研究，前三个民族都渊源于南迁的古氐羌人，基诺等民族定居今地时尚处于原始母系氏族社会，然后进入父系氏族社会；原

腾冲荷花乡、上营乡出土的磨光双肩石斧、石锛

---

① 李昆声：《云南考古学论集》，云南人民出版社1998年版。

② 田怀清，谢道辛：《永平县澜沧江东岸首次发现青铜器》，载《云南文物》总第47期。

③ 潘世雄：《干栏考》，载《广西民族历史与文化研究》第3辑。

临沧凤庆大寺乡靴型铜钺   德宏陇川单凹侧叉单肩青铜斧

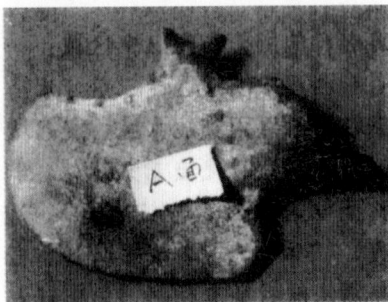

属"寻传"的景颇族和阿昌族，也早在汉唐时已定居在怒江中上游及其以
西地区；[①] 而哀牢东北部连接"昆明夷"主要聚居区洱海至邪龙地区，其
地必然交错杂居有"昆明夷"。另一方面，氐羌先民在哀牢国地的生息、
活动，考古学和民族民俗学材料中也有踪可寻。下举四例。（1）建筑形式。
这是识别古代民族的重要考古文化特征之一。金沙江和洱海地区发现新石
器晚期氐羌先民住房有两种形式。一种是平地起建的长方形木构房屋，保
山将台寺遗址出露的6个柱洞均掘于地面，柱间距、总距、东西向直线排
列等情状都与之接近。另一种是建于平地的半地穴式房屋，昌宁营盘山遗
址为顺山坡切掘出平台后营造的半地穴式建筑，与前者虽有不同，但"半
地上半地下"这一根本特征一致，它至少是在邻区氐羌建筑影响下掘建的。
（2）制作使用圜底陶器。这是氐羌人的另一重要考古文化特征。保山坝西
北鼓洞发现的圜底陶釜，釜底弧圆有如锅底，夹砂红陶，火候较高；腾冲
城北小龙井遗址出土陶器5件，陶片5000多块，以圜底器为显著特征。[②]（3）
瓮棺[③]葬。是氐羌人的典型葬俗。昌宁出土新石器时代的5具陶制蛋形瓮棺，
都在其腹部人为敲凿出让死者灵魂自由出入的小孔，其形状、体积、纹饰、
凿孔、排列都近似于元谋、宾川同时代遗址瓮棺。（4）虎崇拜。《后汉书》

---

① 见马曜主编：《云南各族古代史略》，云南人民出版社1977年版。《云南辞
典》，云南人民出版社1993年版。《民族辞典》，上海辞书出版社1987年版。并见王叔
武：《云南少数民族源流研究》，载《民族研究文集》，云南民族出版社1997年版；《云
南丛书·云南少数民族》，云南人民出版社1980年版；茶琳：《怒江地区少数民族源
流》，载《云南民族学院学报》1998年第3期；等。

② 李正：《腾冲县小西乡油灯庄发现古文化遗址》，载《保山报》1994年4月26日。

③ 张绍全，何庆兰：《昌宁考古新发现——瓮馆》，载《保山报》2000年8月26日。

记氏羌人先秦时代就崇拜虎，云南氏羌人认为虎是人类祖先，崇虎之风历炽。哀牢国地今云龙坡头村出土的30件青铜器中，有两件长方刃面双肩铜斧，斧面有相向踞立、昂首翘尾、曲身欲跃的二虎图；昌宁漭水和鸡飞两地出土的6件编钟中，有3件装饰有二虎对峙凌空飞腾图案，鸡飞一钟面二虎利爪相交于一牛头之上，矫健鹰扬，活灵活现。虎在这里既是图腾，也是民族自强自信精神的象征。

马克思在《资本论》第一卷中指出，根据地名可以追溯历史。恩格斯根据地名的研究重现了日耳曼人的历史。古地名在哀牢族属研究中亦属重要资料。以下略举数例以供各学科资料验证参考。[①]（1）哀牢国地遗留下大量濮、越、氏羌地名，印记着各族系的早期历史（其中很多越语地名都与象的活动有关）。以主居景洪县的基诺族为例，现在行用的基诺语地名有42条，大多是以母系氏族公社的风俗和事件命名，如："少纽"，"少"为无父，"纽"为女子，意为无父的女祖先寨；"巴朵"，"朵"为出来，意为分出来的母亲寨；"巴杯"，意为唯一同氏族结婚的寨子，古时候村里有一对同氏族的恋人，按族规不准结婚，后经舅舅的同意结了婚，因此得名。也有的地名已属阶级社会，如"巴亚"，意为反抗压迫寨，古代法官在该村草菅人命，民众奋起杀了他，因此得名。（2）由于哀牢各民族相互影响，产生了大批不同族系混合语地名，地名普查时发现数百条。傣、佤语结合地名如芒买、芒伞，"芒"是傣语寨，"买""伞"是佤语黄牛、大象，意即黄牛寨、大象寨；傣、布朗语结合地名如麻兴该，"麻兴"为傣语石头，"该"为布朗语盖板，石盖板

昌宁右甸坝卵形瓮棺

---

① 参见朱惠荣：《云南民族语地名研究》，载《史学论丛》第七辑，云南大学出版社1999年版。

寨；布朗、拉祜语结合地名如邦札夏，"邦"为布朗语窝棚，"札夏"是拉祜语人名，意为札夏始建棚屋的地方；有些是不同民族自古对同一地方用各自语言命名，如"芒市"是德昂语，傣族则习惯称勐唤，意为黎明的地方；有的以单一族语命名但具有多民族内涵，如著名边境口岸打洛是傣语地名，"打"为渡口，"洛"为混合，意为不同民族居住的渡口，因傣、布朗共居其地得名。（3）汉族进入哀牢夷区后，产生了很多"夷"汉语结合地名，例不赘举。

以上考古学、民族民俗学资料与史籍记载对验证明，哀牢夷不是单一民族群体，而是多族系、多民族部落群体。从文化的沿袭和传播关系看，远在旧石器末期，濮人早期先民可能就生息在哀牢腹地；至迟在新石器晚期，越人自今两广、滇东南大量进入区境，氐羌的某些支系自西北沿三江走廊南来，逐渐构成三大族系交错杂居的大格局；遍布区境、类型多样的新石器文化，表明各民族、氏族、部落的哀牢先民，都曾在这辽阔的历史舞台上展示过自己的风采，留下了他们不朽的遗迹。在《中国历史地图集》[①]中，哀牢全境被划分为四大部族区，中东至中南部为"闽濮部"，今西双版纳等东南地区为"鸠僚部"，今德宏至腾冲等西南地区为"僄越部"，今缅北等西北地区为"濮部"，未曾标出的氐羌族群则杂居其间，这与史学、考古、民族、民俗等学科资料相一致。地域邻近的民族文化相互渗透，是历史发展的必然现象。哀牢夷三大族系众多氏族、部落犬牙交错杂居共处数千年，由文化混融而形成"你中有我，我中有你"的复合现象，也属此区历史文化特征之一。

汉晋史籍中有关哀牢国—永昌郡的全部记载和考古材料证明：（1）两汉时汉族进入的郡、县治所在区域，接触的都是濮、越两族居民；（2）濮、越两族风俗相似较多，都拥有军队；（3）濮人支系最多，住区很广；（4）濮人在哀牢国处于统治地位。申旭、方国瑜、王宏道、祁庆富、李伟卿、郭保刚、石钟健诸先生正确指出了哀牢夷不等于氐羌人或昆明族，昆明族也不是哀牢的主体民族，哀牢夷更不是"昆明族的一部"或"一个部落"，笔者乐而从之。汉晋史籍明确记载哀牢夷与昆明夷（或叶榆蛮）是两大区

---

① 中华地图学社1975年版。

域的两大族名，两族名并不掺和混用，如《续汉书》刘昭注引《古今注》说"永平十年置益州西部都尉，治嶲唐，镇慰哀牢人、叶榆蛮"，《后汉书》记昆明夷卤承"率种人"大战哀牢军，斩哀牢王并传首洛阳，拼杀得极其残酷惨烈，事件本身和记事中两个族名的使用，都表明哀牢夷绝不是"昆明夷的一部分"。作为族名，"昆明"一词的出现早于"哀牢"近两个世纪，西汉"昆明"直至魏晋仍称"昆明"，武帝在昆明夷区设置郡县后一百七八十年，哀牢夷上层还"未尝交通中国"，把昆明的祖先扯到哀牢那里是难以立足的。如果九隆世族是昆明族的一个部落，那即是说哀牢的核心部落是昆明族，但从政治经济发展水平看，史书记载中的哀牢王国已不是部落联盟，而是跨入了阶级社会后建立的方国，农业、手工业、商业已相当发达，昆明人则处于"随畜迁徙，毋长处，毋君长"的原始社会阶段，昆明人不可能是哀牢王国的创立者。正是鉴于这些根本区别，《后汉书》记哀牢时删去了《华阳国志》中的"南中昆明祖之"一句。

哀牢濮人源流

一　哀牢濮人简说

资料表明，哀牢夷濮人（即永昌郡濮人）原居住于东起澜沧江以东今云龙、永平、南涧、思茅等地，西达伊洛瓦底江上游，南逾西双版纳至缅甸东南部的广袤地区，这与地下出土的考古材料基本相符。在历代汉族史籍中，西汉称哀牢濮人为"苞满"，东汉、两晋至南北朝称为"闽濮"。由于住区辽阔而又长期分割于交通极不便利的高山深谷之间，濮人形成经济、文化等差异越来越大的一些支系乃至族体，闽濮支系就有不少名称。到唐宋（南诏大理国）时期已分化为"望蛮"（今佤族）和"朴子蛮"两大族体。到明清之时朴子蛮又分化为"蒲蛮"（后期也称"蒲人"，今布朗族；蛮又写曼、满、莽；主居沧怒两江四岸间；施甸及其周围县区称"本人"）和"崩龙"（今德昂族，主居德宏和临沧西部）。苞满、闽濮、朴蛮、蒲曼等等都是汉字记录对濮人族称的同音异写。限于篇幅，对唐宋以来分化而成的三个民族，这里主要介绍蒲蛮——布朗族；又因西双版纳等南部地区布朗族民族史学界调查研究甚多，而北部地区相对薄弱，故重点记述隆阳、施甸等地史料。

自汉代至元明，永昌濮（朴、蒲）人人数众多，支系繁多，拥有军队，力量强大，史不绝书。时至元明，万户、千户、百户、知府、知州、长官司长官及其他土舍头目中，这一族系的人很多；在明代初期三征麓川和万历邓子龙靖边卫国战争中，都有蒲人参战和筹集运送军粮，当任使役，许多蒲人首领因军功受封赏；由于蒲人势力很大，以至邓子龙在离开姚关时所写的《别清平洞》一诗还有"莽生休据洞前田"之句，因为邓子龙走后，只有莽氏"蒲人"有力量染指恤忠祠田产，邓对这一点很不放心。但是，这个强大的族系自明代后期以迄清代，史籍记载却日愈稀见，许多地方的蒲人都不见了。原因是自元明起，随着行省的建立，中原王朝势力的深入，封建制措施的强化推行，麓川思氏崛起后内外政治经济军事文化的强大影响，蒲人头人屡次反抗被镇压，此区社会形势和民族关系发生了巨大变动：在麓川，傣族渐成统治民族，在靠内地区，汉族成为统治民族，蒲人势力衰落了，继魏晋大批蒲（濮）人外迁后，又一大批蒲人外迁了，另有许多蒲人则相继演变为汉、傣等民族了，只有退居山地的少数蒲人还保持着传统特点。

永昌濮人是古老的农业民族。民间至今流传着布朗族女始祖发现野生稻、野生茶并加以种植的传说（《谷神雅班豪》《皎诺帕》）。布朗山至今还传说，远古时人间没有稻谷，只有妇女牙枯索找到谷子，在她捶打谷子时，一些谷粒跑到了离人很远的地方，人们从此才知道了种植稻谷。解放前澜沧糯福乡布朗人还使用点种早稻的磨光石凿"阿不末"，形似矛头，长约1尺，捆在木棒一端，凿一个窟窿播放数粒谷种。近些年还在布朗族住地或其他濮人遗址发掘出不少石斧、石刀、磨盘等原始农业工具。施甸本人直至近现代还保留大量原始农业崇拜风俗，从春耕下种到开镰秋收，经常不断祭祀与农业生产密切相关的土地、水神、龙神，并特别隆重地祭祀五谷大神，显映着农业历史的悠久。新中国成立前施甸等地布朗族耕地中，水稻田约占1/3；传抄于本人中的《八乡始末记》等史籍说他们由坝区迁上山以前都"耕者有田"；近现代各地布朗族多种早谷，辅种玉米、荞和豆类、薯类、茶叶、棉花等；手工业普遍经营竹篾编织；擅长狩猎。

远在汉晋时代，濮人社会、经济发展就很不平衡，唐宋元明差距更渐扩大，分布在城镇附近和交通便利地区的蒲人，纷纷与周围先进民族相融合，而后进部分尚处于狩猎和采集经济阶段。云南解放前夕，保山、临沧、思茅等地布朗族，已处于封建制地主经济阶段，而西双版纳山区布朗族仍处于原始社会末期向阶级社会过渡的农村公社阶段；德昂族也还保留着原始公社制残余；阿佤山中心地区则残存着奴隶制度；经济文化都很落后。直至新中国成立后，特别是中国共产党十一届三中全会以来，永昌濮人后裔的三个民族地区才发生了根本变化，各自跨越几个历史阶段向社会主义社会过渡，人民群众做了主人，民族干部大批成长，整个经济、文化、教育、卫生和交通运输建设等等都获得了巨大发展。

哀牢夷的族属问题，是云南民族史研究中的一个重大问题。20年来，省内外专家学者各执一词，长期争论。诸说大都仅依据若干史籍记载立论，很少涉及哀牢夷区考古所见实证材料。笔者依据近20多年出土的为数不少的考古材料，对验史籍、民族民俗等资料，认为哀牢夷是以濮、越为主体并包括氐羌人的多民族群体，其中濮人为区境最古老的土著居民，先秦、汉晋即一直是最强大的民族。有的学者认为汉晋永昌濮人"分布极分散"，不见于郡治（今隆阳）区，因此哀牢非濮。其实濮（蒲）人在今保山一带聚居是密集的，直至元明时期，今隆阳区和施甸、昌宁等县各坝子和周边山区仍居住着大量蒲人，诸书所载蒲（朴）人"在澜沧江以西"，首先指的正是这一片，这一历史事实却为不少学者所忽略了。

二　汉晋时期的苞满、闽濮

哀牢夷　中国古族名。西南夷的一支。见于《后汉书·西南夷列传》《华阳国志》等书。汉时分布于今云南西南澜沧江、怒江流域及今缅甸迈立开江流域广袤地区。其地农业发达，矿产丰富，多珍稀动物，产木棉、濮竹。居民善纺织，产品以兰干细布和桐华布为著；邑聚，散在溪谷；有文身、穿鼻、儋耳、衣着尾之俗，穿贯头衣；有九隆传说。哀牢曾为一代首领名。西汉时曾在其地设不韦（治在今隆阳区金鸡村一带）、嶲唐（治今云龙县南）、比苏（今云龙北部和兰坪等地）三县。东汉建初二十七年（51年）其王扈栗（一名"贤栗"）求内属，受封为君长。永平十二年（69年）哀牢王柳貌遣子奉献内属，明帝于其地置哀牢（今德宏及其邻区）、博南（今永平一带）两县，析益州郡西部都尉所领六县，合为永昌郡。哀牢"种人"有"闽濮、鸠僚、僄越、裸濮、身毒之民"。有些史籍则认定哀牢夷就是濮人，明董难《百濮考》说"哀牢即永昌濮人，今名蒲蛮"，亦即唐樊绰《蛮书》所说的"朴子蛮"，元李京《云南志略》说"蒲蛮一名朴子蛮"；

濮、朴、蒲是不同时期的同音异写。

哀牢山 哀牢山有两处。一在礼社江（即元江）以西、无量山和把边江以东，北起景东、双柏，伸向东南，迄于屏边、金平县境，为云岭南延分支之一，主峰在新平县西，有经济林木，富矿藏。二在保山坝中东部，又名金井山、玉泉山。《读史方舆纪要》保山县："哀牢山，府东二十里。"《云南山川志》："哀牢山本名安乐，夷语讹为哀牢。山下有一石状如鼻，二泉出焉，一温一凉，号为玉泉。"相传为哀牢王御花园，其位置在山下大官庙村。泉内原有比目鱼。明代著名爱国将领邓子龙曾留一诗于此："哀牢前属国，山川尚有灵。水池分冷暖，金井幻阴晴。比目鱼还在，封神说汉名。独怜征战地，岁岁草青青。"玉泉古联："比目是双鱼，犹如左兄右弟，任他波翻浪叠，总有同志归汉；出泉分冷暖，恰似冰心热血，虽然派别支流，到底一样朝宗。""朝宗"一词出自《周礼·春官·大宗伯》："春见曰朝，夏见曰宗。"诸侯或地方长官朝见帝王称为朝宗，此联含义是指首邑设在保山的哀牢国王统77邑王向汉王朝表示归附忠诚。保山哀牢山附近还有哀牢夫人墓、九隆山、九隆池、新石器遗址、青铜墓葬、不韦县城、永昌郡城等众多历史遗迹和哀牢传说。有的学者认为"哀牢本名安乐，夷语讹为哀牢"之说颠倒了源流，并有民族歧视之嫌。徐霞客对此曾提出尖锐批评。他走到山顶金井后，在《游记》中记："今有树碑其上者，大书为'玉泉'。按玉泉在山下大官庙前，亦两孔，而中出比目鱼，此金井则在山顶，有上下之别，而碑者顾溷之，何也？又一碑树北顶，恶哀牢之名者，易为'安乐'焉，益无征矣！"

九隆神话 哀牢夷民族起源神话。载见东汉《哀牢传》、东晋《华阳国志·南中志》、南朝《后汉书·西南夷列传》和北魏《水经注》。称其先有妇人沙壹（一作"沙壶"）因触沉木怀妊产十子，后沉木化龙出水，九子惊走，小子背龙而坐，龙舐之。因"其母鸟语"，称"背"为"九"，称"坐"为"隆"，故名"九隆"（一作"元隆"）。长而黠智，后被诸兄推为王，兄弟娶妻繁衍而世代相继。

哀牢王服饰 魏晋《永昌记》："哀牢王出入射猎骑马，金银鞍勒，加翠毛之饰。"

"鸟语" 东汉《哀牢传》记：哀牢夷妇人沙壹怀妊产十子，"九子见龙惊走，独小子不能去，背龙而坐，龙因舐之。其母鸟语，谓背为九，谓坐为隆，因名子曰九隆"，其后九隆为第一代哀牢王。《后汉书》所记相同。明董难《百濮考》说："哀牢即今永昌濮人……赤口濮人调舌为音，如鹦鹉然，言其舌声也。"今布朗语既有彝语的刚健，又具有傣语的柔和，并多弹舌音，很可能与哀牢人的"鸟语"有渊源关系。我国著名学者石钟健认为"哀牢语就是古代的濮语、越语或僚语"（《论哀牢九隆族和洱海民族的渊源关系》，载《民族学与现代化》1995年第1期）。也有学者认为"哀牢夷的'鸟语'属越人系统，是古傣语"（申旭《哀牢问题研究》，载《东南亚》1990年第4期）。

苞满 西汉《史记·司马相如传》记汉武帝开西南夷之时"定筰存邛，略斯榆，举苞满"。《史记·司马相如传·索隐》说苞满"服虔云，夷种也"。"斯榆"是"嶲"的长读音，急读则为"嶲"，"略斯榆"是记略定滇西的嶲、昆明族地区。举，攻克，占领，在略定嶲、昆明的同时占领了苞满地。《华阳国志·南中志》说："孝武时，通博南山，度澜沧水、渚溪（今瓦窑河），置嶲唐、不韦二县。"此两县正是"斯榆"和"苞满"分布区域，嶲唐在今云龙县境，不韦在今隆阳及其以南。"苞满"是"濮曼"（蒲蛮）的不同译写，明清记录中还有很多"蒲蛮"居住在云龙、隆阳及其以南地区。苞满只是哀牢濮人系统中的一部分，其同族的其他众多部分因西汉时尚未纳入郡县范围，汉族还不了解他们，故未做出记录；到东汉初设永昌郡起则史不绝书，东汉书面记录名称为"闽濮"。近现代称为"濮曼"。苞满和闽濮都是近代孟高棉语族中的布朗等民族先民，秦汉时期他们还没有分化组合为单一民族。

闽濮 《华阳国志·南中志》记东汉永平十二年（69年）哀牢内附的"种人"有"闽濮、鸠僚、僄越、裸濮、身毒之民"。"闽濮"是与"苞满"同一语言系统的民族群体，它的部落众多，分布在永昌郡澜沧江两岸及西至伊洛瓦底江的广大地区，包括今滇西保山市、德宏州、临沧地区、思茅地区、西双版纳州一带。《华阳国志·南中志》在结束语中说："南域处邛筰五夷之表，不毛闽濮之乡。""邛筰五夷之表"，指的是属于氐羌系统民族群体分布的靠内地区，"不毛闽濮之乡"，说的是闽濮与鸠僚等共同杂居的西南边区。

永昌濮 濮，是中国西南古族。自辰州（今湖南沅陵以南的沅江流域地区）以西至云南永昌，为古濮分布地，落邑自聚，各有部落酋长，故亦称百濮。云南濮人主居澜沧江、怒江两江区域的古哀牢国—永昌郡地，澜沧江古称濮水。濮人为"哀牢夷"主体民族。晋郭义恭《广志》记永昌濮人有木棉濮、文面濮、折腰濮、赤口濮、黑焚濮（又作"墨焚濮"）。唐杜佑《通典》记哀牢诸濮有尾濮、木棉濮、文面濮、赤口濮、黑焚濮。《新唐书·南蛮传》称："三濮者，有文面濮……赤口濮……黑焚濮。"明董难《百濮考》征引《通典》说："哀牢即今永昌濮人，即今顺宁所名蒲蛮"，"濮人之俗，用麂尾末椎其髻，且好以漆饰面。《通典》所云'尾''文面'，言其饰也。木棉即扳枝花，濮地多产之，可以夹纩，言其居产被服也……赤口濮人调舌为音，如鹦鹉然，言其舌音也。""黑焚濮，其色多黑，言其种类也"。

五濮 晋郭义恭《广志》记载永昌郡濮人有木棉濮、文面濮、折腰濮、赤口濮、黑焚濮（皆由其习俗而得名），后世将其合称"五濮"，如章太炎《西南夷属小记》等。

木棉濮 汉晋永昌濮人名称之一。以其分布区多植木棉树而得名。晋郭义恭《广志》："木棉濮，土有木棉树，多叶，又房甚繁，房中绵如蚕所作，其大如卷（拳）。"

文面濮 汉晋永昌濮人名称之一。因有文面的习俗，故称。晋郭义恭《广志》："文面濮，其俗劐面而以青画之。"

折腰濮 汉晋永昌濮人名称之一。因有见尊者躬身施礼之俗，故名。晋郭义恭《广志》："折腰濮，其俗生子皆折其腰。"说误。唐杜佑《通典》说："折腰濮，人见尊者则折腰以趋，言其礼俗也。"是。

赤口濮 汉晋永昌濮人名称之一。因有折齿、染唇的习俗，故称。晋郭义恭《广志》："赤口濮，在永昌南，其俗折其齿，劐其唇使赤，又露身，无衣服。"

黑焚濮 又作"墨焚濮"。汉晋永昌濮人名称之一。晋郭义恭《广志》："黑焚濮，在永昌西南，山居，耐勤苦。其衣服，妇人幅布为裙，或以贯头；丈夫以谷皮为衣。其境出白蹄牛、犀、象、武魄、金、铜华布。"

尾濮 汉晋永昌濮人名称之一。分布在永昌西南。以衣后有似尾之饰得名，类似于近现代一些少数民族交结于身后再下垂的围腰带，有长有短。《太平御览》卷791引《永昌郡传》云："郡西南千五百里徼外有尾濮，尾若龟形，长四五寸……男女长，各随宜野会，无有嫁娶。犹知识母，不复别父。"《华阳国志·南中志》说濮人"衣后著十尾"，《后汉书·西南夷列传》也说濮人"衣著尾"。《太平御览》引南朝《九州要记》说："哀牢人皆儋耳穿鼻……濮夷，在郡界千里，常居木上作屋，有尾长二寸。"

黑濮 雍正《云南通志》："黑濮，所居多在威远（今景谷）、普洱江界之间，其人多黑色，男女皆徒跣，不勤洗涤。语言稍似西番，耕山力稼，颇知纺织，多作竹器，入市交易。男子雄发为辫，短衣着袴，善操弩矢。女子单衣仅长尺，前不扣合，以彩布为桶裙，其裙蒙乳以至下体，又用五色烧珠与海贝排串为饰，束于脐下。两耳穿孔，环以银、铜、锡。婚聘唯以牛、银。丧服白布，葬即除之，其葬皆用木槽。"

桐华布 亦作"橦华布"。哀牢濮人以木棉为主要原料制作的纺织品。《史记·货殖列传》《汉书·货殖列传》称之为"榻布""答布"，《史记·集解》《正义》称"白叠"，亦作"帛叠"，西晋左思《蜀都赋》说"桐华布，出永昌"，《华阳国志·南中志》《后汉书·西南夷列传》均有记述。东汉时期永昌郡所产木棉，"其华柔如丝，以为布，幅广五尺以还，洁白不受污"。《广志》说："木棉濮，土有木棉树"，"黑僰濮，出桐华布。"《史记·货殖列传》记载这种布在汉初大量运入关中一带出售，以至公开规定了它们的交换价格。两汉时因蜀郡商人转手贩运甚多，又被称为"蜀布"。时至明代，仍为永昌西部金齿等地的一种主要纺织品，"坚厚缜密，颇类丝绸，土人贵贱皆服之"。

贯头衣 永昌濮（朴、蒲）人民族传统服装。《后汉书·西南夷列传》记永昌太守郑纯"与哀牢夷人约，邑豪岁输布贯头衣二领，盐一斛，以为常赋"。《太平御览》卷791引晋郭义恭《广志》说："黑僰濮……其衣服，妇女幅布为裙，或以贯头。"《新唐书·南蛮传》说："（黑僰濮）妇女以幅布为裙，贯头而系之。"景泰《云南图经志书》记："蒲蛮男子以布二幅缝为一衣，中间一孔，以首套下。"天启《滇志》载："蒲人……永昌、凤溪、施甸及十五喧、二十八寨皆其种……椎髻跣足，套颈短衣。"记载表明，

云南文库·学术名家文丛

贯头衣乃由头顶套下穿着的裙装或短衣。

文身 一种纹饰肤体的习俗。中国南方若干少数民族及世界各地原始部落皆有流行。以针刺图形于身体的某一部分，并染色使之不褪。或作部落标志，或示美观、英勇，或为避邪防害，或是成年仪式。《后汉书·南蛮传》载："哀牢夷，种人皆刻画其身，象龙文。"哀牢夷区多数土著民族皆有此俗，布朗族、傣族、基诺族文身只限于男性，部位在胸、腹、腰及四肢，并以部位与色泽之不同而区别身份之贵贱；独龙族皆女性行之；德昂族男女皆有此俗。

濮竹 永昌濮人地区特产之一。即今龙竹。《华阳国志·南中志》记哀牢国内属置郡后其地"有大竹名濮竹，节相去一丈，受一斛许"。晋郭义恭《广志》在描述了永昌五种濮人之后说："永昌有汉（濮）竹，围三尺余。"《后汉书·西南夷列传》说哀牢地区"其竹节相去一丈，名曰濮竹"。其后一千六七百年，据章太炎《西南属夷小记》，直至"明清职贡，永昌、顺宁皆贡濮竹"，足见其古代在内地颇称珍贵。永昌濮（朴、蒲）人自古长于竹篾编织，新石器时代濮人遗址中的陶器上已多见篾笆纹；直至近现代，编织竹篾器仍是各地布朗族的主要手工业生产项目。

扈栗攻鹿茤 扈栗，亦作贤栗，哀牢王。《后汉书·西南夷列传》记其于东汉建武二十三年（47年）"遣兵乘箄船，南下江、汉，击附塞夷鹿茤。鹿茤人弱，为所擒获。于是震雷疾雨，南风飘起，水为逆流，翻涌二百余里，箄船沉没，哀牢之众，溺死数千人。贤栗复遣其六王将万人以攻鹿茤，鹿茤王与战，杀其六王。哀牢耆老共埋六王，夜虎复出其尸而食之，余众惊怖引去。贤栗惶恐，谓其耆老曰：'我曹入边塞，自古有之，今攻鹿茤，辄被天诛，中国其有圣帝乎？天佑助之，何其明也！'二十七年，贤栗等遂率种人户二千七百七十，口万七千六百五十九，诣越巂太守郑鸿降，求内属。光武封贤栗等为君长。自是岁来朝贡"。《华阳国志·南中志》所记近似，并称内属"种人"有穿胸、儋耳、闽越、濮、鸠僚，"其渠帅皆曰王"。

类牢 （？—77年）东汉哀牢王。建初元年（76年）与当地守令忿争，杀守令，攻巂唐城，太守王寻逃至叶榆（今大理市喜洲），后又率众三千攻博南，燔烧汉族豪强房舍。东汉朝廷采取"以夷制夷"政策，募发越巂（今四川西南部）、益州（今云南中部及以东、西、南部等地）、永昌郡少数民族及汉族九千人前往镇压。翌年，邪龙县（今巍山彝族回族自治县）昆明人首领卤承等应募，"率种人与诸郡兵击类牢于博南，大破斩之"（《后汉书·西南夷列传》）。

卤承 东汉昆明人首领。永昌郡邪龙县人。建初元年，永昌郡发生哀牢王类牢反对东汉王朝官吏和汉族豪强的事件，朝廷募发九千人前往镇压。卤承率种人击类牢，大破斩之，受朝廷赐帛万匹，封"破虏傍邑侯"。

永昌濮人东迁 东汉设置永昌郡管叶榆蛮（昆明族）和哀牢人（濮、越等族），至蜀汉分昆明地归云南郡，哀牢地为永昌郡。《华阳国志·南中志·永昌郡》说："丞相亮南征……以（吕）凯为云南太守，（王）伉为永昌太守，皆封亭侯。李恢迁濮民数千落于云南、建宁界，以实二郡。"《新纂云南通志·族姓考一》："始武侯南征迁青羌万余家于蜀为五部，后南夷叛，杀害守将，李恢身往扑讨，锄尽恶类，徙其豪帅于成都，而迁濮民数千落于云南、建宁，以实二郡。"均记蜀汉时澜沧江以西濮人有数千户被迫迁徙到云南、建宁二郡，其中迁到云南郡的当为数较多。《太平御览》卷791引《永昌郡传》说："云南郡……治云南县，亦多夷濮，分布山野"。洱海区域已有相当数量的濮人。

德斯里 昌宁县东北边境自然村，新石器时代末期遗址和青铜器、早期铁器出土地。位于永平河注入处的澜沧江西岸的隆阳、永平、巍山、凤庆之间，临近东汉哀牢王类牢与昆明族首领卤承交战区。德斯里所在的大田坝乡及其以北江岸的新、老南窝、阿王寨、阿贯山、阿马山、阿新田区域（今隆阳区丙麻、瓦渡、水寨乡）是古代蒲人的重要聚居区，这一区带现住大量蒋姓人家，自认是"蒲满"阿、莽、蒋姓族系后裔，至今施甸本人（蒲满）还到此区祭祀祖坟。德斯里村现还保存一些蒲人姓氏的小地名，如村东北部的阿家地基、阿家坟，东部的齐家地，村中心的胖家地、胖家园子；阿、胖、齐姓是该村最早的老住户。据居民口碑相传，德斯里是蒲满地名，又据85岁老农李春耀讲，古时江外（指今江东巍山、永平等地）有人向德斯里方向进攻，为南窝派来的军队击退，村名本叫"得师力"，可备一说。德斯里村坐落在直距澜沧江约4公里的陡坡上，村内外及东下的大岭岗、四川坟、大筏口等两级台地共约2平方公里，广泛出土打制双肩石铲和少量夹砂素面红陶片，时代距今3 400年左右。俯视大岭岗形似东来一马，其项右及臀后坡地，先后出土战国时代的山字格青铜短剑各1件。1985年李春耀家建房时，地基掘出无提把的"大铜锣锅"1件，因严重锈蚀脱落的"底"面有同心圆纹，疑为铜鼓（昌宁多次出土铜鼓，农民称之为"大铜锣锅"），内装鱼、蜂、蝶形金属小饰品和6枚穿孔玉珠，另掘出铁矛1件，惜已失散。社员李玉昌在永昌园子（寨北小山坡）开火山地时挖出汉代铁锸1件，据传其地因永昌（今隆阳）人来住得名，锸现存保山市文管所。

元康末闽濮反　晋朝建立不久，司马氏集团为加强对南中地区人民的统治和剥削，不顾民族地区的特殊情况，力图在南中各郡县使用内地统治方式。太康三年（282年）"罢宁州，置南夷府"后，对各族"夷"人的榨取更趋贪酷，南夷府向"夷"族各部征收的牛、金、毡、马"动以万计"，各郡县官吏还要征收数额相同的一份，又对大姓们采取种种压制手段，乃至夺取他们的部曲，导致阶级矛盾、民族矛盾激烈爆发。《华阳国志·南中志·永昌郡》记载：诸葛亮南征后，以永昌郡功曹吕凯为云南郡太守，"凯子祥，太康中（280～289年）献光珠五百斤，还临本郡，迁南夷校尉。祥子元康末（299年）为永昌太守，值南夷乱，闽濮反，乃南移永寿，去故郡千里，遂与州（宁州）隔绝……不韦县，故郡治……永寿县（今耿马一带），今郡治"。记载虽很简略，但已充分说明此次造反规模很大，以致把郡政府赶到千里之外的越人地区，同时还说明了闽濮人数很多，势力强大。

爨龙颜西征缅戎　刻立于刘宋大明二年（公元458年）的《爨龙颜碑》记载，爨龙颜于东晋末年取得统治地位，进入南朝，"岁在壬申（宋文帝元嘉九年，432年），百六遭衅，州土扰乱，东西二境，凶竖狼暴，缅戎寇场"，爨龙颜乃"收合精锐五千之众，身伉矢石，扑碎千计，肃清边嵎"。此说当时整个宁州从东部的牂牁郡到西部的永昌郡各民族一齐发起战乱纷争，其中特别突出了"缅戎"的反抗。"缅戎"即西境永昌郡的"闽濮"。早在西晋元康末年，闽濮便曾发动反抗，迫使当时的永昌郡太守南逃永寿。时至刘宋初年闽濮（缅戎）又反抗，刘宋王朝中央在宁州没有实力，只能由地方大姓爨龙颜率领其部曲不远千里前往镇压。爨龙颜肃清东西二境后成为"南中磐石",刘宋王朝授其"龙骧将军、护镇蛮校尉、宁州刺史、邛都县侯",足见此次战乱影响南中全局,规模不小。

云龙蒲酋底弄之灭 据康熙贡生董善庆撰《云龙记往》一书(后收入道光《云南备征志》)记载,云龙自古为摆夷(傣族)、阿昌、蒲满先民杂居,最早占支配地位的是摆夷酋长。约当公元4世纪的东晋初年,摆夷被阿昌杀败逃迁他方。至公元5世纪中叶的南北朝之时,蒲满酋长底弄与阿昌酋长猛猎争杀,后为猛猎之孙早慨灭族。以下简摘底弄死事:"(阿昌)猛仰传五六世,至猛猎,有女名奴六……是时蒲蛮有底弄者长蛇山(今旧州新街),与猛猎有隙,袭而杀之,尽灭其族,独奴六得脱,嫁夷民早姓。底弄势压诸酋,夺劫所畜,众酋约攻不能敌。……奴六生子……早慨……年十二,力能搏虎,走可追禽,又能上直木,与人较弩射,悬海贶中其心……一日,见底弄过山冈,其子在后……出其不意杀其子……骑骡回疾如风……次早……约附近酋长,率众攻其寨,尽杀其家并附近助恶家,焚其居……俟三日底弄方回……慨率众迫及,残杀之。夷众悦服,推慨为众酋长……寨立牛山(今下坞村),其雪山、马山(今漕涧地)、鹿山、鹅山(今浪宋等地)、卯山、凤山(今赶马撒等处)各夷皆拱服。"

三 唐宋(南诏大理国)时期的"朴子蛮"

朴子蛮 也作"扑子蛮""蒲子蛮"。唐宋古籍中的永昌濮人名称。汉晋时期永昌郡的"闽濮",至南诏"西开寻传"后,与当地金齿等族统一于南诏辖境,但已经过了重新组合和分化,其中一部分成了"朴子蛮"。《蛮书》卷四说:"朴子蛮,勇悍矫捷,以青娑罗段为通身袴。善用泊箕竹弓,深林间射飞鼠,发无不中,部落首领谓酋为上。土无食器,以芭蕉叶藉之。开南、银生、永昌、寻传四处皆有,铁桥西北边延澜沧江亦有部落。"其分布面很广,北至铁桥(今中甸一带)有少部分人口散居;聚居在南部开南、银生节度辖境内(今思茅地区、西双版纳州和临沧地区东部)者,与金齿、茫蛮(傣族)、和蛮(哈尼族)、罗罗(彝族)等相杂处;聚居在永昌节度辖境(今保山市、临沧地区西部、德宏州)者,与金齿、望蛮(佤族）等的部落相交错；聚居在寻传地区（今伊洛瓦底江上游以东）者，与金齿、寻传蛮（阿昌族）等共居。朴子蛮已经会织造"青娑罗段"，说明纺织业已有发展。纺织等手工业既有发展，则农业必然有所发展，但他们仍从事狩猎。他们处于分散、分离、分割状态而不相统一，各自保持着自己的部落组织，和同区域内的其他各民族一起，受南诏设在当地的"城镇蛮官"统治。

南诏征调朴子蛮　南诏中后期，奴隶制经济危机波及被统治的各民族各部落。对外进行掠夺战争的奴隶兵是从被统治的各民族各部落中强迫调集来的，他们在安南、西川等地战场上大量死亡，其中有很大一部分奴隶兵从朴子蛮中征调而来。《蛮书》记咸通四年（公元863年）冬春之交，唐朝军队在安南都护府战场上俘获一批南诏奴隶兵，说："臣本使蔡袭，咸通四年正月三日阵面上生擒得扑子蛮，拷问之并不语，截其腕亦不声。"奴隶兵的死亡、摧残，使这些部落的生产力遭到严重破坏。

巍山蒲蛮塑祭南诏王　清人根据大理国时期的《僰古通》演绎的《僰古通纪浅述》载南诏"第一主讳细奴罗，其先永昌哀牢人。……第十三主讳法……又名隆舜……辛亥年（按，唐昭宗大顺二年，即公元891年）……蒲蛮火头塑主像，敬于巍山石洞，立生祠以祭之，曰：'我百姓家宁，时世太平，不动刀兵，主之力也。'主忻，用金铸观音一百八像，散诸里巷，俾各敬之"。记载表明，时至唐宋，今大理巍山等地仍住有哀牢夷主体民族濮人后裔蒲蛮之一部，与自言其为哀牢之后的南诏王族关系颇为融洽。

万箭树　《保山县志》卷十二、正德《云南志》并载："万箭树在澜沧江西三十里，天井山北，段氏时蒲蛮出没。经过此者，射其枝以厌胜，今犹树高五丈，而镞如猬刺。"《南诏野史·南诏古迹》说："万箭树，在永昌，扑蛮乱，射以厌之。"

哀牢寺　位于保山坝东哀牢山西坡半腰岩厦台地之上，唐代至明代称哀牢祠。又名"哀牢飞来寺"，传说建寺时原选址于东南坡，梁柱等木料备置后，随一夜大风，都飞到了西坡岩厦下，于是就地依崖建殿。据民国时期哀牢寺、大官庙管事和河图小学校董王永福（1994年逝世，时年97岁）等老辈口碑相传，该寺始建于南诏，其时大殿塑"哀牢娘娘"沙壹和哀牢王九隆像，九隆裸上身，下身着尖叶状叠纹服饰，二殿塑十七代（一

云南文库·学术名家文丛

说十代）哀牢王禁高，身着麻、棉服装，头插翠羽，身饰很多，三殿塑唐代（南诏）佛像，保山地方歇后语常说："你这人硬是哀牢寺的菩萨——衣裳都不穿了！"（针对赤身或言语粗俗的人）宋（大理国）至清代后期几度重修哀牢寺，塑像渐变为三教神，哀牢王像曾被画影图形在墙壁上。保山解放前该寺塑的是释迦、观音、老君、文昌、孔子，山门外有石碑两块，一块镌刻"哀牢古刹"四个大字，一块刻"哀牢国王柳貌避暑之地"。主要建筑特色是"寺倚层岩下，

哀牢寺

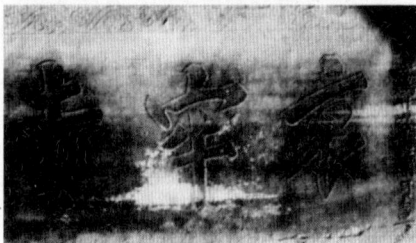

哀牢寺清代门碑

西南向，其上崖势层叠而起"（《徐霞客游记》），大殿以水红花色的天然岩棚为后厦，而人工建筑的殿宇部分仅为前厦，故保山地方歇后语又有"哀牢寺的大殿——一大厦"。1958年"大跃进"时，满山林木被砍光，寺被拆毁。20世纪80年代文物调查中，在哀牢寺遗址发现南诏时乳钉状连珠纹瓦当2件，大理国时太极图瓦当1件（证明其时已为道观），明代木雕观音坐像1躯，可证口碑之传大致不谬。又口碑传说哀牢寺戒规虽大致同佛教，但自开山祖师起住持都称"斋公"，饮酒供酒，厨房"左荤右素"；香客之大宗，据斋公李自锦墓志记载，除保山县（含施甸）外有"腾冲、龙陵、永平、云龙、昌宁、顺宁、新平、洱源、景东、鹤庆等县"，这与史籍所记"蒲蛮会祭"哀牢相符。

哀牢夫人墓碑　万历《云南通志·永昌府·冢墓》记载，保山坝哀牢山西麓曾发现《哀牢夫人墓碑》，明"正德间，乡人于哀牢山掘地，得碑志。剥落。段中庸撰文，其略曰：'夫人讳福则，伽宗胄裔之嫡女也，事君子也，乐其道而不淫。逮下妾也，用其能而不妒。'又曰：'月出碧鸡，照哀牢之名县；鸿飞滇渚，下浔阳之长江。'"《保山县志》说此碑"志哀牢夫人者，志其世也，非其人"。按此碑，天启《滇志》及后来志书多所著录，唯残文难辨其时代，万历《云南通志》列为汉墓，道光《云南通志》列于

唐代，明张志淳《南园续录》则说："尝见掘地得哀牢夫人李氏墓志，计亦蒙段封王于此地之一证也。"景泰《云南图经志书》卷一："呈贡县，旧曰伽宗部。伽宗城在呈贡县西一里，蒙段时土官皎（伽？）宗所筑。"《元史·地理志》和明万历、清康熙、雍正《云南通志》均有近似记载，雍正志说："大理高智升令土官伽宗筑城。"而元设呈贡县方废土职。本此，则此碑"伽宗胄裔之嫡女"是即呈贡土官之女，时在大理国中期，其时永昌为高氏领地，高氏原籍江西，《保山县志》说："'月出碧鸡，照哀牢之名县'句，或喻夫人自滇池嫁至永昌，'鸿飞滇渚，下浔阳之长江'句，又或喻其夫婿自滇池赴九江不归也。"其说可取，"哀牢夫人"所适当即高氏。

大官庙、小官庙 保山坝中东部哀牢山下的两个自然村。因村中各建有一座寺庙（大官庙、小官庙）而得名。现各住1000余人。大官庙原名哀牢村，坐落在山麓地带，据民间口碑相传，原庙大殿内塑哀牢王和南诏蒙氏坐像二尊，两端"挂耳"（耳房），左子孙殿，右龙王殿。大殿壁画南诏骠国乐演奏图，并有白居易骠国乐赞诗；中殿塑"哀牢大官"；前殿是戏台，其前是观戏场和两厢观戏楼；山门外左立白马高嘶长鸣，右立青象庇荫于大青树下。做庙会时鼓瑟吹笙，表演的戏文不得涉及毒龙蟒蛇，否则将被神龙扫荡，风云大作，暴雨骤至。山门外石砌高台西侧横嵌一碑，其上镌刻李根源题书"古哀牢旧址"五个大字。庙西有玉泉，相传为哀牢王御花园，池中现仍有游鱼、红荷、亭榭；面向南方丝路的玉泉西南原坊门外，塑有背鞍垂镫整装待发的白马一匹，是哀牢王迎来送往的布置。小官庙在大官庙西南5里，殿宇保存基本完好，并有碑匾，原有"哀牢小官"塑像，现已毁。大、小官庙每年两期庙会都称"犁耙会"，且以农具交易活动为主，反映了哀牢古国是一个相当重视农业耕作的国度。第一个会期是正月十六，第二个会期是二月初一。据明张志淳《南园漫录》、清倪蜕《滇小记》和《永昌府志》记载：每正月十六蒲蛮会祭，"其所题神位，大官则曰'大定戎方天下灵帝'，小官则曰'大圣信苴利物灵帝'"，蒙氏传世隆，"世隆追封其十世之祖曰'大定戎方'，盖指创有南方之祖也；曰'大圣利物'，盖指其安辑哀牢之祖也。皆本细奴逻以上而庙祀于哀牢山下，以示不忘本祖之意耳……今以小官塑像观之，其衣服之制，俱与蒲蛮同。两庙皆被火更建，遂俱易以礼服，而小官庙像未焚，尚存原服，故可考。……蒙、段僭窃五百余年，其本在此，盖哀牢山之蒲也，能服属僰人，故僰人祀之"。

哀牢麦场 保山坝东哀牢山下，大官庙东北里许，有一村名麦场，又名麦仓，地形高于平坝且开阔平展。相传该地为哀牢王的打麦场，后来曾建仓廪，故存两名。

白龙井 在大官庙和麦场之间，有一眼清泉叫白龙井。传说大官幺女人丑且憨，却要找俊俏能干的白马王子，所以老嫁不出去。后来大官给她一把仙壶，让她随处安身。她路上跌一跤死去，壶破处竟现出一汪清泉。后人因感其灵，曾建白龙庙，俗称憨姑娘庙。泉水清冽甘甜，世代遗泽。大官还有两个女儿，嫁到了大村子和河上村。两位郡主回娘家时，人如长龙，前呼后拥，众星捧月。

永昌蒲人与诸葛营 天启《滇志》卷三十二载："蒲人敬诸葛公特甚，祠之于其营，僭谥之曰'神武有征灵通昭帝'。国初，修祠而革其号。"雍正《云南通志》永昌府载"诸葛营，在府城南十里，诸葛孔明南征屯兵之所"。保山城南诸葛营村今仍保存武侯祠及"诸葛粮堆"等遗迹。诸葛亮伪造粮堆吓退敌人的故事，清代以前流传于永昌蒲人中，嘉庆《滇南杂志》卷七记载："尝见永昌南去山中墩阜甚多，而不及山高大。历访之蒲老，乃曰'此诸葛粮堆也。'凡降附者，阴令为此堆，以粮覆于外；远夷窥其粮乏而阻守也。"

腾冲南部蒲人地名 北来的龙川江南下到腾冲南端后西折形成一弯围地区，《腾越厅志》记载南诏时因蒲人居住而名为蒲窝，明代称为蒲窝屯，清代称蒲窝练，道光年间为加强水路防范设置了蒲窝汛，立把总土官一员率士兵驻守水卡，今尚存有土官寨、哨楼坡等地名。民国中期以区境有北南向的三河并流（东部龙川江，中部大蒲窝河，西部小蒲窝河），形似"川"字，划称蒲川乡。今由东到西设为团田、蒲川、新华三个乡，面积近400平方公里。

蒲人卧佛传说 保山坝西北山麓的卧佛寺，自古以来是滇缅宗教圣地，因寺内岩下横卧长二丈多的石雕卧佛得名。《保山宗教简介》说："卧佛寺相传是东汉明帝时哀牢王所建，唐时南诏王扩修，明崇祯十年重修。"石佛的来历，濮人（布朗等族先民）和越人（傣族先民）传说不同，布朗族（本人）的传说是：住在山脚的樵大天天砍柴送给乡邻，这天正要挑柴下山，忽见拄金竹棍的一个老公公，对他说今天午时将大难临头，洪水将冲刷坝子。樵大半信半疑，看看时将近午，便一口气急跑下坝，连包头都不知跑掉到哪里了。他听到隆隆的洪水声，知道洪水已从远处滚滚而来，便丢下柴担边跑边喊："龙王发洪水了，快上山啊！"大家拖儿带女慌忙逃难。当他转身回家时，见龙洞口洪水夹砂带石铺天盖地卷过村寨田园，吞噬着乡亲和金黄的稻谷，心急如焚，便就势躺下用身子堵住龙洞口，大水冲不开樵大的身子，只好回头向西涌冲，变成了汹涌澎湃的怒江。洪水退后，人们下山找到樵大时，樵大已化为石身卧佛，他侧身凝视着坝子，眉宇间露出安详的微笑。过了千百年，人们贴耳佛身仍能听到洪水涌流声。岩子上下有千百小佛向卧佛跪拜或敬献供品，他们是受恩的汉、傣、布朗、德昂等各族百姓。

四　元明清时期的"蒲蛮"（蒲人）

蒲蛮　元李京《云南志略》说："蒲蛮，一名朴子蛮，在澜沧江迤西。"此指澜沧江中下游以西今保山市、德宏州、临沧地区、思茅地区的澜沧等县和西双版纳州的勐海等县之地。而《元史·地理志》说开南州（今景东）、威远州（今景谷）朴子蛮与金齿白夷、和泥相杂居，即滇西南澜沧江以东地带也有蒲蛮分布。元代的蒲蛮包括近现代的布朗族和德昂族先民在内。靠近内地的蒲蛮较先进，《元史·文宗本纪》说："至顺二年（1331年）五月癸巳，云南威楚路之蒲蛮猛吾来朝，愿入银为岁赋，诏为置散府一及土官二十三所，皆金银符。"《元史·泰定帝本纪》说"泰定四年（1327年）十一月辛卯，云南蒲蛮来附，置顺宁府、宝通州、庆甸县（今凤庆）"，并以当地蒲蛮中的贵族分子充当土官；《招捕总录》说："至元二十四年（1287年），林场（地在顺宁府境）蒲人阿礼、阿怜叔阿郎及阿蒙子雄黑，皆为行省招出，阿礼岁承差发铁锄六百，雄黑布三百匹。"景泰《云南图经志书》卷二记永昌府"蒲蛮，一名朴子蛮，其衣食好善与顺宁府者同"；万历《云南通志·永昌府·风俗》还说："蒲蛮……今近城居者，咸慕汉俗，而吉凶之礼，多变其旧。"这些地区每年交纳大量铁农具、纺织品，以银为货币，蒲蛮中分化出不少贵族分子并纷纷获得了土官职衔（明代蒲人土官更有土知府、土知州、土同知、长官司长官、土巡检、千夫长、百夫长、火头等名目），说明其农业、纺织等手工业、商业都有较高程度的发展，社会已经封建化，尤其永昌等近城区域已处于迅速汉化的过程中。但是，在周缘偏僻山区的一些蒲蛮则较落后，《招捕总录》说："延祐五年（1318年），永昌南窝（今隆阳区丙麻）蒲蛮阿都众、阿楼艮等作乱，烧劫百姓，杀镇将，夺驿马。云南省遣参政汪申奉右丞朵尔只讨之。自八月至明年五月，破其寨棚，杀人甚众，走入箐，阿楼艮降，余不可得，以天热回军。其枯柯甸（在今昌宁西北）、庆甸（今凤庆）等皆降，岁贡贝千索。"南窝等处的蒲蛮内部生产落后，不能承受剥削，在反抗遭到镇压时逃入山箐。蒲蛮中最落后的部分，分布在澜沧江下游以西的边疆地区。《云南志略》说他们"性勇健，专为盗贼。骑马不用鞍。跣足，衣短甲，膝颈皆露。善用枪弩，首插雉尾，驰突如飞"。景泰《云南图经志书》说他们"性勇健，髻插弩箭，兵不离身，以采猎为务。骑马不用鞍，跣足，驰走如飞。男子出外，妇人杜门绝客，禁杵臼，静坐以待其至。有罪无分轻重，酋长皆杀之。有战斗，杀犬分肉为令，击木为号，讲和则斫牛为誓，刻木为信。争酋长位则父子兄弟相攻，邻里不救，受贿乃救"。他们仍生活在较落后的原始社会中，勇敢而以剽掠为荣，农业、手工业没有明显发展，仍以采集、狩猎为主。

蒲人 元代记录中的"蒲蛮"，明清时期改称"蒲人"，但不少史籍仍称"蒲蛮""朴子蛮"。明代由于蒲人社会的发展，与外界的接触交往增多，加之明朝统治的深入，对蒲人情况有了更多记载。蒲人的分布区主要集中在澜沧江以西的顺宁府（驻今凤庆）、广邑州（驻今昌宁广邑寨）、永昌府属凤溪（驻今隆阳区金鸡村）、施甸二长官司辖境和府西至潞江两岸一带，以及南甸（今梁河）、干崖（今盈江）、陇川（今陇川、瑞丽）等傣族土司地区，北至云龙州，南及镇康、耿马、勐缅（今临沧）、勐勐（今双江），东南及于澜沧江以东景东府、威远州（今景谷）上下周围地带，与傣族等相杂居。普洱府的蒲人包括所属车里宣慰司境，即今西双版纳的布朗族。明万历年间在蒲人主要聚居区顺宁府改土归流。至清朝时期，蒲人之靠内分布及散居各地者，不复有自己独立的经济区域，他们的经济状况随地而异，政治上则从属于所在地的主要民族。乾隆《腾越州志》说："蒲人，散居山后，永昌以西所在多有，知汉语，通贸易。"《清职贡图》说，散居在顺宁府等地的蒲人，"常负米入市，供赋税"。《顺宁郡志余钞》则说："蒲人，平居刀耕火种，住山寨茅屋中，畏官守法，输纳以时。"都说明散居在流官统治区域的蒲人，其经济生活状况已经与当地的汉族基本相同。又道光《云南通志》引《宁洱县采访》说："蒲人，散居山林，耕种为业，削蕉心煮食以当菜蔬。"这部分接近边疆的蒲人，在生产和生活上都相对落后。

熟蒲　生蒲　野蒲　在《明史》、天启《滇志》等明代史籍关于蒲人的记载中，蒲人有了"熟蒲""生蒲""野蒲"之分，是带一定侮辱性的称呼。主要含义是用以区分不同地区蒲人的汉化程度，即社会生产发展水平和文化水平。"熟蒲"指杂居或接近于汉族地区，"咸慕汉俗，衣冠礼仪悉效中土"并较早同化于汉族的部分；"生蒲"较落后，但"渐化"为"熟蒲"；"野蒲"更落后，保持原始习俗更多，天启《滇志》说："蒙自及教化三部十八寨皆号野蒲，桀骜甚诸夷。"

蒲人反抗封建统治者　元明统治者武力征服云南后，官吏们对各族人民实行"雄剥渔猎"的压迫剥削。前述延祐五年永昌南窝蒲人阿都众、阿楼艮起事，参政汪申领兵前往征剿，经10个月战斗才镇压下去。《元史》记"延祐六年（1319年）二月丁酉，云南……永昌蒲蛮阿八喇等并为寇，命云南行省从宜剿抚"。《招捕总录》记："至治二年（1322年）十二月，蒙化州兰神场落落头摩察火头过生琮，结庆甸蒲蛮火头阿你通起蒲军二千五百，摩察军五百，劫镇南州定远县（今牟定）。"《元史》记：泰定四年（1327年）庆甸蒲人益阿你等又举行起义。明清两代及国民党统治时期，蒲人的反抗斗争亦此起彼伏。《宣宗宣德实录》卷二十五记，明宣德二年（1427年）顺宁府雄摩等15寨蒲人杀死顺宁十夫长阿茂及所属土兵80人。《云南备征志》卷十九记，成化二十一年（1485年）顺宁蒲人又起而反抗；嘉靖四十年（1561年）云龙东山（今蒲甸村）地方有双曰等"迫于土役，纠蒲夷五十余人"起义，不幸失败。《明史·土司传》载，顺宁府改土归流后，蒲人土官被取消，十三寨蒲蛮"始聚兵反，官兵悉剿除之"。《明神宗万历实录》卷366说"万历二十九年（1601年）十二月甲戌，以云南十三寨荡平……云南十三寨诸夷，即志所称蒲蛮者，虽名十三寨，高山深堑，绵亘数百里，即百寨不止也"（此"十三寨"蒲蛮居住在今凤庆、云县地）。清嘉庆元年（1796年），缅宁（今临沧）蒲人举行起义；咸丰十一年（1861年）墨江蒲人、哈尼人大规模联合起义，参加者数千人，一度占领了镇沅、墨江大部地区，震撼了云南地方封建政权，斗争延续了七八年才被清朝统治阶级镇压下去。1940年国民党驻军在西定一带横征暴敛，激起公愤，曼瓦布朗寨群众奋起反抗，国民党军队动用机枪镇压，邻近各族人民闻讯前来支援，终于迫使国民党军队溃退。1947年南峤（今勐遮）土司带领司署员丁300余人到西定一带肆意勒索，布朗族联合哈尼族群众围攻土司营地，傣族土司慑于群众威力，仓皇逃走。

军事征伐蒲人　元明两代对蒲人加强了统治，一方面设立以蒲人为主的土官土司，另一方面对蒲人推行招抚与讨伐兼用的政策，对不归附、"梗化"的蒲人，先行招抚，不服，就出兵讨伐。《元史》《明实录》等书记载征伐蒲人事件不少，列举数例如下：（1）《元史》载："延祐六年二月丁酉，云南阇里爱俄、永昌蒲蛮阿八喇等并为寇，命云南行省从宜剿抚。"（2）《明太祖实录》记洪武二十三年（1390年）十二月，"时顺宁府土酋猛丘等不输征赋，自相仇杀，（大理卫指挥使郑）祥移兵至甸头，破其寨，猛丘请降，输赋，祥乃还"。（3）顾祖禹《读史方舆纪要·永昌军民府》"潞江安抚司阿坡寨"条记，隆庆六年（1572年）"金腾兵备许高征蒲蛮阿坡寨，擒其将蒋裕，于是桑科等二十八寨皆畏服，又有潞江、乌邑、平戛三寨亦来附"。（4）据王凤文《云龙纪胜·段保世职传》记，前述云龙东山蒲人迫于土役起义，遭到土知州段绶镇压后，"贼众逃至江滨，舟小不能容十人，争渡扳舟，舟将沉，舟中人斫其手，尽堕江。次日，绶率众搜捕蒲蛮，尽获之，沉于江，蒲蛮种绝"。东山寨的蒲人全部被杀光了，镇压极其残酷。（5）明万历年间邓子龙靖边战后镌立于施甸姚关清平洞的《恤忠祠记》记载："阿坡、阿鲁二寨，西入永昌城仅百里，东连顺宁，南抵施甸，北达永平，林木森翳，槽道峻险，国初至今未能下，卧榻之侧有不宾之蒲久矣。近贼首莽裕、莽霸思以董瓮、亦登、亦林为党羽，时肆剽掠，招纳流亡，执劫南窝、枯河等寨，现罗李公材饬金腾兵，奉督府议，檄公剿之，公于（万历）十四年七月二十日整旅走右甸，声击董瓮，先令邹良臣、吴松营达丙，牵制亦登、亦林，彼三寨已绝援，先令陈信、郑勇、万和、范进、邓廷锡等潜师阿坡，公雨夜趋南窝，裸体渡藤桥，闻哨官文清仁死于险，急令各目启密缄视，始知架天桥、斩槽险，贼寨退无所恃，走无所归，悉就擒，遂抚其众为正朔子粒民。"（6）蒲人在清初遭到了最沉重的打击。顺治六年（己丑，1649年）南明孙可望在云南推行政土归流，裁革施甸长官司，施甸蒲人蒋朝臣等联合"十五喧二十八寨"土舍土民反抗，"合攻府城"，惨败；康熙元年（1662年）蒲人李中武又联合诸喧寨攻打府城，再度惨败。蒲人四散逃亡，未逃者改名换姓匿居下来，二十八寨中原有二十寨土舍是蒲人，己丑之变后仅有十二寨还以蒲人为土舍。

元明蒲人东迁 元明蒲人区长期动荡不安。蒲人在蒙、汉、傣族统治者的残酷压榨盘剥下，为了求得一条生路，出现了大量迁移的情况，有的迁往内地，有的移居境外。天启《滇志》载："蒲人……永昌、凤溪、施甸及十五喧、二十八寨皆其种，勤力耕锄，徒跣登山，疾逾飞鸟。旧时有事多资其力，今渐弱而贫矣。其流入新兴（今玉溪）、禄丰、阿迷（今开远）、镇南（今南华）者，形质纯黑，椎结跣足。"故道光《云南通志》引《清职贡图》说："蒲人，即蒲蛮，今顺宁、澄江、镇沅、普洱、楚雄、永昌、景东七府有其种。"明清时新兴属澄江府，镇南属楚雄府，这里泛指自永昌流入两府各县的蒲人。

都鲁凹纪略碑 昌宁大田坝乡南部清河行政村一带，明清时统称都鲁凹，属蒲人蒋氏土舍管辖。明前期当地花户垦田31份，官府登记在案，田外山场不在其数。万历十九年（1591年）蒋土舍因缺运粮银两，将31份水田典卖给大户潘姓。清康熙十六年（1677年）潘姓以田骗山，蒋土舍央人验契讲理收回。雍正三年（1725年）土舍被裁革，山场已收为"官山"，而潘氏又行四次骗占，强令村民交纳山租，村民起而联名上告，道光二十九年（1849年）告到云贵总督部堂程矞采案下，程批饬永昌知府张亮基亲赴现场勘验，据实断案，始得"讼端永杜"，因此立碑永记详情，成为记载永昌蒲人土官制度衰落时期生产关系等状况的一份重要史料。碑通高133厘米、宽55厘米，原存清河立把柄村，现收于乡文化站。

永昌蒲人风俗 天启《滇志》"蒲人"条："蒲人……永昌、凤溪、施甸及十五喧、二十八寨皆其种，勤力耕锄，徒跣登山，疾逾飞鸟……形质纯黑，椎结跣足，套颈短衣，手铜镯，耳铜圈，带刀弩长牌，饰以丝漆，上插孔雀尾；妇女簪骨簪，以丝枲织袈裟短裳，缘以彩色。婚令女择配。葬用莎罗布裹尸而焚之。不知荷担，以竹篓负背上。或傍水居，不畏深渊，能浮以渡。"

顺宁蒲人风俗　景泰《云南图经志书》卷四"顺宁府"记："境内多蒲蛮，形恶体黑，男子椎髻跣足，妇人绾髻于脑后，见人无拜礼，但屈膝而已。不知节序，不奉佛教，唯信巫鬼……勇悍，好斗轻生。"又，"蒲蛮男子以布二幅缝为一衣，中间一孔，从首套下。富者以红黑丝间其缝，贫者以黑白线间之，无襟袖领缘，两臂露出。夜寝无床席，唯以此衣蒙首，拳曲而卧。妇人用红黑线织成一幅为衣……下无里衣，用布一幅，或黑或白，缠蔽其体，腰系海贮，手戴铜钏，耳有重环。凡饮食不用箸，唯以手捻，酷嗜犬、鼠，其土蜂、蛇、虺、蛤蟆、蜻蜓、蜘蛛、螺、蚁、水虫，无不食之"。又道光《云南通志》引《顺宁郡志余钞》说顺宁蒲人"穿麻布衣，女子用青布裹头，戴箬帽，耳带大银环或铜圈"，"婚娶无礼义，唯长幼跳踏，吹芦笙为孔雀舞。男以是迎，女以是送。至婿家，立标杆，竿上悬荷包、锦囊，藏五谷、银器。复取脂抹其竿使滑，令人难上。而后男女两家大小争上取之，得者为胜。无祝寿礼，彼云记死不记生，故问诸白发年岁，率多不自知"，"平居刀耕火种，好渔猎，住山寨茅屋中。有信实，与人期，多刻木记数"。

永平蒲蛮　永平古属博南县。东汉永平十二年（69年）哀牢举国内属，汉王朝以其地设置哀牢、博南二县，分布于博南县的"哀牢夷"族民当不在少数，直至明清还有很多"蒲蛮"在活动。明杨慎《滇程记》记："永平县七亭而奇（花桥、丁当）达沙木和，途经铁场坡、花桥哨、蒲蛮哨、丁当山（其高倍观音叫狗山）。蒲蛮，实孟获之遗种也。"参加纂修《大清一统志》的清刑部右侍郎王昶《滇行日录》记载："十五日，行数里上金浪山，山本名博南，《水经注》：'汉德广，开不宾，度博南，越兰津。'即此山，为蒲蛮出入之所，箐树最蒙密。行四十里至花桥，饭已，又行十五里，过宁西禅院……又行三十里，至杉木和宿。"

毛铉《汉营走马》诗　毛铉，明人，字鼎臣，浙江人，善诗歌，曾授国子学，录升翰林院侍读，洪武间以事安置金齿（今保山），此期诗作中的《汉营走马》记述蒲人骑术表演情景颇为详细。保山城南汉营（又名诸葛营）村，蜀汉以来历有驻军，有练习骑射的校场和"观骑楼"，每年三月二十七日四方各族骑手来此与驻军比试武艺，表演骑术。诗曰：

> 我闻汉诸葛，深入于不毛。庙食在此邦，世远名愈高。至今蒲羹儿，犹能记前朝。曾传训练法，弓刀随所操。走马不执缰，手中弄旌旄。红藤束两腕，捷若猿与猱。垂身掠地走，取物名夺标。一呼万人和，军容亦何骄。持酒争劳之，具曰无足劳。

凤溪长官司土官 凤溪在永昌（今保山）城东北三十里，终明之世设土官，入清裁废，以其地并保山。景泰《云南图经志书》曰："凤溪长官司，洪武二十四年建置。"《明史·土司传》曰："洪武二十三年置凤溪长官司，以永昌府通判阿凤为长官。"天启《滇志》曰："凤溪长官司土官正长官莽氏，把事张氏，今沿至莽成龙、张世禄听袭。"清初《天下郡国利病书》载："凤溪长官司正长官莽氏，今沿至莽成龙听袭。"阿凤原为永昌府通判，道光《永昌府志》记："通判，明，阿凤，蒲人。"

甸头巡检司土官 明《土官底簿》曰："阿张，蒲人氏，云南永昌府甸头防送火头。洪武十六年，总兵官札充云南永昌府永昌甸头巡检司巡检，十七年实授。二十三年改设金齿军民指挥使司管属。故。男莽蒙，永乐十五年九月奉钦依袭职。正统五年会奏减省事例裁革，本年六月题准裁革。故。男莽弄，正统八年奉例承袭。故。男莽俊，未袭亦故。次男莽真见正听袭。"天启《滇志》曰："甸头巡检司巡检莽氏，沿至莽瓮听袭。"万历《云南通志·永昌府》记："清水关巡检司，在府治西北四十里。"又说："甸头巡检司，在府治北四十里。"光绪《永昌府志》卷十二说"清水关在城西北卧佛山，明置巡检，今省"，并说"甸头关在城北四十里，明置土官巡检司，今省"。

水眼巡检司土官 万历《云南通志，永昌府》记："水眼关巡检司在府治南五十里。"《永昌府志》记同。天启《滇志》曰："水眼巡检司土巡检莽氏，沿至莽云蛟听袭。"《土官底簿》载："阿能更，水眼寨蒲人，十八年朝觐，除本司巡检。"

金齿巡检司 万历《云南通志·永昌府》有记："金齿巡检司,即蒲蛮关,府治南三十五里。"其地当今辛街一带。

施甸长官司土官 景泰《云南图经志书》曰："施甸长官司,洪武十八年建置"。《明史》卷三一四《土司传》曰："洪武十七年置施甸长官司,以土酋阿干为副长官,赐冠带"。天启《滇志》曰:"施甸长官司土官正长官莽氏,今沿至莽崇德听袭。其地平衍饶沃,可为郡邑,部民骁勇不畏死,遇战斗则裸跣以从,邻邑避之,不敢犯其境"。《天下郡国利病书》载同。稽之载籍,元代镇康路包有施甸(一名石甸)地,明初归永昌府,阿干盖以土军副千户居广邑寨(阿干原为永昌府副千户),兼摄施甸副长官,而长官则莽氏也。后阿干以功请于朝设州。入清乃并于保山县。

施武《土官出山词》 明代诗人施武(字鲁孙,江苏无锡人),崇祯间遍游滇西南,著有《西览篇》。在永昌(保山)至姚关期间的一批诗作中有《土官出山词》一首,题序说"土官唯参谒长官始冠带,居常但用皂绫青布裹头",诗曰:

> 呜呜牛角满山坡,腰下横刀弩箭随。杂部椎头皆束帛,皂绫缠头长官司。

按明代永昌至姚关设置过凤溪、施甸两个长官司,土官都是蒲人。这是笔者迄今仅见的一首描写蒲人土官的古诗,对了解当时蒲人土官的衣饰、头饰、佩带的兵器、礼俗、活动环境很有帮助。

十五喧二十八寨土目 《天下郡国利病书》说:"保山县(按,含今隆阳、施甸、泸水等地)有十五喧、二十八寨,诸夷有僰、蒲人、峨昌。"清毛奇龄《蛮司志》卷八说:"十五喧二十八寨皆濮种。"喧,是管辖若干村寨的行政单位。15喧在今泸水上江、隆阳区芒宽、敢顶三乡;28寨(实为29寨)在今隆阳瓦窑、保山坝、蒲缥坝、施甸坝、姚关坝、枯柯坝及其边山地区。天启《滇志》曰:"保山县有十五喧、二十八寨……其酋长或以百夫长称,或以千夫长称,或以实授百户称,皆奉命令,服徭役,……今录其见于尺籍者(按:道光《云南志钞》《天下郡国利病书》和《新纂云南通志》所补者见于括号内):敢顶喧罕氏(敢顶上、下喧罕氏),早纳喧线氏，石册寨、施甸东山寨、下腾场寨、金齿东山寨、甸头寨、保场寨、乌邑寨凡七寨并莽氏，皆副千夫长也；古里喧早氏，烫习喧孟氏，蛮云喧早氏，西牙喧线氏，波艮邑寨、木瓜榔寨、阿思郎寨、南窝寨、周册寨、信邑寨、瓦窑寨凡七寨并莽氏，北冲寨、罗明寨、罗古寨、罗板寨凡四寨并早氏，潞江寨左氏，皆百夫长也；蛮冈喧帚氏，锦邑寨、老姚寨、交邑寨、牛旺寨、山邑寨凡五寨并莽氏，皆实授百户也；蒲缥寨莽氏，火头也。其见于郡志以喧称者，有曰蛮宽（幸氏），曰空广（罕氏），曰蛮场（早氏），曰喇伦（早氏），曰蛮养上（刀氏），曰蛮养下（刀氏），曰崩夏（宾氏）；以寨称之，有曰枯柯，曰明邑，曰茶山，曰干海子；今或以他事失其官耳。"《永昌府志》载十五喧有崩夏、蛮雷（疑为蛮云之误），敢顶分上下，为天启志所缺载；至于寨名则见于天启志者多为府志不载，见于府志者又多为天启志所无，则寨设土目时有更革也。按当时民族分布和姓氏特点，28寨中至少有20寨头目是蒲人。

广邑州土官 《明史·地理志》"广邑州，本金齿军民司之广邑寨，宣德五年（1430年）五月升为州，八年十一月直隶布政司，正统元年（1436年）三月徙于顺宁之右甸"（至是广邑州已废）。《明史》卷三一五《土司传》："是年（宣德五年）置云南广邑州，时云仙还，言金齿广邑寨，本永昌副千户阿干所居，干尝奉命招生蒲五千户向化，今干孙阿都鲁同土酋莽塞诣京贡方物，乞于广邑置州，使阿都鲁掌州事，以熟蒲并所招生蒲属之，帝从之。遂以阿都鲁为广邑州知州，莽塞为同知。铸印给之。"此事亦见毛奇麟《蛮司志》。莽塞，《明史》称其"蒲酋莽塞"。又据雍正《顺宁府志》载，阿干的后人为明邑寨人氏，莽塞的后人为枯柯寨人氏。

右甸守御千户所土官 清师范《滇系》卷九《土司》"永昌府"条，记右甸守御千户所蒋氏土官二："一为正千户，沿至蒋浪，一为副千户，沿至蒋从智。"据雍正《顺宁府志》载，蒋浪为莽塞后人，蒋从智为阿干的后人，皆为蒲人。康熙《顺宁府志》载："右甸原属矣堵十三寨，杂夷共穴而居，猛氏分人理之。明万历二十七年矣氏不法，致明邑、枯柯等寨蒲人蒋、段二头目导师剿平之。因其城适永（昌）、顺（宁）之中，设改右甸千户，即以蒋、段之裔袭之，久废，裁。迨本朝定滇后听其废罢。"雍正《顺宁府志》载："右甸守御所土千户蒋浪：郡人，由枯柯寨土舍。

其先莽寒在洪武三十二年从征，克服金齿，为百夫长，至浪凡四氏，改姓。万历二十三年随征矣堵□□贼有功，二十九年十三寨平，授土千户。右甸守御所副土千户蒋从智：郡人，由明邑寨土舍。其先莽氏也，二传改姓为阿。（阿）干洪武十五年从征大理有功，授羊皮□，命管义兵。十八年设施甸长官司，以阿干为施甸副长官，四传改蒋姓。万历十年岳凤犯姚关，蒋从礼奉调杀敌有功，子从智袭。二十九年荡平十三寨，准授副千户。"

顺宁府土官　雍正《云南通志》："（顺宁府）土知府，元明蒲蛮孟佑之后，内附，赐姓猛氏，授土知府，至猛哄。明初归附，仍授世职，六传至猛廷瑞，以助奉学构兵革职，改设流官。"《明史》卷三一五《土司传》："顺宁府，本蒲蛮地，名庆甸……洪武十五年顺宁归附，以土酋阿悦贡署府事，十七年命阿曰贡为顺宁知府。"《土官底簿》载："阿曰贡，云南顺宁府蒲人。"

漭水乡　位于昌宁县东北澜沧江西岸。明宣德九年（1434年）设漭水寨巡检司于西岸漭水寨。清改名右甸经历。1984年设漭水区，后改乡。以旧时莽氏土司滨水而居得名。永平至昌宁的古道过境。境内有沧江大桥。江东岸（桥东南1000米处）有莽家土城遗址，长方形，面积1万平方米，残墙最高处250厘米。其上游江西有德斯里新石器文化遗址，附近出土编钟（4件）。

思茅厅蒲蛮寨土目　《新纂云南通志·土司考·普洱府》："思茅厅濮蛮寨土目先阿，清乾隆八年充补，其地土目先系喇哄匾，其子年幼故及先阿。"

杨升庵兰津桥诗　明代著名思想家、文学家杨升庵谪戍永昌数十年，熟悉和关切边区少数民族是其诗作的一大突出特点。他在往返经过兰津渡（霁虹桥）时屡屡流连，因自号"博南山人"，并作《兰津桥》诗一首：

> 织铁悬梯飞步惊，独立缥缈青霄平。腾蛇游雾瘴气恶，孔雀饮江烟濑清。兰津南渡哀牢国，蒲塞西连诸葛营。中原回首逾万里，怀古思归何限情！

此诗描写了兰津山水的巍峨险峻，气象万千，抒发了他长期远谪，怀才不遇，思念故乡的愁情，同时记述了走进澜沧江西岸哀牢国境，也就到达了今保山一带蒲人居住区。

王尧衢、阮元蒲诗　《永昌府文征》收录明、清诗人王尧衢、阮元记写蒲人诗各一首。王尧衢民族题材诗歌有《妙罗罗》《白夷》《蒲人》《缅人》《阿昌》等9首,《蒲人》为:

> 微卢彭濮载周书,百濮为蒲西徼居。贵者看头绳百结,哪堪贱漆黑藤余。

阮元乃清中期进士,历任体仁阁大学士,两湖、两广总督。道光六年(1826年)任云南总督后,积极招抚南甸(今梁河)、陇川土司及边区"土人",并招傈僳族人民驻腾越边界屯种,于云南边政多所建树,著述丰厚,其诗中有《古哀牢》一首云:

> 万里哀牢外,高秋驻马时。彩云连百濮,黑水下三危。元老曾经略,神功累创垂。漫言平定易,轻视此西陲。

两诗表明,明清之时古哀牢地仍是云南濮(蒲)人的主要分布区域。

北冲蒲曼寨　《保山县志》卷十一:"怒山……南入保山境,走上江东南部起为北冲北山。北冲北山在保山县北90里清水河以西,诸山俱从此发脉……自北冲东蒲曼寨北,分一支东走,抵澜沧江而止,自蒲曼寨南度脉,分一支西折,为北冲南山。……其北冲正支,自北冲南山东南行,其北山相夹有水,东出由罗岷山东北入澜沧江,经阿隆村,有水为清水河东源,西南流合清水河。"《徐霞客游记》记其自九隆池而九隆冈再北上,别沙河之源后三里至"北冲东蒲蛮岭度脊西南下"。朱注:"蒲蛮寨乃蒲人聚居的村寨。"

保山坝蒲满村　保山坝现有4个村寨民间仍称"蒲满(蛮)村",均因历史上"蒲蛮"居住得名。一在保山城东北2公里,原名上蒲满村,现名上营村;一在上营村东1华里处,原名下蒲满村,现名下营村。现共有2 000余人。据《保山市地名志》,明洪武年间屯田军民扎营于此,始改现名。又一村在板桥镇孟官办事处孟官营村北,现仍称蒲满村。再一村在板桥镇西北山下，原名蒲满村，因蒲满他迁，汉族迁入，改现名福满村，现住600余人。

阿新田 位于澜沧江西山区水寨乡境东南，相传因蒲蛮人阿氏在此开田落业得名。现住200余人。

蒲缥 《云南辞典》："蒲缥乡，一称蒲缥街。位于保山市西南、保山至腾冲公路东侧。以东汉末年蒲族、缥族居此得名。历为市集，1958年设蒲缥公社，1984年改镇，今为乡。农产粮、棉、蔗、花生、柑橘等，水利资源丰富。有铅矿。有农机、电力、五金、建材、汽车修配等企业。名胜古迹有花椒寺蒲缥温泉及旧石器文化遗址。"《保山县志》："蒲缥二字，盖蒲人缥人两种民族所在之合称地名。"《徐霞客游记》记及蒲缥说："蒲人、缥人乃永昌九蛮中之二种。"

蒲满哨 位于隆阳区潞江乡坝湾办事处高黎贡山东麓（小地名蒲满哨山）。原为蒲蛮人聚居村落，明清时在村西设哨卡（有哨卡遗址），改名蒲满哨。1958年住户均迁入潞江坝，现为农点。蒲满哨附近有蒲庄，现住300余人。

蒲缥大磨传说 隆阳区蒲缥温泉出水处岩壁上有一巨石形似磨。传说它原在高黎贡山山顶。当年蒲缥坝子是一个喷涌沸水的热海，蒲人和缥人在四周山上过着刀耕火种的艰苦日子。有一天来了一位远方老人告诉大家，只要搬来高黎贡山的大磨，日子就会好过了。人们选出几十个大力士搬了几十天，磨刚落地就咕噜噜滚下山去，刚好堵住了喷涌沸水的热洞，霎时水落，呈现出一个土地肥美的坝子，只有磨眼里还冒着碗口粗一股热水，这就是现在的蒲缥温泉。蒲人和缥人从山上搬下坝子来后，种稻植桑，丰衣足食。

施甸地名中的蒲人遗迹 一是有些村寨至今仍留莽氏特征，如莽王寨、莽中寨、莽八寨、莽林寨、莽索寨、莽回寨、莽成寨、莽福寨等。二是有些寨名至今保留本人蒲人语言称谓，如大乌邑、小乌邑、三邑、山邑、瓦邑、查邑、同邑、交邑等，"邑"原作"衣"，本人语"村寨"之意，现改用"邑"。三是长官司、大楼子、木瓜榔等地方，人们还比较清楚地记得本人在这里居住、活动的历史。

五　近现代的布朗族

　　布朗族　是哀牢国—永昌郡地的一个古老民族，1990年人口普查统计有81 768人，主要聚居在勐海县布朗、打洛等山区，云县、镇康、永德、双江、耿马、澜沧、墨江、景东、施甸、昌宁等县亦有分布。汉晋时称濮、苞满、闽濮；唐宋时称朴子蛮（今布朗、德昂先民）、望蛮（佤族先民）；元明时称朴子蛮为蒲蛮；明清时称蒲人，并渐分化为布朗和德宏一带的德昂两个民族；近现代蒲人自称乌、翁拱、本人、阿娃、濮曼，他称濮满。语言属南亚语系孟高棉语族布朗语支，又可略分为布朗、阿尔瓦两种方言。布朗人民长期与傣族、佤族、汉族人民和睦相处，多能兼操傣、佤和汉语，无文字，部分知识分子能使用汉文和傣文。布朗人多数居住在海拔1500米—2300米亚热带山区的中腰地带，生产以山地农业为主，粮食作物以旱稻为主（保山、临沧、思茅种水稻），辅种玉米、小麦、荞、豆类、薯类，经济作物有茶叶、棉花，能制粗茶出售。村寨中建竹楼居住，房顶双斜，以草排覆盖，剖竹铺楼板。前有凉台，室内中置火塘，为聚会、待客之所。男子皮肤带古铜色，颧骨突出，两眼内陷，炯炯有神，嘴多宽大。男女均赤足。妇女一般穿黑色筒裙，裙子上部织红、白、黑三色线条，发髻上往往插银簪、银链、多角形银片、银铃，耳环下垂至肩。食不用箸，喜欢烧烤食物，如将山老鼠肉、斑鸠肉在火上烤熟吃或用芭蕉叶包好放在火灰中烧熟吃。妇女特爱嚼槟榔，嚼时和以石灰、草烟，吐出的口水变成红色，日久牙齿变成黑色，说这样的牙齿最美最牢固。男子有文身习俗，在腿、胸、背部和手臂上刺以各种几

永德布朗族妇女

何图案和飞禽走兽形象，然后涂上炭灰和蛇胆汁，这种花纹终生不变。据说文身习俗一是为了区别男女，二为美观。婚姻为一夫一妻氏族外婚制，恋爱、离婚均自由，勐海山区盛行随妻居住三年习俗，期满再举行一次婚礼，然后携子女回家。信鬼神，尚保留原始宗教，又崇小乘佛教，村寨中多建佛寺。死后用竹、木棺抬出，尸入土，碎棺于土上，不垒坟；80岁以上者行火葬。云南解放前社会发展不平衡，居住在西双版纳一带的保留着不同程度的原始公社残余，居住在保山、临沧、思茅等地的处于封建地主经济发展阶段。新中国建立后，国家实行民族区域自治，于布朗族聚居的勐海县设布朗山民族乡及勐满、勐岗联合民族乡，云县茂兰、忙怀及耿马县芒洪建联合民族乡，又于双江建立拉祜族布朗族傣族自治县，布朗族人民参与政治活动，社会经济日益发展。

本人　保山、施甸、昌宁、龙陵、永德、德宏等地布朗族自称"本族""乌"（意为"人"）"埃乌"，也称"本人""本人族"，汉族也称他们"本人"，旧时称"蒲满"（又作"蒲莽""蒲曼"），侮称"蒲蛮"。"本人"的含义是"本地人""本地守土之人"，本人普遍认为自己是当地古老的土著居民，并纷传其远祖是"日老"（即永昌，今隆阳）蒲缥人。到云南解放前，因受其他民族影响，有些讲汉语、傣语，有些讲德昂语、阿昌语，唯有施甸本人还保留了自己的语言；各地本人语言相通，仅个别语音有差异。

本人始祖传说　木老园乡及其邻区是施甸蒲人（本人）主要聚居区。龙子传人故事在这里世代流传，老幼皆知。本人的始祖是一位妇女，有一天到易罗池（即保山城西南九隆山下的九隆池）洗衣服，突然一阵太阳雨落在她身上，回家后便身怀有孕，十月怀胎生下一子，长大后到易罗池找到父亲小白龙。为了帮助父亲小白龙战胜姚关黑龙河（枯柯河支流）的老黑龙，他雕制了一条木龙放入枯柯河（流经保山、昌宁、施甸后注入怒江），老黑龙因木龙参战而大败，逃回黑龙洞再不敢出来。大水退落后，木龙落在了山洼中，本人为了纪念木龙而将其地称为木龙洼，后雅化为木龙园，再后演变为木老园（按，故事流传到后期，龙子变成了张侍郎即张志淳，洗衣女为张母）。另，在昌宁县东北70里、澜沧江与东来的岔河会合处有一个木龙坝村，传说古代江中小白龙被入侵的老黑龙打败，老黑龙喷吐瘴毒伤害百姓，后乡亲们制作了一条大木龙，与小白龙上下夹击，战败了老黑龙，从此风调雨顺，因此其地得名木龙坝。这一传说说明，沧、怒两江古代居住着同一族源的民族——蒲（濮）人。

保山布朗族　自称"本人""埃乌"，也称"蒲满"。《保山行署统计处1990年人口普查主要数据公报（第3号）》公布，当年布朗族共有7157人，大部集中居住在施甸县东、南部及毗连于东边的昌宁县南部的山区和半山半坝地区，其中施甸木老园、摆榔、姚关、酒房和昌宁卡斯5乡6 600多人，其余500多人散居于怒江两岸的施甸等子到龙陵碧寨等乡村以及施甸坝、保山坝。这一分布区位于汉代汉族最早进入哀牢国地所设的不韦县和哀牢县。现今保山傣族（汉晋"滇越""僄越"后裔）大部与布朗族邻居或杂错居住。

施甸本人　施甸原为保山县的5个区，1963年分出设县。1984年统计全县26.9万人，"其中佤族（本人）5370人"（《保山地区概况》），主要聚居在东南部高寒边远山区南北长30余公里的摩苍山与碧霞山一带的木老园、摆榔两乡，少数散居于南部姚关、酒房、旧城和西北部太平等山区；没有布朗族人口。1990年第四次人口普查统计布朗族6 018人，住区同前；佤族882人。施甸本人以严格的一夫一妻制家庭为社会基础单位，同一血缘的若干小家庭构成一个家族，若干家庭构成地缘性村寨。村寨多在较宽阔的大山腰和小山洼。庭院多为三合院，一般主房坐西向东，为土木结构三间平房，中间是祭供天地祖宗的"堂屋"，左间老人居住，右间由成家子女居住。南厢或北厢平房为厨房。东屋为坐东向西干栏式楼房，近似傣族和外地布朗族竹楼；楼上住人，一间储存粮食，由管家妇女或未出阁女子住守，一间置火塘，由掌家男子住守，火种不灭，并用于留住客人；楼下关养牲畜。经济生活以农业为主，旧时种植旱谷较多，有旱谷山等地名，其次种玉米、荞、棉花等，正常年景多数居民以大米、玉米对半蒸

施甸布朗族妇女

煮而食；副业多竹篾器编制和养蜂，畜牧业主要饲养牛、马、猪；好狩猎，猎物见者有份。嗜酒。习喝烤茶。没有文字，中华人民共和国成立前以汉字注"本语"学习文化知识，主要靠"杂理先生"办私塾传授文化知识和本人历史，没有人上过正规学校。

昌宁本人 1990年第四次人口普查统计有1057人，分布在卡斯乡西部的谷板、中寨、双龙、应百寨、二沟和更戛乡的白草地、大出水两村。自称"蒲满""本人"。《明史》载："金齿广邑寨（今卡斯广邑），本永昌副千户阿干所居，干尝奉命招生蒲五千户向化。"阿干是当地本人赵氏、李氏祖先。婚姻自由，实行一夫一妻制，同姓不婚；离婚手续简便，双方"割绳"即可。土葬，用棺木，原配夫妻死后合葬。喜事、丧事、年节、建房都要"打歌"。

隆阳区本人 1954年总人口39.18万人，其中"本族"（本人，即"蒲满"）5198人，占总人口的1.33%。1964年全国第二次人口普查44.32万人，"本族"下降为1297人，占总人口的0.29%。1982年第三次全国人口普查65.93万人，不再有"本族"；蒲缥马街下岭岗、丙麻乡南窝、杨柳乡毛耳山、阿东寨等地600多佤族人口，自称"本人"；瓦房、汶上、瓦马、杨柳、蒲缥、丙麻等乡镇700多满族人口，自称"蒲满""本人"，多为蒋姓。1990年第四次人口普查统计布朗族16人，12人在城内，另4人在河图、汉庄和辛街。

南涧县布朗族 1988年大理州有布朗族393人，聚居在南涧彝族自治县澜沧乡板桥村江边热带地区。主要从事农业、林业生产。通用汉语，服饰与彝、汉相似。实行一夫一妻制，结婚要经过相亲、说媒、男家宴客、通宵"打歌"，丧葬实行棺木土葬，出殡前要"打歌"。信仰原始宗教，崇拜祖先和自然，几乎山山有神，神神有庙。主要节日有新年、二月八、火把节、七月半等。

本人姓氏衍变 本人人户现以阿、莽、蒋三姓为多，施甸大楼子、大乌邑、木瓜榔等村寨保存有《阿莽蒋氏宗谱》，施甸南部各乡本人祖宗牌写"本音阿莽蒋……"，本人认家门的主要根据就看你是否阿、莽、蒋姓氏系统。据史书、宗谱、墓碑记载和口碑传说印证，本人（"本族"）最早为"阿"姓，明清时很多人先改"莽"姓，后改"蒋"姓，再后改杨、李、段、王、闪、花等姓，施甸民谣说："蒋蒲满，李罗罗，真本人，阿家多。"又说：

"阿改莽，莽改蒋，蒋改了。"蒲缥民谣则说："花蒲满，齐阿昌，茶罗罗，欧僳僳。"改姓的原因，有三种说法。一种说蒲人（本人）住地唐宋时是"茫蛮部落"区域，茫蛮部落的酋长们都被尊称为"茫"（莽），它具有首领、君、王的含义，"莽"在很长时期是受尊敬的褒义词，蒲人首领们乐于使用。但"莽"字在汉语里具有鲁莽、粗俗、不文明的含义，"乐慕中华"的蒲人土官们汉文化水平提高后，认为"莽"是"夷姓"不光彩，遂改汉姓"蒋"，其后又出现其他汉姓，此说见于"国家民委民族问题五种丛书"之一《布朗族社会历史调查（三）》（以下简称《调查》）。另一种说蒲人原有阿姓18土司领导本人，后因多次反抗遭到官府残酷镇压，"消灭土舍"，被迫四散逃走，改姓埋名，只有逃到高山、边僻地带的仍保留原姓阿，他们原有的生产水平是比较高的，逃迁后受条件限制，水田不多，改以种旱谷、玉米为主，其住区有"旱谷山"等地名，此说广闻于口碑材料，并载《调查》。又一种说蒋姓乃钦赐，"赐姓蒋"或"奉题准将莽姓改姓为蒋"，此说并见于史书、墓碑及宗谱。施甸清嘉庆八年立蒋德昌墓碑文有："公之祖能人随军征讨，遂显伟绩，因受封于圣朝，坐落于亦林寨。权贵最上者曰莽，所以滇西多莽官焉。及莽衮，忠贞讨贼，定主安民，兼职文武，钦授千户指挥，其子崛起于蒙帝，赐姓蒋名义，铁印官方，世袭土舍，年历三百，屡多战功焉。及大明设流，不忘蒋氏大功，仍袭旧职。"《姚关大乌邑阿莽蒋氏宗谱》记载其1～15世祖从征蘸川思氏、陇川岳风、"回逆杜文秀"等有功，世袭土职百户、千户，一世祖阿王，二世祖受赏升迁"改为莽姓"，四世祖"耻从夷姓，乐慕中华，改为蒋姓"。

现代社会发展的两种类型 云南解放前，社会发展趋前的、靠内地区的临沧双江、云县、镇康、永德、耿马，思茅地区的景东、景谷、墨江，保山施甸、昌宁等县布朗族已处于封建地主制经济阶段，水稻在耕地中占1/3，耕作精细；除坟地、森林和未开垦的处女地尚保留村寨公有的性质外，土地、耕畜、农具已完全私有，近百年来土地（主要是水田）租佃、典当、买卖已打破村寨界限，农民的土地逐渐集中到汉族和布朗族地主富农手中，如双江邦驮乡胖品寨的水田，地主6户占有30.1%，富农1户占有5.8%，中农4户占有12%，贫农67户占有52.1%，地主富农还集中了数倍于其他阶层的耕牛和农具。社会发展滞后的西双版纳山区布朗族还处在原始社会末期向阶级社会过渡的农村公社阶段。布朗山、巴达、西定、打洛等地土地大部分属于村社公有和氏族占有，每年由头人、氏族长分配土地，集体砍树烧山后由各户分头下种，各小家庭只有临时使用权，收获物归各户，一般种一年抛荒后由村寨和氏族收回。普遍流行刀耕火种、轮歇抛荒的耕种方式，需经常靠采猎补助生活。没有水田，农作物主要是旱稻，其次是玉米、黄豆、棉花等。

本人服饰　本人的服饰，除施甸木老园和摆榔乡妇女尚保存古朴的服装外，隆阳、昌宁、永德等地已改着汉、傣、佤族服装。妇女服饰：上身着土蓝布或白布衫，高领，长袖，大面斜襟；长袖上绣着红绿花布横条，高领上绣花朵，外系一条有十余银泡镶嵌的项带；颈前别一朵耀眼的银花；斜面襟上领和袖口镶贴红蓝白三色花边；外罩一短衫，少女喜着花布或洁白布短衫，领下翻，领两边各挂一条银链，分别吊有针筒、挖耳等银器；胸前围青布围腰，长达膝前；下着长裤，扎蓝布裹腿，跣足；发髻挽于头顶，头缠两幅一丈余长的青布包头，包头折叠成三角形，外扎一道玻璃珠带，在接合处吊一绒球，前额露一撮刘海。装饰品精美而繁多：（1）头链。以七色玻璃珠串成，四条扎成一束，缠于少女头部。（2）银项扣。是扣于领上的银扣带，以黑布折叠缝制而成，红绿丝绒滚边，边角镶10个银泡，银泡带两端钉一副银扣，扣上铸一朵梅花。（3）项链。用三角形白色玻璃珠串成。（4）银耳坠。由两三台小银片和银梅花组成，花瓣镀紫绿蓝三色。（5）银针筒。由环、链、筒三部分组成，套筒内设两个小筒。（6）银三须。由银币和环、链、挖耳连成。（7）银手镯。雕镂精美花纹，套于臂腕。（8）银手链。长50厘米—70厘米，有扣，缠数道于臂腕。（9）银戒指。形状结构多样，多雕梅花等花纹。男子服饰：旧时蓄长发，挽髻于顶，头缠二丈余长的青布包头；上衣圆领大面襟，钉有银、铜纽扣；裤脚肥大，长及膝盖；跣足。

本人音乐舞蹈　本人音乐舞蹈互相配合，打歌场上有歌有舞有乐器伴奏。音乐曲调分民歌、山歌、打歌调、唱歌调等种。山歌曲牌较多，主要有"古本山歌"（如《十二属》《五轮甲子》《蜜蜂调》）"栽秧山歌""狩猎山歌""出门山歌""花花山歌"（青年男女山野对唱）"礼物山歌"（青年男女互赠礼物对唱）"节庆山歌"等，仅施甸传唱的山歌就有3000多首。

打歌又称跳歌、踏歌，曲牌简短轻快多重复，常唱的有大翻身调、小翻身调、跺脚调、串花调、前三步后三步调等。舞蹈有圆圈舞、多层圆圈舞和二排舞等种，动作有小翻身、大翻身、前三步后三步、黄鼠狼掏蜂子、阉鸡摆尾和跺脚舞。打歌场面最为盛大热烈的是喜庆婚聚：夜幕降临，主人家点燃熊熊篝火，中央摆一张篾桌，下罩一只大公鸡，桌上放一个猪头，猪鼻心插三炷香，歌头一声倡率，人们便陆续入场围桌狂舞，边唱边舞，有时一人独唱，众人打和声，有时男女对唱或合唱，歌唱时停舞停奏，众人轻轻踏步移动，唱完一曲众人便齐声高喊"依—撒！"接着乐器齐鸣，众人齐舞。动静和谐，通宵达旦。唱灯又称玩灯，主要灯具是灯笼和花轿，节目有贺词、武术表演和推花轿等。配合音乐舞蹈都用管弦乐，乐器有大小铜唢呐、竹笛（亦称横箫）、三弦、芦笙、羊角号（有"尖音号"和"憨音号"）。本人唢呐的"一口甜"吹技极富特色，它以音高、圆润和"气满"见长，尤其是"气满"，能在几十分钟甚至一两个小时内连续反复吹一个调子，其间毫不间断而又音色不变，气势不减，靠的是换气巧妙。打击乐器有铓锣、小铓、小镲、鱼磬和木鼓，只能用于庙会、祭典，打歌忌用。

布朗调 流行于西双版纳等地布朗族民间曲调的总称。包括十余个曲调。最基本的有4种：（1）索。一般为弹唱相伴或自弹自唱，多用来歌唱爱情、新人新事和美好幸福的生活。（2）宰。劳动中独唱或合唱的调子。（3）甩。喜庆、节日唱的调子。（4）甚。跳舞时伴唱的调子。

本人葬俗 本人土葬。死后三天内下葬。老年人去世，安葬前要洗澡，并用蒿子洗脸。死者弥留之时，由长子抱着，由另一人扳着死者右手紧捏住一只小鸡脖子，让鸡与人同时断气，意思是让鸡领着死者灵魂到"阎王家"去，避免中途迷误进入阴间牛马道，因此捏死的鸡称为"领路鸡"。装棺后，将一头猪或一只鸡拴在绳子一端，绳子另一端拴在垫棺材的板凳上，猪或鸡放在院子中央，再由一个身强力壮的男子用锋利的砍刀，对准猪耳后的大动脉部位猛砍下去（鸡则将头剁下），任其蹬跳挣扎，死定之后看它的头向大门还是向堂屋，向大门是吉兆，向堂屋是凶兆，这种占卜活动称为"动血气"。"血气猪"的颈项肉或鸡脖子留作祭肉，其余的肉由外姓人拿到村外煮吃。然后将祭肉切成不完全割断的三节，挂在堂屋外檐下，翌晨取下，由一位有福气的老奶每天取一节，放在碗里绕棺三周，口中反复念诵："金碗烂了端银碗，金线断了银线接。"是祈祷后继有人。墓葬按辈分由上至下排列。葬后要撒"叫魂谷"，由孝子背向坟墓跪在坟前，一位老人端一碗"叫魂谷"，边祷告边将谷子撒向孝子，孝子用衣襟将谷子接回家，意为死者将"衣禄"留给了后人，使子孙幸福。下葬次日起连续祭奠死者三天，第一天到墓地祭奠，第二天半路祭奠，第三天在家门外祭奠，表示死者离生者越去越远，寄托后人对前人日益遥远的哀思。

本人宗教祭祀 本人的图腾崇拜、宗教祭祀活动十分频繁，一年之中每月都有村寨祭祀活动。这些宗教祭祀活动可分为两大类。一类是因长期受周围汉、傣、彝等民族影响而进行的佛教、道教、火把节等祭祀活动，如二月、十月供观音，六月的火把节祭祀，七月接祖、送祖，腊月送灶君。这一类祭祀本人也自有特点。做观音会叫"跳会"，早饭后全村老幼抬着猪、鸡等牺牲品祭祀观音，晚饭后用一桌素食斋饭供山，晚上围着火堆敲着铓锣、鼓、镲通宵达旦跳舞。火把节都用全鸡、腊肉和香钱纸火祭祀，但不同姓氏在不同日子进行，阿姓在六月二十三，杨姓、段姓在二十四，李姓在二十五。另一类是本民族的传统祭祀活动，主要有祭龙、祭火、祭刀、祭色（又写"塞"，指村寨守护神、"地界之主"神）和以"祭五谷大神"为主要标志的农业祭祀等若干小类。在所有祭祀中，规模最大、次数最多的是祭色和农业祭祀。

本人祭龙王 祭龙，本人重大的节庆。每年正月初二，各村寨父老家长齐集村外的龙井边举行祭祀，祈求龙王吐水，勿使井水干涸，田地得到灌溉，祈求风调雨顺、五谷丰登。祭龙前数日，全村推选一位负责祭祀的"管事"，本语称"契当"，由管事组织一切祭龙事宜。每户凑米2筒（约3斤）、酒一罐（约2斤），购猪一头。当管事的还要准备腌菜、柴草、炊具和碗盏，在龙井边聚餐。每户可分得生猪肉一份，也有的村寨不分生肉，全村老幼凑米、酒、盐等到契当家聚餐。中午时分，全村人即在龙井旁举行祭龙仪式。由歌手吹奏唢呐、芦笙，弹三弦，绕龙井三圈，返村时一路放鞭炮直到契当家门口，进契当家后再吹奏一番，绕香桌三圈，始散。晚饭后，全村男女青年齐集契当家打歌，仪式同婚礼。打歌前，由契当将托盘上的猪头递给打歌头，打歌头接过托盘绕桌三圈，边唱边舞，然后将托盘放于桌上，点三炷香插在猪鼻上，人们即踏歌而舞。祭龙当晚禁止对歌，只有外村青年前来参加打歌者方可对唱。打歌至深夜，契当要以米花糖茶招待众人，拂晓前，还要给打歌者煮宵夜。祭龙结束后村寨头人还要召集村民会议，选出来年的契当，着手筹备次年祭龙的一切事宜，如筹款、安排饲养祭猪等。此外，每年三月还要到大水沟边举行一次祭龙活动，凡栽种用水受益户都参加，不用牺牲只用香钱纸火。又，凡属龙属虎之日，本人要在家门外挂一块红布，并杀鸡献财神，凌晨卯时由童男女二人去打开财门。

本人农业祭祀 二月初二祭山神、土地，全体村民参加，抬一头火烧全猪到山神庙前祭祀，祭后将肉平均分割给各户享用；祭祀山神、土地可保人畜平安，五谷丰收，人吃牺牲品后可吉祥消灾，故人人共享。撒秧之前祭秧田，选好秧田后备茶、酒、饭及猪尾巴一根到秧田祭祀，否则便收成无望。开始拔秧栽插时要先举行"开秧门"的祭祀活动，先用一只鸡到山神庙再祭一次山神、土地，再用茶、酒、煮熟的鸡蛋和香钱纸火等一套祭品，到安排"栽头秧"的大田进水口处"祭大田"，然后将鸡蛋、茶、酒另加香钱纸火带回家祭祀开垦稻田的"老祖"，祈求老祖保佑秧苗苗壮成长，五谷丰收。六月祭祀五谷大神，各户自以米两筒（3斤）、大蒜一束、酒一幢（本人称圆腹、细长颈口的陶制盛酒器为"幢"，一般可容十余斤）在家中祭祀，虔诚祈求粮食丰稔并六畜兴旺。到了稻谷成熟，开镰收割头一天，要举行"尝新"祭祀，取用新谷米若干，蒸熟后与腊肉、鸡、酒、茶和香钱纸火，祭拜五谷大神及其他天地诸神，感谢保佑和恩赐，祭祀周全之后方始开镰收割。此外，本人每年多次祭龙，其实质亦属农业祭祀。

本人祭色 色，也写作"塞"。色神的性质相当于傣族的社神和白族的本主，即村寨守护神或"地界之主"神。色神的象征物，有的是树，有的是青铜剑，有的是犀牛角或自然界的岩石。木老园等地流传着色神"阿哑"（青铜双剑）和"石璞碑"（一对岩石）的神奇传说。本人统称外来入侵者和强盗土匪为"贼"。传说在阿哑和石璞碑都成双配对保存的久远岁月里，每当贼人前来侵扰、洗劫之前，阿哑和石璞碑就会发出响声报警，本人可提前防范，组织抗御，避免劫难，因此本人对阿哑和石璞碑非常崇拜和虔敬，年年定期祭祀。贼人千方百计破除阿哑和石璞碑的神灵气，终于收买到内奸盗走一件阿哑，敲掉一块石璞碎，从此再不能发出报警响声，但本人崇拜之心不改，祭祀古俗不变。三月初三祭"阿哑色"，用21个鸡蛋和米、酒煮成一锅饭，然后盛满于21个鸡蛋壳内，用稻草将它们串结成一串悬供于祭台前，再由选定的祭献人双手恭捧"阿哑色"向前三步，直退三步，舞蹈三次（均不得向后转身），舞毕恭捧回位。四月初四再祭"阿哑色"，程序同前，但供品改用牺牲：一头猪和一只鸡，祭完后鸡由三位"契当"分享，猪则由全村居民分享。五月、九月要祭四次"路色"，一次"树色"。下木老园路色是一只犀牛角。祭祀时用一把竹篾扎的彩色纸伞撑着，抬斋席一桌，牵羊一只，烧香钱纸火绕村一周，月头在村西口杀羊祭祀，月末在村东口杀羊祭祀。五月二十六日祭树色，用一头猪、一只鸡，烧火当香，祭完后契当家吃鸡，其他居民分食猪肉。

本人祭虎魂　施甸酒房乡本人有"祭虎魂"的习俗。传说远古时代，一只斑斓猛虎叼走了一个男孩，之后，猛虎把孩子养育长大成为一个坚强勇敢的男子。猛虎老死后，男子与猎人的女儿结了婚，繁衍了后代。男子为了表示对猛虎养育的追念，逢年过节都要到山上虎坟前去祭祀，还烧钱化纸。男子老了上不了虎坟，就请画师画了一幅猛虎图像，供奉在亡人（祖宗）桌上。再往后，便演变出了"献大魂"的纪念性活动，每三到五年举行一次。"献大魂"前要请"杂理"先掐算选择吉日良辰，绝不能在"神隔"之日。"献大魂"当日，要"当天对地"在院心杀一头猪和一只"叫鸡"（大公鸡），请回本家族的女婿砍好九个龙竹筒，到九个龙井背回"九龙水"，用来煮斋饭和煮猪的左膀和鸡的左腿，否则"献大魂"便不灵。然后请三个言行稳重的人祭献。其中一个人把斋饭、猪膀、鸡腿装入一个托盘，端到供亡人的堂屋楼上供好，点燃三炷香，烧三份黄钱，磕三个头，作三个揖，然后虔诚地跪在一边。另两人一边撕吃托盘里的食品，一边发出老虎愠怒争食的各种声音，并不时相互撕打手、脸等部位。祭献过程中，三名祭献人以及所有楼下的人，切忌发笑和说话，否则虎魂就会恼怒，使主人暴病，并需重献大魂。

本人祭火神　本人认为只有祈求火神赐火，人才能生活，又要祈求火神保佑平安，才能避免火灾。每年正月初二开始，晚上"耍灯"祭火神，到正月十五，村民们抬着灯笼游寨，游完寨后将灯笼抬到村寨外，跨过长年流水的溪沟，送走火神。

本人祭祀宝刀　施甸木老园乡本人每年六月二十三要祭祀宝刀。据文献记载并口碑传说，在明代兵部尚书王骥三征麓川和邓子龙将军滇西南靖边卫国战争中，以阿都鲁为首的施甸蒲人（本人）参战并筹运军粮有功，许多蒲人首领受奖，邓子龙并在六月二十三这天颁赠了两把宝刀给蒲人。这两把宝刀被长期放置在木老园（今木老园电站小团山上）。为纪念靖边卫国和蒲人参战胜利，每年这一天木老园本人都集会祭祀，家家户户有人参加，祭祀时还要刀、跳舞。

主要参考书目

1.《布朗族社会历史调查》（三），云南人民出版社1986年版。

2.《布朗族简史》，云南人民出版社1984年版。

3.《布朗族氏族公社和农村公社研究》，颜思久著，中国社会科学出版社1986年版。

4.《云南土司通纂》，龚荫著，云南民族出版社1985年版。

5.《云南辞典》，云南人民出版社1987年版。

哀牢奇俗探析

　　哀牢夷区是特征鲜明的一大民族民俗区域。远在古代民族时代和更古老的氏族、部落时代，哀牢先民就形成了自己的特有习俗。哀牢民俗和世界各民族传统风俗一样，既多有利于人类文明进步和社会经济发展的良风良俗，也伴生着妨碍文明进步和经济发展乃至给人类社会带来沉重压力和灾难的劣习恶俗；哀牢风俗也和世界各民族风俗一样，都按自然和社会发展要求，在世代传承中不断变异和更新。中国共产党历来主张"积极开展移风易俗活动，提倡文明、健康、科学的生活方式，克服社会风俗习惯中愚昧落后的东西"（十二届六中全会《决议》），半个多世纪以来，引导各族人民保持和交流传播了许多优良习俗，自觉淘汰和革除陋习恶俗。无论良俗、陋俗、恶俗，作为人类社会的客观历史事实，都应以历史唯物主义观点加以了解和科学研究。这里探讨的是哀牢民俗中的"奇俗"部分。这些"奇俗"往往与哀牢文化深层内涵有关，有些还是千百年来传承文化的重要组成部分。但要弄清这些"奇俗"的具体事象难度较大，它们在史籍记载中大都寥寥数语，还因记述者大汉族主义思想作祟或源于道听途说，以讹传讹，记写得十分离奇古怪。为了弄清它们的本来面貌，需详加分析。

　　1. 羽人

　　邓少琴先生《试谈古代滇与夜郎的族属问题》一文，论证《华阳国志·南中志》记哀牢人中的"僄越"，按《说文》僄，轻也，《广韵》音飘，身轻便也，是知僄越即古代所说的"羽人"。什么是羽人呢？《山海经·海外南经》载："羽民，其人长头，身生羽。"说是人身上长了羽毛，这有悖于生理常识。汉东方朔"羽人"之说更玄："南方有人，人面鸟喙而有翼，手足扶翼而行，有翼不足以飞。"纯属想象出来的怪物。笔者赞成考古学家张增祺先生的判断："古代所说的'羽人，或'羽民'，是一种饰羽毛的民族。"哀牢夷区多处出土西汉时代的石寨山型铜鼓，其上就有不少饰羽毛的人物图像，如1979年腾冲古永出土的一对铜鼓，胴（胸）部各铸船纹六只，腰部各铸瘤牛纹四只，船呈星月形，每船二人同向或背向而坐，皆单手平伸执桨，身着衣服，头上各插双翎（即鸟类翅膀或尾巴上的长羽毛）。魏晋《永昌记》载："哀牢王出入射猎，骑马，金银鞍勒，加翠毛之饰。"这"翠毛"也是饰于人体之上的鸟类羽毛。可见哀牢人自酋长至执桨船民都有作羽毛之饰的"羽人"。濮、越后裔直至近现代仍喜欢以孔雀、白鹇、白腹锦鸡羽毛作装饰。

2. 椎结

椎结是古代西南越人中普遍流行的发式。但因《史记·西南夷列传》记夜郎、靡莫、滇、邛都"皆魋结，耕田，有邑聚，其外西自桐师（今保山）以东，北至叶榆（今大理），名为嶲、昆明，皆编发，随畜迁徙"，《汉书》《后汉书》都有相同的记载（仅"魋结"写作"椎结"），有的学者便认为哀牢人都是编发民族。其实哀牢夷中的西汉滇越人、魏晋"僄越""僚""夷僚""鸠僚"（均为傣族先民）都是椎结民族。椎是圆形木锤，椎结即将发总束于头顶（有的稍偏后）打结成圆椎形。《史记》说南越王赵佗椎结，《索隐》解释说："为髻一撮，似椎而结之。"《太平御览》引魏晋《永昌郡传》说"鸠民（即鸠僚）咸以三尺布角割作两襜"，同书又说"僚子……椎髻（结）、凿齿、赤裤、短褐"。考古发掘中是很难找到古代不同民族发式实证的，但保山城南小汉庄却有一珍贵例证。在该村发掘的蜀汉墓出土的陶制品中，有一件质地细腻的红褐色陶塑女性头颈俑，脸形长圆，束发高髻，头顶圆形发髻颇为高粗，形同云南青铜器上"椎结"的越人妇女。直至近现代，傣族妇女仍沿袭此种发式，傣语称为"当杲"，并

隆阳蜀汉墓陶俑。左为束发高髻越人俑；右为南亚人俑，突眉深目，鼻梁高直

多在发髻上插一把梳子或一束鲜花、一个骨制或银制簪子，也有的让发梢自然垂下，形似孔雀尾巴，称"孔雀髻"。德宏傣族姑娘梳红绳小辫，婚后挽髻；西双版纳未成年姑娘盘发，成年后挽髻于顶。

有的史籍记载永昌濮人也有此俗，如顾炎武《天下郡国利病书》记"蒲人……椎结跣足"。

隆阳区潞江乡傣族妇女头饰

3. 凿齿 漆齿 赤口 金齿 银齿

哀牢人及其后裔盛行饰齿之术。先行凿齿（拔牙），继之以漆齿，金齿、银齿为晚起之俗。晋郭义恭《广志》《旧唐书·南蛮传》和杜佑《通典》都记永昌（今保山）之南的赤口濮"其俗折其齿"，而据晋《博物志》《新唐书》《太平寰宇记》、元《云南志略》《混一方舆胜览》记载，则僚（越）人也有凿齿或拔牙习俗。一般都拔去上颌两颗门齿或犬齿。凿齿拔牙的目的，诸书与各族民间所说基本一致：一说是"以为华饰"，即装饰美观，以齿黑口红为美，牙齿越黑越美；二说是患了疟疾嘴紧咬，凿齿拔牙以便灌进药水；三说是父母死了，凿齿拔牙投入父母棺、墓"以示永诀"；四说有较多的学者认可，认为是母系氏族社会的"成丁礼"遗俗，它标志成年，取得恋爱婚姻权利，有的民族成年不染齿就很难找到情侣；五说是可以清洁口腔，保护牙齿，防止疾病。虽然有的史书记载有不合情理之处，如说"赤口"濮是"剽其唇使赤"，即刺破嘴唇使之变红，纯属想当然的胡乱推测，但哀牢先民有凿齿之俗则是事实。考古发掘中很难得的一项发现，是保山城南80公里处出土距今约8 000年的"姚关人"头骨，上颌骨两颗门齿生前断失。隋唐前后，《蛮书》记永昌、开南"黑齿蛮以漆漆其齿，金齿蛮以金镂片裹其齿，银齿蛮以银。有事出见人则以此为饰，寝食则去之"。《马可·波罗行纪》、李京《云南志略》、张志淳《南园漫录》及《永昌府志》都有相似记载。其实"漆齿"不是"以漆漆之"而是染齿。哀牢夷区近现代还盛行漆齿的有布朗、德昂、佤、傣、哈尼、基诺、阿昌等民族，前5个民族无论男女进入青春期便开始染，后两族则仅限于成年妇女。染齿方法，各民族采用最普遍的一种是咀嚼槟榔、草烟、芦子、砂基、石灰，可获黑齿与"赤口"两种效果，宋人周去非《岭外代答》记载与现今情状依然相符："食槟榔者水调蚬灰一铢许于蒌叶上，裹槟榔咀嚼，先吐赤水一口，而后啖其余汁，少焉，面脸潮红，故诗人有醉槟榔之句……嗜槟榔者黑齿朱唇，数人聚会则朱殷遍地。"其他染法有：（1）布朗、傣族有些人用红毛树枝或栗木，在火上把烟熏到铁片上，沾烟擦齿；（2）傣族有些人以茜咸（酸味草药）和石榴汁拌煮后，睡前敷牙，一年数次；（3）基诺族把花梨木放入竹筒焖出汁，擦牙变黑；（4）哈尼支系僾尼人吃一阵酸果酥痛牙齿，又用生紫胶涂染，反复多次，直到牙变紫红。"金齿、银齿"近现代称镶牙、戴牙套，主要是傣族，男多女较少，以金片、银片或代用品做成牙套套在门齿、犬齿上，"以示美观、富裕"，镶套越多越美越富。

4. 儋耳　穿鼻　穿胸

《华阳国志》记哀牢夷"有穿胸、儋耳种"，《后汉书》记："哀牢人皆穿鼻、儋耳，其渠帅自为王者，耳皆下肩三寸，庶人则至肩而已。"其后直至明清，对此史不绝书，但"儋耳"之外，有些记"穿鼻"，有些记"穿胸"，并各有具体说明，两者显然不是一回事。有些史书对此俗的解说荒诞恐怖。如《后汉书》李贤转引杨孚《异物志》说："儋耳，南方夷生则镂其颊皮连耳匡，分为数支，状如鸡肠，累累下垂至肩。"即将两面脸皮割出数条，上连耳匡。又如《蛮书》说"穿鼻蛮部落以径尺金环穿鼻中隔……以丝绳系其环，使人牵引乃行"，与牵牛无异。再如《淮南子·地形训》说到"穿胸民"，高诱注云："穿胸民，胸前穿孔达背。"人由胸前穿孔而且直通背脊，岂有不死之理？那么，此俗究竟应作何解呢？儋耳，指的应是佩戴下垂至肩部的大耳环，《后汉书·南蛮传》说儋耳人"其渠帅贵长耳，皆穿而缒之"，此说近是。张增祺先生《中国西南民族考古》说，滇池区域青铜时代墓葬发现不少直径约6厘米的大耳环，加悬挂线索长10厘米左右，佩挂耳上势必下垂至肩，"可以断言，儋耳蛮是指带大耳环的少数民族。"直至明清，此俗仍颇盛行，明李元阳《云南通志·风俗》记"哀牢蛮……为大圈坠其耳"，《清职贡图》载："蒲人……妇女青皮裹头，带篘帽，耳戴大银环或铜圈。"佤族老人至今耳坠较重的银耳环，天长日久，坠耳垂肩。穿鼻，指的是鼻部饰以小圈，李元阳《云南通志》说："哀牢蛮以铜为圈穿其鼻"，刘文征《滇志》引《南夷志》说："穿鼻蛮……以径寸金环穿鼻中隔。"穿胸，按前引张增祺书说，是哀牢人插在胸前的装饰品，称为"扣饰"，此类装饰品在滇池和滇西地区均有出土，有圆形、长方形、不规则形三种，汉族文人不解其意，以为是插在胸部上，结果以讹传讹。

5. 雕题　文身

文身，是指有些民族早期阶段用茨或针在人体刺出自然物或几何图形，有全身与局部、染色与不染色之分。哀牢人有悠久的文身历史。东汉《哀牢传》、晋《华阳国志》、南朝《后汉书》均记哀牢"种人皆刻画其身，象龙纹""臂胫刻纹"；唐《蛮书》卷六记"越礼城（在今腾冲东北）……凡管金齿、漆齿、绣脚、绣面、雕题、僧耆等十余部落"，卷四记"绣脚蛮、绣面蛮，并在永昌、开南……绣脚蛮则于踝上腓下，周匝刻其肤为文彩……绣面蛮初生后出月，以针刺面上，以青黛涂之，如绣状"；《新唐书·南蛮传》说"文面濮俗镂面，以青涅之。"时至近现代，傣、布朗、德昂、佤、怒、独龙、基诺等民族仍行文身，尤以傣族为盛；独龙、怒、佤族还有雕题（文面）之俗，傣、佤、布朗等族还有绣脚之俗。独龙、怒族文身者主要是妇女，其他民族主要是男子。傣族文身图像多为龙、蛇、象、狮、虎、狗、怪形兽及花草、星辰、傣文经咒，少见飞鸟，绝无家畜，几何图形有圆、椭圆、正方、三角以及云纹。保山布朗族喜欢在胸脯绘刺龙、蛇、牛头，臂上绘刺鸟，腕部绘刺梅花，脚上绘刺山林。文身手术和程序，各民族不尽相同。傣族男孩八九岁进寺庙当和尚即开始文身。刺纹工具为一枚（有的是嵌在铅饼上的一束）铜针和一个小铜锤。被文人先沐浴、早餐后，吸食一些生鸦片使全身麻醉。施术人调好颜色，将烧红的针冷却后沾上色汁刺入皮肤，以小铜锤微击刺针，按设计线条渐渐刺出花纹。刺完一部分，用薄荷水洗去瘀血，每隔一两天再刺一部分，花纹多者数月方完，期间忌食葱、姜、酸辣食品。被刺人需忍受长久刺疼乃至红肿发烧等很多痛楚。独龙族女孩十二三岁都要文面。先隆重举行祭神祈祥的文面仪式，后以野木瓜茨、竹签之类，顺着被文者头面、鼻梁、两颊、下唇上的描纹戳刺，再用黑锅底灰与水调成的糨糊或烟灰与蓝色料珠研末混合成的油膏，涂到刺点上，使黑色渗进皮肤内，结痂脱落后，面庞上便呈现出花纹。各民族古今文身的目的和意义：一是图腾崇拜、祖先崇拜和氏族、部落的标志，有些民族认为，不文身的人死后只能做野鬼，不能和祖先聚会；二是成年的标志、男子汉的特有标志，勇敢和力量的象征，有些民族男人不文身被女人讥笑、看不起；三是以文身为美，装饰是共同的美学动因；四是为了避害，让龙、虎等视自己为同类而不加害，有如《汉书·地理志》所说"文其身以象龙子，故不见伤害也"；五是进入阶级社会后用于显示尊卑和等级地位，明朱孟震《西南夷风土记》记"男人皆黥其下体成文，以别贵贱：部夷黥至腿，目把黥至腰，土官黥至乳……其色亦分贵贱，贵族尚红，平民以墨"。傣族百姓文身通用蓝色和黑色，红色限于贵族用。

6. 尾濮

笔者早年到内地出差，有人问及："你们云南是不是有长尾巴的民族？"不禁大为惊骇。投身考古工作后，方知此事史有明载。汉唐史籍至少有6种记载了哀牢濮人中的"尾濮"，其中有3种对濮人的尾巴描写十分具体。《太平御览》引《永昌郡传》说："尾濮，尾若龟形，长四五寸，欲坐，辄先穿地空以安其尾；若邂逅误折尾便死。"《九州要记》说："哀牢……濮夷在郡界千里，常居木上作屋，有尾长二寸，若损尾立死。若欲地上居，则预穿穴以安尾。"杜佑《通典》卷187："尾濮……其人有尾长三四寸，欲坐，辄先穿地取穴，以安其尾。尾折便死。"综上三著，濮人尾巴形状像乌龟尾巴；长度为二至五寸；因为长尾巴，这些濮人住在树木上；若需坐地，得先挖好一个马桶似的地洞；倘一不小心碰断尾巴，人立即死亡。言之凿凿，真是耸人听闻！张增祺《中国西南民族考古》一书谈及此事时指出：众所周知，不管什么地区和什么人种，当他们由猿变人以后，就不再长尾巴了。那么所说濮人长尾巴是怎么回事呢？最早记载此事的东汉《哀牢传》和《后汉书》都只有"衣皆著尾"4个字，《华阳国志·永昌郡》则为"衣后著十尾"5个字，这分明说的是濮人衣服后面连接（"著"）有一个似尾的部分。古代濮人有一种特殊习俗，是衣服后襟较长，有的下垂至地，酷似长尾，滇池区域墓葬中就发现不少有此种濮人形象的青铜器；另一种情况是哀牢夷区一些少数民族历来有交结于身后再下垂的围腰带，有长有短，也酷似长尾；而一些"汉族官僚文人不解其意，居然附会出濮人长尾巴的无稽之谈"。

7. 乘象

象，是人类驯役动物中很独特的一种。它是动物界的庞然大物，大多作群体活动，在古代驯服和役使它们很不容易。古代中国两广、黔南至滇西南区域以及南邻、西邻的一些外域地区，都曾有产象并驯役的历史，但史载驯役最早最多、延续最久的是哀牢国西南部地区。西汉《史记·大宛列传》记载，在以大理为主区的昆明族居住地西南千余里，有一个以"乘象"为特殊风俗的国家，名叫"滇越"，依其地望和乘象族俗的分布，滇越应是以今德宏为中心的广大越—僚—傣族居住区。德宏古代也有一个"万象城"——傣族称干崖（盈江）为"姐闷掌"，译为汉语即万象城，传说其地曾养过万头大象。《史记》"乘象"，应非仅指坐、骑，而是泛指畜象并役用于人类生产、生活乃至战争。唐代段公路《北户录》记述越人地区，所养之象"负重致远，如中夏之富牛马也"，樊绰《蛮书》说居住在今德宏、孟定、西双版纳等地的"茫蛮（傣族先民）部落……孔雀巢人家树上，土俗养象以耕田，仍烧其粪"。元明清时代，两广等地已很少有象，而原哀牢夷区畜象役象之风仍很兴盛，并大量用于战争。《百夷传》说傣族贵族"每出入，象马仆从满途"，遇有战争"多以象为雄势"。当地土官都喜欢乘"象舆"（古代称帝王、诸侯车、轿为"乘舆"），并用象舆迎送内地过往大员，弘治十四年（1501年）云南参政郭绪过干崖时乘象舆行走，觉得"上雾下沙"，十分有趣。战象的装备：头戴铜帽，身披铠甲，背上设置能载12—16人的木战楼，两侧悬设竹筒，内贮标枪，进攻时象兵驱动象群向前冲突，以鼻卷、足踏敌人，吼声震撼山河，象兵居高临下以标枪投刺，十分威猛，故方国瑜先生说"象阵为古代傣族的劲旅"。时至十八九世纪，区境之象越来越少，加之火枪火炮普遍使用，象战渐绝，但畜象役象仍在延续，1936年出版的《中华全国风俗志》还记"思茅一带特产巨象，夷人猎得其活者，养驯后用以耕田或拖拽笨重之物，汉人亦多豢养者"。

8. 干栏

干栏，是一种架设在木桩之上，"上设茅屋，下蓄牛豕"的特殊形式的房屋建筑，有些文献称之为"高足房"。考古材料和史籍记载证明，干栏使用最早最多、延用最久的是越（僚）人。《越书·僚传》："僚人种类甚多，散居山谷……依树积木，以居其上，名曰干阑。干阑大小，随其人口之数。"以后在《北史》《通典》《蛮书》《旧唐书》《新唐书》《太平御览》《太平寰宇记》诸书中都有类似记载，明《百夷传》仍记哀牢越人（傣族）地区"公廨民居无异""头目小民皆以竹为楼，以草覆之"。历代史籍多称"干栏"，也有称"高栏""葛栏""阁栏""揭栏"或"巢居"的。著名史学家江应樑《傣族史》说"干栏"是越语，潘世雄先生《干栏考》说越（壮）语通称上人下畜的高足屋为"栏盏"，单称上层为"昆栏"，"干栏"是"昆栏"讹译。汉晋时代哀牢和滇池区域都盛行干栏式建筑。保山坝蜀汉墓出土干栏式陶仓模型2件，用灰黑色陶泥手制、模制部件后组合而成，为平面正方形、悬山式屋顶的单体建筑，四角之下支撑楼板平台的底柱颇为高粗（近房屋总高1/3，不像滇池区域干栏的小矮柱），结构合理，式样美观，已属干栏式建筑发展成熟阶段的产物。特别值得重视的一点，是它们和越人陶俑共存于墓中。当时之所以随葬干栏式陶仓，是因为死者生前使用此种形式的房屋，依灵魂不灭的观念，到阴间也要过同样的生活。干栏是很适合地处热带、亚热带多雨潮湿而又多虫蛇猛兽的哀牢夷区自然环境的理想建筑形式：它通风条件极好，楼下四面无封闭，利于保持干燥；楼上住人也很凉爽，更有利于储存粮食；还非常有利于防避虫蛇野兽的侵害。据有的史籍记载，哀牢夷中的濮人或氐羌人，汉晋时代也使用干栏建筑。《蛮书》说"裸形蛮作揭栏舍屋……丈夫，尽日持弓，不下揭栏。有外来侵暴者则射之"，木芹注"裸形"分布于永昌、丽水二节度区域，当与寻传（今景颇、阿昌）为同一族属；《华阳国志·永昌郡》记哀牢有"裸濮"，刘琳注"裸濮"或即《蛮书》中的"裸形蛮"。到元明时代，干栏在滇池等地业已消失，而在哀牢夷区仍很盛行，直到近现代，其地傣、布朗、佤、德昂、景颇、拉祜、哈尼族房屋仍保持干栏特色，有些已步入"第五代干栏"即砖木结构的"现代干栏建筑"。

9. 鼻饮 飞头

汉唐记载僚、濮民族有"鼻饮"之俗。《永昌郡传》说："僚民……以口嚼食，以鼻饮水。"《太平寰宇记》卷79记云南郡濮人（蜀汉、南诏时代有大量永昌濮人东迁其地）"民能鼻饮水"。中国、越南很多史籍记载老

云南文库·学术名家文丛

挝古代亦为哀牢国（笔者对此拟另文介绍），明郎瑛《七修类稿》记："予见《嬴虫集》所载'老挝国人鼻饮水浆，头飞食鱼'，作者自云目击此事"，又说"元诗人陈孚出使安南有记其事之诗曰：'鼻饮如瓴罂，飞头似辘轳。'盖言土人能鼻饮者，有头能夜飞于海食鱼，晓复归身者。"周致中《异域志》更以戏谑口吻载述："其可笑者，凡水浆之物不从口入，以管于鼻中吸之，大概与象类同。""飞头"之俗，西晋张华《博物志》《新唐书》、明邝露《赤雅》记载我国西南越（僚）地区所在多有，"事实"具体而离奇：人鼻不单饮水，而且饮酒；"飞头"不但食鱼，而且吃螃蟹、蚯蚓。从生理科学角度讲，上述"鼻饮""飞头"都是绝对不可能的。而且人既有可充分使用的饮食器官嘴，还何必用专事呼吸、嗅觉的器官鼻子去进饮食呢？所谓"鼻饮"，申旭先生《老挝史》认为"可能是以竹管吸水或饮水时鼻子被容器遮掩而被误以为是用鼻子饮水"。佤族和老挝卡人饮酒即以小竹管或芦管插入坛、瓮吮吸。张增祺先生《中国西南民族考古》认为是"并鼻饮"之误，《魏书·僚传》有记僚人"并鼻饮"，即两人鼻并鼻同喝一碗酒，《西南少数民族风俗志》介绍独龙族为了表示对挚友的情谊，相邀喝"同心酒"，两人并排而坐，各自用一只手抱住对方肩部，各用另一只手共捧一碗酒，然后面依面、鼻并鼻共饮而尽，喝同心酒意味着双方成了莫逆之交。"飞头"，张先生认为"大概和壮傣民族自古以来流行的'丢包'游戏有关"，丢包是傣族青年交际择偶的良好手段，年节期间，男女两排相向而立，相互抛接人头形布包以传情达意，许多青年通过这一活动结为夫妇，被外地人捕风捉影讹传为"飞头"。现今傣族丢包，已演变为10厘米见方的菱形棉籽小包，下坠彩色飘带，丢包时周围敲象脚鼓、跳吉祥舞助兴、祝福。

10. 折腰

晋郭义恭《广志》所记永昌"五濮"之中有"折腰濮"，说："折腰濮，其俗生子皆折腰。"张增祺先生评析此事十分中肯："小孩一出生就将其腰椎折断，完全可以危及人的生命，即是不死也是终身残废。"这一记载明显不符合事实。明代史学家刘文征核查后，也曾在《滇志》中予以否定："《永昌郡传》'尾濮，穿孔以安其尾'，《广志》'濮有折腰、剌唇'……皆谬妄不经，虽永（昌）腾（越）徼外至僰夷尽境，耳目睹记，所绝无也。"对此俗做出切合实际解释的是唐代杜佑的《通典》："折腰濮，人见尊者则折腰以趋，言其礼俗也。"哀牢夷区有些民族自古即有"见尊者则折腰"的礼俗，如傣族传统礼节，晚辈从长辈面前经过都要弯腰细步；哈尼族支系僾尼人行经他人（尤其是客人）面前时，更是双手合拢下垂弯腰行走，甚为谦恭。

11. 猎首

猎头祭谷是云南和东南亚部分土著民族的特殊风俗，早期汉族记录者不明真相，误记为"食人"，如《永昌郡传》说："僚民喜食人，以为至珍美，不自食其种类也，怨仇乃相害食耳。"《后汉书》注引《南州异物志》说："乌浒（越人的一支）……恒出道间司候行旅，辄出击之，利得人食之，不贪其财货。"哀牢人中的猎头祭祀事实，直到《南诏野史》（杨慎荟萃本）"卡瓦"条方才有了明白记载；但在民族学资料中，著名的佤族人类起源传说《司岗里》说，祖先在走出洞穴学种稻谷时代就砍人头祭祀了。滇池地区越人部族东周至西汉时也曾盛行猎首祭祀，到益州郡建立不久很快就废除了，但西盟、沧源部分佤族地区直到1958年才彻底根除。佤族把猎头祭谷视为神圣的祭祀活动。据《民族辞典》和新近出版的《佤族文化大观》《云南少数民族概览》等书介绍，猎头乃是全寨大喜事，每年进行两次。先由魔巴（巫师）等杀鸡卜卦，选择出猎吉日，选定几十个强壮汉子，大多在黄昏时隐蔽进行，伺机等待，最好三刀砍下，尽快返回，头人、老人、魔巴带领寨人举行隆重的迎头仪式，当晚寨人杀猪宰鸡供奉，魔巴向人头酹酒祈祷说："我们这里酒美饭香，请你饱餐一顿，保护我们村寨安全，庄稼丰收。"然后热闹聚餐，狂欢庆祝到第二天。再后是分户接回轮流祭头（不超过9户），每户剽一头黄牛和猪，迁头队伍边走边跳边鸣枪，击铜鼓、铜锣、象脚鼓，路上绕通天神器木鼓房9圈，轮祭完毕将头供入木鼓房，待猎得新人头后再转入鬼林长期供奉。第二个高潮是"洗刀"仪式，再次剽牛，男男女女敲锣打鼓跳舞唱歌，饮酒作乐，通宵达旦。最后是将渗滴过人头血的泥土分送每家一份，播种时随谷种一起撒到地里。全部活动十余日。据佤族传说，猎头祭谷主要基于原始宗教信仰，认为只有用人头祭祀，谷子才长得好，寨子才安全，祭的是谷神司欧布；其次与血族复仇密切有关，凡猎头祭谷寨都有外氏族、外部落仇家寨，一旦成仇往复循环世代难解。现已根绝数十年。

12. 贯头衣　树皮衣

"贯头衣"是哀牢濮、越民族的传统服式。《后汉书》记永昌郡太守郑纯与哀牢人约："邑豪岁输布贯头衣二领……为常赋。"晋《广志》《新唐书》、明《云南图经志书》《滇志》诸书记载"黑僰濮妇女以幅布为裙，贯头而系之"，"蒲蛮男子以布二幅缝为一衣，中间一孔，以首套下"，为"套颈短衣"。《汉书·地理志》记越人"服布如单被，穿中央为贯头"。元世祖中统二年（1261年）金齿百夷遣使臣8人至上都朝贡，王恽《中堂记事》记"其人衣以皂缯，无衿领之制"，衣服不开襟，没有领，沿袭着哀牢贯头衣传统。《广志》又说僚人"妇女横布两幅，穿中而贯头者，名曰统裙"。可见贯头衣是由头顶套下穿着的裙装或短衣（今傣、德昂、布朗族筒裙仍由头顶套下），汉晋时被内地人目为异俗而以"贯头"名之。衣料应为棉布（桐华布）或丝绸（"绢帛"等）。哀牢棉布、丝绸除自用外还远销中原、西亚，但数以百计的氏族、部落发展水平不平衡，差距很大，有些支系、氏族仍以树皮为衣。《广志》记"赤口濮……露身，无衣服；墨僰濮……丈夫以谷皮为衣"；《华阳国志》记哀牢有裸濮，刘琳注："裸濮，盖濮人中最原始的一种，不着衣服。"《蛮书》说："永昌城，古哀牢地，杂种有金齿、裸形等"，"裸形蛮无农田，无衣服，惟取木皮以蔽形。"据杨国才女士《少数民族生活方式》一书记载，中华人民共和国成立前西双版纳傣族还用箭毒树皮做衣服，佤族、彝族还以棕皮树为衣（有些民族至今仍以棕叶制作蓑衣），拉祜族支系苦聪人以椰树皮为衣或芭蕉叶遮身，怒族和独龙族妇女则仅以一小块木板遮身。有的民族把树皮砸成薄片晒干后围于腰间。黑僰濮的谷皮衣或即延至当代的构皮衣，勐腊县克木人20世纪50年代仍普遍流行树皮衣，主要用料即桑科落叶乔木构树皮，水浸20天后用木棒捶打，洗去杂质，便以为衣。哀牢地广泛分布构树，元代以后保山改用构皮做造纸原料，1947年各县还有250余家构皮纸（白棉纸）厂，1954年下降为203户，年产纸70余吨。

哀牢国史料辑录

一 概 说

两汉时期在古滇国今滇池区域设置了益州郡，在古哀牢国地今保山设置了永昌郡，公元8世纪唐王朝支持在洱海地区建立了强大的地方民族政权——南诏国。滇国—益州郡、哀牢国—永昌郡、南诏大理国均辖地辽阔，历时长久，在云南形成了相互联系而又各具特色的区域性历史文化。新中国建立后，对于"滇文化""南诏文化"的研究已经取得中外瞩目的系统成果，论著丰硕，影响深远，惟哀牢文化的研究一片沉寂，20世纪80年代以来仍声息微弱。为了改变这种情状，近年来保山市委、市政府指示建立哀牢文化研究课题，一些有志者和相关部门筹开哀牢文化研讨会，倡建哀牢文化研究学会，一个"哀牢热"研究的好势头已经出现，倘能就此踏实展开并持续推进，哀牢文化的研究便有希望在若干年内取得显著成果，显扬于世。

史料是研究的基础。一切从事和关心哀牢文化研究的历史学、民族学、考古学、文学艺术乃至教学、方志、旅游、党政工作人员都迫切需要一份完备而可靠的史料，但临用时各个搜集是比较困难的，因为史家记述往往零星分散于浩如烟海的各种史书中。为了给各界研究查阅提供方便，笔者搜录整理了这份史籍资料。

这项工作开始于1993年着笔《哀牢文化研究》书稿时。当时，笔者用了很多时间和精力，搜集和采摘了形成于汉晋、六朝时的26种史籍、碑文，编写成17000多字的《哀牢国—永昌郡史料辑录》，先刊于《保山师专学报》，后收入拙著。这些资料多数出自我国汉晋时代杰出的史家史官手笔，他们依据国家收藏的档案、文献，益以自身实地调查采访所得撰写成书，取材精审，博洽谨严，大多信而有证，是千百年来社会各界引以为据的重要史籍。它们记载了哀牢、永昌区域郡县的沿革，治城的所在，著名的山川，一方的物产，主要的民族，各地的风俗，重大的事件，与中原的关系以及名宦政绩等等，为此区此期自然史、经济史、政治史、民族史研究提供了价值很高的珍贵史料。

《哀牢国—永昌郡史料辑录》问世8年来，受到社会各界的肯定和鼓励，引用日多。当时出于两个原因，对六朝以后的晚出史料都舍而未录：一是受资料、时间和该书篇幅的限制；二是总体看来，新中国建立前，形成越晚的史料歧误越多、越乱，特别是起自元、明的那些以九隆传说为由头的神怪灵异故事，可能给草创之时的研究工作增加麻烦。但随着时间的推移，学界师友和读者纷纷提出应有一份更全面的哀牢史料。理由是：（1）相对于滇文化史、爨文化史和南诏文化史，人们对哀牢历史更为陌生，很需要一份历代有关哀牢的全面史料。（2）近些年，有些研究、宣传哀牢文化的人不时引用晚出史料，引用时只见树木不见森林；有的常从二手、三手材料中转引只言片语，不了解原著的基本内容和观点，难免判断失误。（3）我国各区域史料都是时代愈后所存愈多，尤以明清以来为最多。哀牢国的情况与此一致，出于唐宋以来的史料相当丰富，它们递相补充了大量新材料，尤其是在地理环境、自然资源、民族民俗、礼俗风尚、民生利病、社会形态演变等等方面，可与早期史料彼此取证，先后融通。因此，笔者决意在《哀牢国—永昌郡史料辑录》的基础上，着手全面搜集和爬梳。2000年7月，收到著名史学家申旭先生惠寄宁超先生主编，1996年出版的《滇国、滇越国、哀牢国、掸国、八百媳妇国史料汇编》，内载哀牢国史料57种，5万多字（其中汉晋史籍16种，与笔者1993年《辑录》互有缺漏），笔者从中得到重要帮助，工作进展得以加速。截至2002年9月，共收汉代到民国的文献、碑文170多种，诗词110首，约十余万字，衷在成集。

我国治史者对史料种类、范围的界定有一个发展过程。早先仅以"四部"中的史部为史料，后来包括典籍、诗、辞，"四部皆史"，再后"四部"

之外历代留下的几乎各类文字都被视为史料。现今史学界共同认定的史料有三大类：一是历代文献，这是使用最多的一类；二是考古材料，这是复原历史和验证其他史料的遗物遗迹；三是口碑传说，特别是文字产生以前的早期历史传说被视为价值很高的极重要史料。《哀牢国史料辑录》也基本包括这三类。其中数量最多的是各种史籍，包括正史、别史、专史、杂史、稗史，体裁则有纪传、编年史、断代史、地理书、奏疏、文告、案牍、信札、游记、政论以及各级地方志。其次是涉及哀牢的碑文，有唐宋时代的《南诏德化碑》《哀牢夫人碑》和较多的明清碑文。还有就是文学作品，有一批产生于南诏、大理时期，成书于元明清时的洱海地区口头文学作品，更有大量的诗词曲赋、露布等文人辞章，都包含若干可取的史料。

《哀牢国史料辑录》补充了记及哀牢史事的汉晋六朝史籍10种，元代以后永昌（哀牢国地）地方官吏、学者名士著述40余种。清代史学大师章学诚说"地近则易核，时近则易真"。这两批史料基底坚实，可据可信。前一批出自哀牢当时或时间与之最接近，后一批是本地人写本地事，人熟地熟，有条件做得更深细准确。在前一批史料中，《汉书》是学界公认研究西汉历史"包举一代，不采异文"的重要史书。《水经注》是我国第一部最全面系统的地理名著，所依据的大量碑刻、史籍，大多今已失传。《蜀都赋》虽为文学作品，但"美物者贵依其本，赞事者宜本其实"，它摒弃了"虚而无征"的任意夸张手法。其他7种涉及哀牢的文字虽都不太多，但都有重要价值。如《魏略》几句话，使我们知道了早在汉晋之时大秦（罗马）即经水道（印度洋登陆缅甸）通达永昌。在后一批史料中，少数是史、志，大多数是篇幅短小的序跋、辞赋、碑文、墓表、函札、布告、按语，它们虽不如皇皇巨著之系统专精，但多皆辛勤搜访、征文考献、铢积寸累之作，并往往"事系庙堂，语关军国"，有利于破解研究中的一些难点，不失为千年史料中的零珠碎璧。

在《哀牢国史料辑录》中，有数十种录自唐宋至民国时期的史学名著、佳作，如《云南志》（《蛮书》）、《通典》《唐会要》《册府元龟》《资治通鉴》《太平寰宇记》《太平御览》《滇略》《百濮考》《百夷传》、景泰《云南图经志书》、天启《滇志》《读史方舆纪要》、乾隆《云南通志》《滇系》《新纂云南通志》《西南属夷小记》《云南百濮考》《中国民族史》等等，都为古今学者所一致称道，所记哀牢事迹被视为重要史料，其共同特征有如《读史方舆纪要》序言的评介：集百家之成言，寻故钩新，深思远识，严谨缜密，期有以济世，不徒纸上空谈。以下是著名史学家方国瑜、尤中、木芹等对其中若干种的评析。《云南志》：此书为唐人著述云南史地专著之仅存于世者，大部分材料为亲历目睹之记录，是考究云南史实最重要之典籍；《资治通鉴》：采用之书除正史以外，杂史300余种，取材翔实，叙事精密，为博大精深之作，前人推评为"天地间必不可无之书，学者必不可不读之书"；景泰《云南图经志书》：作者承事唯谨，殚心竭虑，穷搜远探，博访统观，正旧志之乖讹，公舆情之去取，云南志书之完备者莫先于此；《滇略》：搜罗通记，附益新事，删繁剪陋，引证有据，叙述有法，较诸家地志特为雅洁；天启《滇志》：采郡邑志编成新作，别为搜遗以附之，伪者正，舛者易，为"明代志书最善之本也"；《徐霞客游记》：考察山川形势，导脉穷源，耳闻目睹，悉其底蕴，对社会生活据实书记，以其实事求是的科学精神成为享誉中外的宝贵历史文化遗产，1999年被学术界列为20部中华优秀传统文化著作之一……

以上三批（汉晋著述、省内外名著和历代本地人著述）史料，有很高的可信度，研究哀牢、永昌历史，重点选用、依循的应该是这些史书。但是，这绝不是说这些史料是无瑕美玉。就封建史书的整体而言，它是为封建统治服务的，所谓"监人事之得失，助人君之鉴戒"，"资治"的目的在于供封建统治者从历代治乱兴亡中取得鉴戒，以维护和巩固他们的统治；皇帝、朝廷和地方政府，对修史大多采取严厉的控制政策，指命史官撰写，宋太宗还按日阅览书稿，因名《太平御览》；作者绝大部分是封建统治集团的重要成员或头面人物，他们"修史以报君恩"。这种目的和机制，往往严重影响到史实的取舍叙述和评析的客观公正。这些史书都贯穿封建正统思想和道德观念，宣传皇权是"天命所归"，皇帝"奉天承运"，对统治者掩非饰过，甚至把压迫剥削当惠政宣扬；敌视人民革命，把革命起义诬为"盗、匪、贼、寇""谋乱"；历代诸史之"蛮夷列传"多秉承"尊王攘夷"的"春秋大义"，对四裔民族多歧视侮辱之词，甚至编造出一些荒诞离奇的"事实"；还宣扬封建迷信的宿命论、阴阳术数和五行学说，如"国家将兴必有祥祯，国家将亡必有妖孽"。如此等等，是封建史书的通病和糟粕。此外，在这些较为优秀的史籍中，记述史事脱节、重复、矛盾、错乱的情况也在在有之。对其中不确切的部分决不能因其书之盛名而加以盲从。

比较复杂、麻烦的一批史料，是产生于南诏、大理国时期，成书于元明清的洱海地区民间传说，如《纪古滇说》《自古通记》《南诏野史》《白国因由》等等（它们都有不少异名）。这批书既包含有许多南诏、大理国重要史料，但在叙述其始祖永昌哀牢山（或九隆山）、九隆池（或九龙池、易罗池）的九隆起源时，任意改编、演绎与之相距千年的史籍，混淆地理方位，颠倒时序、世系，改组人物关系，把原始社会末期史事移改为铁器时代中期的佛教神灵魔怪故事，把时代相距很远的东汉哀牢王类牢和滇王、南诏人事搅合一锅粥，甚至让滇王斩了类牢，把沙壹、九隆与印度阿育王子孙及南诏王合户，给沙壹加名"茉莉羌"，让本无父子连名之俗的哀牢王族实行父子连名制。演绎越久，九隆史事越是仅剩一个躯壳和影子。到了《白国因由》十子变九子，茉莉羌的九个儿子有八个成为佛经中的"八部龙王"，"皆归"于金齿易罗丛村龙泉池内，哀牢国也变成了白国，原生的九隆传说连影子都一片模糊了。至此，相继承传、核实、补充了13个世纪的哀牢史料发生了激巨的质变：从《史记》《汉书》记及哀牢所属的同师、苞满、滇越、不韦、嶲唐、比苏，到东汉有了《哀牢传》《东都赋》等专篇，六朝至唐宋大量史书更都设专章专篇，它们是公认的哀牢史事本真；而自元代以降形成清浊两流，初则泾渭分明，其后清浊相混。"正宗"的一支虽有小纰，但仍本着史学的严谨记叙哀牢事迹。而以《纪古滇说》为始作俑者的一支则"张飞杀岳飞，杀得满天飞"。明清以来的许多著名史家学者，对后一支曾相继给予严肃批判。明杨慎在《纪古滇说》跋中指称其书乃"野史之流、郡乘之稗也"，清王崧评断此书"支离杂诡，乃好事者所妄造"，宁超《汇编》按语说它"类似演义"，"绝不可完全视为信史"。明谢肇淛《滇略》说《白古通记》"什九皆载佛教神僧灵迹，诡谲可厌"，方国瑜、宁超先生都说它"错乱特甚"。清师范《南诏征信录》说《南诏野史》"支离荒唐，鄙俚猥杂"。王崧（道光）《云南志钞》说"《华阳国志》《后汉书》所称九隆，九非数，隆非龙，而《白古记》改隆为龙，谓低蒙苴（妻沙壹）生九子，名九龙氏，《古滇说》谓沙壹生十子……其小子习农乐。考细奴逻（习农乐）当唐高祖时，而九隆之裔十余世至贤（扈）栗，于汉光武时通中国，年代相悬，其乖谬不待辨矣"！清冯甦《滇考》批评以上诸书说："九隆事当在周秦之间，何至唐时尚存……《古滇说》一书妄诞不足为信也……白国、哀牢国既同出（阿育王重孙）九隆，是族兄弟也，《古滇说》阿育王三子欲归，为哀牢夷所阻，是又仇敌也。诸书自相矛盾，往往如此。总之，南诏僭窃已久，臣下务为神异之说，美其祖宗。"方国瑜说《纪古滇说》所载哀牢国摩梨羌等故事"割裂史事，颠倒错乱，以至不可究诘"，《白国因由》等"数种之文字，动辄谬误，几无可取"，"不足为典要也"，并指出它们好为诡异之说是因为依附佛教阿吒力派，这些书多出此辈"释儒"之手。本《辑录》收录它们，仅为力求史料的全备和便于研究者比较分析，并非认为它们是信史。

作为历史研究基础学科的史料学，主要任务是从事史料的搜集、校勘、考订和编纂，研究史料的源流、真伪、价值和利用方法。如何科学地应用两千年来掺混芜杂的大量哀牢史料？拙意以为首先需要全面了解和审视有关史料，以便比较分析，明辨异同，"缺者补之，复者去之，讹者正之，谬者订之"，避免陷入片面，误入歧途。其次是努力查找使用早期史料、原始史料即"第一手"史料，越早越原始越可靠，不随便引用经过剪裁处理、脱离原著完整内容的二手、三手材料。但这并不意味着晚出史料都不如早出史料可靠，有些晚出史料是使用和参考了现已亡佚的文献、遗证和远古传下来的口碑材料而形成的，必须具体分析鉴别每一种史料的可信程度。再次，考古界、史学界有个说法："有几分材料说几分话。"不能凭三分材料做出四五分甚至七八分的推论，以免陷入臆解妄断，学术研究不允许"乌焉成马，蚊蚋为雷"。第四，在使用每一种史料时，做好以下三件具体分析鉴别工作：

1. 文字的考异订正。哀牢史料和其他传承了一两千年的史料一样，文字的"缺（句、段残缺）、夺（文字脱漏）、讹（文字错误）、衍（误增的字句）"不可胜数。缺夺讹衍主要发生于传抄、转刻和民族语言的译记。直至唐代，印刷术才盛行于我国内地；到民国年间，汉字笔画结构尚未统一规范；哀牢地处西南边区，传抄年代相对更长（尤其是出于永昌、云南的史料）。哀牢语言、语音有复杂的民族、地方差异，有的需要三译四译，有的被称为"鸟语",史家记写时用字各不相同,译字时还难免对音讹舛。有些是因为字形近似抄、刻错误,如沙壹错为沙壶、沙臺(台),柳貌错为抑狼、柳狼,欠蒙亏错为次蒙亏、欠蒙方,高黎共错为高丽其,禄旱江错为禄卑江;有些是因为字音相同记写相异,如细奴逻又写习农乐,茉莉羌也写摩梨羌,蒙迦独也写蒙伽笃;有些是抄刻时笔误了字画、结构,还可能与杂用行、草字体有关,如三皇错为三白王,永昌地错为永昌城,漂、僄、缥、骠相混;还有的是故意篡改,如哀牢改安乐,九隆改九龙,等等。对于哀牢史料文字(以及后文所谈史事)中的这些歧异讹误,有些经当代史学界半个多世纪的考证研究,业已论定并为众所适从,一般不应再去翻腾纠扯。而那些未经论定的和学术界以往不曾了解的史料中的歧异讹误,应该是我们今后史料考究和正讹纠谬的主要着力区。

2. 史事的考异核实。历史学是据实求真的科学,弄清史事的虚实真假是研究的前驱条件。百多种哀牢文字史料,所记史事歧异不少。大别之约有四种。一种是详略不同,文字有异,但基本内容互无冲突;一种是主要事实相同,但后者博采旁证或依据新发现史料,补充了前人著述并做了某些考证纠谬工作;一种是掺杂错误记事,包括对前人著述的以讹传讹;一种是故意穿凿附会甚至臆造史事,对前人记述的史实任意切割肢解,甚至编造大量新的故事和人物,另行拼装成不同年代、地域和背景的大杂烩,作者关心的不是哀牢历史本身,而是构建另种历史的欲望。以下略举错记史事四例:

(1)明代有几种史志说:"永平元年(58年)诸郡叛,遣张翕讨之,立澜沧郡,寻改永昌郡。"实际上公元69年建永昌郡前根本没有"立"过"澜沧郡"(历时既达11年也与"寻改"义不相符)。事实是:永平元年作乱者是"姑复(今华坪)夷",不涉及永昌地;明代设澜沧卫于北胜州(今永胜),姑复、北胜均属汉越巂郡(治在今西昌);越巂太守张翕平叛也未及永昌地。只因澜沧江在永昌境,以致给永昌郡附会出了一个前身——澜沧郡。

(2)《晋书·地理志》说咸康八年(342年)"省永昌郡"。朱惠荣教授《论名城保山的历史地位》指出此"说不可信","南朝时永昌郡亦未废弃",列举8种史料予以证明,言之确凿。直至南朝梁时的思想家、医学家陶弘景《名医别录》仍记"永昌本属益州，今属宁州。"师范《滇系》、顾祖禹《读史方舆纪要》都说："宋、齐仍为永昌郡。"东晋、南北朝数百年间虽未能切实经略南中（滇黔两省和川西南），任爨氏割据一方，但未曾放弃永昌在内的南中，仍加"遥领"、号令；永昌郡未曾独立，亦未外附他国。《南齐书》所说"永昌郡有名无民，曰空荒不立"，指的应是户籍、税赋未能送达中央，实则仍然"有民"，并未真的"空荒"。我们再看《隋书·文帝纪》，内载开皇十七年（597年）派太平公史万岁讨伐宁州，军抵西洱河"破其三十余部，诸夷大惧，遣使请降"。这史军未至即"遣使请降"的诸部当然包括了永昌，故万历《云南通志》和《保山县志》均载永昌"隋为益州总管府"，《腾越州志》也说："雍闿叛蜀，武侯南征，亦迨于晋，总隶中原，隋统南北，犹奉车书。"《保山县志·杨兴传》说得好："自典午（指司马氏）南渡，中朝治理南中已鞭长莫及，爨部崛强于滇池，永昌僻处，声教隔绝，犹……一脉相沿未绝也。"《晋书》成书急促粗糙，矛盾、错漏多，"省永昌郡"是其一错。

（3）《晋书》又说："泰始七年（271年），分……交州之永昌。"方国瑜先生指出：永昌属蜀之益州刺史，距吴之交州（治在今广州）地界甚远，无属交州之可能，而有人竟以此大做文章；事实是蜀汉渠帅雍闿暗投东吴，被遥授永昌太守，永昌吕凯闭境拒雍，雍未能进入永昌而在诸葛亮南征时死于越巂，"'交州之永昌'一语实误"。

（4）武周宰相、蜀州刺史张柬之《奏请罢兵戍姚州疏》说："姚州者，古哀牢之旧国，本不与中国交通。前汉唐蒙开夜郎、滇、笮，而哀牢不附"；唐姚州道总管李义讨平蒙俭等叛乱后，骆宾王所写两篇《破姚州露布》也用了"沉木余苗，乱我天常，木化九隆，为中国之患"等语句，因此自唐而后，往往有人将两汉之时的"昆明"部族与"哀牢"部族混为一谈，把两汉六朝史书明白记载阻道不附、"辄杀略汉使"的"昆明之属"说成哀牢部族，把两汉六朝史书明白记载的"永昌郡，古哀牢国"移植到今姚安。著名史学家王宏道、方国瑜等早就明确指出了奏文和《露布》的错误，王宏道《关于哀牢与昆明及濮的关系和族属问题》说，这是"把《华阳国志》所载永昌郡地区澜沧江中游的民族历史情况，移植到唐代姚州以北、洱海以东、金沙江以南的乌蛮、白蛮分布地区了"。

　　这里还有必要顺便谈谈把史籍文献与文学作品加以区别的问题。在我们辑录的哀牢史料中，包括骆宾王两《露布》、一大批诗、赋以及《白古通记》之类民间传说，其基本属性是文学作品。文学作品不仅允许而且需要虚构、夸张甚至"戏说"等表现手法，任何人也不能苛求历史题材的文学作品完全符合历史事实；哀牢文学作品既是历史又不是历史，使用时需要我们谨慎鉴别"是"与"不是"。我们现在既需要哀牢史学研究，又需要哀牢文学作品，但不宜给产生于文学思维和技法的作品披上史学研究外衣，这种不"法"之作往往产生误导。

　　3. 史观的评析辨正。哀牢史料中夹杂一些非科学的见解和错误的甚至反动的历史观点，我们应以科学的历史观即唯物主义史观去辨明是非曲直。此前已略说，不赘。

　　本《辑录》力求全备，凡涉及哀牢事迹者，两汉至清代史料，搜访所见悉数辑纳，民国所出也铨选从宽。但夹杂其中的无关文字则尽量删去，以免冗杂；又历代史、志相互转录，大量重复，《辑录》力求避免，凡早晚文献记述相同（包括文字有异但内容无所增损）者，晚后文献中则予略去，只作注明。辑录史料，原书大多直行排印，没有标点断句，并有大量古体字、异体字、通假字、俗字，本《辑录》改为简体横排，加标标点符号。为便于阅读和使用，在帝王年号、干支年号、唐宋地方年号后括注公元纪年，在古地名后括注现今地名，对读者生疏的少数特殊事物、人物也作了括注。

　　笔者虽有志于哀牢史料的穷源尽流，并用力多年，但因历代哀牢史料分布既广而杂，浩若烟海，加之自己在边远地区基层小单位工作的限制，又绝不可能将哀牢史料"一网打尽"。本《辑录》的一切不周不当之处，敬希知者教正。

二　史料辑录

史　记

（西汉）司马迁

西南夷列传

西南夷君长以什数，夜郎最大；其西靡莫之属以什数，滇最大；自滇以北君长以什数，邛都最大；此皆魋结，耕田，有邑聚。其外，西自同师（今保山）以东，北至叶榆（今大理），名为巂、昆明，皆编发，随畜迁徙，毋长处，毋君长，地方可数千里。

及元狩元年（公元前122年），博望侯张骞使大夏来，言居大夏时见蜀布、邛竹杖，使问所从来，曰："从东南身毒国，可数千里，得蜀贾人市。"或闻邛西可二千里有身毒国。骞因盛言大夏在汉西南，慕中国，患匈奴隔其道，诚通蜀，身毒国道便近，有利无害。于是天子乃令王然于、柏始昌、吕越人等，使间出西夷西，指求身毒国。至滇，滇王尝羌乃留，为求道西十余辈。岁余，皆闭昆明，莫能通身毒国。

大宛列传

骞身所至者大宛、大月氏、大夏、康居，而传闻其旁大国五六，具为天子言之。

骞曰："臣在大夏时，见邛竹杖、蜀布，问曰：'安得此？'大夏国人曰：'吾贾人往市之身毒。身毒在大夏东南可数千里……'以骞度之，大夏去汉万二千里，居汉西南。今身毒国又居大夏东南数千里，有蜀物，此其去蜀不远矣。今使大夏，从羌中，险，羌人恶之；少北，则为匈奴所得；从蜀宜径，又无寇。"……天子欣然，以骞言为然，乃令骞因蜀犍为发间使，四道并出：出駹，出冉，出徙，出邛、僰，皆各行一二千里。其北方闭氏、筰，南方闭巂、昆明。昆明之属无君长，善寇盗，辄杀略汉使，终莫得通。然闻其西可千余里有乘象国，名曰滇越，而蜀贾间出物者或至焉，于是汉以求大夏道始通滇国。初，汉欲通西南夷，费多，道不通，罢之。及张骞言可以通大夏，乃复事西南夷。

是时汉既灭越，而蜀、西南夷皆震，请吏入朝。于是置益州、越嶲、牂柯、沈犁、汶山郡，欲地接以前通大夏。乃遣使柏始昌、吕越人等岁十余辈，出此初郡抵大夏，皆复闭昆明，为所杀，夺币财，终莫能通至大夏焉。于是汉发三辅罪人，因巴蜀士数万人，遣两将军郭昌、卫广等往击昆明之遮汉使者，斩首虏数万人而去。其后遣使，昆明复为寇，竟莫能得通。

司马相如列传

司马长卿便略定西夷，邛（居住在今四川西昌地区的古代民族）、筰（居住在今四川汉源一带的古代民族）、冉駹（居住在今四川茂汶羌族自治县一带的古代民族）、斯榆（居住在川西南至洱海等地的古代民族）之君皆请为内臣。

相如……乃著书，藉以蜀父老为辞，而己诘难之，以风天子，且因宣其使指，令百姓知天子之意。其辞曰：

汉兴七十有八载，德茂存乎六世，威武纷纭，湛恩汪濊，群生澍濡，洋溢乎方外。于是乃命使西征，随流而攘，风之所被，罔不披靡。因朝冉从駹，定筰存邛，略斯榆，举苞满，结轶还辕，东乡将报，至于蜀都。

汉　书

（东汉）班固

西南夷列传

（西南）夷君长以十数，夜郎最大；其西，靡莫之属以十数，滇最大。自滇以北，君长以十数，邛都最大；此皆椎结，耕田，有邑聚。其外，西自桐师（今保山）以东，北至叶榆（今大理），名为嶲、昆明，编发，随畜迁徙，亡常处，亡君长，地方可数千里。

及元狩元年，博望侯张骞言使大夏时，见蜀布、邛竹杖，问所从来，曰："从东南身毒国，可数千里，得蜀贾人市。"或闻邛西可二千里有身毒国。骞因盛言大夏在汉西南，慕中国，患匈奴隔其道，诚通蜀，身毒国道便近，又亡害。于是天子乃令王然于、柏始昌、吕越人等十余辈间出西南夷，指求身毒国。至滇，滇王尝羌乃留为求道。四岁余，皆闭昆明，莫能通。

大将军风于是荐金城司马陈立为牂牁太守。立者，临邛人，前为连然长，不韦令，蛮夷畏之。乃至牂牁……平定西夷，征诣京师。会巴郡有盗贼，复以立为巴郡太守；秩中二千石居，赐爵左庶长。徙为天水太守。劝民农桑为天下最，赐金四十斤。入为左曹卫将军、护军都尉，卒官。

武帝纪

元朔三年（公元前126年）……秋，罢西南夷。

元狩三年（公元前120年）秋……发谪吏穿昆明池。

元封二年（公元前109年）秋……又遣将军郭昌、中郎将卫广发巴蜀兵平西南夷之未服者，以为益州郡……六年……益州昆明反，赦京师亡命令从军，遣拔胡将军郭昌将以击之。……

卫青、霍去病列传

郭昌，云中人，以校尉从大将军。元封四年（公元前107年），以太中大夫为拔胡将军，屯朔方。还击昆明，无功，夺印。

地理志

尧遭洪水，怀山襄陵，天下分绝，为十二州，使禹治之。水土既平，更制九州，列五服，任土作贡。

华阳、黑水唯梁州……道黑水至于三危，入于南海。

秦并兼四海，以为周制微弱，终为诸侯所丧，故不立尺土之封，分天下为郡县……汉兴，因秦制度。

益州郡，武帝元封二年（公元前109年）开……户八万一千九百四十六，口五十八万四百六十三。县二十四：滇池（今晋宁）。双柏（今易门）。同劳（今陆良）。铜濑（今马龙）。连然（今安宁）。俞元（今澄江等）。收靡（今寻甸等）。谷昌（今昆明市东）。秦臧（今禄丰等）。邪龙（今巍山等）。味（今曲靖等）。昆泽（今宜良）。叶榆（今大理、剑川等）。律高（今通海等）。

不韦（今隆阳等地）。云南（今祥云等）。嶲唐（今云龙漕涧）。周水首受徼外，又有类水，西南至不韦，行六百五十里。弄栋（今姚安等）。比苏（今云龙、兰坪）。贲古（今蒙自等）。毋棳（今开远等）。胜休（今石屏、红河等）。健伶（今昆阳）。来唯（今南涧）。

汉兴……讫于孝平，凡郡国一百三，……地东西九千三百二里，南北万三千三百六十八里……民户千二百二十三万三千六十二，口五千九百五十九万四千九百七十八。汉极盛焉！

哀牢传（辑佚）

（东汉）杨终

哀牢夷者，其先有妇人名沙壹，居于牢山。尝捕鱼水中，触沉木若有感，因怀妊，十月，产子男十人。后沉木化为龙，出水上。沙壹忽闻龙语曰："若为我生子，今悉何在？"九子见龙惊走，独小子不能去，背龙而坐，龙因舐之。其母鸟语，谓背为九，谓坐为隆，因名子曰九隆。及后长大，诸兄以九隆能为父所舐而黠，遂共推以为王。后牢山下有一夫一妇，复生十女子。九隆兄弟皆娶以为妻，后渐相滋长。种人皆刻画其身，象龙文，衣皆著尾。

九隆代代相传，名号不可得而数，至于禁高，乃可记知。禁高死，子吸代；吸死，子建非代；建非死，子哀牢代；哀牢死，子桑藕代；桑藕死，子柳承代；柳承死，子柳貌代；柳貌死，子扈栗代。

论　衡

（东汉）王充

宣汉篇

周家越常献白雉，方今匈奴、鄯善、哀牢贡献牛马。周时仅治五千里内，汉氏廓土收荒服之外。牛马珍于白雉，近属不若远物。古之戎狄，今为中国；古之裸人，今被朝服；古之露首，今冠章甫；古之跣蹻，今履高舄。

以盘石为沃田，以桀暴为良民，夷坎坷为平均，化不宾为齐民，非太平而何？

恢国篇

方今哀牢、鄯善、婼羌降附归德，匈奴时扰，遣将攘讨，获虏生口千万数。

佚文篇

杨子山为郡上计吏，见三府为《哀牢传》不能成，归郡作上，孝明奇之，征在兰台。夫以三府掾吏，丛积成才，不能成一篇。子山成之，上览其文。子山之传，岂必审是，传闻依为之有状，会三府之士，终不能为，子山为之，斯须不难。

别通篇

或曰："通人之官，兰台令史，职校书定字，比夫太史太柷，职在文书，无典民之用，不可施设。是以兰台之史，班固、贾逵、杨终、傅毅之徒，名香文美，委积不泄，失用于世。"曰：此不继……周监二代，汉监周、秦，然则兰台之官，国所监得失也。以心如丸卵，为体内藏，眸子如豆，为身光明。令史虽微，典国道藏，通人所由进，犹博士之官，儒生所由兴也。委积不泄，岂对国微遇之哉，殆以书未定而职未毕也。

案书篇

盖才有浅深，无有古今；文有伪真，无有故新。广陵陈子回、颜方，今尚书郎班固，兰台令杨终、傅毅之徒，虽无篇章，赋颂记奏，文辞斐炳：赋象屈原、贾生，奏象唐林、谷永，并比以观好，其美一也。

验符篇

永昌郡中亦有金焉，纤靡大如黍粟，在水涯沙中，民采得日重五铢之金，一色正黄。土生金，土色黄……金省三品，黄比见者，黄为瑞也。

东观汉记

（东汉）班固

明帝纪

永平十二年（公元69年），以益州徼外哀牢王率众慕化，地旷远，置永昌郡。

安帝纪　顺帝纪

永初元年（公元107年），徼外羌龙桥等六种慕义降附。永昌献象牙、熊子。

永建六年（公元131年），叶调国王遣使师会诣阙贡献，以师会为汉辨义叶调邑君，赐其君紫绶。及掸国王雍由亦赐金印紫绶。

东都赋

（东汉）班固

自孝武之所不征，孝宣之所未臣，莫不陆詟水栗，奔走而来宾。遂绥哀牢，开永昌。春王三朝，会同汉京。是日也，天子受四海之图籍，膺万国之贡珍。内抚诸夏，外绥百蛮。尔乃盛礼兴乐，供帐置乎云龙之庭。陈百寮而赞群后，究皇仪而展帝容。于是庭实千品，旨酒万钟。列金罍，班玉觞，嘉珍御，太牢飨。尔乃食举雍彻，太师奏乐。陈金石，布丝竹，钟鼓铿鍧，管弦烨煜。抗五声，极六律，歌九功，舞八佾，《韶》《武》备，泰古毕。四夷间奏，德广所及，僸、佅、兜、离，罔不具集。万乐备，百礼暨，皇欢浃，群臣醉，降烟煴，调元气。然后撞钟告罢，百寮遂退。

永昌郡传（《太平御览》引）

（蜀汉至西晋）佚名

（永昌）郡西南千五百里徼外有尾濮，尾若龟形，长四五寸，欲坐，辄先穿地空以安其尾；若邂逅误折尾便死。男女长，各随宜野会，无有嫁娶。犹知识母，不复别父。俗曰贷老相食，则此濮也。古人所说，非目见也。

永昌郡在云南西七百里，郡东北八十里泸仓津，此津有瘴气，往以三月渡之，行者六十人皆悉焖死。毒气中物则有声，中树木枝则折，中人则令奄然青焖也。

永昌记（《太平御览》引）

哀牢王出入射猎，骑马，金银鞍勒，加翠毛之饰。

魏　略

（魏）鱼豢

汉令哀牢民家出盐一斛以为赋。

大秦道既从海北陆道，又循海南而南与交趾七郡夷通，又有水道通益州永昌，故永昌多出异物。

益部耆旧传

（西晋）陈寿

（九隆传说，同于《哀牢传》，此不重录。）

续汉书

（西晋）司马彪

郡国志

《汉书·地理志》记天下郡县本末及山川奇异，风俗所由，至矣。今但录中兴以来郡县改异……凡县名先书者，郡所治也。

……

永昌郡八城，户二十三万一千八百九十七，口百八十九万七千三百四十四。

不韦（今隆阳等地）出铁。嶲唐（今漕涧）。比苏（今云龙、兰坪）。叶榆（今大理、洱源、剑川、鹤庆）。邪龙（今巍山）。云南（今祥云、弥渡）。哀牢（今腾冲、龙陵、德宏、临沧），永平中置，故牢王国。博南（今永平），永平中置，南界出金。

古今注

（西晋）崔豹

永平十年（公元67年）置益州西部都尉，治嶲唐，镇哀牢人、叶榆蛮夷。

蜀都赋

（西晋）左思

布有桐华，面有桄榔……

刘逵注：桐华者，树名桐，其花柔毳，可绩为布，出永昌。

博物志

（西晋）张华

松脂沦入地中，千年化为茯苓，千年化为琥珀。琥珀一名江珠。今太山有茯苓而无琥珀，益州永昌出琥珀而无茯苓。或云烧蜂巢所作，未详此二说。

毛诗疏义

（西晋）陆机

北山有槐。《尔雅》曰：槐，鼠梓，其树叶木理如楸，山楸之异也。今人谓之昔楸，湿时脆，燥而坚。今永昌人谓鼠梓，汉人谓之槐。

后汉书（哀牢条）

（西晋）华峤

哀牢夷之染彩细布，织成文章如绫锦。有梧桐木华，绩以为布，幅广五尺，洁白不受垢污。先以覆亡人，然后用之。

三国志·蜀书

（西晋）陈寿

吕凯传

吕凯字季平，永昌不韦人也。仕郡五官掾功曹。时雍闿等闻先主薨于永安，骄黠滋甚。都护李严与闿书六纸，解喻利害，闿但答一纸曰："盖闻天无二日，土无二王，今天下鼎立，正朔有三，是以远人惶惑，不知所归也。"其桀慢如此。闿又降于吴，吴遥署闿为永昌太守。永昌既在益州郡之西，道路雍塞，与蜀隔绝，而郡太守改易，凯与府丞蜀郡王伉帅历吏民，闭境拒闿。闿数移檄永昌，称说云云。凯答檄曰："天降丧乱，奸雄乘衅，天下切齿，万国悲悼，臣妾大小，莫不思竭筋力，肝脑涂地，以除国难。伏惟将军，世受汉恩，以为当躬聚党众，率先启行，上以报国家，下不负先人，书功竹帛，遗名千载。何期臣仆吴越，背本就末乎？昔舜勤民事，陨于苍梧，书籍嘉之，流声无穷。崩于江浦，何足可悲！文、武受命，成王乃平。先帝龙兴，海内望风，宰臣脱睿，自天降康。而将军不睹盛衰之纪，成败之符，譬如野火在原，蹈履河冰，火灭冰泮，将何所依附？曩者将军先君雍侯，造怨而封，窦融知兴，归志世祖，皆留名后叶，世歌其美。今诸葛丞相英才挺出，深睹未萌，受遗托孤，翊赞季兴，与众无忌，录功忘瑕。将军若能翻然改图，易迹更步，古人不难追，鄙上何足宰哉！盖闻楚国不恭，齐恒是责，夫差僭号，晋人不长，况臣于非主，谁肯归之邪？窃惟古义，臣无越境之交，是以前后有来无往。重承告示，发愤忘食，故略陈所怀，惟将军察焉。"凯恩威内著，为郡中所信，故能全其节。

及丞相亮南征讨闿，既发在道，而闿已为高定部曲所杀。亮至南，上表曰："永昌郡吏吕凯、府丞王伉等，执忠绝域，十有余年，雍闿、高定逼其东北，而凯等守义不与交通。臣不意永昌风俗敦直乃尔！"以凯为云南太守，封阳迁亭侯。会为叛夷所害，子祥嗣。而王伉亦封亭侯，为永昌太守。

后主传

建兴……三年（公元225年）春三月，丞相亮南征四郡，四郡皆平。改益州郡为建宁郡，分建宁、永昌郡为云南郡，又分建宁、牂牁为兴古郡。十二月，亮还成都。

霍峻传

霍峻字仲邈，南郡枝江人也。……子弋，字绍先……后为参军庲降屯副贰都督，又转护军，统事如前。时永昌郡夷僚恃险不宾，数为寇害，乃以弋领永昌太守，率偏军讨之，遂斩其豪帅，破坏邑落，郡界宁静。迁监军翊军将军，领建宁太守，还统南郡事。景耀六年，进号安南将军。是岁，蜀并于魏。

桂阳列仙传

（晋）佚名

永宁元年（公元120年），西南夷献乐及幻人，能吐火，自肢解，易牛马头。……安帝与群臣观，大奇之。

南中八郡志

（晋）佚名

永昌，古哀牢国也。传闻永昌西南三千里有骠国，君臣父子，长幼有序。

永昌郡有禁水，水有恶毒气，中物则有声，中树木则折，名曰"鬼弹"；中人则奄然青烂。

宋（永）昌郡西南三千里有剽国，以金为刀戟。

貊大如驴，状颇似熊。多力，食铁，所触无不拉。

广　志

（晋）郭义恭

木棉濮，土有木棉树，多叶，又房甚繁，房中棉如蚕所作，其大如卷。

文面濮，其俗劓面而以青画之。

折腰濮，其俗生子皆折其腰。

赤口濮，在永昌南，其俗折其齿，劓其唇使赤，又露身，无衣服。

黑僰濮，在永昌西南，山居，耐勤苦。其衣服，妇人幅布为裙，或以贯头；丈夫以谷皮为衣。其境出白蹄牛、犀、象、武魄、金、铜华布。

永昌郡有歧尾蛇。

木棉树，赤华，为房甚繁，逼侧相比，为棉甚软。出交州、永昌。

永昌有汉（濮）竹，围三尺余。

又有百子芋，出叶榆县。有魁芋，无旁子，生永昌。

鸡舌出南海中及剽国，蔓生，实熟贯之。

艾纳出剽国。

永昌一郡，见龙之耀，日月相属。

华阳国志

（东晋）常璩

南中志·总叙

南中在昔盖夷越之地，滇濮、句町、夜郎、叶榆、桐师、巂唐侯王国以十数。

光武称帝，以南中有义。益州西部，金银宝货之地，居其官者，皆富及十世。孝明帝初，广汉郑纯独尚清廉，毫毛不犯，夷汉歌咏，表荐无数，上自三司，下及卿士，莫不叹赏。明帝嘉之，因以为永昌郡，拜纯太守。

元初四年（公元117年），益州、永昌、越巂诸夷封离等反，众十余万，多所残破。益州刺史张乔遣从事蜀郡杨竦将兵讨之。竦先以诏书告谕；告谕不从，方略涤讨。凡杀虏三万余人，获生口千五百人，财物四千余万，降赦夷三十六种；举劾奸贪长吏九十人，黄绶六十人。诸郡皆平。竦以伤死，故功不录。自是后，少宁五十余年。

先主薨后……益州大姓雍闿亦杀太守正昂，更以蜀郡张裔为太守。闿假鬼教曰："张裔府君如瓠壶，外虽泽而内实粗，杀之不可，缚于吴。"于是执送裔于吴。吴主孙权遥用闿为永昌太守，遣故刘璋子阐为益州刺史，处交、益州际。……建兴三年（公元225年）春，亮南征，……秋，遂平四郡……分建宁、越巂（应为永昌）置云南郡，以吕凯为太守。

夷人大种曰"昆"，小种曰"叟"，皆曲头木耳，铁环裹结，无大侯王……诸葛亮乃为夷作图谱，先画天地、日月、君长、城府；次画神龙，龙生夷及牛、马、羊；后画部主吏乘马幡盖，巡行安恤；又画（夷）牵牛负酒、赍金宝诣之之象，以赐夷。夷甚重之，许置生口直。又与瑞锦、铁券，今皆存。每刺史、校尉至，赍以呈诣，动亦如之。

毅后，永昌吕祥为校尉。祥后数人……建宁太守巴西杜俊、朱提太守梓潼雍约懦钝无治，政以贿成；俊夺大姓铁官令毛诜、中郎李睿部曲……太安元年秋，诜、睿逐俊以叛……众数万。毅讨破之……部永昌从事江阳孙辨上南中形势："七郡斗绝，晋弱夷强，加其土人屈塞，应复宁州，以相镇慰。"冬十一月丙戌，诏书复置宁州……毅为刺史，加龙骧将军，进封成都县侯。

二年……夷愈强盛，破坏郡县，役吏民。会毅疾甚，军连不利。晋民或入交州，或入永昌、牁牂，半亦为夷所困虏。夷因攻围州城。

南中志·永昌郡

永昌郡，古哀牢国。哀牢，山名也。其先有一妇人，名曰沙壶，依哀牢山下居，以捕鱼自给。忽于水中触有一沉木，遂感而有娠。度十月，产子男十人。后沉木化为龙出，谓沙壶曰："若为我生子，今在乎？"而九子惊走，唯一小子不能去，陪龙坐，龙就而舐之。沙壶与言语，以龙与陪坐，因名曰元隆，犹汉言陪坐也。沙壶将元隆居龙山下。元隆长大，才武。后九兄曰："元隆能与龙言，而黠有智，天所贵也。"共推以为王。时哀牢山下复有一夫一妇，产十女，元隆兄弟妻之。由是始有人民，皆象之，衣后着十尾，臂胫刻文。元隆死，世世相继，分置小王，往往邑居，散在溪谷。绝域荒外，山川阻深，生民以来，未尝通中国也。南中昆明祖之，故诸葛亮为其国谱也。

孝武时通博南山，渡兰沧水、渚溪，置巂唐、不韦二县。徙南越相吕嘉子孙宗族实之，因名不韦，以彰其先人恶。行人歌之曰："汉德广，开不宾。渡博南，越兰津。渡兰沧，为他人。"渡兰沧水以取哀牢地，哀牢转衰。

至世祖建武二十三年（公元47年），王扈栗遣兵乘箄船南攻鹿茤。鹿茤民弱小，将为所禽。会天大震雷，疾风暴雨，水为逆流，箄船沉没，溺死者数千人。后扈栗复遣六王攻鹿茤。鹿茤王迎战，大破哀牢军，杀其六王。哀牢人埋六王。夜，虎掘而食之。哀牢人惊怖，引去。扈栗惧，谓诸耆老曰："哀牢略徼，自古以来，初不如此，今攻鹿茤，辄被天诛，中国有受命之王乎，是何天佑之明也？汉威甚神！"即遣使诣越巂太守，愿率种人归义奉贡。世祖纳之，以为西部属国。其地东西三千里，南北四千六百里。有穿胸、儋耳种，闽越、濮、鸠僚。其渠帅皆曰王。

孝明帝永平十二年（公元69年），哀牢抑狼遣子奉献，明帝乃置郡，以蜀郡郑纯为太守。属县八，户六万，去洛六千九百里，宁州之极西南也。有闽濮、鸠僚、僄越、裸濮、身毒之民。土地沃腴，（有）黄金、光珠、虎魄、翡翠、孔雀、犀、象、蚕桑、绵绢、采帛、文绣。又有貊兽食铁，猩猩兽能言，其血可以染朱罽。有大竹名濮竹，节相去一丈，受一斛许。有梧桐木，其华柔如丝，民绩以为布，幅广五尺以还，洁白不受污，俗名曰桐华布，以覆亡人，然后服之及卖与人。有兰干细布，兰干，僚言纻也，织成文如绫锦。又有罽旄、帛叠、水精、瑠璃、轲虫、蚌珠。宜五谷，出铜、锡。太守著名绩者，自郑纯后，有蜀郡张化、常员，巴郡沈稚、黎彪，然显者犹鲜。

章武初，郡无太守。值诸郡叛乱，功曹吕凯奉郡丞蜀郡王伉保境六年。丞相亮南征，高其义，表曰："不意永昌风俗敦直乃尔！"以凯为云南太守，伉为永昌太守，皆封亭侯。李恢迁濮民数千落于云南、建宁界，以实二郡。凯子祥，太康中献光珠五百斤，还临本郡，迁南夷校尉。祥子元康末为永昌太守，值南夷作乱，闽濮反，乃南移永寿，去故郡千里，遂与州隔绝。吕氏世官领郡，于今三世矣。大姓陈、赵、谢、杨氏。

不韦县，故郡治。比苏县。哀牢县。永寿县，今郡治。巂唐县，有周水从徼外来。雍乡县。南涪县，有翡翠、孔雀。博南县，西山高三十里，越之得兰沧水；有金沙，以火融之为黄金；有光珠穴，出光珠；有虎魄，能吸芥；又有珊瑚。

先贤士女总赞（上）

杨竦，字子恭，成都人也。元初中，越巂、永昌夷反，残破郡县，众十余万。刺史张乔以竦勇猛，授从事，任平南中。竦先以诏书告喻，不服，乃加诛。杀虏三万余人，获生口千五百人，财物四千万，降夷三十六种；举正奸浊长吏九十人，黄绶六十人。南中清平。会被伤，卒。乔举州吊赠，列画东观。（赞）蛮夷猾扰，倡乱南疆。子恭要传，丑秽于攘。

先贤士女总赞（中）

郑纯，字长伯，郪人也。为益州西部都尉。处地金银、琥珀、犀、象、翠羽出，作此官者皆富及十世。纯独清廉，毫毛不犯，夷汉歌叹。表闻，三司及京师贵重多荐美之。明帝嘉之，乃改西部为永昌郡，以纯为太守。在官十年卒，列画颂东观。（赞）长伯抚遐，声畅中畿。析虎命邦，绰有余徽。

吴顺，字叔和，楪道人也。事母至孝，赤乌巢其门，甘露降其户。察孝廉，永昌太守。（赞）吴生致养，亦感灵祉。

后贤志

常勖，字修业，蜀郡江原人也。祖父员，牂牁、永昌太守。父，高庙令。从父闳，汉中、广汉太守。勖……又为尚书左选郎，郡请迎为功曹……复为督军……除郫令。

蜀世谱

（东晋）孙盛

初，秦徙吕不韦子弟宗族于蜀汉。汉武帝时，开西南夷，置郡县，徙吕氏以充之，因名不韦县。

吕祥后为晋南夷校尉，祥子及孙世为永昌太守。李雄破宁州，诸吕不肯附，举郡固守。王伉等亦守正节。

汉初设不韦县时，已开文教之风。

蜀郡王阜为益州太守，建兴学校，逮及蜀汉，经学未衰，雍闿、吕凯皆能文章。

搜神记

（东晋）干宝

永昌郡不韦县有禁水，水有毒气，唯十一月、十二月可渡涉，自正月至十月不可渡，渡辄病杀人。其气有恶物，不见其形，作声如有所投击，中木则折，中人则害人，俗名"鬼弹"。

后汉纪

（东晋）袁宏

和帝纪

永元六年（公元94年），永昌夷献犀、象。

后汉书

（南朝宋）范晔

西南夷列传

西南夷者，在蜀郡徼外。有夜郎国，东接交趾，西有滇国，北有邛都国，各立君长。其人皆椎结左衽，邑聚而居，能耕田。其外又有嶲、昆明诸落，西极同师，东北至叶榆，地方数千里。无君长，辫发，随畜迁徙无常。

建武十八年（公元42年），夷渠帅栋蚕与姑复、叶榆、弄栋、连然、滇池、建伶昆明诸种反叛，杀长吏。益州太守繁胜与战而败，退保朱提。十九年，遣武威将军刘尚等发广汉、犍为、蜀郡人及朱提夷，合万三千人击之。尚军遂度泸水，入益州界。群夷闻大兵至，皆弃垒奔走，尚获其羸弱、谷、畜。二十年，进兵与栋蚕等连战数月，皆破之。明年正月，追至不韦，斩栋蚕帅，凡首虏七千余人，得生口五千七百人，马三千匹，牛羊三万余头，诸夷悉平。

……

哀牢夷者，其先有妇人名沙壹，居于牢山。尝捕鱼水中，触沉木若有感，因怀妊，十月，产子男十人。后沉木化为龙，出水上。沙壹或闻龙语曰："若为我生子，今悉何在？"九子见龙惊走，独小子不能去，背龙而坐，龙因舐之。其母鸟语，谓背为九，谓坐为隆，因名子曰九隆。及后长大，诸兄以九隆能为父所舐而黠，遂共推以为王。后牢山下有一夫一妇，复生十女子，九隆兄弟皆娶以为妻，后渐相滋长。种人皆刻画其身，象龙文，衣皆著尾。九隆死，世世相继。乃分置小王，往往邑聚，散在溪谷。绝域荒外，山川阻深，生人以来，未尝交通中国。

建武二十三年（公元47年）其王贤栗遣兵乘箪船，南下江、汉，击附塞夷鹿茤。鹿茤人弱，为所擒获。于是震雷疾雨，南风飘起，水为逆流，翻涌二百余里，箪船沉没，哀牢之众，溺死数千人。贤栗复遣其六王将万人以攻鹿茤，鹿茤王与战，杀其六王。哀牢耆老共埋六王，夜虎复出其尸而食之，余众惊怖引去。贤栗惶恐，谓其耆老曰："我曹入边塞，自古有之，今攻鹿茤，辄被天诛，中国其有圣帝乎？天佑助之，何其明也！"二十七年，贤栗等遂率种人户二千七百七十，口万七千六百五十九，诣越巂太守郑鸿降求内属。光武封贤栗等为君长。自是岁来朝贡。

永平十二年（公元69年），哀牢王柳貌遣子率种人内属，其称邑王者七十七人，户五万一千八百九十，口五十五万三千七百一十一。西南去洛阳七千里，显宗以其地置哀牢、博南二县，割益州郡西部都尉所领六县，合为永昌郡。始通博南山，度兰仓水，行人苦之，歌曰："汉德广，开不宾。度博南，越兰津。度兰仓，为他人。"

哀牢人皆穿鼻儋耳，其渠帅自谓王者，耳皆下肩三寸，庶人则至肩而已。土地沃美，宜五谷、蚕桑。知染采文绣，罽旄、帛叠，兰干细布，织成文章如绫锦。有梧桐木华，绩以为布，幅广五尺，洁白不受垢污。先以覆亡人，然后服之。其竹节相去一丈，名曰濮竹。出铜、铁、铅、锡、金、银、光珠、虎魄、水精、瑠璃、轲虫、蚌珠、孔雀、翡翠、犀、象、猩猩、貊兽。云南县有神鹿两头，能食毒草。

先是，西部都尉广汉郑纯为政清洁，化行夷貊，君长感慕，皆献土珍，颂美德。天子嘉之，即以为永昌太守。纯与哀牢夷人约，邑豪岁输布贯头衣二领，盐一斛，以为常赋，夷俗安之。纯自为都尉、太守，十年卒官。建初元年（公元76年），哀牢王类牢与守令忿争，遂杀守令而反叛，攻巂唐城。太守王寻奔叶榆。哀牢三千余人攻博南，燔烧民舍。肃宗募发越巂、益州、永昌夷汉九千人讨之。明年春，邪龙县昆明夷卤承等应募，率种人与诸郡兵击类牢于博南，大破斩之。传首洛阳，赐卤承帛万匹，封为破虏傍邑侯。

永元六年（公元94年），郡徼外敦忍乙王莫延慕义，遣使译献犀牛、大象。九年，徼外蛮及掸国王雍由调遣重译奉国珍宝，和帝赐金印紫绶，小君长皆加印绶、钱帛。

永初元年（公元107年），徼外僬侥种夷陆类等三千余口举种内附，献象牙、水牛、封牛。永宁元年（公元120年），掸国王雍由调复遣使者诣阙朝贺，献乐及幻人，能变化吐火，自支解，易牛马头。又善跳丸，数乃至千。自言我海西人。海西即大秦也，掸国西南通大秦。明年元会，安帝作乐于庭，封雍由调为汉大都尉，赐印绶、金银、彩缯各有差也。

……

论曰：……故关守永昌，肇自远离，启土立人，至今成都焉。

赞曰：……俾建永昌，同编亿兆。

显宗孝明帝纪

永平……十二年（公元69年）春正月，益州徼外夷哀牢王相率内属，于是置永昌郡，罢益州西部都尉。

十七年（公元74年）……西南夷哀牢、儋耳、僬侥、槃木、白狼、动粘诸种，前后慕义贡献；……

肃宗孝章帝纪

建初元年（公元76年）……九月，永昌哀牢夷叛。

二年春三月……永昌、越巂、益州三郡民、夷讨哀牢，破平之。

孝安帝纪

永初元年（公元107年）……永昌徼外僬侥种夷贡献内属。

元初……六年（公元119年）……永昌、益州蜀郡夷叛，与越巂夷杀长吏，燔城邑，益州刺史张乔讨破降之。

永宁元年（公元120年）……十二月，永昌徼外掸国遣使贡献。

孝灵帝纪

熹平五年（公元176年）……五月闰月，永昌太守曹鸾坐讼党人，弃市。

种皓列传

种皓字景伯……顺帝末……出为益州刺史……时永昌太守冶铸黄金为

文蛇，以献梁冀，皓纠发逮捕，驰传上言，而二府畏懦，不敢案之，冀由是衔怒于皓……免官而已。

杜乔列传

杜乔字叔荣……汉安元年（公元142年）……拜太子太傅，迁大司农……益州刺史种皓举劾永昌太守刘君世以金蛇遗梁冀，事发觉，以蛇输司农。冀从乔借观之，乔不肯与，冀始为恨。

党锢列传

熹平五年（公元176年），永昌太守曹鸾上书大讼党人，言甚方切。帝省奏大怒，即诏司隶益州槛车收鸾，送槐里，狱掠杀之。

天文志中

孝章建初元年（公元76年）……蛮夷陈纵等及哀牢王类（牢）反，攻（巂）唐城。永昌太守王寻走奔叶榆，安夷长宋延为羌所杀。

水经注

（北魏）郦道元

益州叶榆河出其县北界……过不韦县。县故九隆哀牢之国也，有牢山。其先有妇人名沙壹（台），居于牢山，捕鱼水中，触沉木若有感，因怀孕，产十子。后沉木化为龙出水，九子惊走，小子不能去，背龙而坐，龙因舐之。其母鸟语，谓背为"九"，谓坐为"隆"，因名为九隆。及长，诸兄遂相共推九隆为王。后牢山下有一夫一妇，生十女，九隆皆以为妻，遂因孳育，皆画身象龙文，衣皆著尾。九隆死，世世不与中国通。汉建武二十三年（公元47年），王遣兵来，乘革舡南下，攻汉鹿崩民。鹿崩民弱小，将为所擒。于是天大震雷疾雨，南风漂起，水为逆流，波涌二百余里，革船沉没，溺死数千人。后数年，复遣六王将万许人攻鹿崩，鹿崩王与战，杀六王。哀牢耆老共埋之，其夜，虎掘而食之。明旦但见骸骨，惊怖引去。乃惧，谓其耆老、小王曰："哀牢犯徼，自古有之。今此攻鹿崩，辄被天诛，中国有受命之王乎? 何天佑之明也!" 即遣使诣越巂奉献, 求乞内附, 长保塞徼。汉明帝永平十二年（公元69年），置为永昌郡，郡治不韦县。盖秦始皇徙吕不韦子孙于此，故以不韦名县。

爨龙颜碑

（南朝宋）爨道庆

岁在壬申，百六遘衅，州土扰乱，东西二境，凶竖狼暴，缅戎寇场；君收合精锐五千之众，身佽矢石，扑碎千计，肃清边峨。君南中磐石，人情归望，迁本号龙骧将军、护镇蛮校尉、宁州刺史、邛都县侯。

魏书（列传九十）

（北齐）魏收

大秦国，一名犁轩，都安都城……东南通交趾，又水道通益州永昌，郡多出异物。

宋 书

（南朝梁）沈约

符瑞志中、下

晋武帝太康元年（公元280年）八月，白龙三见于永昌。
晋武帝太康元年八月，白虎见永昌南罕。
晋元帝太兴三年（公元320年）十一月，木连理生零陵、永昌。

州郡志·总叙

宁州刺史，晋武帝泰始七年（公元271年）分益州南中之建宁、兴古、云南、永昌四郡立。太康三年（公元282年）省，立南夷校尉。惠帝太安二年（公元303年）复立，增牂牁、越巂、朱提三郡。

南齐书

（南朝梁）萧子显

州郡志

宁州，镇建宁郡，本益州南中，诸葛亮所谓不毛之地也。道远土脊，蛮夷众多，齐民甚少，诸爨氏强族，恃远擅命，故数有土反之虞。领郡如左：

……

永昌郡有名无民，曰空荒不立。永安、永（寿）、不建（韦）、犍琁、雍乡、西城、博南。

名医别录

（南朝梁）陶弘景

永昌本属益州，今属宁州。

青木香，永昌不复贡，今皆从外国舶来，乃曰大秦国。

述异记

（南朝梁）任昉

哀牢夷，蜀西国名也。其先有妇人捕鱼水中，触沉木，育生男子十人。沉木为龙出水上，九男惊走，一儿不去，背龙，因舐之，后诸儿推为哀牢王。

九州要记（《太平御览》引）

（南朝）佚名

《九州记》曰：哀牢人皆儋耳穿鼻，其渠帅自谓王者，耳皆下肩三寸，鹿（庶）人则至肩而已。土地沃美，宜五谷蚕桑，知染彩文绣，有兰干细布，织成文章如绫锦。有梧桐木，华绩以为布，幅广五尺，洁白不受垢污，先以覆亡人，然后服之。有濮竹，节相去二丈。地出铜、铁、铅、锡、金、银、光珠、琥珀、水精、瑠璃、轲虫、蚌珠、孔雀、翡翠、犀、象、猩猩、豹（貊）兽。

濮夷，在郡界千里，常居木上作屋，有尾长二寸，若损尾立死。若欲地上居，则预穿穴以安尾。

文夷，嶲之西夷人，身青而有文，如龙鳞生于臂胫之间。将婚，会于路，歌谣相感合以为夫妇焉。又有穿鼻儋耳种。瘴气有声，着人人死，着木木折，号曰"鬼巢"焉。

晋书

（唐）房玄龄等

地理志

汉初有汉中、巴、蜀。高祖六年，分蜀置广汉，凡为四郡。武帝开西南夷，更置犍为、牂柯、越嶲、益州四郡，凡八郡，遂置益州统焉，益州盖始此也。及后汉，明帝以新附置永昌郡……刘禅建兴二年，改益州郡为建宁郡，广汉属国为阴平郡，分建宁、永昌立云南郡……七年，又分益州置宁州。

宁州。于汉魏为益州之域。泰始七年（公元271年），武帝以益州地广，分益州之建宁、兴古、云南，交州之永昌，合四郡为宁州，统县四十五，户八万三千。

永昌郡：不韦　永寿　比苏　雍乡　南涪　嶲唐　哀牢　博南

太康三年（公元282年），武帝又废宁州入益州，立南夷校尉以护之。太安二年（公元303年），惠帝复置宁州，又分建宁以西七县别立为益州郡。永嘉二年（公元308年），改益州郡曰晋宁，分牂柯立平夷、夜郎二郡。然是时其地再为李特所有。其后李寿分宁州兴古、永昌、云南、朱提、越嶲、河阳六郡为汉州。咸康四年（公元338年），分牂柯、夜郎、朱提、越嶲四郡置安州。八年（公元342年），又罢并宁州，以越嶲还属益州，省永昌郡焉。

南方记

（唐）佚名

往天竺（今印度）路径，若从蜀川南出，经越巂（治所晋移今会无）、姚州（今姚安）、不韦、永昌等邑，古号哀牢王，汉朝始慕化……此国本先祖龙之种胤也。今并属南蛮。

云南志

（唐）樊绰

高黎共山在永昌西，下临怒江。左右平川，谓之穹赕，汤浪加萌所居也。草木不枯，有瘴气。自永昌之越赕（今腾冲），途经此山，一驿在山之半，一驿在山之巅。朝济怒江登山，暮方到山顶。冬中山上积雪苦寒，秋夏又苦穹赕、汤浪毒暑酷热。

大雪山在永昌西北。从腾充过宝山城，又进金宝城以北大赕（今坎底），周回百余里，悉皆野蛮，无君长也。地有瘴毒，河赕人至彼中瘴者，十有八九死。阁罗风尝使领军将于大赕中筑城，管制野蛮。不逾周岁，死者过半。遂罢弃不复往来。其山土肥沃，种瓜瓠长丈余，冬瓜亦然，皆三尺围。又多薏苡，无农桑，收此充粮。三面皆是大雪山，其高处造天。往往有吐蕃至赕货易，云此山有路，去赞普牙帐不远。

澜沧江南流入海。龙尾城西第七驿有桥，即永昌也。两崖高险，水迅激。横亘大竹索为梁，上布簧，簧上实板，仍通以竹屋盖桥。其穿索石孔，孔明所凿也。昔诸葛征永昌，于此筑城。今江西山上有废城遗迹及古碑犹存，亦有神祠庙存焉。

又丽水（今伊洛瓦底江）一名禄卑江，源自逻些城三危山下。南流过丽水城西。又南至苍望。又东南过道双王道勿川西，过弥诺道立栅。又西与弥诺江（今钦敦江）合流。过骠国（古代缅甸骠人建立的国家），南入于海。水中有蛟龙、鳄鱼、乌鲗鱼。又有水兽似牛，游泳则波涛沸涌，状如海潮。《禹贡》导黑水至于三危，盖此是也。

浪穹（今洱源），一诏也。诏主……铎逻望立，为浪穹州刺史。与南诏战败，以部落退保剑川，故盛称剑浪。卒，子望偏立。望偏卒，子偏罗矣立。偏罗矣卒，子矣罗君立。贞元十年（公元794年），南诏击破剑川，俘矣罗君，徙永昌。

避赕（今洱源、邓川），一诏也。主……咩罗皮（与蒙归义战败）从此退居野共川（今鹤庆黄坪）。咩罗皮卒，子皮罗邆立。皮罗邆卒，子邆罗颠立。邆罗颠卒，子颠之托立。南诏既破剑川，收野共，俘颠之托，徙永昌。

施浪（今洱源江尾），一诏也。诏主施望欠……（与咩罗皮）同伐蒙归义……施望欠众溃，仅以家族之半西走永昌。初闻归义又军于澜沧江东，去必取永昌，不能容。望欠计无所出，有女名遗南，以色称，却遣使求致遗南于归义，许之。望欠遂渡澜沧江，终于蒙舍。

蒙舍（今巍山），一诏也。居蒙舍川，在诸部落之南，故称南诏也。姓蒙。贞元年中，献书于剑南节度使韦皋，自言本永昌沙壶之源也。……（南诏主）皮逻阁立，朝廷授特进台登郡王，知沙壶州（即蒙舍）刺史，赐名归义。……（天宝）七载（公元748年），蒙归义卒，阁罗凤立……西开寻传（伊洛瓦底江上游及其以东地区），南通骠国。

天宝中（诸爨豪乱，归义兴师问罪）……尽俘其（两爨大鬼主爨崇道）家族羽党……阁罗凤遣昆川城（今昆明马街）使杨牟利以兵围胁西爨（今曲靖至楚雄等地），徙二十余万户于永昌城（"城"应为"地"）。乌蛮以言语不通，多散林谷，故得不迁……（爨）日用子孙，今并在永昌城界内。

弄栋蛮，则白蛮苗裔也。本姚州弄栋县（今姚安县北）部落……贞元十年，南诏异牟寻破掠吐蕃城邑，收获弄栋城，迁于永昌之地。

扑子蛮，勇悍矫捷，以青婆罗段为通身裤。善用泊箕竹弓，深林间射飞鼠，发无不中。部落首领谓酋为上。土无食器，以芭蕉叶藉之。开南（亦称拓南、镇南，在景东文井镇）、银生（治今景东县北）、永昌、寻传四处皆有。铁桥（今迪庆州）西北边延澜沧江亦有部落。臣本使蔡袭咸通四年正月三日阵面上生擒得扑子蛮，拷问之并不语，截其腕亦不声。

寻传蛮，阁罗凤所讨定也。俗无丝绵布帛，披婆罗笼。跣足可以践履榛棘。持弓挟矢，射豪猪，生食其肉，取其两牙双插顶傍为饰，又条其皮以系腰。每战斗，即以笼子笼头如兜鍪状。

裸形蛮，在寻传城（即丽水城，在今打罗）西三百里为窠穴，谓之为野蛮。阁罗凤既定寻传而令野蛮散居山谷。其蛮不战自调伏集，战即召之。其男女遍满山野。亦无君长。作撬栏舍屋。多女少男。无农田，无衣服，唯取木皮以蔽形。或五妻十妻共养一丈夫，尽日持弓，不下撬栏。有外来侵暴者则射之。其妻入山林，采拾虫鱼菜螺蚬等归啖食之。

望苴子蛮，在澜沧江以西，是盛罗皮所讨定也。其人勇捷，善于马上用枪。所乘马不用鞍。跣足衣短甲，才蔽胸腹而已。股膝皆露。兜鍪上插氂牛尾，驰突如飞。其妇人亦如此。南诏及诸城镇大将出兵，则望苴子为前躯。

望蛮外喻部落，在永昌西北。其人长大，负排持槊，前往无敌。又能用木弓短箭。箭镞傅毒药，所中人立毙。妇人亦跣足，以青布为衫裳，联贯珂贝巴齿真珠，斜络其身数十道。有夫者竖分发为两髻，无夫者顶后为一髻垂之。其地宜沙牛，亦大于诸处牛，角长四尺已来。妇人唯嗜乳酪，肥白，俗好遨游。

黑齿蛮、金齿蛮、银齿蛮、绣脚蛮、绣面蛮，并在永昌、开南，杂类种也。黑齿蛮以漆漆其齿，金齿蛮以金镂片裹其齿，银齿以银。有事出见人则以此为饰，寝食则去之。皆当顶上为一髻。以青布为通身裤，又斜披青布条。绣脚蛮则于踝上腓下，周匝刻其肤为文彩。衣以绯布，以青色为饰。绣面蛮初生后出月，以针刺面上，以青黛涂之，如绣状。……悉属西安城（应为安西城，在今孟拱）。皆为南诏总之，攻战亦召之。

茫蛮部落，并是开南杂种也。茫是其君之号，蛮呼茫诏。从永昌城南，先过唐封（今凤庆），以至凤蓝苴（今耿马）。以次茫天连（今孟连），以次茫吐薅。又有大赕、茫昌、茫盛恐、茫鲊、茫施，皆其类也。楼居，无城郭。或漆齿。皆衣青布裤，藤篾缠腰，红缯布缠髻，出其余垂后为饰。妇人披五色娑罗笼。孔雀巢人家树上。象大如水牛。土俗养象以耕田，仍烧其粪。贞元十年南诏异牟寻攻其族类。

龙尾城（今下关），阁罗凤所筑。萦抱玷苍南麓数里，城门临洱水下。河上桥长百余步。过桥分三路：直南蒙舍路，向西永昌路，向东白崖城（今弥渡红岩）路。

柘东城……贞元十年，南诏破西戎，迁施、顺、磨些诸种数万户以实其地。又从永昌以望苴子、望外喻等千余户分隶城傍，以静道路。

永昌城，古哀牢地，在沾苍山西六日程。西北去广荡城（今密支那北坎底坝）六十日程。广荡城接吐蕃界。隔候雪山西边大洞川，亦有诸葛武侯城（在今龙陵）。城中有神庙，土俗咸共敬畏，祷祝不阙。蛮夷骑马，遥望庙即下马趋走。西南管柘南城（今镇康），土俗相传，呼为要镇。正南过唐封川，至茫天连。自澜沧江以西，越赕、扑子，其种并是望苴子。俗尚勇力，土又多马。开元以前，闭绝与南诏不通。盛罗皮始置柘俞城，阁罗凤以后，渐就柔服。通计南诏兵数三万，而永昌居其一。又杂种有金齿、漆齿、银齿、绣脚、穿鼻、裸形、磨些、望外喻等，皆三译四译，言语乃与河赕相通。

银生城在扑赕（今南涧澜沧乡）之南，去龙尾城十日程。东南有通镫川（今墨江县），又直南通河普川（今江城），又正南通羌浪川（今越南莱州）；却是边海无人之境也。东至送江川（今沧源县），南至邛鹅川（今澜沧县），又南至林记川（今缅甸景栋），又东南至大银孔（今泰国景迈）。又南有婆罗门、波斯、阇婆、勃泥、昆仑数种外道。交易之处，多诸珍宝，以黄金、麝香为贵货。扑子、长鬃等数十种蛮。又开南城在龙尾城南十一日程。管柳追（今镇源）和都督城。又威远城（今景谷）、奉逸城（今普洱凤阳）、利润城，内有盐井一百来所。茫乃道（今西双版纳）并黑齿等类十部落皆属焉。陆路去永昌十日程，水路下弥臣国三十日程。南至南海，去昆仑国三日程。中间又管模迦罗、于泥、礼强子等族类五部落。

越礼城在永昌北（今腾冲东北，高黎贡山之西），管长傍（今缅甸拖角）、藤弯（今腾冲城）。长傍城三面高山，临禄卑江。藤弯城南至摩些乐城（今瑞丽），西南有罗君寻城（今腾冲曼东街），又西至利城（今梁河勐宋），渡水郎阳川（今大盈江），直南过山，至押西城（即镇西城，今盈江县城）。又南至首外川（今陇川）。又西至茫部落（今芒市）。又西至盐井（今遮放）。又西至拔熬河（在今瑞丽）、丽水城（又名寻传大川城，在今缅甸打罗）。寻传大川城在水东。从上郎坪北里眉罗苴（今缅甸打罗对岸）盐井又至安西城，直北至小婆罗门国（在今东印度）。东有宝山城（今盈江昔马）。又西渡丽水，至金宝城（今密支那）。眉罗苴西南有金生城（今缅甸青蒲）。从金宝城北牟郎城渡丽水至金宝城。从金宝城西至道吉川（今缅甸岗板），东北至门波城（今缅甸董昔），西北至广荡城，接吐蕃（今西藏）界。北对雪山，所管部落，与镇西城同。镇西城南至苍望城（今八莫），临丽水，东北至弥城（今盈江盏西），西北至丽水渡。丽水渡面南至祁鲜山（今缅甸瑞姑）。山西有神龙河栅。祁鲜已西即裸形蛮也。管摩零都督城，在山上。自寻传、祁鲜已往，悉有瘴毒，地平如砥，冬草木不枯，日从草际没。诸城镇官惧瘴疠，或越在他处，不亲视事。南诏特于摩零山上筑城（今缅甸蛮莫），置腹心，理寻传、长傍、摩零、金弥城等五道事云。凡管金齿、漆齿、绣脚、绣面、雕题、僧者等十余部落。

自银生城、柘南城、寻传、祁鲜已西，蕃蛮种并不养蚕，唯收娑罗树子破其壳，其中白如柳絮。纫为丝，织为方幅，裁之为笼段。男子妇女通服之。骠国、弥臣、弥诺，悉皆披娑罗笼段。

其盐出处甚多，煎煮则少……西北有若耶井、韦溺井（都在今兰坪），剑川有细诺邓井（剑川错，细诺邓井在云龙）。丽水城有罗苴井。长傍诸山皆有盐井，当土诸蛮自食，无榷税。蛮法煮盐，咸有法令。颗盐每颗约一两二两，有交易即以颗计之。

荔枝、槟榔、诃黎勒、椰子、桃榔等诸树，永昌、丽水、长傍、金山并有之。

丽水城又出波罗蜜果，大者若汉城甜瓜，引蔓如萝卜，十一月十二月熟。皮如莲房，子处割之，色微红，似甜瓜，香可食。或云此即思难也。南蛮以此果为珍好。禄卑江左右亦有波罗蜜果，树高数十丈，大数围，生子，味极酸。蒙舍、永昌亦有此果，大如甜瓜，小者似橙柚，割食不酸，即无香味。土俗或呼为长傍果，或呼为思漏果，亦呼思难果。

青木香，永昌所出，其山名青木香山，在永昌南三月日程。

濩歌诺木，丽水山谷出。大者如臂，小者如三指，割之色如黄檗。土人及赕蛮皆寸截之。丈夫妇女久患腰脚者，浸酒服之，立见效验。

藤荪生永昌、河赕。缘彼处无竹根，以藤渍经数月，色光赤，彼土尚之。

孟滩竹，长傍出。其竹节度三尺，柔细可为索，亦以皮为麻。

野桑木，永昌已西诸山谷有之，生于石上。及时月择可为弓材者，先截其上，然后中割之，两向屈令至地，候木性定，断取为弓。不施筋漆，而劲利过于筋弓。蛮中谓之膜弓者是也。

生金，出金山及长傍诸山，藤充北金宝山。土人取法，春冬间先于山上掘坑，深丈余，阔数十步。夏月水潦降时，添其泥土入坑，即于添土之所沙石中披拣。有得片块，大者重一觔或至二觔，小者三两五两，价贵于麸金数倍。然以蛮法严峻，纳官十分之七八，其余许归私。如不输官，许递相告。麸金出丽水，盛沙淘汰取之。沙赕法，男女犯罪，多送丽水淘金。长傍川界三面山并出金，部落百姓悉纳金，无别税役征徭。

银，会同川银山出，锡、瑟瑟，山中出。禁戢甚严。

琥珀，永昌城界西去十八日程琥珀山掘之，去松林甚远。片块大重二十余斤。贞元十年，南诏蒙异牟寻进献一块，大者重二十六斤，当日以为罕有也。

马出越赕川东面一带，岗西向，地势渐下，乍起伏如畦畛者，有泉地美草，宜马。初生如羊羔，一年后纽莎为拢头縻系之。三年内饲以米清粥汁。四五年稍大，六七年方成就。尾高，尤善驰骤，日行数百里。本种多骢，故代称越赕骢。近年以白为良。藤充（今腾冲）及申赕（今腾冲古永）亦出马，次赕（今罗次）、滇池尤佳。东爨乌蛮中亦有马，比于越赕皆少。一切野放，不置槽枥。唯阳苴咩及大厘遵川各有槽枥，喂马数百匹。

犀出越赕、丽水。其人以陷阱取之。每杀之时，天雨震雷暴作。寻传川界、壳弄川界亦出犀皮。蛮排甲并马统备马骑甲仗，多用犀革，亦杂用牛皮。负排罗苴已下，未得系金佉苴者，悉用犀革为佉苴，皆朱漆之。

麝香出永昌及南诏诸山，土人皆以交易货币。

弥诺江已西出牦牛，开南已南养象，大于水牛。一家数头养之，代牛耕也。

大鸡，永昌、云南出，重十余斤。觜距劲利，能取鹯、鹗、鸷、鹊、凫、鸽、鸤鸠之类。

象，开南已南多有之。或捉得人家多养之，以代耕田也。

猪、羊、猫、犬、骡、驴、豹、兔、鹅、鸭，诸山及人家悉有之。但食之与中土稍异，蛮不待烹熟，皆半生而吃之。

铎鞘状如刀戟残刃。积年埋在高土中，亦有孔穴，傍透朱筶。出丽水。装以金穷铁筶，所指无不洞也。南诏尤所宝重。……贞元十年，使清平官尹辅酉入朝，献其一。

郁刀次于铎鞘。造法用毒药虫鱼之类，又淬以白马血，经十数年乃用。中人肌即死。俗秘其法，粗问得其由。

弥诺国、弥臣国，皆边海国也。……王出即乘象，百姓皆楼居。披娑罗笼。……在蛮永昌城西南六十日程。太和九年（公元835年）曾破其国，劫金银，掳其族三二千人，配丽水淘金。

骠国在蛮永昌城南七十五日程。……当国王所居门前有一大象，露坐高百余尺，白如霜雪……诉讼者，王即令焚香向大象思维是非，便各引退。或有灾疫及不安稳之事，王亦焚香对大象悔过自责。男子多衣白氎。妇人当顶为高髻……与波斯及婆罗门邻接。

大秦婆罗门国界永昌北，与弥诺国江西正东……小婆罗门国与骠国及弥臣国接界，在永昌北七十四日程。

夜半国在蛮界苍望城东北隔丽水城川原。

一切经音义（卷八十一）

（唐）慧琳

……永昌等邑古号哀牢王，汉朝始慕化……此国本先祖龙之种胤也。

南诏德化碑

（南诏）王蛮盛

爰有寻传，畴壤沃饶，人物殷凑。南通渤海，西近大秦。开辟以来，声教所不及；羲皇之后，兵甲所不加。诏欲革之以衣冠，化之以礼义。十一年冬，亲与寮佐，兼总师徒，刊木通道，造舟为梁。耀以威武，喻以文辞。款降者抚慰安居，抵捍者系颈盈贯。矜愚解缚，择胜置城。裸形不讨自来，祁鲜望风而至。

越赕天马生郊，大利流波濯锦。西开寻传，禄郫出丽水之金……建都镇塞，银生于黑嘴之乡……于是犀象珍奇，贡献毕至。

其词曰……观兵寻传，举国来宾。

通　典

（唐）杜佑

（九隆传说、扈栗及柳貌内属、置郡、哀牢物产、郑纯事绩等，基本同于《华阳国志》，和帝、安帝"封（掸国王）雍由调为汉大都尉"、赐金印紫绶同《后汉书》，此略。）

大唐麟德元年（公元664年）五月，于昆明之弄栋川（今姚安、大姚）置姚州都督府，每年差兵募五百人镇守。武太后神功二年（公元698年）闰十月，蜀州刺史张柬之表曰："姚州者，古哀牢之旧国，本不与中国交通。前汉唐蒙开夜郎、滇、筰，而哀牢不附。至光武季年，始请内属。汉置永昌郡以统理之。税其盐、布、罽、毡以利中土。其国西通大秦（罗马帝国），南通交趾（越南），奇珍进贡，岁时不阙。及诸葛亮五月渡泸，收其金、银、盐、布以益军储。使张伯歧选其劲卒，以赠武备。前代置郡，其利颇深。今盐布之税不供，珍奇之贡不入，而空竭府库，驱率平人，受役夷蛮，肝脑涂地。汉以得利既多，历博南山，涉兰仓水，更置博南、哀牢二县，蜀人愁怨，行者作歌。盖汉得其利，人且怨歌，今于国家无丝发之利，在百姓受终身之酷。……伏乞省罢姚州，使隶巂府，岁时朝觐，同之蕃国"。

破蒙俭露布

（唐）骆宾王

水积炎氛，山涵毒雾。竹浮三节，肇兴外域之源。木化九隆，颇作中国之患。年将千祀，代历百王，郑纯之化不追，孟获之风愈煽。

姚州道破诺没弄杨虔柳露布

（唐）骆宾王

反踵穿胸之域，袭冠带以来王；奇肱儋耳之酋，奉正朔而请吏。逆贼某，浮竹遗胤，沉木余苗……辄敢乱我天常，变九隆而背庭。负其地险，携七部以稽诛。……昔魏臣赋蜀，徒闻蒟酱之奇；汉使开邛，方通竹仗之利。……一战而孟获成擒，再举而哀牢授首。

云南别录

（唐）窦滂

（开元二十六年九月）戊午，册南诏蒙归义为云南王。归义之先本哀牢夷，地居姚州之西，东南接交趾，西北接吐蕃。

白孔六贴

（唐）白居易辑

（所载扑子蛮、铎鞘、茫蛮、野桑同《云南志》，此不重录。）

史　通

（唐）刘知几

史官建置

又杨子山为上计吏，献所作《哀牢传》，为帝所异，征在兰台。斯则兰台之职，盖当时著述之所也。

皇华四达记

（唐）贾耽

安南通天竺道

安南经交趾太平，百余里至峰州。又经南田，百三十里至恩楼县，乃水行四十里至忠城州。又二百里至多利州，又三百里至朱贵州，又四百里至丹棠州，皆生僚也。又四百五十里至古涌步（今云南河口），水路距安南凡千五百五十里。又百八十里经浮动山、天井山，山上夹道皆天井，间不容跬者三十里。二日行，至汤泉州（今屏边境）。又五十里至禄索州（今屏边新现乡南），又十五里至龙武州（在今屏边新现乡），皆爨蛮安南境也。又八十三里至倪迟顿（在今蒙自县），又经八平城（今个旧鸡街镇），八十里至洞澡水（今建水县南），又经南亭（今建水城附近），百六十里至曲江（今建水曲江镇），剑南地也。又经通海镇，百六十里渡海河、利水至绛县（今江川）。又百八十里至晋宁驿，戎州地也。又八十里至拓东城（今昆明），又八十里至安宁故城，又四百八十里至云南城（今云南驿），又八十里至白崖城（今弥渡红岩），又七十里至蒙舍城（在今巍山），又八十里至龙尾城（今下关），又十里至大和城（今大理城南），又二十五里至羊苴咩城（在今大理城西北）。

自羊苴咩城西至永昌故郡三百里。又西渡怒江，至诸葛亮城二百里。又南至乐城二百里。又入骠国（今缅甸中部）境，经万公等八部落，至悉利城（今缅甸抹谷）七百里。又经突旻城（今缅甸蒲甘）至骠国千里。又自骠国西度黑山，至东天竺迦摩波国（今印度阿萨姆邦西部）千六百里。又西北渡迦罗都河（今布拉马普特拉河）至奔那伐檀那国（今孟加拉国朗普尔）六百里。又西南至中天竺国东境恒河南岸羯朱嗢罗国四百里。又西至摩羯陀国（今印度比哈尔邦）六百里。

一路自诸葛亮城西去腾充（即腾冲）城二百里。又西至弥城（今盈江县盏西乡）百里。又西过山，二百里至丽水城（又名寻传大川城，在今缅甸伊洛瓦底江勐拱河入口处北）。乃西渡丽水、龙泉水，二百里至安西城（今伊洛瓦底江西孟拱）。乃西渡弥诺江（今缅甸亲敦江）水，千里至大秦

云南文库·学术名家文丛

婆罗门国（指古印度）。又西渡大岭，三百里至东天竺北界个没卢国（即迦摩波国）。又西南千二百里至中天竺国东北境之奔那伐檀那国，与骠国往婆罗门路合。

旧唐书·西南蛮

（后晋）刘昫等

南诏蛮，本乌蛮之别种也，姓蒙氏。蛮谓王为"诏"，自言哀牢之后，代居蒙舍州为渠帅，在汉永昌故郡东，姚州之西。其先渠帅有六，自号"六诏"。

新唐书

（宋）欧阳修等

列传·张柬之

突厥默啜有女请和亲，武后欲令武延秀娶之。柬之奏："古无天子取夷狄女者。"忤旨，出为合、蜀二州刺史。故事，遂以兵五百戍姚州，地险瘴，到屯辄死。柬之论其弊曰："臣按姚州，古哀牢国，域土荒外，山岨水深。汉时未与中国通，唐蒙开夜郎、滇、笮，而哀牢不附。东汉光武末，始请内属，置永昌郡统之，赋其盐布毡罽以利中土。其国西大秦，南交趾，奇珍之贡不阙。刘备据蜀，甲兵不充，诸葛亮五月渡泸，收其产入以益军，使张伯歧选取劲兵以增武备。故《蜀志》称亮南征后，国以富饶。此前世置郡，以其利之也。今盐布之税不贡，珍奇之贡不入，戈戟之用不实于戎行，赍货之资不输于大国。而空竭府库，驱率平人，受役蛮夷，肝脑涂地。臣窃为陛下惜之。昔汉历博南山，涉兰仓水，更置博南、哀牢二县。蜀人愁苦，行者作歌曰：'历博南，越兰津，度兰仓，为他人。'盖讥其贪珍奇之利，而为蛮夷所驱役也。汉获其利，人且怨歌。今减耗国储，费调日引，使陛下赤子身膏野草，骸骨不归，老母幼子哀号望祭于千里之外。朝廷无丝发利，而百姓蒙终身之酷，臣窃为国家痛之……宜罢姚州，隶嶲府，岁时朝觐同蕃国……”疏奏不纳。俄为荆州大都督府长史。

南　诏

南诏，或曰鹤拓，曰龙尾，曰苴咩，曰阳剑。本哀牢夷后，乌蛮别种也。夷语王为“诏”。其先渠帅有六，自号“六诏”，曰蒙巂诏、越析诏、浪穹诏、邆赕诏、施浪诏、蒙舍诏。兵埒，不能相君，蜀诸葛亮讨定之。蒙舍诏在诸部南，故称南诏。居永昌、姚州之间，铁桥之南，东距爨，东南属交趾。

望苴蛮者，在兰沧江西。男女勇捷，不鞍而骑，善用矛剑，短甲蔽胸腹，鞮鍪皆插猫牛尾，驰突若神。凡兵出，以望苴子前驱。

祁鲜山之西多瘴歊，地平，草冬不枯。……大和、祁鲜而西，人不蚕，剖波罗树实，状若絮，纽缕而幅之。……永昌之西，野桑生石上，其材上屈两向而下植，取以为弓，不筋漆而利，名曰瞑弓。长川诸山往往有金，或披沙得之。丽水多金麸。越赕之西多荐草，产善马，世称越赕骏，始生若羔，岁中纽莎縻之，饮以米潘，七年可御，日驰数百里。

寻传蛮者，俗无丝纩，跣履榛棘不苦也。射豪猪，生食其肉。战，以竹笼头如兜鍪。其西有裸蛮，亦曰野蛮，漫散山中，无君长，作槛舍以居。男少女多，无田农，以木皮蔽形，妇或十或五共养一男子。

明年（贞元十年，公元794年）夏六月，册异牟寻为南诏王……遣清平官尹辅酋等七人谢天子，献铎鞘、浪剑、郁刃、生金、瑟瑟、牛黄、虎珀、氎、纺丝、象、犀、越赕统伦马。铎鞘者，状如残刃，有孔傍达，出丽水，饰以金，所击无不洞，夷人尤宝，月以血祭之。

茫蛮本开南种。茫，其君号也，或呼茫诏。永昌之南有茫天连、茫吐薅、大赕、茫昌、茫鲊、茫施，大抵皆其种。楼居，无城郭。或漆齿，或金齿。衣青布短裤，露骭，以缯布缭腰，出其余垂后为饰。妇人披五色娑罗笼。象大如牛，养以耕。

浪穹诏……贞元中，南诏击破剑川，虏（其王）罗君，徙永昌。

邆赕诏，其王……颠文托……南诏破剑川，虏之，徙永昌。

施浪诏，其王施望欠……归义以兵胁降其部，施望欠以族走永昌，献其女遗南诏丐和，归义许之，度兰江死。

南蛮传

阁罗凤遣昆川城使杨牟利以兵胁西爨，徙户二十余万于永昌城。

姚州境有永昌蛮，居古永昌郡地。咸亨五年（公元674年）叛，高宗以太子右卫副率梁积寿为姚州道行军总管讨平之。武后天授中（公元691年）遣御史裴怀古招怀。至长寿时（公元692～694年），大首领董期率部落二万内属。其西有扑子蛮，趫悍，以青娑罗为通身裤，善用竹弓，入林射飞鼠无不中。无食器，以蕉叶藉之。人多长大，负排持稍而斗。又有望蛮者，用木弓短箭，镞傅毒药，中者立死。妇人食乳酪，肥白，跣足；青布为衫裳，联贯珂贝珠络之；髻垂于后，有夫者分两髻。

群蛮种类，多不可记。有黑齿、金齿、银齿三种，见人以漆及镂金银饰齿，寝食则去之。直顶为髻，青布为通裤。有绣脚种，刻踝至腓为文。有绣面种，生逾月，涅黛于面。有雕题种，身面涅黛。有穿鼻种，以金镮径尺贯其鼻，下垂过颐。君长以丝系镮，人牵乃行。其次，以二花头金钉贯鼻下出。

唐会要

（宋）王溥

（九隆传说、扈栗、柳貌、郑纯事绩、封掸国王为汉大都尉、唐设姚州都督府及张柬之奏文，同杜佑《通典》，此略。）

册府元龟

（宋）王钦若　杨亿

（卷三百四十九）（栋蚕之战，略）

（卷四百二十九）（郑纯事绩，略）

（卷四百八十六）元鼎六年（公元前111年）开西南夷，置郡县，徙吕氏以充之，因名不韦县。谓秦徙吕不韦子弟于蜀汉，故以为名。

（卷六百八十八）北齐裴谳之为永昌太守，客旅过郡，皆出私财供给，人间所无，预代下民所出，为吏人所怀。

（卷七百一十九）蜀费诗为部永昌从事。初，汉阳县降人李鸿来诣诸葛亮，时蒋琬与诗在坐，鸿谓亮曰："孟达委仰明公无复已已"。亮谓琬、诗曰："还都当有书与子度相闻。"诗进曰："孟达小子，昔事振威不忠，后又背叛先主，反覆之人，何足与书耶？"亮默然不答。

（卷七百七十一）蜀吕祥子及孙，世为永昌太守。

（卷九百五十六）后汉建武……二十五年……哀牢夷内属，然自后群蛮西南夷种滋多，叛服不一。（后汉沙壹，九隆事，略）。

（卷九百六十）哀牢、骠人皆穿鼻儋耳，其渠帅自谓王者，耳皆下肩三寸，庶人则至肩而已（后哀牢物产，略）。

（卷九百六十八）[明帝永平十七年（公元74年）至安帝永宁元年（公元120年）哀牢及徼外掸国等蛮夷6次慕义贡献，诣阙朝贺，略]。

（卷九百七十三）（类牢之战，略）

（卷九百七十七）（扈栗、柳貌内属，略）

（卷九百九十五）（鹿茤之战，略）

太平御览

（宋）李昉等

（九隆传说、鹿茤之战、柳貌内属置郡、郑纯事绩同于《后汉书》，哀牢人儋耳穿鼻、渠帅耳垂下肩及哀牢物产同于《九州记》，蜀州刺史张柬之表文同于《新唐书》，骠国、弥诺国、弥臣国、小婆罗门国、夜半国、弄栋蛮、扑子蛮、寻传蛮、裸形蛮、茫蛮、荔枝及青木香等物产，同于《云南志》，此不重录。）

太平寰宇记

（宋）乐史

四夷·哀牢

哀牢国，后汉通焉。（以下九隆传说、贤栗和柳貌内属同于《后汉书》，张柬之表文同于《新唐书》，此不重录。）

剑南西道

姚州。唐武德四年置，至长安四千九百里，其州置在姚府旧城北百余步，汉益州郡之云南县，古滇王国。……秦，蜀通五尺道、置吏，汉武开西南夷，置益州郡，云南即属邑也。后置永昌郡，云南、哀牢、博南皆属邑也。

资治通鉴

（宋）司马光

（明帝）永平十二年（公元69年）春，哀牢王柳貌率其民五万余户内附，以其地置哀牢、博南二县。始通博南山，度兰仓水，行者苦之，歌曰："汉德广，开不宾，度兰仓，为他人。"

（章帝）建初元年（公元76年）秋八月……初，益州西部都尉广汉郑纯，为政清洁，化行夷貊，君长感慕，皆奉珍内附，明帝为之置永昌郡，以纯为太守。纯在官十年而卒。后人不能抚循夷人，九月，哀牢王类牢杀守令反，攻博南。二年春三月，永昌、越巂、益州三郡兵及昆明夷卤承等击哀牢王类牢于博南，大破斩之。

（安帝）元初……五年（公元118年）夏六月，永昌、益州、蜀郡夷皆叛应封离，众至十余万，破坏二十余县，杀长吏，焚掠百姓，骸骨委积，千里无人。六年……是岁……益州刺史张乔遣从事杨竦将兵至叶榆击封离等，大破之，斩首三万余级，获生口千五百人。封离等惶怖，斩其同谋渠帅，诣竦乞降。竦厚加慰纳，其余三十六种皆来降附。竦因奏长吏奸猾，侵犯蛮夷者九十人，皆减死论。

通 志

（宋）郑樵

哀牢夷，后汉时通焉。（以下九隆传说、鹿茤之战、柳貌内属、郑纯事绩、哀牢物产、类牢之战同《后汉书·西南夷列传》，此不重录。）

蜀 鉴

（宋）郭允蹈

建武二十七年（公元51年），哀牢夷酋诣越巂太守郑鸿降，封贤栗等为君长。

哀牢夷散在溪谷绝域，未尝交通中国。建武二十三年（公元47年），其王贤栗遣兵乘箄船南下江汉，击附塞夷鹿茤，鹿茤王与战，杀其兄弟六人，共埋之，夜为虎食其尸，余众惊怖引去。贤栗恐曰："我曹入边塞，自古有之，今攻鹿茤，辄被天诛，中国其有圣人乎？天佑助之，何其明也！"遂率种人户诣越巂太守，求朝贡。自是岁来朝贡。

永平十二年（公元69年）哀牢内附，以其地置博南、哀牢二县，始置永昌郡。

哀牢王柳貌内附，户五万，西南去洛阳七千里，割益州郡西部都尉所领六县合为永昌郡。始通博南山，度兰仓水。行者苦之，歌曰："汉德广，开不宾，度博南，越兰津，度兰仓，为他人。"以广汉郑纯为太守，独尚清廉，毫毛不犯，夷汉歌叹，帝嘉之。《古今注》曰："益州西部都尉居巂唐。"《续汉书》曰："六县谓不韦、巂唐、比苏、叶榆、邪龙、云南也。"《华阳国志》曰："博南山高三十里，度兰仓水也。哀牢在宁州之极西南也。有闽濮、鸠僚、僄越、裸濮、身毒之民，治不韦县。"

章帝建初元年（公元76年），哀牢夷杀守令反，攻博南。发永昌、越巂、益州三郡兵及昆明夷等击破于博南，斩之。

哀牢王类牢等杀守令,攻越巂,太守王寻奔叶榆,帝发越巂、益州、永昌夷汉九千人讨之。明年春,邪龙县昆明夷卤承等应慕,率种人与诸郡兵击类牢于博南,大破斩之,传首洛阳,赐卤承帛万匹,封为破虏傍邑侯。

元初四年(公元117年)越巂反,杀遂久令。元初五年,永昌、益州、蜀郡夷叛应越巂夷,诏益州刺史张乔平之。

三郡夷叛应封离,众至十余万,破坏二十余县,杀长吏,焚掠百姓,骸骨委积,千里无人,诏益州刺史张乔讨之。乔乃遣从事杨竦将兵至叶榆击之。先以诏书告示三郡,乃与封离战,大破之,斩首三万余级,获生口千五百人,资财四千余万,悉以赏军士。封离等惶怖,诣竦乞降,竦厚加慰纳。其余三十六种皆来降附。竦因奏:长吏奸猾,侵犯蛮夷者九十人,皆减死。州中论功,未及上,会竦病创卒。张乔深痛之,乃刻石勒铭,图画其像。

玉 海

(宋)王应麟

(卷五十八)(《论衡》记杨终撰《哀牢传》,略)。

(卷一百三十三)(张柬之奏罢姚州,略)。

(卷一百九十一)……永昌蛮咸亨三年(公元672年)叛,高宗以梁积寿为总管讨平之。

政和证类本草

(宋)唐慎微

银屑。味辛平,有毒。主安五脏,定心神,止惊悸,除邪气,久服轻身、年长。生永昌,采无时。

木香。味辛温,无毒。主邪气辟毒疫,温鬼强志,主淋露,疗气,劣肌中,偏寒。主气不足,消毒,杀鬼精物温疟虫毒行药之精。久不梦寤、魇寐，轻身致神仙。一名蜜香，生永昌山谷。

琥珀。味甘平、无毒，主安五脏，定魂魄，杀精魅、邪鬼，消瘀血，通五淋，生永昌。

蘗木。黄檗也。味苦寒，无毒。主五脏肠胃中结热，黄疸，肠痔，止泻痢，女子漏下、赤白；阴伤蚀疮；疗惊气在皮间，肌肤热赤起，目热赤痛，口疮，久服通神。根一名檀桓，主心腹百病，安魂魄，不饥渴，久服轻身，延年通神。生汉中山谷及永昌。

棋实。味甘无毒，主五痔，去三虫，蛊毒鬼疰。生永昌。

犀角。味苦，酸咸，寒、微寒，无毒。主百毒蛊疰，邪鬼瘴气，杀钩吻鸩羽蛇毒，除邪、不迷惑、魇寐，疗伤寒、瘟疫、头痛、寒热诸毒气。久服轻身，骏健。生永昌山谷及益州。

哀牢夫人残碑

（大理国）段中庸

（题下小引："万历《云南通志》：'正德间，永昌人于哀牢山掘地得古碑，段中庸撰文，略曰云云，余文零落不可识。'"）

夫人讳福则，伽宗胄裔之嫡女也。事君子也，乐其道而不淫；逮下妾也，用其能而不妒。……月出碧鸡，照哀牢之名县；鸿飞滇渚，下浔阳之长江。（《永昌府文征》"按：伽宗即大理国段氏时土官，在今呈贡"。）

马可波罗游记
第五十章

卡丹丹省和永昌市

从哈剌章西行五天的路程，便进入卡丹丹（Kardandan）省金齿，省会名永昌（Vochang）。这个地区是以黄金作通用货币，以重量为计算单位。也有用贝壳。一盎司金子换五盎司银子，一萨吉金子换五萨吉银子。由于这里盛产黄金，都没有银矿，所以输入银子到这里的商人，获得了巨额的利润。

这个省区的男女，有用金片镶牙的习惯。依照牙齿的形状，镶得十分巧妙，可以长期留在牙齿上。男人又在他们的臂膊和腿上，刺一些黑色斑状条纹。刺法如下：将五根针并拢，扎入肉中，以见血为止。然后用一种黑色涂剂，拭擦针孔，便留下了不可磨灭的痕迹。身上刺有这种黑色条纹，被看作是一种装饰和有体面的标志。

他们除专心致志地练习骑马术，从事狩猎活动，以及使用武器和军事生活外，对其他事情概不问津。至于家务管理，完全由他们的妻子负责料理，并且由买来的或是战争中俘来的奴隶做她们的帮手。

这地方的人，流行一种十分奇异的习惯，孕妇一经分娩，就马上起床，把婴孩洗干净包好后，交给她的丈夫。丈夫立即坐在床上，接替她的位置，担负起护理婴孩的责任，共须看护四十天。孩子生下后一会儿，这一家的亲戚、朋友都来向他道喜。而他的妻子则照常料理家务，送饮食到床头给丈夫吃，并在旁边哺乳。

人们吃生肉或用前面已叙述过的那种方法调制，和米饭一起吃。他们的酒用米酿制，掺进多种香料，是一种上等的酒品。

在这个地区，既没有庙宇也没有偶像。人们只崇拜家中的长者和祖宗。他们认为自己的生存是来自祖宗。自己所有的一切，都是祖宗赐给的，所以应该感恩戴德。他们没有任何文字。只需考虑到这个区域地处在深山老林里，是一个未开化的原始野生状态，这就不足为奇了。夏季期间，这里一片山岚瘴气，郁闷而又不卫生。所以，商人和其他外地人被迫离开这里，避免无谓的死亡。

当土人彼此进行交易，为着债务或信用而必须履行某种契约时，他们的头目就取来一块四方木，分成两半。在上面各划一些刀痕，表示所商议的数目。两半的标记一样，每方各持其一。这种办法和我们的符木一样。期满时，债务者如数还清，债权者便缴出所执的一半的木块，双方都感到满意。

在这个省和在建都（Kain）永昌（Vochang）或大理等城市中，都找不到懂得医学知识的人。当一个重要人物生病时，他的家属便派人去请巫师来。这些巫师，都是以祭品供奉偶像的人。病人向他们诉说家里人的病状。

于是，巫师指示他的门徒，吹奏起各种管弦乐器，响声嘈杂。在乐声中，他们跳舞和唱颂神歌，敬奉他们的偶像。这种动作，一直持续下去，直到魔鬼依附在他们中的一个人身上，才乐息舞止。然后，他们便向这个中了魔的人，询问病者的病因，以及应该用哪种治疗方法。恶魔就借这个人的口回答说，这个病是起因于触犯了某一个神。于是，巫师就向这个神祷告，祈求它赦免病者的罪过。并许诺病愈之后，病人会献出自己的血，酬谢神恩。但是，如果恶魔看出患者的病没有复原的希望，便宣称病人得罪了某神过于严重，任何的祭品都不能起什么作用了。相反地，如果他判断这种病大概有治愈的希望，便索取一定数量的黑羊，作为酬神的谢礼。并且命令一些巫师和他们的妻子聚拢在一起，由他们来献祭。他认为，这样做也许能够求得神的恩惠。

病人的亲属，马上答应这一切的要求。于是，他把这些羊宰了，将羊血朝天空喷洒。男女巫师焚香点烛，烧起芦荟木，弄得烟雾弥漫病人的住房。他们将煮肉的汤，加上香料调制成的液汁，一起喷入空中。于是大笑着载歌载舞，意思是向偶像，即神表示敬意。祭祀完毕，他们把祭神的肉和祭神剩下的香料调制的液汁，大吃大喝起来，表现出兴高采烈的样子。

巫师们饱食一顿，收下酬金后，扬长而去。如果蒙上帝的保佑，病人康复了，他们就归功于自己所酬谢的偶像。一旦病人死去，他们便宣称说，那些烹调供品的人，在祭品供神之前，先尝过味道了，所以造成这种酬神仪式完全失效。

大家应该知道，这种仪式不是每个人病了都能办得起的。这只是高官显贵或财主才有能力举办的仪式，每月一两次。但是，在契丹、蛮子各省，由于医生奇缺，所有信奉佛教的居民中，这种仪式却是很普遍的。所以，魔鬼就是利用这些戏弄愚昧无知，受骗上当的可怜的人们。

第五十一章

大汗征服缅甸和班加剌王国的方法

我们应当说一说，在这个王国里所进行的一场值得纪念的战争。

一二七二年，大汗派遣一支军队，去保护永昌和哈剌章这两个国家，防御外国的入侵。当时，他还没有任命几位皇子去主持这些政府。

印度的缅（Mien）和班加剌（Bangala）王国，疆土广大，人口众多，财物富庶。当他听说，有一支鞑靼人的军队已经开到永昌，马上起兵迎击，企图歼灭这支军队。迫使大汗不敢再派军队驻在他的边界上。为了达到这个目的，他调集了一支十分庞大的军队，包括大批的象。在象背上搭着木制的敌楼，上面能容纳十二或十六个人。配上一支阵容很大的骑兵、步兵，一起向大汗军队的驻扎地永昌进发。并且在离永昌不远的地方扎下营寨，好让他的军队歇息几天。

第五十二章

大汗军队的应战

大汗军队的司令官是纳速达丁（Nestardin）……他手下的官兵，还不到一万二千人，而且敌军除象队外，还有六万士兵。然而，他丝毫也没有表露出惊慌失措的样子，只是把部队从山上退到永昌的平原地区，扼守一个据点，其侧翼是一片密林掩蔽着，以便万一受到象队的猛烈攻击，他的军队可以退入树林里，从这里安全地用弓箭骚扰敌人。

缅王接到命令，全军勇猛地扑向鞑靼军队……双方万箭齐发，矢如雨下……鞑靼人箭不停矢，而且一切兵器，都集中袭击象队，使得大象顷刻之间周身中箭，突然退却，向自己后列的士兵身上奔驰突击……

仓促奔进鞑靼人没有占领的一片树林中去。结果，粗大的树枝，毁坏了它们背上的敌楼，坐在里面的人也随着丧命。鞑靼人看到象队已经溃散，于是勇气倍增……

缅王作为首领，表现得十分勇敢，身先士卒，经常出现在战斗最危险的地方，鼓舞士气……

这场战斗，自早至午，双方损失惨重，但是鞑靼人最后取得了胜利……

鞑靼人打扫了战场以后，便收兵回到象群逃遁的树林中……留下那些惯于驾驭大象的人，并借着他们的帮助，擒获二百只或二百以上的象。

自从这次战争以后，大汗军队经常用象作战。这些胜利，使他夺得了班加剌和缅王（缅甸）的全部国土，并纳入自己的版图。

混一方舆胜览

（元）佚名

永昌府……沿革：古哀牢国也。汉为不韦县，又为永昌郡。永平县，汉为博南县。

景致：金浪山、高黎共山、哀牢山、武侯庙……

文献通考

（元）马端临

（九隆传说、贤栗及柳貌内属、哀牢穿鼻儋耳、哀牢物产、郑纯事绩等，同于郑樵《通志》，张柬之表文同于杜佑《通典》，此不重录。）

云南志略

（元）李京

野蛮，在寻传以西，散居岩谷。无衣服，以木皮蔽体。形貌丑恶。男少女多，一夫有十数妻。持木弓以御侵暴。不事农亩，入山林采草木及动物而食。无器皿，以芭蕉叶藉之。

蒲蛮，一名扑子蛮，在澜沧江以西。性勇健，专为盗贼。骑马不用鞍。跣足，衣短甲，膝颈皆露。善用枪弩。首插雉尾。驰突如飞。

纪古滇说集

（元）张道宗

古滇，始自唐虞而前……周宣王……时……西天竺……阿育王有神骥一匹……一纵直奔东向而去，三子各领部众相与追逐……至滇之东山……西山……北野……王……乃遣舅氏神明统兵以应援。将归，不期哀牢夷君主阻兵塞道，而不复返矣。

前哀牢王兵阻其道，阿育王三子不复反矣，遂归滇各主其山。

哀牢国，永昌郡也。其先有郡人蒙迦独，妻摩梨羌名沙壹，居于牢山，蒙迦独尝捕鱼为生，后死牢山水中，不获其尸。妻沙壹往哭于此，忽见一木浮触而来，旁边漂沉，离水面稍许，妇坐其上，平稳不动。明日视之，见木触沉如旧，遂常浣絮其上。若有感，因怀妊。十月孕，生九子，后产一子，共男十人。同母一日行往池边询问其父。母指曰："死此池中也。"语未毕，见沉木化为龙，出水上，沙壹与其子忽闻龙语曰："若为我生子，今俱何在？"九子见龙惊走，唯季子不能去，母因留止。此子背龙而坐，龙因舐之，就唤其名曰：习农乐。母见子背龙而坐，乃夷语谓背为"九"，谓坐为"隆"，因名其池曰"九隆"。习农乐后长成，有神异，每有天乐于其家，凤凰栖于其树，有五色花开。四时常有神护相随。诸兄见有此奇异，又能为父所舐而与名，共推以为王，主哀牢。哀牢山下有一人唤奴波息者夫妇，复生十女子，因与习农乐兄弟皆娶以为妻。奴波息见习农乐有神异，遂重爱之，而家大旺。邻有禾些和者，嫉欲害之。习农乐奉母夜奔巍山之野，躬亲稼穑，修德唯勤，教民耕种。其九兄弟有妻，后渐相滋长，种人皆刻画其身象龙文，衣着尾。习农乐在于巍山之野主其民，咸尊让也。有梵僧续旧缘，自天竺国来，乞食于家。习农乐同室人细密觉者勤供于家。而饷夫耕，行则见前僧先在耕所坐，向问其言，僧曰："汝夫妇虽哀牢山勤耕稼穑，后以王兹土者无穷也。"言毕腾空而去，乃知是观音大士也。复化为老人，自铸其像，留示其后，今阿蹉观音像者是也。大将军张乐进求后来求会诸酋于铁柱，凤凰飞上习农乐之左肩，进求等惊异，尚其有圣德，遂逊位。其哀牢王孙名奇嘉者，以蒙号国也。

汉明帝永平十二年春，哀牢王内附。章帝建初元年哀牢王反，伐滇。滇王兵及郡兵击斩之，并哀牢地。

白古通记

（元）佚名

天竺阿育王第三子骠苴低，子曰低牟苴，一作蒙迦独，分土于永昌之墟。其妻摩梨羌名沙壹。世居哀牢山下。蒙迦独尝为渔，死池水中，不获其尸。沙壹往哭之，见一木浮触而来，妇坐其上，觉安。明日视之，触身如故。遂时浣絮其上，感而孕，产十子。他日浣池边，见浮木化为龙，人语曰："为我生子安在？"众子惊走，最小者不能走，陪龙坐，龙因舐其背而沈焉。沙壹谓背为九，谓坐为隆，名曰九隆。十子之名：一眉附罗，二牟苴兼，三牟苴诺，四牟苴酬，五牟苴笃，六牟苴托，七牟苴林，八牟苴颂，九牟苴闪，十即九隆。九隆长而黠智，尝有天乐随之，又有凤凰来仪、五色花开之祥，众遂推为酋长。时哀牢山有酋波息者，生十女，九隆兄弟娶之。厥后种类蔓延，分居溪谷，是为六诏之始。

三皇之后，西天摩竭国阿育王第三子骠苴低，娶欠蒙亏为妻，生低蒙苴。苴生九子，名九龙氏。长子阿辅罗，即十六国之祖。次子蒙苴兼，即吐蕃之祖。三子蒙苴诺，即汉人之祖。四子蒙苴酬，即东蛮之祖。五子蒙苴笃生十二子，五贤七圣，蒙氏之祖。六子蒙苴托，居狮子国。七子蒙苴林，交趾之祖。八子蒙苴颂，白崖张乐进求之祖。九子蒙苴闪，白夷之祖。

白国因由

（元）佚名

金齿（今隆阳城）龙泉寺下有易罗丛村，村内有两夫妇，只生一女，名茉莉羌，其貌端美异常，父母择配，不欲嫁平常人，有蒙迦独求取为妻。蒙迦独因捕鱼溺死江中，茉莉羌往寻之，见江中有木一根逆流而上，遂惊迷若梦，见一美貌君子，与之言语。既醒，痛哭而回。自后，常往龙泉池洗菜浣衣，于池边，又见前日梦中男子。是夜忽至房中，因而怀孕。父母见之，怪曰："汝为吾女，吾甚爱之，汝夫方殁，人来求配，吾不轻许，今汝怀孕，是自误以辱我夫妇，将汝流于他方，永断恩爱。"茉莉羌曰："非我自误以辱父母，因夫死，往江上寻夫，见木逆流，惊迷恍惚中，见一男子，后往龙泉池浣洗，又见前梦中男子，出而相戏。是晚彼男子至我房中，遂来往不次。"夫妇相语曰："诚乃龙泉之黄龙也。"后生九子。金齿演习（南诏官职）闻之，将茉莉羌并父母唤去，责曰："汝女无夫养子，风俗之耻，当加以刑。"茉莉羌曰："事不干我父母，因我至龙泉浣洗，龙王染我而生九子，实出无奈，我岂不肖，辱及父母？"演习曰："汝既沾龙胎而生子，有何证验？"茉莉羌即令九子用衣襟取沙往西山堆之，则成九岗。演习信而省释之，即给与衣食而优养之。至今永昌城西有九龙岗者即其事也。

龙子九人，既皆长大。一夜，黄龙又至茉莉羌家见其子，与子相戏。其子亦不知是谁耳，茉莉羌告龙曰："汝子长大，其数又多，我为女流，不能顾看，且为诸子受辱受谤，汝当计之，幸无我累也。"龙曰："尔既不能顾看，可将诸子送付与我来。"茉莉羌曰："送至何处？"龙曰："当初相会水泉之侧，芭蕉竹林茂密处，尔呼之，我即应而出接诸子。"茉莉羌信之。一日，遂将诸子引于龙泉之傍，向芭蕉竹林茂密处呼之，黄龙即出，一一将诸子从水面接去，独幼子拉住母衣。茉莉羌曰："独罗消不可与众兄弟去也。"茉莉羌谓龙曰："幼子不欲去，乞留与我，俾我母子得以相依。"龙曰："尔既无依，将幼子留与你，宜也，况众子久累于尔，尔有情于我，我尚无补数，将幼子与尔，尔要小心照看。他日报答尔养子之恩，而大昌其后者必此子也。"茉莉羌携幼子回家，自念曰："我昔日不欲与常人配，我之志也，今若此是我之数也。"其八子皆归龙泉池，即今八部龙王是也。

细挐罗乃自语，原名是独罗消，因避难而易名细挐罗。邻居以无父作谤，移居哀牢山下。有豪邻名三和者，图谋之，有仆名波细，负幼主避难，东迁开南城居之。及长，躬耕养母，娶蒙欶为妻。生子罗盛，娶妻弥脚。挐罗父子，住大巍山下耕田。……观音至其家……曰："汝主大理国土十三代也。"……挐罗遂登位，称奇王。

云南通志

（明）李元阳

地理志·永昌军民府

永昌军民府。沿革：《禹贡·梁州》西南徼外之地，古为哀牢国，九隆氏居之。汉武帝时内附，置不韦县，属益州郡，后叛。建武中，其王贤栗等率其种万余诣越巂太守郑鸿降，光武封为酋长。永平元年（公元58年）诸夷复叛，遣益州太守张翕讨平之，立澜沧郡，寻改永昌郡，以广汉郑纯为太守，遂置哀牢、博南二县，割益州西部都尉所领六县隶焉。蜀汉仍为永昌郡，晋因之。

属州县司沿革。保山县：西汉武帝时，置不韦县于境。东汉，西南为哀牢县境，东北为不韦县境。蜀汉仍为哀牢、不韦二县。腾越州：周为哀牢国境，名越赕。汉为永昌郡西境。

山川、名山、众山。哀牢山：在府东十五里，孤峰，状如坐人，有穴水出其中，土人以水之盈涸卜岁之丰凶。九隆山：在府西南十里，高百余丈，一名九坡岭，世传九隆兄弟居此。山势起伏九岭，故名。

古迹。哀牢县，在府治东，元为永昌府。不韦县，在古哀牢国境内，传在凤溪山下，今废。

风俗。近郡之夷数种。哀牢蛮以铜为圈穿其鼻，又为大圈坠其耳。其渠帅自谓王者，坠垂其肩。蒲蛮，一名扑子蛮，居澜沧江以西者性勇健，为盗贼，髻插弩箭，兵不离身，以采猎为务，骑不用鞍，跣足驰走如飞。男子出外，其妇杜门绝客，禁杵臼，静坐以待其至。有罪无分轻重，其酋长皆杀之。有战斗，杀犬分肉为令，击木为号，讲和则砍牛为誓，刻木为信。争酋位，则父子兄弟相攻，邻里不救，受赂乃救。近城居者咸慕汉俗，而吉凶之礼多变其旧。

鹤庆军民府。沿革：汉属益州郡；东汉分属永昌郡；战国：哀牢国。

羁縻志·南诏始末

哀牢夷蒙迦独捕鱼溺死江水中，其妻沙壹哭之，坐于江涯沉木上，若有感，因怀妊，十月产子男十人。后沙壹至水上，沉木化为龙，作人语曰：

"若为我生子何在？"九子见龙惊走，独小子不能去，背龙而坐，龙舐其背。其母鸟语，谓背为九，谓坐为隆，因名小子曰"九隆"，后长大而黠，遂共推为王。后牢山下有夫妇生十女子，九龙兄弟皆娶以为妻，后渐滋长种人。九隆死，世世相继，乃分置小王，散居川谷。唐天宝以后，有九隆之裔曰细农逻者耕于巍山即今蒙化，数有祥异。社会之日，众祭铜柱，柱顶故有金铸鸟，鸟忽飞集农逻肩上，众骇异，以为天意有属。白国主张乐进求因以国让之。农逻自立为奇王。时九隆之裔渠帅有六，兵力相埒，分居其地。蛮谓王为诏，故曰"六诏"。

（贤栗、柳貌内属、置郡、类牢及封离之战等，同《后汉书》，此不重录。）

滇　志

（明）刘文征

大事考

（贤栗内属同《后汉书》，略。）

明帝永平十二年，哀牢王柳貌率众内属，诏以其地为哀牢、博南二县，割益州西部六县为永昌郡。《古今注》曰："永平十年置益州西部都尉，居嶲唐。"《续汉志》："六县，谓不韦、嶲唐、比苏、叶榆、邪龙、云南也。"

章帝建初元年（公元76年），哀牢王类牢反，太守王寻奔叶榆，诏发夷汉兵讨之。二年，昆明夷卤承等应募，率诸郡兵大破类牢于博南，斩之。封卤承为破虏傍邑侯，以西部都尉郑纯为永昌太守。（以下为封离反叛事，略。）

地理志·沿革郡县名

永昌府，古哀牢国。汉武帝时内附，置不韦县，属益州郡。后叛。建武中，其酋长贤栗请降，因封为酋长。永平初复叛，太守张翕平之，立澜沧郡，寻改永昌郡。后柳貌求内附，置哀牢、博南二县，割益州郡西部都尉所领六县隶焉。蜀汉仍为永昌郡。晋因之。

保山县：西汉武帝时为不韦县境。东汉，西南为哀牢境，东北为不韦境。蜀汉仍为哀牢、不韦二县。

腾越州：周为哀牢国境，汉为永昌郡西境，晋属宁州。

永平县：东汉置博南县，属永昌郡，晋因之，后改永平县。

山　川

西南十里曰九隆山，在龙泉门外，一名九坡岭，连亘十里，高可百丈，世传九隆兄弟居此。

东二十五里曰安乐山，讹为哀牢，孤峰特峛如拱揖，高三百丈，侍从多石。粼粼焉。

南十里曰法宝山，盘礴邻九隆，一河限之，昔异牟寻建寺于此。

堤　闸

沙河，在九隆、法宝二山两岸间，水势盈涸无常，嘉靖二十九年（公元1550年）兵备副使郭春震，始募土人溯流而得其源。

古　迹

哀牢县址，在府城太和坊之东，元为永昌府，洪武中以其地为中千户所军营。

诸葛井，在哀牢山。其上一巨石旁有水，谓可饮千人，参将邓子龙屯兵曾居其地，良然。

万箭树，在府天井山北，段氏时蒲蛮为盗，出没于此，行者射其树以厌之，树高五丈余，箭集如猬。

冢　墓

汉吕凯墓在金鸡村。

哀牢夫人墓在哀牢山，正德间乡人掘地得碑，志剥落，段中庸撰文。

本朝都督金事胡公志墓，在城西九隆山，成化间赐葬。

祠祀志·群祀

大官庙在哀牢山下,小官庙在东林中。高皇帝赐段氏二子名归仁、归义,土人立庙祀之,大官归仁,小官归义。

杂 志

九隆:哀牢夷蒙迦独,一曰低牟苴,捕鱼死江中。其妻沙壹哭之哀,触浮木,尝浣絮其上,若有感,因怀妊。十月,产十男。一日,往江边,浮木化为龙,出水上,语沙壹曰:"若为我生子,今安在?"九子怖而走,唯季子不能去,背龙坐,龙因舐其背。其母夷语,谓背为九,谓坐为隆,因名子曰"九隆"。其十子,曰附眉多,曰牟苴林,曰牟苴诺,曰牟苴闪(名仅四人,原文如此)。九隆长而黠智,尝有天乐奏、凤凰栖、五色花开之祥,众遂推为酋长。时哀牢山下有奴波息者,生十女,九隆兄弟娶之。厥后种类蔓延,分居溪谷,是为六诏之始。

搜遗志

永昌外夷。……《永昌郡传》:"尾濮,穿孔以安其尾。"

《广志》:"濮,有折腰、劗唇。"《九洲记》:"哀牢人,渠帅耳至肩三寸。"《南夷志》:"穿鼻蛮,在拓东,以径寸金环穿鼻中隔,下垂过颐。又有长鬃、栋锋。"皆谬妄不经。虽永(昌)、腾(越)徼外至僰夷尽境,耳目睹记,所绝无也。

永昌里社义仓碑记

(明)邹光祚

永昌,古哀牢国,视今宇内则西南之穷壤矣。汉夷杂耕,田无则赋,而又兼并于有力者之家,是以丰者余糜肉,而约者或不厌秕糠,且不谋朝夕,无蓄藏。

寰宇通志

（明）彭时等

金齿军民指挥使司。建制沿革：古哀牢夷之地。汉武帝元狩间，自蜀徙吕不韦子孙宗族居之，因置不韦县。东汉永平元年，置澜沧郡，寻改永昌郡。蜀汉建兴三年，诸葛亮定南中，仍为永昌郡。又分永昌之邪龙、云南、叶榆等县，增置云南郡。

郡名——哀牢古名澜沧永昌俱汉名。

山川——九隆山在司城南七里，山有九岭，又名九坡岭，俗传九隆族世居其下。诸葛亮南征，凿断山脉以泄其气，有迹存焉。……哀牢山在司城东二十里，一名玉泉山。

腾冲军民指挥使司。建制沿革：汉为永昌郡西境，僰、骠、峨昌三种蛮居之。

请复置永昌府治疏

（明）何孟春

唯金齿一司，是古之哀牢国，即汉之永昌郡。自元以上皆为府治。其后，元务远略，创立大理金齿等宣慰使司都元帅府于银生崖甸，其地在伯夷蒙乐山（无量山）下，去今金齿司南千里。其彝没后，金镶二齿而衰，故因得名，与永昌府绝无干涉。后元以其地不可守，改为金齿卫，移入永昌府共治。元末道梗，流官多缺，止有土官通判在任。

新建永昌府治记

（明）杨廷和

永昌，故哀牢之地。置郡自汉永平始，历代多因之。元务远略，创立金齿大理都元帅府于银生崖甸，其地去今府千余里，是所谓金齿也。后以远不可守，改为卫，移就永昌府，仍冒金齿之名，其实非也。我朝洪武壬申，省府，以其名并入金齿、永昌二千户所，改金齿军民使司。

南园漫录

（明）张志淳

金　齿

金齿非地名也，事见于汉、唐。至元代，缅伐八百（元设八百等地宣慰司，治在今泰国清迈）为金齿夷所遮，遂伐金齿诸国。此正东汉所谓"永昌徼外之夷"，即今大伯夷种也。后，元立通西府于银生甸，即金齿夷之地，地有蒙乐山。最后，不能守，移金齿卫于永昌府。洪武十六年（公元1383年），永昌府为思伦所屠，指挥李观犹以通西府印来署掌永昌府事。又，元初设大理、金齿等处都元帅府于永昌，则内外之分犹严。自指挥胡渊革永昌府为金齿司，彼武夫逞私，固无所知，然王靖远骥、杨刑侍宁，能复立学校，为碑记，竟不能知其原，而以金齿夷名误称至今，只可叹也！

大寺碑

郡城（今隆阳城）西北五里许，名大寺山，寺废无孑遗矣。成化、弘治间掘得其碑，其宏丽……其文曰："……永昌乃大理名郡，实孔明过化之地，东距阇黎、八百媳妇之界，南靠金齿伯夷、缅国之疆，西邻吐蕃、西天之域，北接洱水、滨海之涯，重镇地也。"

〔宁超先生注：此碑刻立于元泰定三年（公元1326年）三月七日，永昌府儒学教授杨森撰文，功德主苏佑。〕

风水说

（明）邓子龙

西滇山脉……一支作永昌，自云龙州入而南，左澜沧江，右潞江，两水随来。东一支走顺宁（今凤庆）、大侯（今云县）、耿马、孟定、孟连、思茅、景龙江、车里（今西双版纳）、八百，至老挝而止；西一支由上江过孔雀滩，聚岭结永昌，出姚关、清平、朝天诸洞，余气尽于湾甸、猛波罗粮营而止。

永昌，古哀牢国。有木姑山，有金井、云岩卧佛、诸葛营、九隆池，水流桑科，出湾甸，中聚东湖。山川环聚，人多有情。自苍山之西，皆丛山叠嶂，另成一乾坤世界。山多石嵯峨，或产玛瑙。

徐霞客游记

（明）徐霞客

滇游日记

自腾越……过龙川、高良工山、潞江、蒲缥、永昌、哀牢山、清水沟、峡口山、笔架山、山窠、卧佛寺、金鸡村、宝盖山、虎坡、干海子、玛瑙山、松坡、猛赖、上江蛮边、石城、北冲、清水关，再还永昌。（此录《滇游日记十》提纲，见《徐霞客游记》朱惠荣注文。）

〔崇祯十二年（公元1639）五月〕二十四日　正统间指挥使胡琛墓……其墓欲迎水作东北向，遂失下手砂，且偏侧不依九隆正脉，故胡氏世赏虽仅延，而当时专城之盛遂易。更循山而北一里，上一东盘之嘴，于是循冈盘垅，甃石引槽，分九隆池之水，南环坡畔，以润东坞之畦……又三里抵龙泉门，乃城之西南隅也。城外山环寺出，有澄塘汇其下，是为九隆池。

（六月）初二日　出东门……过大官庙。上山，曲折甚峻，二里余，至哀牢寺。寺倚层岩下，西南向，其上崖势层叠而起，即哀牢山也。饭于寺。由寺后沿崖上，一里转北，行顶崖西，半里转东，行顶崖北，一里转南，行顶崖东。顶崖者，石屏高插峰头，南北起两角而中平。玉泉二孔在平脊上，孔如二大屦并列，中隔寸许，水皆满而不溢，其深尺余，所谓金井也。今有树碑其上者，大书为"玉泉"。按玉泉在山下大官庙前，亦两孔，而中出比目鱼，此金井则在山顶，有上下之别，而碑者顾溷之，何也？又一碑树北顶，恶哀牢之名，易为"安乐"焉，益无征矣！南一里至顶。南一里，东南下。又一里，西南下。其处石崖层叠，盖西北与哀牢寺平对，俱沿崖而倚者也。

初九日　闪太史招游马园。园在龙泉门外……园之北即峡底也，西自九隆山后环峡而来……龙泉寺之殿阁参差，冈上浮图，倒浸波心，其地较九龙池愈高。

十三日　清水关，南抱为卧佛岩，但清水深入，而卧佛前环耳。入谷即有池一围当寺前，其大不及九隆池，而回合更紧。

（七月）初五日　为干海子之游。由九隆池左循北坡西向上……其下峡中有深涧，自西北环夹东出，水声骤沸，即马家园绾九隆南坞之上流也。此处腾涌涧中，外至坞口，遂伏流不见。南溢而下泛者，为马园内池；北溢而下泛者，为九隆泉池，皆此水之伏而再出者也……循涧北崖盘坡而上……见由此而北，分峡东下者，为宝盖之脊，又东下而为太保；由此而南，分峡东下者，为九隆南山之脊，又东下为九隆冈。此其中垂之短支，蹑之迤逦上，五里始西越其脊。

皇明象胥录

（明）茅瑞征

（嘉靖）九年（公元1530年），莫登庸立子方瀛为国大王，而僭称太上皇，率兵攻谳清化（在越南），谳败走义安及葵州。复穷追，走入哀牢国，哀牢即老挝也。

宙载

（明）张含

哀牢有二。永昌城东有哀牢山，《志》称"安乐"，讹为"哀牢"。顷见成化十六年（公元1480年）敕谕云南镇守抚按三官："得尔等奏，据车里宣慰司公文称：安南国（今越南北部）娶哀牢女不得，赖老挝宣慰夺娶，恃强调兵，攻破老挝地方。"成化十七年，又敕谕镇守抚按有云："得尔等奏，安南国王黎灏调军开路，将哀牢攻破，随到老挝，杀死宣慰刀板雅兰

云南文库·学术名家文丛

父子。又在哀牢盖仓积粮，要攻八百……"云云。可见云南所有哀牢，乃介乎博南、腾越间者；交趾（今越南北部）所攻哀牢，乃介乎车里、八百间者。据予所见有两哀牢。

明实录·太祖实录

成化十七年……（安南国王）黎灏率夷兵九万，开山为三道进兵破哀牢，继进老挝地方，杀死宣慰刀板雅、兰、掌父子三人，其季子帕雅赛归依八百，宣慰刀揽那遣兵送往景坎地方。继而灏复积粮练兵，且颁伪敕于车里宣慰司，期欲会兵进攻八百……八百因遣兵扼其归路，袭杀万余，交人大败而还。

国 榷

（明）谈迁

成化十六年……十一月……安南人攻破老挝宣慰司，今欲攻八百。

成化十七年……六月……敕安南国王黎灏勿攻老挝、八百："《书》不云乎：'惠迪吉，从逆凶。'……"初，安南九万人攻哀牢，进攻老挝，杀宣慰使刀板雅、兰、掌父子三人，其季子帕雅赛依八百，宣慰刀揽那遣送景坎……灏复令车里宣慰期攻八百……八百因扼其归路，袭杀万人而还。

滇 纪

（明）陆氏

汉武置不韦县，其后复叛。建武末，酋长贤栗请降。永平初复叛，太守张翕讨平之，立澜沧郡。

滇　略

（明）谢肇淛

版　略

永昌军民府，古戎州（今四川宜宾）哀牢国也。一云身毒，九隆氏居之。汉通博南，置不韦县。永平间立澜沧郡，寻改永昌郡。唐以后，蒙氏、段氏代据之，皆以为永昌府。

胜　略

永昌龙泉门外有九隆山，相传哀牢夷九隆兄弟世居此山之下。诸葛亮南征时，凿断山脉，以泄王气，今遗址犹存。其麓有泉自地涌出，凡九窦。郡人甃石为池，承之其下，汇为大池，可三十亩，名曰九龙池。

绩　略

（郑纯事绩，同《华阳国志》，此略。）

事　略

（贤栗、柳貌内属、置郡、类牢反，同《后汉书》，略。）元初五年（公元118年），卷夷大牛种封离等叛，永昌夷皆应之，众至十余万。遣中郎将尹就讨之，败绩。诏征就还，令以兵属益州刺史张乔。乔遣从事杨竦至叶榆击，大破之。封离降。

夷　略

南诏之先哀牢夷蒙伽独者，捕鱼江中，溺死。其妻沙壹，坐江滨触沉木而孕，生子九人。后至其所，沉木化为龙，作人语曰："吾子何在？"诸子惊走，独少子不去，背龙而坐，龙舐其背。其母鸟语，谓背为九，谓坐为隆，因名少子曰"九隆"。及长而黠，众推为王，世世相继。汉世祖建武二十三年，王扈栗遣兵乘箄船南攻鹿茤。鹿茤民弱小，将为所擒，会天大震雷，疾风暴雨，水为逆流，箄船沉没，溺死者数千人。后扈栗复遣六王攻鹿茤。鹿茤王迎战，大破哀牢军，杀其六王。哀牢人埋六王。夜，虎掘而食之。哀牢人惊怖，引去。扈栗惧，谓诸耆老曰："哀牢略微，自古以来初不如此。今攻鹿茤辄被天诛，中国有受命之王乎？是何天佑之明也？汉威甚神！"即遣使诣越巂太守，愿帅种人归义奉贡，世祖纳之，以为西部属国。其地东西三千里，南北四千六百里。唐初，其裔曰细奴逻者，耕于巍山在今蒙化，数有祥异。白国王张乐进求因以位让之，遂自立为奇王。时九隆之裔渠帅有六，分据其地。蛮谓王为诏，故曰"六诏"，而奴逻为南诏，最强，至孙皮逻阁，受唐册封，赐名归义。

百濮考

（明）董难

《通典》有尾濮、木绵濮、文面濮、折腰濮、赤口濮、黑僰濮。《周书·王会篇》："濮人以丹砂。"注云："西南之蛮，盖濮人也，诸濮地与哀牢相接。"余按哀牢即今永昌濮人，即今顺宁所名蒲蛮者是也。濮人之俗，用麂尾末椎其髻，且好以漆饰面。《通典》所云"尾""文面"，言其饰也。木棉即扳枝花，濮地多产之，可以夹纩，言其居产被服也。折腰濮人，见尊者则折腰以趋，言其礼俗也。赤口濮人调舌为音，如鹦鹉然，言其舌声也。黑僰濮，其色多黑，言其种类也。"濮"与"蒲"字音相近，今伪为"蒲"耳。或以全滇之地，其人百种，概名百濮，亦甚谬矣。濮、僰所居连壤。余又以僰音按之，濮字在僰音亦合一屋韵，蒲字在僰音亦合七虞韵，僰语称其人为"濮"而不称为"蒲"，是一证也。又濮俗截大竹为筒以注水，谓之濮竹，如郫筒之得名。以此证之，益彰彰矣。今之论百濮者，既不得其地，又不得其人，又不得其音，虽近濮地者尚尔懵然。余因稽之载籍，证以方音，作百濮考。

百夷传

（明）钱古训　李思聪

百夷在云南西南数千里，其地方万里。景东在其东，西天古刺在其西，八百媳妇在其南，吐蕃在其北，东南则车里，西南则缅甸，东北则哀牢，西北则西番、回纥。俗有大百夷、小百夷、漂人、古刺、哈刺、缅人、结些、吟杜、弩人、蒲蛮、阿昌等名，故曰百夷。汉以前未尝通中国。诸葛亮征蛮，蛮抵怒江而止。唐天宝中，夷人始随爨归王入朝。其众各有部领，不相统属。元宪宗三年，世祖由吐蕃入丽江，自叶榆平至云南。明年，命将兀良哈台征降夷地，遂分为路二十，府四，甸四十有四，部二十有六，各设土官，置金齿都元帅府领之。有所督，委官入其地，交春即还，避瘴气也。至正戊子（公元1348年），麓川土官思可发数侵扰各路，元帅搭失把都讨之不克，思可发益并吞诸路，而遣其子满散入朝以输情款，虽奉正朔，纳职贡，而服用制度拟于王者。思可发立八年，传其子台扁。逾年，台扁从父昭肖发杀之而自立。期年，盗杀昭肖发，众立其弟思瓦发。国朝洪武辛酉（公元1381年）平云南。明年，思瓦发寇金齿，是冬，思瓦发略于者阑（今瑞丽）、南甸（今梁河），其属达鲁方等辄立满散之子思伦发，而杀思瓦发于外，即遣使贡白象、犀、马方物于朝。朝廷议不忍绝以化外，乃命福建左参政王钝，率云南部校郭均美等，谕以向背利害，约以每岁贡献之率，而遂内附。于是授思伦发为麓川平缅军民宣慰。丙寅（公元1386年）复寇景东。明年，部属刀思朗犯定边（今南涧）。天子命西平侯沐英总兵败之，获刀思朗，夷人惧服，上以远人不加约束，故官称、制度皆从其俗。其下称思伦发曰"昭"，犹中国称君长也；所居麓川之地曰"者阑"，犹中国称京师也。其属则置叨孟以总统政事，兼领军民。昭录领万余人，昭纲领千余人，昭治领百人，领一伍者为昭哈斯，领一十者为昭准，皆属于叨孟。又有昭录令，遇有征调，亦与叨孟统军以行。其近侍呼为"立者"，阍寺呼为"割断"。大小各有份地，任其徭赋。上下僭奢，虽微职亦系钑花金银带，贵贱皆戴笋箬帽，而饰金宝于顶，如浮图状，悬以金玉，插以珠翠花，被以毛缨，缀以毛羽。贵者衣绮丽，每出入，象马仆从满途。象以银镜数十联缀于羁靷，缘以银钉，鞍上有阑如交椅状，藉以裀褥，上设锦障盖，下悬铜响铃，坐一奴，鞍后执钩驱止之。遇贵于己者必让途而往，凡相见必合掌而拜，习胡人之跪。长于己者必拜跪之，言则叩头受之。叨孟以下，见其主则膝行以前，二步一拜，退亦如此。执事于贵人之侧，虽跪终日无倦状。贵人之前过，必磬折鞠躬。宴会则贵人上坐，其次列坐于下，以逮至贱。先以沽茶及蒌叶、槟榔啖之，次具饭，次进酒肴，具用冷而无热。每客必一仆持水瓶侧跪，俟漱口、盥手而后食，食毕亦如之而后起。客十，则十人各行一客。酒或以杯，或以筒。酒与食物，必祭而后食。食不用筋。酒初行，一人大噪，众人和之，如此者三，乃举乐。乐有三等，琵琶、胡琴、箫笛、响盏之类，效中原音，大百夷乐也。笙阮、排箫、箜篌、琵琶之类，人各拍手歌舞，作缅国之曲，缅乐也。铜铙、铜鼓、响板、大小长皮鼓，以手拊之，与僧道乐颇等者，车里乐也。材甸间击大鼓，吹芦笙，舞干为宴。长者授卑贱酒食，必叩头受之，易以他器而食，食毕仍叩头而退。凡贸易，唯用银，杂以铜，铸若半卵状，流通商贾间。官无仓庾，民无税粮，每年秋季，其主遣亲信部属往各甸计房屋征金银，谓之取差发。无中国文字。小事刻竹木，大事作缅书，皆傍行为记。刑名无律，不知鞭挞，轻罪则罚，重罪则死。男妇不敢为奸、盗，犯则杀之。所居无城池濠隍，唯编木立寨，贵贱悉构以草楼，无窗壁门户，时以花布幛围四壁以蔽风雨而已。邮传一里设一小楼，数人守之，公事虽千里远，报在顷刻。无军民之分，聚则为军，散则为民，遇有战斗，每三人或五人出军一名，择其壮者为正军，呼为"锡剌"，持兵御敌，余人荷所供，故军行五六万，战者不满二万。兵行不整，先后不一，多以象为雄势，战则缚身象上，裹革兜，被铜铁甲，用长镖干弩，不习弓矢。征战及造作用事，遇日月蚀则罢之，毁之。所用多陶器，唯宣慰用金银、玻璃，部酋间用金银酒器。凡部酋出，其器用、仆妾、财宝之类皆随之，从者千余，昼夜随所适，必作宴笑乐。男子衣服，咸衣宽袖长衫，不识裙裤；其首皆髡，胫皆黥，不髡者杀之，不黥者众叱笑，比之妇人。妇人髻绾于后，不谙脂粉，衣窄袖衫、皂桶裙，白裹头，白行缠，跣足。其俗贱妇人，贵男子，耕织、徭役、担负之类，虽老妇亦不得少休。嫁娶不分宗族，不重处女。年未笄，听与男子私从。至其家，男母为之濯足，留五六昼夜，遣归母家，方通媒妁，置财礼娶之。凡生子，贵者浴于家，贱者浴于河，逾数日，授子于夫，仍服劳无倦。酋长妻数十，婢百余，不分妻妾，亦无妒忌。男女浴于河，虽翁妇叔嫂，相向无耻。子弟有职名，则受父兄跪拜。父母亡，用妇祝尸，亲邻咸馈酒肉聚，年少环尸歌舞宴乐，妇人击碓杵，自旦达宵，数日而后葬。其棺若马槽，无盖，置尸于中，抬往葬所，一人抱刀持火前导，及瘗，其平生所用器物，坏之于侧而去。其俗不祀先奉佛，亦无僧道。

小百夷居其境之东北边，或学阿昌，或学蒲蛮，或仿大百夷，其习俗不一。车里亦谓小百夷，其俗刺额、黑齿、剪发，状如头陀。哈剌男女鬈黑，男子以花布为套衣，亦有效百夷制者；妇人髻在后，项系杂色珠，以娑罗布被身上为衣，横系于腰为裙，仍环黑藤数百围于腰上，行缠用青花布，赤脚。古剌男女色甚黑，男子衣服装饰类哈剌，或用白布为套衣，妇人如罗罗状。漂人男女衣服皆类百夷，妇人以白布裹头，衣露腹，以红藤缠之，娑罗布为裙，两接，上短下长。男女同耕。缅人色黑，类哈剌，男女头上以白布缠，高三四尺，衣大袖白布衫，腰下以布通前后便缠之，贵者布长二丈余，贱者不逾一丈。甚善水，嗜酒。其地有树笋，若棕树之杪，有如笋者八九茎，人以刀去其尖，缚瓢于上，过一宵则有酒一瓢，香而且甘，饮之辄醉。其酒经宿必酸，炼为烧酒，能饮者可一盏。有为僧者，以黄布为袈裟，袒右手，戒行极精，午后不饮食。妇人貌陋甚淫，夫稍不在则与他人私，遂为夫妇。以白布裹头而披花为衣。吟杜巢居山林，无衣服，不识农业，唯食草木禽兽，善骑射。冷则抱巨石山坡间往复奔走，以汗出为度。弩人目稍深，貌尤黑，额颡及口边刺"十"字十余。有结些者，从耳尖连颊皮劈破，以象牙为大圈横贯之，以花布裹头而垂余布于后，衣半身衫而袒其肩。妇人未详。其人居夏璃者多。

诸夷语言习俗虽异，然由大百夷为君长，故各或效其所为。夷人有名，不讳，无姓，无医卜等书，不知时节，唯望月之盈亏为候。有事唯鸡卜是决。疾病不知服药，以姜汁注鼻中，病甚，命巫祭鬼路侧，病疟者多愈，病热者多死。地多平川沃土。民一甸，率有数百千户众，置贸易所，谓之街子。妇人用镬锄地，事稼穑，地利不能尽，然多产牛、羊、鱼、果。其气候春夏雨，秋冬晴，腊亦如春，昼暄夜冷，晓多烟雾，无霜，夏秋烟瘴甚盛。其饮食之异者，鳅、鳝、蛇、鼠、蜻蜓、蝤蛟、蝉、蝗、蚁、蛙、土蜂之类以为食，鱼肉等汁及米汤，信宿而生蛆者，以为饮。其草木禽兽之异，草则秋间数十百株结为一聚，地产此草，烟瘴尤甚。树木多有三四株结为连理，有大如斗之柑。有鲇头鲤身之鱼，水牛头黄牛身之牛，绵羊头山羊身之羊。雄鸡多伏卵，亦有生卵者。者阑有一池，沸如汤，人多投肉熟之。境内所产珍物，雅青、琥珀、犀、象、鹦鹉、孔雀、鳞蛇、脑麝、阿魏、金银、玻璃之类。其山水险隘，北有高良弓山横亘二千余里，高五十余里，与怒江相倚；西有马鞍山，山有一关，若一人守关，万夫难入；东为䍧川江，可通舟楫；南与金沙江合而入于南海，南下交趾界。金沙江（今伊洛瓦底江）之南有东胡、得冷、缅人三国，缅之西即西天也。缅国与夷连岁横兵，洪武乙亥（公元1395年）冬，缅人诉于朝，丙子春，皇帝遣古训及桂阳李思聪至两国，谕以睦邻之义。

百夷，由金齿蒲缥过怒江即其境。沿江东数十里，上有高良弓颇险，其岭有一寨，过一寨下四十里，地名养列，自此抵䍧川，无险隘之虞。由䍧川经蛮牛、莽港等路，渡谨卯，过蒙夏等甸至麻林界，登金沙江之舟，下流二十日至缅国，国王众呼为"卜剌浪"，王之妻呼为"米泼剌"。

景泰云南图经志书

（明）陈文

金齿军民指挥使司

建置沿革：古哀牢夷之地……

郡名：哀牢，澜沧，永昌。

风俗：俗效中土，渐有土风。穿鼻儋耳，采猎为务。

山川：太保山，九隆山，卧狮山，哀牢山，卧佛山，罗岷山，浪沧江，潞江，清水河，沙河，沙木河，诸葛堰。

井泉：天井，玉泉，法明寺井，龙泉。

名宦：郑纯，李观，胡渊，胡琛。

人物：吕凯，李升，黄名善妻张氏。

洪武云南志书

（明）佚名

诸葛村。在永昌府南十里，有村曰诸葛，环居数百家，中有诸葛祠。夷传云，在昔诸葛亮出征至此，夷人感其威德，遂祠之。至今祭祀不绝。

万箭树。在永昌府东五十里，山道旁有古木一株，二丈围。昔清平官高公出征，经过道上，树俯首，有恭揖之状。后人过者，并不礼焉，遂射之。树梢之箭数以万计，故名万箭树……自段氏时，扑蛮作盗，出没于此，故过者射其树以压之。迄今过者必射，树高五丈余，箭镞如猬毛然。

滇载记

（明）杨慎

滇域未通中国之先，有低牟苴者，居永昌哀牢之山麓。有妇曰沙壹，浣絮水中，触沉木若有感，是生九男，曰九隆族。种类滋长，支裔蔓延。窃据土地，散居溪谷，分为九十九部，其渠酋有六，各号为诏，夷语谓诏为王。其一曰蒙舍诏，其二曰浪穹诏，其三曰邓睒诏，其四曰施浪诏，其五曰摩些诏，其六曰蒙巂诏。兵埒不能相君长。至汉有仁果，九隆八族之四世孙也，强大，居昆弥川。传十七世至龙佑那。当蜀汉建兴三年，诸葛武侯南征雍闿，师次百崖川，获闿斩之，封龙佑那为酋长，赐姓张氏。割永昌、益州地置云南郡于白崖。诸诏慕武侯之德，渐去山林，徙居平地，建城邑，务农桑，诸部于是始有姓氏。龙佑那之十六世孙曰张乐进求，逊位于蒙氏，考其时盖唐代也。张氏或称昆弥国，或称建宁国，其年系莫可推详。

蒙氏始兴，曰细奴罗，九隆五族牟苴笃之三十六世孙也。耕于巍山之麓，数有神异，挈牧繁息，部众日盛，代张氏立国，号曰"封民"，蒙氏伪称南诏，实唐贞观三年（公元629年）也。

南诏野史

（明）倪辂

南诏历代源流

《白古记》云：三白王之后，西天摩竭国阿育王第三子膘苴低娶次蒙亏为妻，生低蒙苴，苴生九子，名九龙氏。长子阿辅罗，即十六国之祖。次子蒙苴兼，即吐蕃国之祖。三子蒙苴诺，即汉人之祖。四子蒙苴酬，即东蛮之祖。五子蒙苴笃生十三（？）子，五贤七圣蒙氏之祖。六子蒙苴托，居狮子之国。七子蒙苴林，即交趾国之祖。八子蒙苴颂，白崖张乐进求之祖。九子蒙苴闵，白夷之祖。

按《哀牢夷传》，古有妇名沙壹，因捕鱼触一沉木，感而生十子。后木化为龙，九子惊走，一子背坐，名曰九龙。又云：哀牢有一妇，名奴波息，生十女，九隆兄弟各娶之，立为十姓，曰董、洪、段、施、何、王、张、杨、李、赵。九龙死，子孙繁衍，各据一方，而南诏出焉，故诸葛为其国谱也。

南诏古迹

九隆山，在永昌府，有王气出，武侯掘断之。

南诏历代

（以下录自清人胡蔚增订本）

皆刻画其身，象龙文，于衣后著尾，子孙繁衍，居九隆山溪谷间，分九十九部，南诏出焉。（自《白古记》到"张、杨、李、赵"同《南诏历代源流》，此略。）

南诏大蒙国　传十三世

细奴罗，又名独罗消，西天天竺摩竭国阿育王低蒙苴第五子，蒙苴笃之三十六世孙，生有奇相。唐太宗贞观初，其父舍龙，又名龙伽独，将奴逻自哀牢避难至蒙舍川，耕于巍山。一日，有老僧，美髯，冠赤莲冠，披袈裟，持钵至奴逻家乞食。时奴逻与子逻盛炎方耕巍山之下，其姑与妇将往饁，见僧乞食，遂食之。再炊往饁，僧坐不去，姑妇持饷中道，僧已在彼，复乞食，姑妇又食之。返而复炊，持饁至巍山，则见僧坐盘石上，前有青牛，左白象，右白马，上复云气。云中二童子，一执铁杖于左，一执方金镜于右。姑妇惊喜，复以所饷供之。僧问何所愿？姑妇不知对。僧曰：弈叶相承。及细奴逻等至，则但见一人持钵坐五色云中，而盘石上唯余衣痕及牛、象、马之迹耳！奴逻素有祥异，会唐封首领大将军建宁国王张乐进求……谓天意有属……遂妻以女，举国逊之，于唐太宗己酉，贞观二十三年（公元649年）即位……建号大蒙国。

南诏源流纪要

（明）蒋彬

九隆氏 旧传天竺国阿育王第三子骠苴低分土于永昌，厥子（低牟苴）居永昌之哀牢山，其配名沙壶，浣絮易罗池中，触流沉木，若有感，因妊，产十男。稍长，忽沉木化为龙，语曰："若为我生子！"众子惊且走，唯季子行未能，背龙而坐，龙因舐其背。其母鸟语，谓背为九，谓坐为隆，遂名为"九隆"，即"背坐"二字也。长而黠，获推为酋长。一曰眉附罗，二曰牟苴兼，三曰牟苴酬（原文无四），五曰牟苴笃，六曰牟苴托；七曰牟苴林，八曰牟苴颂，九曰牟苴闪，十即九隆。又，哀牢山前一夫妇生十女，而九隆兄弟遂娶之。厥后种类蔓延，据溪谷，分而为九十九部。其渠酋有六，各伪号曰诏，夷语谓王为诏。曰蒙舍诏，即今蒙化府是已。曰浪穹诏，即今浪穹县是已。曰邆睒诏，即今邓川州是也。曰施浪诏，即今浪穹之蒙次和是已。曰越析诏，即今丽江府是已。曰蒙嶲诏，即今建昌是已。先是未通中国。至战国庄蹻略地，号滇国，仅王滇而止。迨汉武帝元封三年，遣郭昌击滇，王降，遂置益州郡。而蒙舍、施浪诸部俱属益州矣。时仁果据蒙舍徙白崖，即牟苴颂四世孙，最强盛，号大白子国，再传昆弥氏，改号拜国。至十五世孙凤龙佑那继之。蜀汉建兴三年，诸葛武侯南征雍闿，军次白崖……封凤龙佑那为酋长，赐姓张氏，改号建宁……至唐张乐进求者，仁果时三十二世孙也，因庆云之瑞，又改国号为云南。厥后衰弱，逊位于蒙氏细奴逻。奴逻即牟苴笃三十六世孙也。先是父龙迦独即龙舍自哀牢将奴逻居蒙舍，耕于巍山之麓，数有神异，孳牧繁衍，部众日盛，寻筑城龙宇图山，自立为奇王。

折中同异 如九隆兄弟，《一统志》只云九人娶九女，及考《唐书》则云十人娶十女，其言必有所据，宜从之。《志》只开九子名，而第十子无考，殊不知第十子即九隆也……又如《一统志》载，在大理者于唐名宦张仁果名下注云："据蒙舍，自汉末起，传子孙三十三世，其后张乐进求为蒙氏所灭。"其载蒙化者云："蒙氏龙迦独自哀牢将其子奴逻居之，伪号蒙舍诏。先是，仁果据本地，徙白崖有国，至三十一代孙进求继之，遂为奴逻所灭……"章章乎明矣。

存信　如沙壶触沉木妊产九隆兄弟，及段思平母阿垣过江触莲遂孕，产思平……如此类者，若不足信。但姜嫄履帝趾而生后稷，孔子删《诗》载之；伊尹母日出东走，而尹遂生于空桑，史亦不遗……事异而理一也，宜并存之。

龙王庙记

（明）刘寅

永昌之城，右倚峻山，山下之水汪然涌出，停蓄为池，周还数百步，渐而南流，溉灌田千余顷，军民咸赖其利，父老相传为龙泉，故其寺与城皆因之而得名。俗又呼九隆池，岂蒙氏之先女子沙壹触沉木于是而生九隆欤？按志书云在哀牢山下，今亦未敢必以为然也。

金齿新建庙学记

（明）杨宁

金齿在京师西南万里外，古哀牢夷之国。自汉武通西南夷，明帝置永昌郡，至唐及宋，举不过羁縻而已。故元代取大理，金齿款附然六七十年之间叛服不常，况以夷制夷，土风民俗宜无以变之者……洪武辛酉（公元1381年）云南既下，金齿随定，遂收其图籍，入其土地，建城郭，设军卫，立官府，择贤能臣任之，以保治其人民，教之居室，教之衣服，教之言语，教之亲亲尊尊、日用常行之道，历年既久，夷俗寝变。

金齿司建儒学记

（明）王直

金齿，古哀牢夷之地，汉始辟为永昌郡，后世或因或革，然皆羁縻而已。至元以为永昌，建学以教其人，后毁于兵。国朝洪武壬戌（公元1382年）取永昌，置军卫镇之，继而以民少罢府改卫，为金齿军民指挥使司以统之。岁甲戌（公元1394年），乃命秀才余子禧往教焉，始立孔子庙于中正坊之西，军民子弟皆来学。

重修永昌府志序

（明）刘彬

（永昌）固滇西之锁钥，所称西南一大都会，不其然欤。余尝西登太保，东望哀牢，览山川形势，吊往昔芳踪……问武侯之遗烈则旧营在焉，访吕凯之故里则将台存焉。

南诏通记

（明）杨鼐

哀牢国……其先有蒙伽独，妻摩黎羌名沙壹。居哀牢山，捕鱼为生。后死哀牢山水中，不获其尸。沙壹往哭，见一木浮触而来旁边漂沉，妇坐其上，平稳不动。遂常浣絮其上，若有感，因怀妊，生九子；复产一子。一日，行往池边，见沈木化为龙，忽语曰："若为我生子，今何在？"九子见龙皆惊走，独小子不去，背龙而坐，因舐之，唤其名曰习农乐。母见之，乃鸟语，谓背为九，谓坐为隆，因名曰九隆。习农乐后有神异，诸兄见其为父所舐而与名，又有神异，遂推以为王，主哀牢山下。又有奴波息者夫妻，生十女子，习农乐兄弟皆娶之，渐相滋长。种人皆刻画其身，象龙文，衣著尾。

西园闻见录

（明）张萱

云南，古梁州裔境也，在大寓西南，百夷丛集。其巨族曰僰人，曰爨人，曰么些，曰秃老，曰些门，曰蒲人，曰和泥蛮，曰白夷，曰土僚，曰罗舞，曰撒摩都，曰么察，曰侬人，曰山后人，曰哀牢人……各都部落，莫考所起。其后，哀牢夷有妇人名沙壹，居牢山，捕鱼水中，触沉木，有感而孕，产子九人，是为九隆。其后子孙繁衍，分为九族，散处山谷，遂为巨姓。楚顷襄王使将军庄蹻略巴、黔以西，至滇池，可数千里，以兵威定之。会秦击楚，大乱，蹻遂拥众王滇。至汉武时，滇王请降，置益州郡，而哀牢夷不附。汉光武二十七年（公元51年），渠酋贤栗求内附，奉朝贡。明帝永平中，渠酋柳貌率众内附，以其地为哀牢、博南二县，今之永昌府是也。自是哀牢始通中国。行者苦之，歌曰："汉德广，开不宾，度博南，越兰津，度澜沧，为他人。"自后，或服或叛，莫考其世。部下有仁果时者，九隆八族之四世孙也。强大，居昆弥川，号大白子国，传十七世至龙佑那。蜀汉建兴三年，诸葛亮南征平益州，封龙佑那为酋长，赐姓张氏。诸夷慕武侯之德，渐出山林，徙平地。传十七世至张乐进求，而逊位于蒙氏。蒙氏始兴，曰细奴逻，九隆五族之三十六世孙也。唐高宗永徽四年（公元653年），代张氏自立，国号"封民"，称蒙舍诏。诏，王号也。

僰古通纪浅述

（明）佚名

云南国记

云南，按《大理旧志》，僰人之初，有骠苴低者，其子低牟苴，居永昌哀牢山麓。其妇曰沙壶，浣絮水中，触一沉木，若有感焉，因娠，生九男。后沉木化为龙，众子皆惊走，季子背龙而坐，龙舐其背，故号九隆族：一曰牟苴罗，二曰牟苴兼，三曰牟苴诺，四曰牟苴酙，五曰牟苴笃，六曰牟苴托，七曰牟苴林，八曰牟苴颂，九曰牟苴闪。当是时，邻有一夫妇生九女，九隆各娶之。于是种族滋长，支苗繁衍，各据土地，散居溪谷，分为九十九部，其酋有六，号曰六诏焉。

蛮语称王为诏，谓背为九，谓坐为隆。

周显王时，遣弟庄跻上略巴、黔，遂王其地，曰滇国，与僰人国通和，又曰滇池，此春秋之时也。后经二百年，汉武帝元封二年（公元前109年），遣张骞使西域还，谓武帝曰，天竺国去蜀不远。再遣骞通道南滇，册封哀牢夷第八族牟苴颂四世孙仁果为滇王，统辖叙州（今四川宜宾）、乌蒙（今昭通）。三国时，诸葛孔明南征……册封仁果九代孙龙佑那为采地主，赐姓张氏……唐……太宗贞观三年己丑（公元629年），天师观星曰："西南有王者起。"上命永昌酋长弥芮忽访之。彼有九隆族第五牟苴笃三十六代孙细奴罗者出，本名独罗消，居永昌哀牢山。其母摩利羌往龙泉浣衣，若有所感而娠，生九子。八子皆随其父龙迦独化龙而去，唯独罗消以母所爱而乞归永昌。酋长访知其异，而力求之甚。其仆有波洗者，善为计策，以己子与独罗消一日生者名细奴罗抵独罗消名，交使者领讫。仆遂杀一牝犬，夸其腹而包独罗消以掩其光，仍令犬子咂乳。使者复搜其家，别无小儿而返。仆即取出独罗消，襁褓窃负而逃于蒙舍。

蒙氏世家谱

第一主讳细奴罗，其先永昌哀牢人，兄八人皆化为龙，独避难逃于蒙舍，故以蒙为姓，因号"奇王"，在位二十一年。唐太宗贞观二十年（公元646年），张乐进求率三十七部酋长，以云南国诏逊位于细奴罗。谦之再四，不得已，告于天地山川、社稷宗庙而即国王位，号"大封民"。

滇　史

（明）诸葛元声

小　引

（祖龙）开滇五尺道，罕越跬步。汉武经营十余年，糜竭筋膝，倡六郡为羁縻，复恋恋穿长安土象昆明池，鲸石吐吞，女牛拱立，末由窥九隆藩篱……（元声）徒步入滇，爱其风土淳和……怪其荒憬寥阒，坟籍湮芜……遂欲摭遗撮残，写集闻见……于是齿哀牢之诡诞，竦擒纵之威灵，瘴箐蛮圻，踵跻几遍。

卷一　远古至西汉武帝元封六年
（公元前105年）

《续汉书》曰：天竺国一名身毒国……按《通考》天竺……其迹多在大理、永昌二郡……然孝武通西南夷，设益州四郡，而所求身毒国终不得通，则大理之非天竺明矣……哀牢虽祖阿育，遗俗洪荒，初无表证。

哀牢夷未盛时谓之百濮……哀牢即今永昌，濮人即今顺宁所名蒲蛮是也。史载景东、镇源、镇南州（今南华县）皆濮落蛮所居；永昌外二十八寨皆蒲蛮，盖讳濮为蒲，音近而讹耳。

周宣王四十六年（公元前782年），天竺摩耶提国王阿育王生三子，曰福邦，次曰弘德，季曰至德。国有神骥一匹，红鬃赤尾，毛有金色，奇品绝世。三子争欲得之，王莫能决，乃纵骥，约获者主之。其骥东奔，三子各邻部众追逐。季子先至滇之东山而获焉，遂名为金马；长子福邦续至滇之西山，有凤鸟呈祥，因名山为碧鸡；次子弘德后至滇北野。各留屯不回。王忧思三子，遣舅氏神明统兵接应将归，适哀牢夷阻道，遂不复返。族属繁衍，布列多方。三子死，蛮世祀之为金马碧鸡之神。

骠苴低者即阿育王第三子至德之后。周末，其世式微，与子低牟苴隐居九隆山。骠苴死，牟苴以捕鱼为业。一日大风雨，牟苴死山下九隆池中，不获其尸。其妻摩梨羌名沙壶，往哭于此，忽有一木浮触而来，漂沉水面，妇坐其上不动。明日复往水边，见木如旧，遂尝浣絮其上，若有感，因怀妊，生九子。一日，同母往池边，见沉木化为龙出水上，语沙壶曰："若为我生子何在？"诸子各惊走，独小子不能去，背龙而坐，龙舐之。其母鸟语，谓背为九，谓坐为隆，因名其地曰九隆。小子名习农乐，长有神异，天乐奏于家，凤凰栖于树，有五色花开，常有神随护。诸兄以九隆为父所舐，赋黠，多吉征，遂共推为酋长。哀牢山下有人名奴波息，夫妇生九女，九隆兄弟娶为妻，各有名号。

九隆族生息日渐繁昌，种人乃刻画其身象龙文，衣背着尾，代代相继，乃分置小王，散在溪谷，分九十九部，自立为君长。绝域荒外，未尝交通中国。

按：九隆山在金齿司城南七里，山有九岭，又名九坡岭，沙河源出于此，乃沙壶生子处，非哀牢山也。哀牢山在司城东二十里，本名安乐，夷语讹为哀牢……习农乐始居九隆，数十传后建非之子始居哀牢，故以哀牢名部。今永昌府城南有易龙池，周三百余步，源自池底涌出，即沙壶沉木孕子处，去哀牢二三十里，何得混为一也？后孔明南征，凿断九隆山脉以泄王气，尚有遗存。盖蒙氏与唐抗衡，卒以亡唐，孔明有先见矣。此时九隆虽有君长，未有制度名号，至庄蹻入滇，渐文物，始有姓字。

永昌郡，西夷，治不韦，即哀牢夷地也……哀牢县，即金齿司，故哀牢王国。

卷二　西汉昭帝始元元年（公元前86年）
至蜀汉后主建兴二年（公元224年）

（刘）尚追（栋蚕）至不韦……不韦，古哀牢国，在建宁（今曲靖）极西南。

（哀牢夷贤栗）击附塞夷鹿茤……哀牢之众溺死数千人。贤栗愤甚，复益兵，遣其兄弟六王将万人以攻鹿茤，鹿茤王悉力与战，杀其六王……贤栗等遂……求内属。

此夷即九隆之裔、蒙氏之先世也。

柳貌于明帝时为哀牢王，见贤栗慕义来归，汉室风化远被，于是亦遣子扈栗率其种人内属。

卷三　蜀汉后主建兴三年（公元225年）
至隋炀帝大业十年（公元614年）

南土自永（东晋永和）嘉（南朝宋元嘉，公元424～453年）分崩，李雄窃据，蛮方芜废将一百七十年，夷酋侵轶，僚又梗之，公私路绝，无可推访。大约滇之东尽为爨蛮占据；滇之西九隆诸族渐大，各族诏王也自雄。中国声教不能相及，唯都督有宁、益衔而已。盖六朝立国偏安，江以北悉为戎狄，南渡君臣时竞竞虑胡马渡江，又何暇经置蛮土！服则抚之，抗亦听之，若蛮人自相攻击，一概不问，所以记载寥寥。

卷四　唐高祖武德元年（公元618年）
至唐玄宗开元十七年（公元729年）

永徽四年（公元653年），蒙氏细奴逻始代张氏，立国号曰"封民"，称蒙社诏。细奴逻亦名独逻消，九隆五族牟苴笃之三十六世孙。

咸亨三年（公元672年）……姚州境有永昌蛮，居古永昌郡地，是年叛，长史李孝让、辛文协并为蛮所杀。高宗以太子右卫副率梁积寿为姚州道行军总管讨平之。

高宗调露二年（公元680年），永昌蛮复叛，上命李义复总师往征之，败绩，郎将刘惠等在阵战死，于是废姚州。骆宾王《军中行路难》曰："……去去指哀牢，行行入不毛。绝壁千里险，连山四望高。中外分区宇，夷夏殊风土。交趾枕南荒，昆弥（洱海）临北户……沧江绿水东流驶，炎州丹徼南中地……"此歌乃宾王从李义入滇时所作。

武后天授元年（公元690年）……永昌蛮酋董期帅部落二万户内附。

开元十七年（公元729年），西南蛮有叛者，州都督张审素与南诏清平官张罗皮共击破之，拔昆明及盐城。唐以功封罗皮为永昌郡都督，南蛮诏称为大监军。今永昌府城南有张罗皮平蛮碑，称其义勇有度量。

卷五　唐玄宗开元二十五年（公元737年）
至唐德宗贞元五年（公元789年）

天宝八载（公元749年）……永昌人杨兴为蒙氏布燮，率所部入附。玄宗玺书褒美，旌其门，子孙世为永昌酋长。后历段氏、高氏，至洪武天兵下大理，兴之裔亦献马四十匹，领所部归附。

肃宗上元元年（公元760年）冬，阁罗凤降寻传、骠诸国，始于样共（今鹤庆）置谋统部。寻传畴壤沃饶，人物殷凑，南通渤海，西近大秦，自古未通中国。诏与僚佐兼总师徒，刊木通道，直抵其国，跃以威武，谕而降之；并下骠国。

阁罗凤遣昆川城杨牟利以兵胁西爨，徙户二十余万于永昌城……此时爨日进子孙皆在徙中，居永昌城。

云南文库·学术名家文丛

卷六　唐德宗贞元五年（公元789年）
至唐懿宗咸通四年（公元863年）

贞元十三年（公元797年）十二月，异牟寻取越赕，置软化府。越赕……即今腾越州也。

罪惟录

（明）查继佐

地理五

永昌军民府，古哀牢国地。

保山……嘉靖初改保山县，西南有哀牢废县，东北有不韦废县，俱汉置。又南有密堵城，东有哀牢山，西有九隆山，东北有罗岷山。

云南土司二

永昌，古哀牢国。汉武帝时置不韦县，东汉置澜沧郡，寻改永昌郡，唐属姚州，后为南诏蒙氏所据，历段氏，高氏皆为永昌府。元初，于永昌立三千户所，隶大理万户府，至元间置永昌州，寻为府，隶大理路，及置金齿等处宣抚司，治于此。

云南土司三

成化……十七年，安南黎灏率蛮兵九万开山，为三道进兵，破哀牢，继进老挝地，杀宣慰刀板雅、兰、掌父子三人。

万历野获编

（明）沈德符

玛瑙以西洋为贵，其出中国者，则云南之永昌府，以色红者为上，红白相间者为缠丝，品最下，制为酒杯、书镇之属。

明一统志

（明）李贤 等

云南布政司

金齿军民指挥使司……古哀牢国，汉武帝于此置不韦县，属益州郡。东汉永平初置澜沧郡，寻改永昌郡，治不韦，统不韦、哀牢、博南等八县。蜀汉及晋仍为永昌郡，唐属姚州都督府，后为南诏蒙氏所据。

郡名　哀牢古名。永昌汉名。

山川　……九隆山在司城南七里……九隆兄弟……世居此山之下。诸葛亮南征时凿断山脉，以泄其气，有迹存焉……哀牢山在司城东二十里。

土产　……土玛瑙哀牢山支岭出。

元明事类钞

（明）姚之骃

《名臣记》："刘钎为云南按察使，云南外与哀牢、交趾接，钎为治，宽其禁令，蛮僰畏而怀之。"

永昌名宦乡贤祠记

（明）林俊

唯乡贤天下学校皆有祠……永昌既异祠……于乡贤得一人焉，汉署太守吕凯，有执忠功；名宦得八人焉：汉太守郑纯有服夷功，明靖远伯束鹿王骥有平蛮功，刑部侍郎钱塘杨宁有兴学功，指挥金事寿州李观有归义功，都指挥使定远胡渊有开屯功，渊之孙参将胡志有靖边功，监察御史高邮朱睕有障海功，教授临川余谷有师范功……其位首凯，次纯，次骥，次宁，次观，次渊，次志，次睕，次谷，余庸以俟知者。

正德云南志

（明）周季凤

金齿军民指挥使司

山川 ……九隆山在司城南七里，山有九岭，又名九坡岭，沙河源出于此。相传哀牢酋九隆居此山下，故名……哀牢山在司城东二十里……玛瑙山在司城西一百里许，因出玛瑙，故名……易罗池在司城南……源自池中涌出，相传沙壹触沉木而感孕，即此池也。

土产 土玛瑙哀牢山支巅出，有红白丝相间缠者，谓之缠丝玛瑙，有红如胭脂者，谓之红玛瑙。

诸夷传

（九隆、贤栗、柳貌、郑纯、类牢事迹及哀牢物产同《华阳国志》，此略。）

读史方舆纪要

（清）顾祖禹

云龙州 汉益州郡也，后汉永昌郡也。

嶲唐废县在州南，汉县，属益州郡，后汉属永昌郡。《古今注》：永平十年置益州西部都尉……镇慰哀牢、叶榆蛮夷是也。

比苏废县在州西，汉县，属益州郡，后汉属永昌。

兰州 东汉永昌郡博南县地。

永昌军民府 《禹贡·梁州》西南徼外地，古哀牢国。汉武帝置不韦县，属益州郡。后汉永平初置澜沧郡，寻改永昌郡。

东汉建武中，西南夷栋蚕叛，诏刘尚讨之，尚追破之于不韦，斩栋蚕帅，西南夷悉平。永平十二年哀牢内属，置永昌郡，西南夷少事。及晋末而郡蛮窜居其间，遂与中国绝。

保山县附郭。汉为不韦县地，元为永昌府治，明朝为永昌、金齿二千户所，属金齿卫。正德十四年（公元1519年），改设新安千户所，嘉靖元年始置今县，取太保山为名。编户九里。

永昌城今府治。

不韦废县在府东北，汉置……永平中置永昌郡，治此，晋因之。宋、齐仍为永昌郡治，梁末废。

哀牢废县在府西南，故哀牢王国。后汉永平中，哀牢王柳貌内附，以其地置哀牢、博南二县。刘昭曰："哀牢在牢山绝域，西南去洛阳七千里。"《通志》云："府治东即汉哀牢县故址，元为永昌府治，明初改为中千户所。"

金齿城今府城也。百夷之俗，以金裹两齿者曰金齿蛮，漆其齿者曰漆齿蛮，文其面者曰绣面蛮，刺其足者曰花脚蛮，以彩绳撮髻曰花角蛮，又或以铜圈穿其鼻，坠其耳。总曰哀牢蛮，谓之金齿，因其俗也。《元志》：金齿之地，在大理西南，澜沧江界其东，缅地接其西，土蛮凡八种：曰金齿，曰百夷，曰僰，曰峨昌，曰骠，曰缥，曰渠罗，曰比苏。金齿蛮本名芒施蛮。自异牟寻破诸蛮，金齿种衰。其后浸盛，元因置金齿等处安抚司，又改为宣抚司。杨廷和曰："元务远略，创立金齿等司于银生、崖甸，其地去今府地千余里……其实非金齿故地。"

九隆山城西南七里，山势起伏凡九，分为九岭，一名九坡岭。其麓有泉，自地涌出，凡九窦，土人甃石为池承之，其下汇为大池，可三十亩，名九龙池，或谓之易罗池。相传蛮妇沙壹者，浣絮池中，感沉木而生九龙，种类遂繁，世居山下。诸葛武侯南征时，尝凿断山脉，以泄其气，有迹存焉。

哀牢山府东二十里，本名安乐，夷语讹为哀牢。孤峰耸秀，高三百余丈，雄峙西陲，延袤三十里许。山下有石如鼻，二孔出泉，一温一凉，号为玉泉，因亦名玉泉山。

玛瑙山在城西百里，山产玛瑙石，哀牢山之支脉也。

博南废县在县南，东汉永平中所置也。《哀牢传》：章帝建初二年（公元77年），哀牢王类牢反，攻越巂，永昌太守王寻奔叶榆，哀牢夷遂攻博南，焚烧民舍。明年，诏发夷、汉兵进讨，邪龙人卤承等应募，率诸郡兵大破类牢于博南，斩之，即此。今其地名江东村。

腾越州汉永昌郡西境越赕地，有僰、骠、峨昌三种蛮居之。

滇云历年传

（清）倪蜕

哀牢夷内附。以其地置不韦县，属益州郡。

蜕按：秦相吕不韦有罪徙蜀，自杀，何以武帝于哀牢置不韦县耶？考《哀牢传》贤栗遣覃船南下江汉，以伐鹿茤。意秦时哀牢为蜀之裔境外徼，而徙不韦于此，其子孙犹有存焉者耶？汉去不韦死时仅百余年，自必有据。

或云武帝徙越相吕嘉之后于此，故名。

再按：后汉哀牢内附，更置哀牢、博南二县为永昌郡，分益州之不韦、云南、叶榆、比苏、嶲唐、邪龙等属之。此考最确，有据。然后世更易纷纭，东西错互。

（建武）二十七年（公元51年）哀牢夷贤栗等率种人，诣越嶲太守郑鸿，降。帝嘉之，悉封为君长。（下录《白古记》：'三皇之后………'"同《南诏野史》，此略。）

《哀牢世传》：九龙之后有禁高。高子吸，吸子建非，非子安乐，乐子桑藕，藕子柳承。自承以前，俱分立小王，散居溪谷，未尝通中国。柳承死，子扈贤栗（原文如此）嗣。（以下鹿茤之战、贤栗内属，略）。

蜕按：夷音转"安乐"为"哀牢"，则哀牢国乃安乐国也。夷俗信鬼而尊龙，故凡灵异之称无不曰龙。如龙树、龙潭、龙神、龙马之类，不一而足。是以低蒙苴有子九人，号为九龙氏。亦犹荀氏"八龙"、陆氏"双龙"之谓，不必疑也。至后三十六世而生习农乐，即细奴逻，有龙异。说者以为：九隆者，背坐也，应为九隆氏。此亦"龙""隆"同音。或以低蒙苴九子，龙迦独十子，稍不相合，故改"九龙"为"九隆"耶？皆无容深辨。但骆宾王《露布》云"木化九隆"，则隆字自唐已然矣。

（后记柳貌内附、置郡及郑纯事绩，略。）

章帝建初元年秋八月，哀牢王类牢反，攻博南。诏发郡兵击斩之。《滇考》：哀牢王类牢，柳貌子也。与守令忿争，遂反。攻博南，燔庐舍，滇西震恐。王寻奔叶榆。诏发越嶲、益州、永昌三郡兵，募土夷讨之。二年，昆明蛮卤承等应募，合诸郡兵击类牢于博南，大破斩之，传首雒阳。封卤承为破虏傍邑侯，赐帛万匹。哀（类）牢之后，自此式微。至蜀汉时，仁果时之十七世孙龙佑那者复为酋长，赐姓张。又十七世张乐进求逊位蒙诏。蒙诏者，亦九隆五族之三十六世孙也。

安帝永初元年（公元107年），徼外僬侥蛮夷陆类内附。《后汉书》：永昌徼外僬侥种夷陆类等三千余口举种内附，献象牙、水牛、封牛。

蜕按：僬侥人短，仅三尺，韦昭曰："西南夷别名。"又《蛮夷传》："僬侥，八蛮之一也。古称天竺、咳首、僬侥、跛踵、穿胸、儋耳、狗轵、旁脊，是为八蛮。"

（后录杨竦大破封离战况，略。）《滇考·郡太守》：东汉盛时，西南号多良吏……远近慕义，举地内属者史不胜书，固其宜也。其后掊克成风，疾苦莫告。刘君世为永昌太守，铸金蛇欲献梁冀。一郡如此，他郡可知矣。以致蛮夷蠢动，兵革相仍。王寻逃亡，雍涉见执。夫非所遭之不偶，亦其自取之耳。善矣哉！杨竦之定南中也，举劾贪吏九十余人。若竦者，岂独勘乱之才，诚深明于制治之术者矣。国家若得郑纯、张翕、王阜辈，分守诸郡，以竦为益州刺史督察其上，西南虽百年无乱，不难也。

《通鉴》：〔质帝本初元年（公元146年）〕永昌太守刘君世铸黄金为文蛇，以献梁冀。益州刺史种皓纠发其奸。冀恨皓，因以他事陷之。李固上疏申理，太后赦皓，免官。以金蛇输官，冀从大司农杜乔借观，乔不与，由是忤冀。蜕按：永昌，产金之地，而采取颇艰。后世官发工本，召募抽取，尤为民害，何况赋敛于民，以为奇玩乎？种皓纠发，亦以征贪定乱也。呜呼，守土大臣，奈何不以皓为法乎？

熹平五年（公元176年），杀永昌郡太守曹鸾。《纲目》：永昌太守曹鸾上书曰："夫党人者，或耆年渊德，或衣冠英贤，皆宜股肱王室、左右大猷者也。而久被禁锢，辱在涂泥。谋反叛逆，尚蒙赦宥，党人何罪，独不开恕乎！所以灾异屡见，水旱荐臻，皆由于斯。宜加沛宥，以副天心。"帝大怒。槛车征鸾，送狱掠杀之。于是诏州县更考党人，爰及五属。

吴孙权遥署雍闿为永昌太守。功曹吕凯、府丞王伉拒之。《三国志》：时，雍闿等叛降于吴。永昌在益州西，与蜀隔绝……闿使孟获屡攻永昌。凯、伉同心拒守，故获不得入。

（晋）太康元年（公元280年），永昌白龙三见；又白虎见于南罕（今缅甸南坎，当时属永昌郡。）

惠帝永宁元年（公元301年），永昌郡螟。

怀帝永嘉五年（公元311年），分永昌为梁水郡。

蜕按：……成帝又以牂牁、夜郎、朱提、越嶲四郡为安州，咸康八年（公元342年）又罢并宁州，以越嶲还属益州，省永昌。李雄（汉兴六年、晋建元元年，公元343年）占据后，又以兴古、永昌、云南、朱提、越嶲、河阳六郡为汉州。宋时为宁州，领……十五郡。齐时为宁州，镇领三十郡，内南广、梁水、建宁、晋宁、云南、西平、夜郎、东河阳、平蛮、兴古、兴宁十一郡名与宋同，其建平、南牂牁、西河阳、西阿、平乐、南朱提、北朱提、宋昌、永昌，废置无考……嗟呼！国将乱，必多制。夫以益州一郡之地，化而为三十郡。临治，则十羊九牧；赋役，必一兔两皮。如此而欲蛮夷之率俾，境土之安宁，其可得乎！

《大理志》：蒙氏先，为哀牢夷。有九隆者雄黠，众推为王。其裔细奴逻随父避难，耕于蒙之巍宝山，数有祥异。张乐进求以国让之，细奴逻遂自立为奇王，号大蒙。白国张氏世绝。时渠帅有六，号曰"六诏"，皆九隆苗裔。

滇小记

（清）倪蜕

　　大官庙、小官庙，在永昌府东哀牢山下。明太祖赐段氏二子名归仁、归义，土人立庙祀之，岁以正月十六日致祭，水、旱亦往祷焉。此新、旧志俱云尔。而《南园漫录》则云："其所题神位，大官则曰'大定戎方天下灵帝'，小官则曰'大圣信苴利物灵帝'。此必蒙氏世隆僭号改国曰大礼时，故即其始祖生长之地而祠之也。按蒙氏出自永昌牟苴笃之裔，哀牢山其所产也。及细奴逻由哀牢避难于蒙诏，遂代张氏立国称王，传罗晟，晟传皮罗阁。皮罗阁尽灭五诏，从蒙舍诏徙居大理，传阁罗凤，凤传孙异牟寻，寻都苴咩即大理也，别都鄯阐即云南也。传寻阁劝，劝传劝龙晟、劝利晟，利晟传丰祐，丰祐传世隆。世隆追封其十世之祖曰'大定戎方'，盖指创有南方之祖也；曰'大圣利物'，盖指其安辑哀牢之祖也。皆本细奴逻以上而庙祀于哀牢山下，以示不忘本祖之意耳。僰人相传大官为叔，小官为侄，则不可考。今以小官塑像观之，其衣服之制，俱与蒲蛮同。两庙皆被火更建，遂俱易以礼服，而小官庙像未焚，尚存原服，故可考。今府、县官上任谒城隍庙，即谒二庙，了不知为蒙氏上祖哀牢山土主乃系世隆之所立，神故蒲，而文饰则僰也。蒙、段僭窃五百余年，其本在此，盖哀牢山之蒲也，能服属僰人，故僰人祀之。"按段宝二子苴仁、苴义至京师，太祖改为归仁、归义，授雁门、武昌镇抚。有何功德在人，而立庙祀之？

且段氏都于大理，即使庙祀，又何以于永昌而不于大理？然则大官、小官非归仁、归义，而《漫录》之言果足信也。

永昌郡……汉明帝永平十二年置，统不韦、嶲唐、比苏、叶榆、邪龙、云南、哀牢、博南八城，盖即哀牢国也。其王柳貌于章帝建初元年（公元76年）复内属，以其地并永昌郡。玉衡第二星丁亥为永昌。班固《东都赋》曰："绥哀牢，开永昌。"汉刘安世、霍弋，三国吕凯皆永昌太守。是永昌自明帝后俱为名郡。迨魏、晋不能远有。而哀牢之裔至唐太宗时徙大理灭五诏，僭号改元，蒙、段二氏据有五百余年。至元世祖始取其地，亦羁縻……洪武十四年平云南，仍汉旧为永昌府。

道光云南志钞

（清）王崧

地理志·永昌府

永昌府……古哀牢国，汉武帝置不韦县，属益州郡。后汉永平初立澜沧郡，寻改永昌郡，置哀牢、博南二县。晋属交州，又属宁州。隋属益州总管府，唐属姚州都督府，后为蒙氏所据。段氏、高氏皆为永昌府。元立永昌州，寻升为府。

附郭保山县，汉不韦县，属益州郡。后汉为永昌郡治。永平十二年置哀牢县，属永昌郡。齐置永安县，为永昌郡治。元为永昌府治……嘉靖元年改名保山县……城在宝盖山麓，哀牢、九隆诸山环拱前后，东有青华海。

凡云南诸郡，永昌在汉已隶版图，衣冠文物，自古称之，土地沃饶，风俗淳美，尤为西南奥区，唯是疆域辽阔，毗连外夷，商贾丛杂，货通缅甸，诸蛮错处，野性难驯，且其地鸟道羊肠，千岐万径，深山大泽，伏莽藏奸，虽中外一家，而防微杜渐，守御宜严，是以首邑则有南、北、大、小（四关）。

顺宁府

顺宁府……蒲蛮居之，即古濮人也……其山初与永昌共脉，自永昌之石洞分支，过哀牢入府境，起九层楼山，经乐平至交凤山，建为府治。云山自泮山东分，右甸从明山南发永镇关分水岭，又自右甸分支而讫于孟定。溪谷阻深，雄关峻峙，外籍诸猛为藩篱，内以蒙、永作屏蔽。

镇沅直隶州

镇沅直隶州……汉益州郡徼外地，濮落杂蛮所居《元史》作昔朴、和泥二蛮。南诏蒙氏为银生府地，金齿僰夷侵夺之……雍正五年，改者乐甸为恩乐县，设流官，属镇沅府……城东三家坡山，峰危路险，为哀牢门户，众夷出入之所；西北蒙乐山，冈峦起伏，遥峙县治之前，状如列屏，蒙氏僭封之南岳也。

矿厂志

《续汉书·郡国志》：谈指出丹，夜郎出雄黄、雌黄，邛都南山出铜，台登、会无、滇池、不韦出铁，俞元装山出铜，双柏出银，博南南界出金。

封建志上

《古滇说》支离杂诡，乃好事者所妄造……所述九隆氏出于阿育王，为诸国之祖，似仿《史记》五帝皆祖黄帝之意。冯甦《滇考》谓：南诏僭窃已久，臣下务为神异之说，美其祖宗……《后汉书·西南夷传》载：哀牢妇人沙壹，生十子，名九隆，明杨慎因得《白古通》之书，作《滇载记》，取沙壹事与仁果、龙佑那及唐时之南诏牵合为一，诸葛元声《滇史》、谢在杭《滇略》从之，推寻世代，乖谬实甚。

封建志·九隆世家

九隆者，天竺摩竭提国阿育王之苗裔，居哀牢山下，山在永昌府城北二十五里，杨慎《云南山川志》云：本名安乐，夷语讹为哀牢。世为哀牢夷。初，阿育王第三子骠苴低生子低蒙苴—作蒙迦独，分土永昌之圩，娶摩梨羌女为妻，名沙壹。蒙迦独尝渔于水，溺死，尸不可得。沙壹往哭，见一木浮来，沙壹坐其上，遂感而有娠，十月产子男十人（以下九隆传说同杨终《哀牢传》，略）。其九子：一曰眉附罗《野史》作阿辅罗，二曰牟苴兼，三曰牟苴诺，四曰牟苴酬，五曰牟苴笃，六曰牟苴托，七曰牟苴林，八曰牟苴颂，九曰牟苴闪。牟，《野史》作"蒙"。《华阳国志》《后汉书》所称"九隆"，乃"背坐"之夷语，九非数，隆非龙。而《白古记》改"隆"为"龙"，谓低蒙苴生九子名九龙氏，其后各为一国之祖。《古滇说》又谓：沙壹触沉木生九子，复产一子，木化为龙，舐其小子，唤其名曰习农乐。《滇史》《滇略》诸书遂以南诏之细奴逻即为习农乐。考细奴逻当唐高祖时，而九隆之裔十余世至贤栗，于汉光武时通中国，年代相悬，其乖谬不待辩矣！九隆之兴盖在周、秦间。〔以下九隆世系同《哀牢传》，武帝度兰沧水取哀牢地、扈栗、抑狼（柳貌）内属同《华阳国志》，略。〕《后汉书》注引《哀牢传》：柳貌死，子扈栗代。而本传建武帝时，攻鹿茤者为贤栗，永平时率种人内属者为柳貌。其世次似舛讹，当依《华阳国志》：扈栗攻鹿茤，抑狼率种人内属，盖柳貌之后为扈栗、扈栗之后为抑狼也。（以下哀牢人穿鼻儋耳、哀牢物产同《后汉书》，略。）博南县山高四十里，越之得兰沧水，有金沙，以火融之为黄金。有光珠穴，出光珠。有琥珀，能吸芥。又有珊瑚。猩猩兽在山谷中（以下类牢之战同《后汉书》，略。）九隆之族，先为哀牢国，后开其地为永昌郡。《华阳国志》曰："南中昆明祖之，故诸葛亮为其国谱也。"

论曰：西南之国不知凡几，九隆、六诏其最著者也。白子国出于百饭王，哀牢国出于阿育王，皆天竺国之君长。史所谓西南夷之君长以百数，二王或在其中乎？《古滇说》《白古记》诸书合二王为一人，遂使白子、哀牢世系牵合支离。以今考之，哀牢为九隆氏，其兄九人各主一方，先为八诏及昆弥氏，后并为六诏，而南诏细奴逻受白国张氏之让，且并六诏为一，称蒙氏。诏谓王也。滇去佛所生之天竺颇近，其族分国于此，而民渐染其教最深，传记所言多推崇释氏。樊绰《蛮书》、宋祁《唐书》皆记六诏事，采之别为世家于后。

边裔志·南掌载记

（成化十七年，公元1481年）安南黎灏率兵九万，开山为三道，进兵破哀牢，入老挝境杀宣慰刀板雅及其子二人，其季子帕雅赛走八百，宣慰刀揽那遣兵送至景坎。黔国公沐琮以闻，命帕雅赛袭父职，免其贡物一年，赐冠带、彩币以示优恤。

云南备征志

（清）王崧

东汉明帝永平十二年……云南之极西永昌郡土地肥沃，出产黄金、孔雀、蚕桑、锦绢。

滇　考

（清）冯甦

哀牢国内附

哀牢国，九隆氏之后也。

《南诏野史》载：《白古记》云："三皇之后，西天摩竭国阿育王第三子膘苴低，娶欠蒙亏为妻，生低蒙苴，苴生九子，名九隆氏……九子蒙苴阆，白彝之祖。此九隆氏之名号族属也。"《通记》及《古滇说》不载阿育王事，唯曰其先有蒙迦独，妻摩黎羌，名沙壹。居哀牢山，捕鱼为生，后死哀牢山水中，不获其尸，沙壹往哭，见一木浮触而来，旁边漂沉，妇坐木上，平稳不动，遂常浣絮其上，若有感，因怀妊，生九子，复产一子。一日行往池边，见沉木化为龙，或语曰："若为我生子，今何在？"九子见龙皆惊走，独小子不去，背龙而坐，龙舐之，唤其名曰：习农乐。母见之，乃鸟语，谓背为九，谓坐为隆，因名曰"九隆"。习农乐后有神异，诸兄见其为父所舐而与名，又有神异，遂推以为王，主哀牢。山下又有奴波息者，夫妻生十女子，习农乐兄弟皆娶之，渐相滋长。种人皆刻画其身，象龙文，衣著尾。此沙壹之事，杨升庵因《白古通》作《滇载记》，诸葛元声《滇史》、谢在杭《滇略》皆载之，似非无据。独至谓习农乐后受张乐进求让位，又取细奴逻事，合为一人。按：张乐进求，唐时大首领；九隆为哀牢彝之祖，哀牢，汉建武中内附，则九隆事当在周、秦之间，何至唐时尚存，与张乐进求相让？然则《古滇说》一书，妄诞不足为信也；又九隆兄弟十人，而诸书皆称九人，是非莫辨。《野史》引《哀牢传》且谓兄弟立为十姓，曰董、洪、段、施、何、王、张、杨、李、赵，诸葛亮尝为其国谱，似又当以十人为定矣。《滇说》则称阿育王三子并舅神明将归，为哀牢彝所阻，因居滇，与庄蹻兵及诸彝杂处；其后有仁果时居白崖，号白子国，汉使张骞入赐玉印，策为滇王，盖与庄蹻后为两滇王矣！或曰蹻后好佛法，不振，其国人推仁果为君；或曰汉天子恶常羌有"汉孰与我大"之语，使骞求仁果时立之；其说互异。太史公志西南夷至详，不闻有白国，张骞本传亦不载至滇，则是时仁果为滇王亦妄诞矣！《野史》《滇载记》皆载仁果时事，且指为九隆八族四世孙。夫白国、哀牢国既同出九隆，是族兄弟也，《古滇说》阿育王子欲归，为哀牢所阻，是又仇敌也。诸书自相矛盾，往往如此。

总之，南诏僭窃已久，臣下务为神异之说，美其祖宗。

予因后汉哀牢彝内附事考郡志《哀牢世传》可称焉。传曰："九隆之后曰禁高；禁高死，子吸嗣；吸死，子建非嗣；建非死，子安乐嗣；安乐死，子桑藕嗣；桑藕死，子柳承嗣。自柳承以前，俱分立小王，散居溪谷，未尝通中国。柳承死，扈贤栗嗣。（以下鹿茤之战，略）。贤栗死，子柳貌嗣（以下柳貌内附，略）。汉既置永昌郡，难其守（以下郑纯事绩，略）。郑纯卒后，有王寻为守。章帝建初元年，哀牢王类牢，柳貌子也，与守令忿争，遂反，攻博南，燔庐舍，滇西震恐（以下卤承破类牢战事，略）。哀牢之后，从此式微。至蜀汉时，仁果之十七世孙龙佑那者复为酋长，赐姓张。又十七世张乐进求逊位蒙诏。蒙诏者，亦九隆五族之三十六世孙也。

杨竦讨封离

东汉自哀牢彝内附后，远人向慕……西汉不能及也。然而太平既久，使传往来，赋敛繁数，长吏克剥，蛮众不堪。元初四年（公元117年）十二月，越巂卷夷大牛种封离遂率其众寇遂久，杀县令，永昌、益州及蜀郡夷皆叛应之，众至十余万。五年，遣中郎将尹就发蜀汉兵讨之。就不戢士卒，所过虐害，益州人为谚曰："寇来尚可，尹来杀我。"与蛮战，败绩。封离乘胜破二十余县，杀长吏，燔烧邑郭，剽掠百姓，骸骨委积，千里无人。帝征就还，令以兵付益州刺史张乔，选将吏堪能从事者讨之。乔知杨竦胆略，乃遣竦将兵至叶榆。贼党甚盛，竦兵少，先以诏书告示三郡，购求武士，于是三郡皆归。乃进军与封离等战，大破之，斩首三万级，获生口千五百人，资财四千余万。悉以赏军士有功者。封离等惶恐，斩其同谋渠帅，诣竦乞降，竦厚加慰纳，旬日之间三十六部悉来降附。竦因奏长吏奸滑侵扰者九十余人，黄绶六十人，皆减死论。诸郡悉平。

明 史

（清）张廷玉　等

云南土司传

永昌，古哀牢国。汉武帝时置不韦县。东汉置澜沧郡，寻改永昌郡。唐属姚州，后为南诏蒙氏所据，历段氏、高氏皆为永昌府。元初于永昌立三千户所，隶大理万户所，至元间置永昌州，寻为府，隶大理路，置金齿等处宣抚司治。洪武十五年（公元1382年）定云南……十六年永昌州土官申保来朝……十七年以申保为永昌同知……置施甸长官司，以土酋阿干为副长官……二十三年罢永昌府，改金齿卫为军民指挥使司。时西平侯沐英言永昌居民鲜少，宜以府卫合为军民使司，从之。置凤溪长官司，以永昌府通判阿凤为长官。

（成化十七年安南黎灏攻破哀牢事同《明实录》《国榷》，此略。）

越南山川略

（清）徐延旭

越南有大横山……山西北接隅为万象国，古之哀牢国也。

明史稿

（清）王鸿绪

（安南黎灏攻破哀牢事同《明史》《明实录》《国榷》，此略。）

渊鉴类函

（清）张英　王士祯

杜氏《通典》曰：哀牢，后汉时通焉（以下九隆传说、郑纯事绩，略）。

唐麟德元年五月，于昆明之弄栋川置姚州都督府，每年差兵募五百人镇守。武后神功二年蜀州刺史张柬之上表曰（以下表文，略）。

乾隆云南通志

（清）鄂尔泰　尹继善　等

建　置

永昌府，古梁州西南徼外地，旧为九隆氏所居，号哀牢国。汉武帝置不韦县，属益州郡（以下哀牢内附置郡，略）。

永昌府州县建置　保山县（附郭）：（汉）不韦县，益州郡；（后汉）西南为哀牢县地，东北为不韦县地；（三国汉）仍为哀牢、不韦二县地；（晋）属宁州。腾越州：（周）哀牢国境，即越赕地；（后汉）永昌郡西地；（晋）属宁州；（唐）开元中，蒙氏异牟寻逐诸蛮取越赕，为软化府，其后白蛮徙居之，改腾冲府；（宋）白蛮据；（元）宪宗三年内附，至元中改藤越州，又立藤越县，十四年（公元1277年）改腾冲府，二十五年（公元1288年），州县废，府如故。永平县：（后汉）博南县，（晋）因之，（唐）蒙氏置胜乡郡，（宋）段氏据，（元）立永平千户，后改永平县。云龙州：（汉）益州郡嶲唐、比苏二县地，（后汉）属永昌郡，（晋）比苏县，为西河郡治。

师旅考

（记类牢之战与封离之战，此略。）

封　建

哀牢君贤栗（以下九隆传说、鹿茤之战、类牢之战同《后汉书》，略）。破虏傍邑侯卤承。邪龙县昆明夷，章帝建初二年率种人应募，击斩哀牢王类牢于博南，赐帛万匹，封。

杂志·殊方

九隆　哀牢有妇人，一产十子，曰附眉罗……众推（九隆）为酋长。

永昌府志

（清）刘毓珂

舆　图

盖舆图为皇舆版籍之图。以之冠首，大一统也（下刊舆图五幅。第一幅《永昌府暨厅县总图》、第二幅《保山县图》都绘有永昌府城，城西南是"九隆岗"，保山坝东部有"哀牢山"）。

地舆志·疆域

永昌，古哀牢国。九隆代兴，六诏相侵，月异而岁不同。

地舆志·形势

永昌府西极南隅，界华夷于一线……沧江怒水为襟带于东西，九隆三崇作屏藩于左右，据八关二堡之形势，扼三宣六慰之咽喉。

按府城雄踞太保，环卫众山。西有灵鹫之衮延，东有哀牢之耸峙……

地舆志·山川

太保山　山巅平广……掘地者往往得巨砖，上有"平好"二字，传为武侯所遗。

九隆山　在龙泉门外，太保山之南，绵亘数百里，高百丈余。世传九隆兄弟居此，山势蜿蜒如群龙并立然。

哀牢山　在城东二十五里，与太保山相向，孤峰秀耸。本名安乐，夷语讹为哀牢。顶有石穴，土人呼为金井，春首识其盈涸以卜丰歉。相传武侯所凿。山下有石如鼻，挂泉二道，一温一冷。

凤溪山　在城东北三十里，与哀牢并峙。

法宝山　在城南十里，与九隆相望，沙河限之。昔异牟寻于此建寺曰法宝，因名。

沙河　在九隆、法宝崖间，源发北冲交椅山，夏秋水涨，冲淹田庐，为郡民害。

地舆志·道路

自永昌东，由哀牢山至竹鲁凹，一百二十里至澜沧江通顺宁府……

学校志·书院

九隆书院　在城内县学明伦堂前，康熙三十八年知府罗伦建，乾隆四十五年典史李惠重修。

祠祀志·寺观

卧佛寺　在城北三十五里。建自汉时。明嘉靖间重修，僧宗竹复建厢楼、仓房。嘉庆九年知府嵇玫重修。

光尊寺　在城北二十五里。昔蒙氏时所建。嘉庆十六年道人孙应阳新建纯阳楼。

哀牢寺　在城东二十五里，兵燹焚毁，今士庶重修。

武备志·戎事

章帝建初元年，哀牢王类牢杀守令。越巂太守王寻募（奔）叶榆。哀牢二万人攻博南，焚其舍。明年，诸彝争击类牢，大破斩之。

景耀初，以霍弋为永昌太守。先是，永昌郡夷僚恃险不宾，数为寇害，乃以弋为太守，率偏军讨之，迁翊军将军。

秩官志·忠烈

曹鸾　巴人。永昌太守。（东汉灵帝）时党锢甚严。鸾乃上书曰："夫党人者，或耆年渊德，或衣冠英贤，此宜股肱王室左右，大猷者也。而久被禁锢，辱在图圄。谋反大逆尚蒙赦宥，党人何罪独不开恕乎？所以灾异屡见，水旱渐增，皆由于斯。宜加原宥以副天心。"帝怒杀之。

栾巴　内黄人。顺帝时为永昌太守，赋性鲠直，学规经典。灵帝初坐陈窦党，复谪守永昌，以功图劾，辞不行，上书极谏。帝怒，下狱杀之。

杂纪志·古迹

哀牢县址　在城内太和坊之东。

不韦县址　在凤溪山下。汉武帝置县。

杂纪志·名胜

玉井观鱼　在哀牢山之下，即玉泉也。

春满隆阳　城中树木最多。春时群花尽放，凭高望之满城皆花，如锦如云，极为佳丽。

东林鹤瑞　哀牢山之西北尝有鹤栖于树间。永昌无鹤而偶有之，故以为瑞。

濯缨亭　在喷珠泉上，前临易罗池，左倚高城，右环九隆诸峰，湖山在望。

梨花坞　在城西南七里九隆岗下。

杂纪志·丘墓

吕凯墓　在金鸡村。

哀牢夫人墓　在哀牢山前。明时乡人掘地得碑志，其字剥落，系段中庸撰文。

都督佥事胡志墓　在城西九隆山。成化间赐葬。

杂纪志·轶事

哀牢古碑　明正德时，有人于哀牢山掘地得古碑，段中庸撰文，其略曰："夫人讳福则，伽宗胄裔之嫡女也。事君子也，乐其道而不淫；逮下妾也，用其能而不妒。"又曰："月出鸡鸣，照哀牢之古县；鸿飞滇渚，下浔阳之长江。"余文俱零落不可识。

大官、小官庙　哀牢山下有二庙，俗名大官、小官庙。每正月十六日蒲、僰会祭，城中亦往。凡水旱，官往祷焉。其题神位，大官则曰"大定戎方天下灵帝",小官则曰"大圣信直列物灵帝"。僰人相传大官为叔,小官为侄。大官庙被火焚,其像易以礼服。小官庙未焚,其塑像之制与蒲蛮同。张南园谓蒙氏出自哀牢山,故蒲僰饰二官。

蛮锦琴囊　苏子瞻(即苏轼,北宋文学家)尝于清井监得西南夷人所卖蛮布弓衣,其纹织成梅圣俞(即梅尧臣,北宋著名诗人)《春雪》诗……子瞻以欧阳公(欧阳修)尤知圣俞者,因以遗之。欧阳家蓄旧琴一张,乃宝历三年雷会所斫,其声清越如击金石,遂以此布为琴囊。二物,欧公谓"真余家宝玩"云(蛮锦产永昌,下见李根源《春雪》诗注)。

建置志·沿革

永昌府,唐虞为昧谷之交,夏商周为戎州之地,为西南徼外之域,为哀牢国,一云身毒国(以下阿育王孙媳摩梨羌触木感生九隆兄弟繁衍为六诏,同《白古通记》,略)。又为毗罗国,为南阎浮提主,以优婆鞠为师,征伐不服,后王与师同行点苍山洱河池,使其子分土永昌而居焉。

汉武帝元狩元年开西南夷,始通博南,置不韦县属益州郡……按《纲目》元狩元年始通滇国,又至元封二年乃置益州郡,则不韦县当置于是年(以下栋蚕、贤栗事同《后汉书》,略)。

明帝永平元年诸夷复叛,益州太守张翕讨平之,立澜沧郡,置博南、哀牢二县。十二年春哀牢内附,以其地置永昌郡,以广汉郑纯为太守,割益州郡西部都尉所领六县隶焉,曰不韦,曰嶲唐,曰比苏,曰叶榆,曰邪龙,曰云南,凡六万户。

晋武帝泰始七年(公元271年),分益州地置宁州,永昌其属部也,领县八:曰不韦,曰永寿,曰比苏,曰雍乡,曰南辨,曰嶲唐,曰哀牢,曰博南。永嘉四年(公元310年),分永昌东地置梁水郡。

保山县(附郭):汉晋以来皆为哀牢境。其东北为不韦县境。唐属姚州都督府。龙陵厅:龙陵,即保山县属之猛弄。永平县:东汉为博南县以山名,属永昌郡,晋因之,永和中改永平县以博南县设于明帝永平时,故改今名。

重修永平县文庙碑记

（清）姚孔铠

永平县为金齿大道，介在滇之极西。汉明帝时哀牢王柳貌率众内附，始置博南县，隶益州郡（应为永昌郡）。明初属金齿郡，命临川叶学则为社学师，始开文教。至嘉靖间，郡守严公具疏乃建学宫，迨于巡按熊公、兵备潘公、督学赵公改迁者三，于是人文亦渐蔚起矣。

滇南文略序

（清）张登瀛

有九隆髳叟，渡黄河，历幽燕，越太行、雁门、华阴、嘉峪而返天末也，疏华导昆，驰思驭气于八千里外、五百年中……予曰："采片石于苍峰，汲一勺于兰津，不于其若见若隐于幽崖邃壑之为愈乎？"

陈边务善后疏

（清）鄂尔泰

云南文库·学术名家文丛

雍正六年（公元1728年）二月初十日，云贵总督臣鄂尔泰奏……窃查滇南凶倮，原不止威远、新平，近接鲁魁、哀牢，远连茶山、孟养，绵亘数千里，直抵江外，种类不齐，顽悍则一，而六茶山尤系久叛之区，从无数年宁帖。目前虽无大害，日久将为隐忧。总因从来将弁畏其凶焰，不敢深入，内则莫窥其巢穴，外则不熟其路径，故来不知踪，去无由迹，以至未事不能防御于先，既事不能追擒于后。而封疆大吏智识浅鄙者固不能远见，其瞻顾粉饰者，反每多支词，此贼风之所以日肆猖獗而莫知所底止者也。

保山二吴诗草叙

（清）杨炳锃

和轩、寅斋两先生者，秀毓九隆，名高二惠，灿三花之手并钓六鳌，论一石之才平分五斗……维和翁玉楼赴召，犹欣吉羽之留；而寅翁金齿徜祥，独寿南弧之彩……乡愚侄杨炳锃顿首拜识并书。

由旺少保山种树记

（清）沈宗海

盖天地精华之气，恒酝酿于山川，而人才迭兴又必资山川之毓秀，太保钟灵非此之故欤。自北而南六十余里，吾永盛乡西麓之阳，迤逦宛延，冀张环抱，仿佛九隆……爰集会捐资种之以松，借人功之保护，培造物之生成，行见蔚然深秀，郁乎苍苍，非特层峦拥翠，万壑留春，为一方生色……况气脉得所息而益深，息之深者达自曩，则此山之钟灵亦可与太保并峙不朽焉……嘉庆十年乙丑（公元1805年）仲夏十日。

缅述序

（清）王柏心

缅述者，彭于蕃太守治腾越时，询诸夷使译而录之者也。腾越有铁壁关，使必叩关乃得入云。按缅名始见于宋，至元史已云莫详其何种，大抵汉哀牢塞外夷也，山川辽远，凭负阻深，方元之强盛，兵入其国，仅能以文降之。国朝乾隆时颇扰边，忠勇公傅恒率师往征，纳其降，阅二十年，其王孟陨遣使赍表献方物，乞封贡，由是册为王者，令十年一入贡，输诚向化，此属国焉。

北津烟柳赋

（清）盛雯

原夫地维作镇，山围太保之城；天堑称雄，路入哀牢之国。列岫回环，群峰峛崿。兰江已渡，马嘶草陌之间；柳岸将迎，人傍花桥之侧。鱼跃浪而鳞翻，莺穿枝而梭织。虽未探芳梨坞，晓风送白雪之香；即非反棹渔村，晚雨筛黄金之色……

云岩卧佛赋

（清）盛雯

隆城北去，翠壁西环。烟迷古刹，路入禅关。拖晴霞于雾鬓，销苍蔼于风鬟。访遗迹于残碑断碣，摹灵文于藓石苔班。削石如峰，高插烟霄之表；碧川似镜，平铺水月之湾。溪边应多鹿过，门外亦有僧还……

澜沧江赋

（清）盛雯

寻遍翠宕丹壑，偶依舟子之庐；问来白酒乌鸡，暂记蒲人之塞。况其边徼名区，景涵烟水；天涯羁客，迹涉云霄。海舍浮沉，挂风帆而远逝；蛟宫出没，凭月榭以招携。非同洱海之深潜，产多蠃蚌；不比昆池之浩瀚，石动鲸鲵。就中十二挂栏，触离尘于南北；望里四围苍霭，横咽水于东西。爰为之歌曰：

> 兰津水抱哀牢国，一过江濆思藐然。
> 襟带遥兮危石外，咽喉深锁戍楼边。
> 羊肠逼仄疑无路，虹影参差别有天。
> 巨镇由来资利济，三宣入贡道相连。

太保山赋

（清）盛雯

维西山之绵亘兮，笼宝盖而独尊。为永郡之观瞻兮，环子城而特出。自大汉穷边以后，战垒收溪洞之蛮……太保灵区，隆昌胜景，绍封六诏则为祖，京分九野则建鬼……问旧日之遗迹，松山元祠志美。觅当年之古砖，苔碣"平好"留题。知风景不异金陵，金齿在潞江之北；睹地形无殊铁瓮，铁城入兰水之西。其近而眺也，古柏森森，人拜武侯之庙，春花簇簇，县居不韦之城……仿画图之明媚，羡景界之清超。采风者以为西岭宽平，兹风之巅定可扬镳而习射；望气者以为南隅耸峙，此邦之士必能作弻以登朝。我皇上文教遐宣，版图远巩，丹徼外之瘴雨频消，哀牢中之卿云陆拥……倘其应地灵而起为师为傅，窃愿鸣佩玉以趋承；如或瞻帝阙以临之翰之屏，怎不垂龙而端拱。

慕园宴叙图画略

（清）吴嗣仲

余家滇之永昌，世居城内朱紫街。近辟小园一区，距宅三里许，在城西南龙泉门外，由易罗池沿堤而南，越石象沟即达此园。园西发九隆，南枕营盘。营盘者本山名也，以汉诸葛曾列营其上，故云。东开平坝，迤逦百余里。远近村庄星罗棋布。沙帽（原注：古哀牢山）、没骨、大小尖山蜿蜒兜里；山脚青华海微茫滉漾，斜连东河，盈盈如带。北面郡城万家罗列，桃红柳绿，一望无际，所谓"春满隆阳"者是也。

河湾赋

（清）杨逢原

哀牢旧国，金齿深山，有古寨者名曰河湾。峰回路转，地僻人闲。山从云表飞来，高看崛崪；脉自雪山发出，形更斑烂……地类蒲蛮，渐有弦歌之化境。

潞江桥赋

（清）杨逢原

当夫斯桥之未设也，蛮烟透地，瘴雾迷天，或车骑而塞渡，或舟楫而沉渊。人来丞相国中，逢兹险阻；客出哀牢境外，到此留连……乃有郡吏循良、乡绅明哲，见滚滚之澜翻，叹滔滔之隔绝。波涛急矣，既患水深；炎瘴毒哉，尤有火热。又况崎岖鸟道接岸相悬，云何浅落鱼梁临江并设。爰输百锱熔成百练之金，借转丹炉铸就千条之铁。逐一精工，再三斟酌，锁扣回文，环连贯索。感孕妇于沙壶，格冯夷与海若。临空架木，应教九子以背横；涉险通岩，直遣五丁而力凿。果尔中流砥柱，石起蛟龙；居然上架舆梁，桥飞乌鹊……夸胜地于九隆，波无泸夏；报福星于一路，脚有阳春。

赠李凤祥协戎序

（清）岑毓英

永昌郡，古哀牢国，汉唐以来首入版图，山川钟毓，蔚起人文。及杜文秀据大理……李协戎昆仲世居郡之山冈……独树一帜……能恢复城池，荡平凶焰，捐资倡首重建祠宇，废修坠举，不数月丹楹刻桷，焕然一新……夫以金齿故地，万物熙恬，继此以往正风气，培文教，都人士，激励之，振兴之。

用甫切己录

（清）赵端礼

腾越，汉永昌郡哀牢地。今白夷语何以名曰"猛缅"、缅甸语亦名"猛缅"？"猛"者国也，部落也，城市村寨亦有以猛称者。"缅"者，突出部也……父老相传，腾越西山有滇越王故城，或称蛮王故城，又称白王宫殿，即今金轮寺，寺左右为七十二条花柳巷，余亲访其地确有其迹，必在异牟寻取越赕、逐诸蛮、置软化府以前。自后"腾越"二字之名已著。

缅甸语称汉地曰"德游"，汉人曰"德游鲁"，野人曰"克钦"，白夷曰"陕"。缅人自称曰"缅马"。白夷语称汉人曰"谢"，汉地曰"猛谢"，缅人曰"漫"，缅甸曰"猛漫"，野人曰"项"，白夷自称曰"歹"，罗必四庄曰"猛狠"，小龙川曰"猛漾"，干崖曰"猛腊"，陇川曰"猛琬"，猛卯曰"猛卯"，芒市曰"猛浣"，龙江曰"猛回"，潞江曰"猛嘿"。余意腾越，古夷名具在其先，必为平缅路之白夷所居得名，则如猛养、猛艮、猛密、猛碤与夫猛狠、猛腊、猛琬、猛卯、猛浣之类也。

龙陵在乾隆初犹是保山县属之白夷所居，名曰"猛龙"。傅恒征缅，始以永昌府同知移驻其地。至光绪九年（公元1883年）设学，乃离保山县而独治之，今人只知龙陵不知猛龙，犹人只知腾越不知猛缅。龙陵设官治理有百年，腾越设官治理逾千年，时虽有先后远近，旧为白夷所居，情形或相同耳。

越赕亦白夷语。越即"爷"字，白夷语音与汉语同，称爷父也。赕即"掸"。越赕之义，即白夷父亲所居之地，视其地盖亲之至也。猛缅专指今腾越城附近区域而言，越赕则指永昌以西除缅甸本部以外凡白夷所居之地，大金沙江内外皆是也。若腾越、腾冲、软化三名皆后起，以夷语证之，音义俱不相通，当属汉语。

永昌山脉记

（清）赵继善

永昌山脉，由昆仑而南走，而东分之第二支也，左澜沧江，右黑水江（怒江），相夹东南，走蒙番千五百余里名怒山，入云南界，东澜沧江，西怒江，南走五百余里，至永昌而东落府治东南，起哀牢山东南，走顺宁府而尽于云州。

沉木化为龙赋

——以九隆山尚有遗迹为韵

（清）顾文熙

永昌有易罗池者，龙居而求其偶。有妇人兮感其灵，产十子兮水之右。是盖变化无端，神奇独著。为草为木，任他浪逐影双；载浮载沉，不是运逢阳九。方其为沉木时也，波心荡漾，水面玲珑，云从未许，月印常融。藏爪牙于石畔，隐鳞甲于泥中。泛到青芹，纵欣停于夕日；牵来碧藻，气宛接夫长虹。漫令响落丁丁，塘开一鉴；殊羡形涵峭峭，山耸九隆。谁瞻龙首，孰识龙颜？深沉不测，一木平环。萍浮蓝而共迭，苔晕绿而未删。差同梭挂壁头，龙形顿缩；浑似剑装匣里，龙驾偏闲。木削无庸，好沛三春之雨；沉沦莫讶，时亲九曲之山。然而灵难自秘，神恍与游，奇情暗触，胜迹频留。木方嗟其质异，龙忽化而势犹。宛转龙言，度波间而可听；分明龙语，出水上而相酬。叹前番沉在深渊难探珠额，顾此日化从曲渚独出波头。用示真形，从昭殊状，尽彼戏游，凭兹盼望。羌相见之有情，喜别来之无恙。何须烧尾，任腾跃于池滨；不事点睛，尽飞扬于沼上。莫问升沉之事，正好；夷犹倘来伐木之人，不可。且尚鼙鼓山前，头昂雨后，神见才经，祥征已久。信一木之能支，何九龙之惊走？仅留少子，讶镇日以常依；播作奇闻，传千秋而不朽。真个母兮鸟语，指"背坐"而名呼；旋看父也龙腾，作甘露而泽有。向使木恒盘曲，龙未游嬉，纵教蕴异，讵足呈奇？唯沉埋之不愿，实化感之相宜。假象以求，浑比更衣夫茅舍；凭虚而有，俨如投杖于葛陂。为思水国前生泥涂久辱，回忆山林瑰质包孕无遗。迄今龙祀荒祠，木凋古宅，珠涌波明，塔横月白。水吟龙而苍凉，壁画龙而腾掷。人怀沙漠，步丘壑而徘徊；国想哀牢，行川原而搜索。剩有山头木叶，最动相思；哪来水畔龙孙，空有遗迹。

王端简墓表

（清）李蔚

公讳宏诈……性纯孝，奉瞻云公及郑太夫人教唯谨，能以清白世其家。瞻云公、郑太夫人殁于九隆，逾数年滇省始入版图，讣音至，公哀号擗踊，恸不欲生，凡三疏请回籍终制。

峒溪纤志

（清）陆次云

金齿，古哀牢国，其苗人皆九隆之后也。相传其先有一妇人……其人有数种，有以金裹两齿者曰金齿，有漆其两齿者，曰漆齿，有刺面者曰绣面蛮，有刺足者曰花脚蛮，以彩绳撮髻者曰花角蛮，唯居诸葛营者衣冠礼仪悉如中土。

腾越州志

（清）屠述濂

腾越者，古滇越也，亦曰越赕，其来久矣。昔汉氏欲自西南夷通大夏也，武帝使张骞因蜀犍为发间使四道并出：出駹、出冉、出徙、出邛僰，各行三千里。其北方闭氐筰，南方闭巂、昆明。今自建昌（现四川西昌）、姚安、鹤庆、丽江以达于吐蕃，野人之境，皆古昆明夷也。昆明之属无君长，善寇盗，杀略汉使，终莫得通。于是骞言："其西可千余里有乘象国，名曰滇越，蜀贾间出物者或至焉。"于是，汉以求大夏道，始通滇国。而滇越之名始一见。其称昆明无君长，善寇盗，则今州境外野夷犹然。其称"乘象国"，则今所辖各土司犹能驯象。故知腾越即古滇越也。

初，骞在大夏时见邛杖、蜀布，云市之身毒。大夏去汉万二千里，居西南，又东数千里为身毒，而有蜀物，此其去蜀不远，故为此谋，欲自蜀以通身毒，迫闭于昆明，又思通滇越。身毒即天竺也，而其道必从滇越进。

云南文库·学术名家文丛

故唐贾耽记通天竺之路，由永昌诸葛城起，经骠国，不过二千余里即东天竺。今诸葛城在州境分水岭上，益知腾越即为滇越，张骞欲道于此，以远通大夏。贾耽实记道于此，以近抵天竺，是腾越当汉、唐时早已为内地，尤为无疑矣。第是汉武置益州郡，领县二十四，不韦早在所辖之中。所以南粤既平，迁吕嘉子孙于此，名其先人以辱之。若使滇越即腾越，此其相距不过四五日程，何以经柏始昌、吕越人之殒命，郭昌、卫广之斩虏，不但大夏不可通，即滇越不可得哉？盖其时不敢渡博南、越兰津故也。迨至明帝时，哀牢内附，因分益州之六县，与新置哀牢、博南二县共八县为永昌郡，犹有度兰沧为他人之怨歌。益信从前无有问津者矣。

当年，哀牢籍其众，户五万二千，口五十五万三千余，仅分二县，则知汉时其县幅员极广。今腾越、顺宁及土司之境，大金沙江内外，至于南海，皆哀牢、博南地。现在交趾西南犹有哀牢国，地之广大如此，岂唯腾越哉（以下九隆传说、鹿茤之战同《哀牢传》《后汉书》，略）。

至永平十二年，其王柳貌复率种人内属，因立为县，则是尽哀牢而悉归内矣。

所称“南下江汉”者，即今澜沧江也。鹿茤夷唐时犹存，不知今何种也。（下录《后汉书》哀牢物产，此略。）其富如此，今唯腾足以当之。然则腾越在西汉时为张骞所称“滇越”，在东汉时为范氏所传之“哀牢”，非至元始入中土者也。贤栗效顺，几如越裳之古风，传至类牢，以叛见诛，子孙分为六诏。

蒙氏专制南土，其谱因依范《史》以“九隆”为“九龙”。其后分王西羌、南蛮，万里间共有九国，则诞而不足一国矣。盖越之称名以地产生越，如荆楚为州以产生荆楚名也。自浙、闽、两粤、交趾、滇南俱有越名，交趾为骆越，老挝为越裳。说者谓五岭为服岭，犹衣之领，越裳为衣之裳。今腾越之地，下通景线，即接越裳；上通越巂，亦越义耳。应劭乃谓：越巂，水，以彰休盛，何其妄耶！雍闿叛蜀，武侯南征，诸葛之城在今腾越，亦迨于晋，总隶中原，江左偏安，滇南未陷外境，隋统南北，犹奉车书。至于唐初，两爨诸谢，彼此交讧，中国士大夫未有官州县于此地者，迨至南诏专土，叛服无常，曾不如安南都护所统犹为内地是举。滇南已沦为异域，且四五百年矣，况腾越哉！元人收复滇南，腾越实为极西门户，设官守御，犹汉之置益州西部都尉嶲唐，以镇慰哀牢、叶榆诸夷，县远迹至金沙江（今伊洛瓦底江）为古黑水，梁州之南界，而腾越距江千里，犹在江之内，是知腾越乃古梁州内地，不宜以收自荒服而鄙夷之。汉氏两郡之分哀牢、博南，尽掩有后世三宣六慰之地。晋宋而下，中原多故，李特、谯纵据蜀称雄，诸蛮亦乘时竞起。迨隋混一，唯拓土于中国东、西、北边之外，而不事西南。故隋志梁州止于越嶲、牂牁，滇南渐成荒外。唯史万岁征爨玩，度西洱，入渠滥，一涉其地。唐亦如隋，于嶲州阳蓬岭与南诏分界。唯所设州县，名目浩繁，而尽是羁縻，已开宋祖画斧之渐矣！自是蒙段迭据四五百年，中国不敢问，而汉氏所分梁部益州、永昌二郡地，不知落于何所？可不慨哉！赖元收复，俾此一方得与中华衣冠之盛，其功大矣。

越赕之名，见于《唐书》《元史》。《元史·地理志》云："腾冲府，在永昌之西，即越赕地。唐置羁縻郡，蒙氏九世孙异牟寻取越赕，逐诸蛮，遂有其地为软化府。其后，白蛮夷居之，改腾冲府。"则是腾冲之名起自白蛮矣。然唐贾耽考入天竺道云："一路自诸葛城西，去腾充二百里。"则腾冲旧有其城因而名之，但以冲为充耳。故越赕、腾冲非为夷言。越赕马、越赕犀，古书称引旧矣。吴《志》谓名不雅驯，何耶？但字或从贝或从目从耳。从贝者音淡，蛮夷以赎罪也。从目者音赡、音闪，候视、伺视，夷性然也。从耳，则无其字。《唐书》从目，《元史》从耳，或作"睒"，或作"睑"。谓蒙氏立国有十睑。赵州睑，其一也。《唐书》谓夷语"赕"若州。按赕音检，目上下睑也。十睒应从赕，买物预付钱也。夷人贪利，故以敛财之名，用名其地，若大施睒、钦寻睒、大睒、剑睒是也。然则"越睒"之名，其犹越州乎？故腾越在西汉为滇越，东汉为哀牢、博南，隋唐犹事羁縻，两宋遂成外境。越赕之名几不能名腾充之城，但传《唐志》至元而有腾越州，然其废止不常，至明嘉靖初而州名始定……明洪武三十三年（洪武下限三十一年即1398年）改腾冲守御千户所，隶金齿司……（巡抚）何孟春疏曰："……唯金齿一司是古之哀牢国，即汉之永昌郡……"

滇 系

（清）师范

云南地舆志

云南府，楚滇国；大理府，古叶榆地；丽江府，古花马国；永昌府，古哀牢国……

疆 域

永昌府，古哀牢国……唐属姚州都督府……嘉靖元年改为永昌军民府，藩屏边索控驭蛮夷……东汉建武中，西南夷栋蚕叛，诏刘尚讨之，尚追破之于不韦，斩栋蚕帅，西南夷悉平。永平十二年哀牢夷内附，置永昌郡，西南益少事。

保山县，附廓，汉不韦县地。

不韦废县，在府东北……永平中置永昌郡，治此，晋因之，宋、齐仍为永昌郡，梁末废。

哀牢废县，在府西南，故哀牢王国……刘昫曰，哀牢在牢山绝域；《通志》云，府治东即哀牢县故址；元为永昌府治。

金齿城，今府城也。百夷之俗，以金裹两齿者曰金齿蛮，漆其齿者曰漆齿蛮，文其面者曰绣面蛮，刺其足者曰花脚蛮，以采绳撮髻者曰花角蛮，又或以铜圈穿其鼻、坠其耳，总曰哀牢蛮。谓之金齿，因其俗也。毛《志》：金齿之地，在大理西南澜沧江界。

沙木和驿，自永平县七亭而奇达沙木和，途经铁场坡、花桥哨、蒲蛮哨、丁当丁山关，咸为险要。蒲蛮者，孟获遗种也。今城南六十里有蒲蛮驿。

博南废县，在（永平）县南。哀牢王类牢反……邪龙人卤承等应募率诸郡兵大破类牢于博南，斩之，即此，今其地名江东村。

古蛮地名庆甸（今凤庆），蒲蛮居之。

景东直隶厅……古荒外地，一名开南州，分十二甸，昔朴、和泥蛮所居。

山 川

永昌府保山县：太保山，在城内……武侯尝掘山脉以防夷叛，深可三丈余，铁物间之。

九隆山，城西南七里，山势突兀，分为九岭，一名九歧岭。其麓有泉自地涌出，凡九窦，土人甃石为池，其下会为大池可三十亩，名曰九龙池或谓之易罗池，相传蛮妇沙壹者浣絮池中，木浮水面，生九隆，种类遂繁。

哀牢山，府东二十里。

玛瑙山，在城西百里，山产玛瑙，名。哀牢山之支脉也。

沙河，在城南七里，源出九隆山南。

永平县博南山……为蒲蛮出没之所。

凤溪山，在长官司东，有东西二泉合流绕凤溪山下，府东北三十里哀牢山并峙。

蒲关，在司南……元时为奇蒲寨。

蒙化直隶厅·峣岠图山　城西北三十五里。初，蒙氏龙迦独者，以唐贞观中系其子细奴逻，自哀牢而东迁，居其上，部众日盛。高宗时细奴逻入朝，授巂州刺史，筑城高三丈，周四百余丈。后自号奇王，号蒙舍诏。今有浮图在山上，亦曰峣岠山。

艺 文

叶榆河出其县北界，屈从县东北流……过不韦县。县故哀牢之国也。（下录《水经注》九隆传说、鹿崩之战、永平十二年置永昌郡，略。）郡治不韦县，盖秦始皇徙吕不韦子孙于此，故以不韦名县。

腾越厅志

（清）陈宗海

序

谁司其责者，竟使一方之文献久而就湮也。于是请于上宪，捐俸重修，使地方老成者——采访。适楚南余我如太守榷厓、九隆吴绍春比部办团至此，共相怂恿，乃辟求文学之士于署中，日加考证，旁蒐轶事，博览群书，凡名贤巨公，忠孝节义，其事绩之昭著与夫幽光潜德之未彰者，一一得详而悉也。

卷十五　诸夷志

腾越地临边徼，去城一二百里，崇山大岭间，半属夷族环居，獉狉性情而侏㑽言语，既自各成其种类，即难概论以华风。使不琐屑记之，则文身断发，终疑夷俗之本然；彭、濮、髳人，莫辨昔日之殊号……详纪其名于左。

小伯夷　熟夷也，腾越西南环境皆是。男妇服饰稍近中华，亦能汉语，居村寨，性驯谨，耕食织衣，无长幼礼。

大伯夷　在陇川以西。男子剪发文身，妇人跣足染齿，布裹其首，居喜近水，男女皆祖浴于河，妇人谨护两乳，谓此非父母所生，乃天地所赐，不宜人见也。男逸女劳，纺织、负担不辍。

蒲人　即古百濮，散居山谷，永昌以南所在多有。形貌粗黑，男女皆束发为髻，男以青布裹头，腰系线绳，妇人以花布。皆勤力耐劳，苦事耕锄，所种苦荞、棉花、黑豆。知汉语，通贸易。

阿昌　一名娥昌。耐寒畏暑，喜燥恶湿，好居高山，刀耕火种。性嗜犬，祭必用之。占用竹三十三根，略如筮法。嗜酒。背负不担，弗择污秽。今户、腊撒多此种。

缥人　……

哈喇　男女色黑如漆，不知盥栉，男子以花布为套衣，妇人以红黑藤缠腰数十围。产子以竹为兜，负于背。古喇同。

羯些　种出孟养。环眼鸟喙，以象牙为大环，从耳尖穿至颊，以红花布一丈许裹头而垂带于后，衣披半身而祖其右肩。

遮些　绾发为髻，男女皆贯耳佩环，性喜华彩，衣仅蔽体。战斗长以弓矢，倚恃鲁铳，与缅同。孟养一带皆其种类。

地羊鬼　……

啥社　稍类哈喇、怒人，类阿昌，皆居山巅，言语不通，略似人形而已。

野人 居茶山外，赤发黄睛，以树皮为衣，首戴骨圈，缠雉尾，插红藤，涉险如飞，性喜杀。前明有里麻、茶山两长官司管束，明季两长官司为野人所逐，遁至内地。今其土司子孙有早姓者，古永、乌索尚有之。

爨蛮 ……

妙罗罗 《府志》：一种无姓氏，男子跣脚蓬头，麻布为衣，女人身穿短服，腰系桶裙。开山挖地，资种荞麦，不知漱盥，鲜通礼义，男女野合自配，身没火化收骨葬，插松枝以栖神。又一种，其人淳朴，男子以帕包头，麻布衣服及膝，女人青布束发，背负羊皮。男子耕种易食，女人绩麻营生。婚配通媒，没后棺殓掩埋，春秋祭祀，仿佛汉礼。其姓氏：姓子、姓禾、姓折、姓脚、姓勿、姓敢、姓罗、姓羊外，无别姓。

僰夷 《通志》：一名百夷，盖声近而讹也。性耐暑热，居多卑湿棘下，故从棘、从人。滇之西南旷远多湿，僰夷宅之。种类数十，风俗稍别，名号亦殊。《府志》：摆夷字，大约习爨字而为之……

傈僳 ……男人裹头，衣麻布，披毡衫，佩短刀，善用弩，发无虚矢。妇女短衣长裙，跣足，负竹筐出入。种荞稗，随地输赋。

喇鲁 性悍，居岩穴，衣麻布，捕山禽野兽为食，赋役俱无。亦曰喇鸟。楼居，牛羊豢其下，勤本业，遇人必自退让；其散处荒僻者，食蜂、蛇。

夏喇 永昌、腾越内外境俱有之。耕种类阿昌，形状似罗罗，凶悍善斗。妇女斜缠锦布于腰，居山巅，户不正出，迎山开门，迁徙无常，不留余粟。

缅人 ……

羯些子 种出迤西、孟养，流入腾越。环眼鸟喙，耳带大环，无衣，遮股下以布一幅，米肉不煮而食。勇健，执枪刀，善战，喊声如吠犬。

卡瓦 夷中之顽梗者也，永顺东南辣蒜江外有之。貌丑，性恶，亦耕种，有寨落。红藤束发，缠腰，披麻布，持利刀梭镖于要路，窃伏劫掠，行商必结伴多人，兼有保护者乃敢过，今守御戒严，此风渐止。商贾凡出腾越，入木邦买木棉者，必经其地，呼为卡利瓦。有生熟二种，生者劫掠，熟者保路。

野蛮 过金宝城以北，大赕周回百余里，悉皆野蛮。无君长。其地有瘴毒，河赕人至彼中瘴者，十有八九死。阁罗凤尝使领军将于大赕中筑城，管制野蛮，不逾周岁，死者过半，遂罢弃，不复往来。其山土肥沃，种瓜瓠长丈余，冬瓜亦然，皆三尺围。又多薏苡，无农桑，收此充粮。三面皆占大雪山，其高处近天，往往有吐蕃至赕货易云。此山有路去赞普牙帐不远。

安南杂记

（清）李仙根

交趾东北界广西，东界广东，西界云南，亚南界老挝即古哀牢。

滇游续笔

（清）桂馥

濮人　……《通典》有尾濮，木绵濮，文面濮，折腰濮，赤口濮，黑僰濮……《唐书·南蛮传》：三濮者，在云南徼外千五百里。有文面濮，俗镂面以青涅之；赤口濮，裸身而折齿，劗其唇使赤；黑僰濮，山居如人，以幅布为裙，贯而系之，丈夫衣谷皮。明董难云：诸濮地与哀牢相接。按哀牢即今永昌，濮人即今顺宁所名蒲蛮者是也。濮与蒲音相近，讹濮为蒲。

摆夷布　汉时蛮夷以布为赋……今摆夷所织，品目甚多，纹理精好，粗者如罽，细者如锦，羊毛所绩，不亚羽纱。《后汉书·西南夷传》：哀牢夷"知染采文绣，罽毲帛叠，兰干细布，织成文章如绫锦。"

构浆　滇人呼谷树为构浆，以其折枝则浆出也。陶注《本草》云："谷"音"构"。《酉阳杂俎》：谷田久废必生构，叶有瓣曰楮，无曰构。

清一统志

云南志·永昌府

（文前《永昌府图》中，府城西有"九隆山"和"易罗池"。）

建置沿革 《禹贡》梁州荒裔。古哀牢国，九隆氏居之，未通中国。汉武帝元狩二年置不韦县，属益州郡。

形势 北接大理，东界澜沧。沧江、怒水为襟带于东西，九隆、三崇作屏藩于南北。

山川 ……九隆山在保山县西龙泉门外（下录九隆事迹、孔明南征凿断山脉以泄"王气"，略）。玛瑙山在保山县西百里，产玛瑙石……易罗池在保山县南……传昔哀牢妇触沉木感孕即此池。《府志》：在九隆山下，即龙泉池。

名宦 陈立……郑纯……曹鸾……冯灏广汉人，建和间任永昌太守，多异绩。栾巴。

道光云南通志

（清）阮元 伊里布 等

食货志·物产·永昌府

五谷 《后汉书·西南夷传》：哀牢宜五谷。常璩《华阳国志》：永昌郡出五谷。《腾越州志》：谷则稻、黍、稷、粱、麻、豆、荞、稗，而无麦与高粱。

铜、锡 常璩《华阳国志》：永昌郡出铜、锡。《一统志》：铜，腾越州出者佳。

铁 司马彪《续汉书·郡国志》：不韦出铁。《腾越州志》：今阿幸等处尚有铁厂。

光珠 ……《续汉书·郡国志》：哀牢出光珠。

琥珀 ……杜预《春秋释例》：黑僰濮出武珀……《续汉书·郡国志》：哀牢出光珠、琥珀。陶弘景《名医别录》：琥珀出永昌。李时珍《本草纲目》：琥珀，今金齿、丽江亦有之……《一统志》：……以火珀及红杏为上，血珀、金珀次之，蜡珀最下。又其下者供药饵而已。陈鼎《滇黔纪游》：腾越出，琥珀。

玛瑙 ……《徐霞客游记》：保山县玛瑙山，《一统志》言出哀牢支陇，余以为在东山之后，今乃知出东山后者为土玛瑙，唯干海子峡桥南者，由石穴中凿石得之。其山下临峡流，上多危崖，藤树倒罣，凿崖迸石，玛瑙嵌其中焉。色有白有红，皆不甚大，仅如拳，此其蔓也。随之深入，间得结瓜之处，大如升，圆如球，中悬为宕，而不粘于石。宕中有水养之，其精莹坚致异于常蔓，此玛瑙之上品，不可猝遇。其常积而市于人者，皆凿蔓所得也。其拳大而坚者，价每斤二钱，更碎而次者每斤一钱而已。《一统志》：出保山县玛瑙山巅，有红白色相间者，曰缠丝玛瑙；有红如胭脂者，曰红玛瑙；有色白如玉而光润者，曰白玛瑙；有紫色者，曰紫瑛玛瑙。其体极坚，然脆而易破，制之甚难。

宝石 谷泰《博物要览》：云南宝井产红宝石。明永乐中，曾得一颗大者，重三两一钱，深红色，明莹娇艳非常，估值银三千两，自后从无此大者。一种石色嫩红娇倩，如新开海榴花，光彩夺目；又一种淡红明莹者，名童子色，最贵；又有石色大红而带黄黑色，名为油烟红，最下；所产酒黄宝石，色嫩黄如金；珀青宝石，色嫩青如翠蓝；亦有淡青如月下白者……《天工开物》：凡宝石皆出井中，西蕃诸域最盛，中国唯出云南金齿卫与丽江两处。

琉璃 司马彪《续汉书·郡国志》：哀牢出火精琉璃。常璩《华阳国志》：永昌郡有琉璃。

木棉 ……张勃《吴录》所谓：交趾、永昌木棉树，高过屋，有十余年不换者，实大如杯，花中绵软白，可为缊絮及毛布者，皆指似木之木棉也……《吴录》称木棉者，南中地暖，一种后开花结实以数岁计，颇似木芙蓉，不若中土之岁一下种也，故曰十余年不换……扳枝花中作裀褥，虽柔滑而不韧，绝不能牵引，岂堪作布？……《吴录》所谓"永昌木棉"，皆指草本之木棉，可为布，意即娑罗木，然与扳枝花绝不类。

濮竹 《后汉书·西南夷传》：哀牢，其竹节相去一丈，名濮竹……《一统志》：出腾越高黎共山，节甚长。

鬼弹 郦道元《水经注》：永昌禁水旁，瘴气特恶……故郡有罪人，徙之禁旁，十日皆死也……谨按，永昌无，禁水所言瘴气盖潞江也。

翡翠、孔雀 常璩《华阳国志》：皆永昌郡出。又，南涪县有翡翠、孔雀。刘逵《蜀都赋注》：孔雀出永昌南涪县。《腾越州志》：孔雀食金刚纂，故有毒，好事捕而畜之，亦能驯。野人间有得其卵者，令鸡翼之，亦能抱出，但羽毛不鲜耳。

白雉　刘逵《蜀都赋注》：白雉，出永昌。

象　《后汉书·西南夷传》：哀牢出犀、象。杜预《春秋释例》：黑僰濮在永昌西南，其境出犀、象。

白鹿、白马　《逸周书·王会解》：黑齿白鹿、白马，孔晁注：黑齿，西远之夷也，贡白鹿、白马。王应麟补注：《南夷志》黑齿蛮，在永昌关南，以漆漆其齿。

白蹄牛马　杜预《春秋释例》：黑僰濮，在永昌西南，其境出白蹄牛马。

南蛮志·种人

《蒙化府志》：倮㑩，土著之乌爨也，哀牢九族之一。

道光云南通志·永昌府山川

（清）俞正燮

玛瑙山在保山县西一百里，产玛瑙，故名。上多危崖，藤树倒罥，凿崖迸石则玛瑙嵌其中焉。《一统志》言，玛瑙出哀牢支陇。

法宝山在保山县南十里，与九隆相望。中隔沙河，东临诸葛堰，昔异牟寻于此建寺曰法宝，故名。

九龙山在保山县西龙泉门外，绵亘数里，一名九坡岭，世传九隆氏兄弟居此……诸葛亮南征尝凿断山脉，以泄其气，今迹存焉。

哀牢山在保山县东二十五里，与太保山相向。

滇南志略

（清）刘慰三

永昌府

其境……沧江、怒水为襟带于东西，九隆、三崇作屏藩于左右，据八关二堡之形胜，扼三宣六慰之咽喉，洵滇西重镇也。城为蒙氏皮罗阁所筑……建有永保、九隆两书院。

保山县

其境……栖贤、太保、九隆结为府治……太保山……掘地者往往得巨砖，上有"平好"二字，相传为武侯所遗……九隆山，在龙泉门外，相传九隆氏弟兄居此……玛瑙山，在城西百里，山产玛瑙石，故名……法宝山，在城南十里，与九隆相望，中隔沙河，昔异牟寻于此建寺曰法宝，故名……哀牢山，在城东二十五里……诸葛井，在城东二十五里哀牢山上……一名天池，又名金井。

滇海虞衡志

（清）檀萃

卷二　志金石

土玛瑙，出永昌哀牢山支岭。

宝石，即《汉书·哀牢传》所谓"光珠"，出于孟密土司之宝井。

卷八　志虫鱼

钩蛇，出永昌，此古所传也。言其尾长，能钩岸上人与物而食，亦鳄之类也……且言水旁有鬼弹，不见其形，其作有声，中物则折，中人则害，罪人徙此，不过十日死。此水土恶劣，阴怪得窟穴其中为虐耳。驱之之法，投以烧石，注以熔铁，万众各鸣瓦盆瓦器以号呼，其物不死即徙，为政者不可不知也。

卷十一　志草木

哀牢之山长千里，中通一径，走深林中垂一天。

濮竹，出顺宁。古时濮竹，节长一丈，今渐减之，犹可作斗斛。

滇中琐记

（清）杨琼

御笔勾

洪武初，都指挥胡渊修筑永昌郡城，欲围太保山于内，山势陡峻，屡筑屡圮。渊绘图以进，太祖以笔勾其处曰："如此，筑何难？"后果成，故世称此段城垣为"御笔勾"……渊子琛，孙志，皆有明一代边才，俱葬九隆山下，人呼为胡大坟。

滇南新语

（清）张泓

毒　溪

哀牢山为滇之祖脉，登巅约六十余里，上极寒，下极热，有溪水浅而毒甚，人马不以时渡，则受其害。水来自噶萨江，古八百媳妇国也。由镇沅府而下归怒江口，渡必于孟、仲冬，余月则子夜偷渡，虽人不损，而马足被浸，毛皆褪落，或谓夷多孔雀，其粪遗归溪流乃至此。

肇域志

（清）顾炎武

云南志·永昌军民府

九隆山，在府西南十七里，山有九岭，又名九坡岭，连亘十里，高可百丈，沙河源出于此。哀牢山，在府东二十五里。本名安乐，夷语讹为哀牢。高三百丈，袤延三十里许。绝顶有一石，如人坐怀中。有二穴，名天井，土人于春首视水之盈涸以卜岁之丰凶，至者见水溢，以为吉兆；穴下相通，取左穴水则右穴水涸，取右亦然。又山下有一石，状如鼻，二泉出焉，一温一凉，号为玉泉，故又名玉泉山。金井，在哀牢山巅，一石二穴，相去一寸五分，各围三尺，深二尺许，形圆如碗，以其居绝顶，故名之曰天池。

孟春月，居民视井水之盈涸，以占岁之丰歉。

保山县……哀牢县址，在府城太和坊之东，元为永昌府，洪武中省府，以其地为中千户所军营。不韦县址，在凤栖山下，在古哀牢国境内，说者以为在凤溪山下。

保山法宝山，在城南十里，势邻九隆，而沙河限之。其东临宝山海，昔异牟寻于此建寺，曰法宝，因以名山……沙河，在九隆、法宝二山两崖间，发源北冲交椅山，及大雪山二水合流，循山而下，汇于大诸葛堰，流于诸葛营河。河之南为大诸葛堰，本诸葛孔明所浚，久为淤泽。成化三年，巡抚御史朱瞻浚凿伐石，积缶筑岸为堤，人称之曰："御史堤"……易罗池，在西南龙泉门外，瞰九隆山麓，泉沸九窦，混混不竭，故又名九龙池。

《永昌白话报》发刊词

（清）彭继志

立马哀牢山顶，远望，见沧、潞两大河流之间苍苍莽莽，磅磅礴礴，居民数百万人，良田数百万顷，支河潴泽，逶迤灌注。间以松杉苍翠，桃李绚烂。牛羊遍野，似点点雁鹜；山脉起伏，如曲曲龙蛇。夫非云南地理历史上最著名之永昌欤？又见"虎踞""天马"关外，"十"字旗随风舒卷，刺我眼帘，与汽笛声、喇叭声震我耳鼓。夫非万国地图上最著名之英国欤？可爱哉此永昌，可危哉此永昌矣！乃静观我永昌数百万人民，开通者仅占少数，其最大数人，尚不知生于何等世界，处何等地位，终日酣歌笑乐，酒食征逐。学界则初有萌芽，商界则依然涣散，农界、工界则痌惰不振，社会则凌乱无序。若复长此悠悠，恐不免为第二之缅甸！太守忝列大郡，目击时艰，所以特聘主笔，刊布报纸，冀以唤起我最多数之人民。尚望学界诸君共负责任，惠以佳章，以飨阅者之望；莫谓"春风吹水，干卿何事"，坐令大好河山付与他人也！西哲有言："理论者，实际之母。"将来能取此理论，一一见诸实行，可以抵抗彼狼贪虎视之强邻，可以长保我花团锦簇之永昌。

〔《永昌白话报》创刊于清宣统元年六月十五日，月刊，著名白族学者赵式铭主编，报社和活字版排印所"云鸾室"都在永昌（今隆阳）城关

庙街。发刊词全文套红。彭继志是永昌知府，执笔作者是赵式铭。〕

哀牢夷雄列传

（清）夏正寅

序

杜（文秀）帅起义于金鸡（村，在今隆阳），回黎归附；李（文学）帅遂举旗哀牢[①]，夷众响从……哀牢诸夷雄，为民除暴谋利，不为世所知，曷可不志哉？

诸传中……李学东非滇夷，然其生平尽瘁于哀牢夷[②]，故志之。

李文学传第一

李文学……瓦卢村[③]人也……"罗罗濮夷"[④]也。文学之母，乃瓦卢张氏，南诏王之苗裔，亦"罗罗濮夷"也……文学父终日猎，不足完租粮，旋为野兽所伤而死。文学母悲不自胜，遂服毒拟自尽……为堪舆王泰阶解活。文学泣谓泰阶曰："幸王地师活我母，徒以租粮逼甚，复何活，奈何？"王泰阶曰："不活者，非独汝一家耳，哀牢诸夷不活，天下生灵不活……方今之世，哀牢诸夷莫不怒庄主，天下生灵莫不恨满贼。苟君能振臂一呼，非仅哀牢诸夷闻风响从，且天下生灵亦必归附……"丙辰夏四月七日（咸丰六年，1856年5月10日），李文学……偕夷众五千余人……誓师起义，共戴李文学为"夷家兵马大元帅"……檄文曰："我哀牢夷民，历受汉庄主欺凌……自满贼入主，汉庄主与之狼狈为奸，苛虐我夷汉庶民，食不就口，衣不蔽体……望我夷汉庶民，共襄义举，则天下幸甚！我哀牢庶民亦幸甚！"……未及旬日，哀牢、蒙乐、六诏之夷、汉、苗、回、栗粟庶民，

文本注释为刘尧汉先生所作。

① 哀牢，指云南西南部之哀牢山脉，非史称"哀牢夷"之哀牢山。史称之哀牢山乃属怒江山脉之一小山，广袤三十余里，在今保山县城东二十五里。

② 哀牢"夷"指哀牢山脉区域的彝族或其他少数民族，非指史称"哀牢夷"。

③ 瓦卢村，哀牢山上段东面，弥渡县属彝村。

④ 罗罗濮夷，即今自称"罗罗泼"之彝族。

咸操刀持矛来归附。

是月，满军二万余寇榆（今大理），王泰阶倡议急援杜文秀……李文学三路击满军……满贼既溃，杜军围解，李帅乃赴榆晋谒西平王杜文秀大元帅。杜帅郊迎五里，挽李帅臂而言曰："蒙乐、哀牢、六诏诸山之夷望，咸归将军……"李帅曰："我蒙乐、哀牢、六诏之夷众……大王向东进军，我必策应之。"杜帅乃加李帅为"第十八大司藩"，镇守蒙乐、哀牢之地。

王泰阶曰："……今之计，要在养民，实府库，修武备，固守礼社江之西，经略哀牢山迤西之地，尽缅、暹、交趾之边陲，拓地千里，得米、盐、铁之利……而后举兵东向，偕杜帅合力击满……"李文学曰："……今既有王参军、李上将军之远识，当纳之……"

丁巳（咸丰七年，1857）夏六月上旬……帅府诸将四出，刘炳贤乘机唆同李学明复促李文学正大位哀牢王，并纳汉庄主潘云溪之堂妹为王后……戊午春二月八日……草正位诏，并致书杜帅，择于是日正位吉席。是日，李学东凯旋归……大怒……谓刘炳贤曰："吾帅拥蒙乐、哀牢、六诏数十万之夷众，王亦王，不王亦王；汝为副参军……而必欲为相，何不足之甚！"……李文学有惭色，复罢王意。

春三月，王泰阶收者干河平坝之地……由西塞露南下取碍嘉城……碍嘉乃哀牢东壁要塞，杞彩顺镇之；者干乃哀牢西壁要塞，罗自美镇之；两地均居哀牢之中段，相距二日程，杞、罗互为犄角。

夏四月，王泰阶返蜜滴，偕李学东、杞绍兴谒李文学而进言曰："……今急宜取哀牢产谷之区，以丰民食，实府库。"李学东曰："由碍嘉沿江而下，再收戛色①、惠笼甸②、磨沙、因远③等地，由者干沿阁者江④南下，取

---

① 戛色即今戛洒，与磨沙均在哀牢山下段之东面，元江之西岸，为傣族聚居区，属新平县。夏稿中称此处人为"僰人"，即指今傣族。
② 惠笼甸，哀牢山下段东面，元江之西岸平坝，为元江县治所在地，有傣、彝、汉三族杂居。
③ 因远，为哀牢山下段东面山腰间一平坝，元江县属，此地居民多为白族（民家族）。
④ 阁者江，在哀牢山之西面，即把边江中游一段之称，有一平坝称为阁者，属镇沅县，为傣族聚居区。

阁者、碧处、他郎^①诸地；上列诸地，乃产谷膏腴之区，若得之，则民丰府实。于是以礼社江为屏障，东拒满贼；哀牢山为根基，西图思（茅）普（洱）广袤之地；则大事之基已备，可全力而东驱满贼。"杞绍兴曰："者干之地，本为田四浪所克……我帅宜深结田四浪以自广，则进可图交趾、暹、缅之边，退可守哀牢之险。"……谒田四浪……杞绍兴曰："……我李帅麾下诸将士，皆乐戴田都督为副帅，共统夷众，广哀牢以西之地，为反满之基；复举而东向，合杜帅之众，齐驱满贼，幸都督勿辞焉！"……夏六月二十四日……李文学与田四浪……会盟于者干街……誓曰："……共率哀牢、蒙乐、六诏之夷众，除满贼，为夷家除害，至死不渝！"

秋七月一日（8月9日），杞绍兴谒李文学而请曰："南涧居我哀牢之首，礼社江之源……我拟亲往南涧镇之……"

李文学自丙辰（咸丰六年，1856）起义，迄癸酉（应为甲戌，同治十三年，1874）十八年而亡……文学死，蒙乐、哀牢、六诏之夷众老幼，皆嚎歌山野。

王泰阶传第三

甲寅（咸丰四年）冬，王泰阶由桂西经滇南渡礼社江入哀牢山为堪舆郎中……未及一载，哀牢山川为其所悉，富室内幕为其所知，贫门痛苦为其所晓……李文学母因粮逼而服毒拟自尽……王泰阶曰："不活者，非独汝一家耳，哀牢诸夷不活，天下生灵不活，满贼不灭，庄主不除，汝与夷众当生生世世为满贼之奴仆，汉豪强之牛马！"……李文学……起义，加王泰阶为参军。

李文学受其副参军刘炳贤等之怂恿，图取蒙舍，正位哀牢王，泰阶力言不可，李文学纳之。

己未（咸丰九年，1859）春二月，王泰阶请于田四浪副帅曰："……请李帅即遣将取戞色、惠笼甸、因远等地以及哀牢之东，明春西图，西定即可东进。"……十月攻因远……，擒守将杨承熹，泰阶亲解其缚而说之

---

① 他郎为墨江县之旧称，清代为他郎州。碧处在墨江县城西四十里，为哈尼族中"布都"支聚居区。

曰："……我李帅'罗罗濮'夷也，田副帅'卡杜'夷（哈尼族）也，刀都督'僰'夷（傣族）也，……杨将军乃'明家'（白族），亦夷也，何不共聚大义……"……刀成义曰："今既有杨都督之助，可即取思陀、瓦渣^①诸地，则哀牢东壁全入我掌中矣。"

杞彩顺传第四

杞彩顺乃锈水塘罗罗濮夷，蒙舍先王细诺罗之贵胄……历承四十世……至德戛耳始入哀牢山……辛酉冬，满军李杞材率军三千深入哀牢山腹地……杞彩云仅以五百人全歼之。

杞彩顺镇守碍嘉……集锻工冶铁铅。彩顺死，彩云宏其营，哀牢之军械，悉取自碍嘉。

李学东传第五

李学东，西蜀马边夷，幼为富豪贱仆……甲寅（咸丰四年）冬，学东佯为王泰阶之徒，由桂西经滇南渡礼社江入哀牢山，行堪舆郎中……未及一载，哀牢山川为其悉……李文学率王泰阶、李学东、杞绍兴等偕夷众五千人起义……刘炳贤、李学明等促李帅取蒙舍，并正位哀牢王，学东作色劝阻，李帅乃止。

李学东自甲寅偕王泰阶入哀牢，促夷众起义……为滇夷尽瘁廿二载，其功伟，其志洁。

杞绍兴传第六

杞绍兴乃耳继苴罗罗濮夷，蒙舍先王细诺罗之贵胄……历承三十八世……至也革始入哀牢山之黑摩苴。

王泰阶初入哀牢山，与杞绍兴友善……绍兴能战能谋……帅府折王泰阶、字阿乌、普顺义三人，复闻满军直追，田副帅败亡……绍兴……即赴

---

① 思陀、瓦渣在哀牢山下段东而，原属石屏县，云南解放后，成立红河哈尼族自治州，划归红河县。

者干命徐东位、刀成义、杞彩云三路合击满军于恩乐[①]，满军全覆，此乃满军受夷军大歼之第二役也。

万古祀田碑记

（清）项兆龙

有德老和尚者，乃鹤阳人也，六根不碍，七行常圆，幼从所好，早入空门，忧大道之无方，恐一隅而自限，遂整衣钵，拥锡哀牢，睹王毕之凋敝，立愿纂修，再振朝纲，重兴法宇。当事功告竣之日，法身圆满。出秋，兹土僧人引领拭目，莫不皈依妙法，仰止休风，爰留鹤址，求作梯航……众议捐资以祀，其词曰……祀田昀昀，禾稷莫莫，千万斯年，永兹酬爵……乾隆庚寅年大吕月腊八同碧洞村（保山沙坝街原名碧洞村）众施主……立石。

重修碧龙庵常住碑记

（清）李荃

建玉阁暨重修大殿并建文宫碑记

教，固立乎三门；道，则同归一辙。故真空妙谛，皆为觉岸津梁；而精一心源，无非迷川宝筏。郡北，离城三十里许原有碧龙古刹，自昭代创举，半在倾颓……住持僧同檀越等协力捐修，于乾隆壬午年，重修大殿并两厢禅房。适凤溪邱生，敬送玉帝并金童玉女三尊，遂建宝阁。复于甲申岁建立文昌宫……行见星檐飞翠，斗拱连云；殿宇巍峨不减天上，峰峦漾峻有异人间；庇阆郡之奇观，洵九隆之胜地也……乾隆四十一年五月十六日碧洞村众施主等同住持僧续长同立。

---

① 恩乐又称恩乐甸，在哀牢山下段西面镇沅县属境内，明代为恩乐县治，清代沿称。该地区内有一险要称九夹，彝老多说清军被歼于九夹。

哀牢山斑鸠岭四至碑记

（清）佚名

自哀牢山肇兴以来，其山与国并立。其间台号皇仙，塔名天柱。有玉泉之异，鱼游比目之奇……我若考览此山奇，故遗而筑宝于斯，耕凿迄今，历数百年矣。特恐后世不知山之奇异、山之四至，又笔以志之曰："此山即哀牢山也。东至街子路凹子，南至本村，北至青山脚。又一山名斑鸠岭，东至判官山路，西至焦家山大路，北至大坡脚。"两山……仅此水足以灌溉千亩，□□临水稻花香也……差自□□、官屯两寨系放猴山所出之水溉田，又中、下田坝放脉场龙王□□；因彼二水具涸，而青阳村、陶官屯、中、下田坝等处乏水溉田，□□□哀牢山之水□□□润，以免枯旱之苦。愿……以作修寺、应会田……以后无论各村，有不来助修寺、应会费者，不得给此……立以为据焉。

一议定：凡修葺大庙殿宇各项费用，五村同派。

一议定：每年正月十五会期演出费□，五村同派。

大清龙飞乾隆五年岁次庚申季春月中谷日阎村士立。

（以上三碑及后载《李自锦寿域志》碑文为吴旅杰先生提供，谨表诚挚谢意。前两碑现存沙坝文昌官——今沙坝小学，后两碑现存哀牢山寺、墓中，碑有破残，字多缺失。）

新纂云南通志

（民国）周钟岳 等

大事记

按：《新唐书》《寰宇记》皆曰："滇池以西皆（庄）蹻裔。"考……哀牢在战国时早已立国，与庄王国同为与国。故知东汉时之哀牢王贤栗、柳貌、类牢与蹻裔无涉。

备览：九隆死，世世相继。《后汉书·哀牢夷传》

常氏璩曰："永昌，古哀牢国。先有妇沙壶，生十子，九兄推弟九隆为王，世世相继，分置小王，往往邑居，散在溪谷，绝域荒外，山川阻深，生民以来，未尝通中国。"

（下录《哀牢传》九隆世系，略。）

按：范晔《后汉书·西南夷传》，夜郎、邛都、哀牢夷皆溯原于上古神话。今仅就哀牢推之，哀牢传有沙壶九隆，即本常璩有十代之名，即本杨终其第九代柳貌，当汉明帝永平十二年内属。逆溯其先八代，约二百四十年《说文》三十年为一世，可知禁高生周秦之际。高之前，则世代不可记知也。杨终者，蜀人也，生东汉初，亲见哀牢改郡，作《哀牢夷传》上于朝。事详王充《论衡》，盖文雄也。至东晋而常璩本之以作志，至刘宋而范晔采之以作史章帝以后乃范所作，至李唐而李贤引之以作注。贤又曰：自此以上并见《风俗通》今本《风俗通》残阙无此文。《风俗通》乃汉末应劭作。所谓九隆兄弟渐滋长，其母鸟语，谓背为九，谓坐为隆，极为奇诞，亦当本之杨终。《南中志》：诸葛亮为哀牢国谱，今虽不存，疑有十代九隆之文。骆宾王《檄》云："木化九隆"，是唐初人直以为信史矣。晔又云：生人以来未尝交通中国。考庄氏王滇，实缺今日之西部，而西部史事昭昭如此，乌可忽诸。

（以下鹿茤之战同《后汉书》，略。）

按：哀牢之先在战国而已显，至光武而内属，至明帝而置郡，世系绵绵数百年，且不待用兵而内向。休哉贤栗，休哉柳貌，可以风矣！虽建初元年哀牢王数反，攻博南，明年春，昆明夷卤承等应募破之，疑其后裔之愚弱。然可见汉设新郡，王仍旧封。而《唐书·南诏传》谓蒙氏为哀牢后裔，究何尝愚弱哉！

明帝永平……十年，置益州西部都尉，居嶲唐。

按：益州西部殆今之大理、永昌。《南中志》云："益州西部，金银宝货之地，居其官者皆富及十世。"明帝设都尉军职，所以凭藉富强，经画哀牢也……可知欲置郡县，先置都尉，两汉一也。

（下录《后汉书》等记柳貌内属置郡，略。）

按：班固《东都赋》云："自孝武之所不征，孝宣之所不臣，莫不陆詟水栗，奔走而来宾。遂绥哀牢，开永昌。春王三月，会同汉京。"可证今滇域之极西，哀牢自立，汉于西部曾设都尉。明帝罢都尉归永昌，一时盛事。千载边防，胥关系于此矣。

杨终作《哀牢夷传》上之。

按：终书已佚，惟《风俗通》《南中志》《后汉书》并注，所言哀牢事必本终书无疑。又按：此为滇中志书之始。又按：汉朝得地，朝命必为作史，即《哀牢传》可见矣。

（下录《华阳国志》等，记类牢之战、封离之战，略。）

按：……竦因奏长吏奸滑侵犯蛮夷者九十人，皆减死。夫害者去，马群自安。倪氏蜕盛称竦以为世法，允哉！

哀牢世系

永昌郡，古哀牢国。哀牢，山名也。其先有一妇人名沙壹，依哀牢山下居，以捕鱼自给，忽于水中触一沉木，遂感而有娠。度十月，产子男十人。后沉木化为龙，出谓沙壹曰："若为我生子，今在乎？"而九子惊走，唯一小子不能去，陪龙坐，龙就而舐之。沙壹与言语，以龙与陪坐，因名曰"九隆"，犹汉言陪坐也。

沙壹将九隆居龙山下。（下录《华阳国志》《后汉书》记哀牢世系、鹿茤之战、柳貌内属置郡、哀牢物产、郑纯事绩、类牢之战等，此略。）

孝武时，置巂唐、不韦二县，徙南越相吕嘉子孙宗族实之，因名不韦，以彰其先人恶。《后汉书·西南夷传》李贤注引孙盛《蜀世谱》曰："初，秦徙吕不韦子孙宗族于蜀，汉武帝开西南夷置郡县，徙吕氏以充之，因名不韦县。"郦道元《水经注·叶榆河篇》曰："秦始皇徙吕不韦子孙于此，故以不韦名。"按孙氏之说与《华阳国志》略同。唯郦说径谓为始皇徙，考始皇时西南夷虽颇置吏，而二县之设实始于汉。

蒙舍诏居蒙舍川，在诸部落之南，或称南昭也，姓蒙。贞元中（公元785~805年），献书于剑南节度使韦皋，自言本永昌沙壹之源也。

九隆山记

（民国）李郔

保山县西之九隆山，历史上得名最古，有名胜古迹。西至沙河，东临郡治，横广四公里；南界沙河出口，北至仁寿河，纵长三公里。在北纬线二十五度零六分，东经线九十九度。山脉根于北部核桃坪铜矿山，亦为怒山之余支。包括九峰：第一峰宝盖山及下部之太保山，第二峰莲花山，第三峰黄龙山，第四峰十八坎，第五峰梨花坞，第六峰砚池过峡，第七峰兰花坡，第八峰九岭岗，第九峰龟山。考九隆山历史，以九隆得名者，周朝时，西天竺国阿育王子孙流传至此，建哀牢国。姓蒙氏，传至蒙苴笃，其妻名沙壹，尝捕鱼易罗池中，手触沉木，若有感，归孕第九胎。生后，与诸兄游玩池畔，沉木化为龙出水，诸兄惊走，九子幼弱不能走，背龙而坐，龙乃舐其背而去。夷语谓背为九，谓坐为隆，因名之曰九隆。蒙九隆长成，诸兄服其神智，共推为哀牢国王，国渐强盛。其王居在九隆山下。蒙九隆据此为主山，以己名命其山曰九隆山，由来久矣。昔人称永昌府城为隆阳郡，谓其在九隆山之阳也。又称八景之一曰"春满隆阳"，谓其桃红柳绿，绮丽明媚之盛也。可知九隆山历史，渊源所自，为全滇哀牢人种发祥之山。山以人名，郡以山名。考地理者，颇堪寻绎玩味也。

太保山记

（民国）李根源

中国山名，多随人文历史演进而改定。如云南保山县之主山，自明嘉靖以前皆名松山，县名皆称哀牢县。经嘉靖元年改松山为太保山，并哀牢县名亦随太保山而改为保山县，一扫千余年无谓之夷语。改正也，归文化也，故保山县历四百年来，名称无异。

云岩山记

（民国）李根源

《事汇统编》载永昌云岩卧佛于"天下名胜志"内……此云岩山之外洞口，有寺建于东汉明帝时。明帝信佛，佛教西来。哀牢王亦信佛，故建佛寺于洞口，而规模不宏，草创一殿而已……迨至唐开元年间，南诏皮逻阁吞并五诏，建筑城池于永昌，大修佛寺，有僧梦岛者为寺住持，见寺规模未具，遂以南诏命大筑殿基，得巧匠，纯用石料，石柱、石梁、石板架成，就岩壁穿凿砌立，矗然巍峨。

腾永关行记

（民国）李立忠

蒲缥，旧为蒲蛮所居，故名。坝中平原约十数里，产杂粮。洪武间缅人入寇，沐英率师进讨，率二万人，曾屯兵于此。东经凉水箐登卧狮山，北下入南关而抵保山城，计六十五里。保山，古哀牢地，北通怒求，西出缅境，沧怒两江襟带东西，土地平衍，富农产品，滇西重镇也。城西跨太保山，山后为宝盖山，群山拱卫如宝盖然……东北行经世科村，村旁有光尊寺，颇宏壮，为蒙氏所创。

公诔杨振鸿布告

（民国）蔡锷

云南首倡光复杨君振鸿……以一隅而号召，乃收诸寨以誓师，建议柳貌之城（指今隆阳城），陨身蒲缥之野。

拟设腾越山蚕公司小引

（民国）秦树声

腾越，占哀牢。顾范史称其染采文绣、帛叠甚都。

百濮疆域考

（民国）李坤

如尾濮、木棉濮、文面濮、折腰濮、赤口濮、黑僰濮，此以形判之者也。如巴濮、滇濮、闽濮、夷濮，此以地别之者也。

云南盐议

（民国）寸开泰

云南之产盐，见于史者，《汉书·地理志》及《华阳国志·南中志》：越嶲部蜻蛉县（今永仁、大姚）有盐官，益州连然县（今安宁）有盐官，《后汉书·西南夷传》：郑纯为永昌太守，与哀牢人约，邑豪岁输盐一斛……按版井，坐落镇沅州；大井，坐落云龙州；恩耕井，隶于镇沅州；景东井，隶于景东厅；磨黑、木城、安乐三井及石膏箐井皆隶于普洱府。

上云南军政府书

（民国）段宇清

永昌三面临边，外患之来已临卧榻，土司之祸近在萧墙，郡城孤悬天末……目极河山，愿尽一得愚忧，为我九隆同胞请命。

寄李印泉师长函

（民国）段宇清

现南北同符，北方都督总统命委，人民多闻反对，政府无统一之权……永昌客岁腊月廿三日之变，惨状实不忍言……我公热心桑梓，睹此残黎，应饬地方认真调查极恤，虽涓滴之水不能普惠涸鱼，而细草逢春未始不有生机可望，恳我公与都督荩划统筹，俾九隆父老不致失所，未始非我公盛德赐也。

澜沧江铁索桥赋

（民国）吴嘉禄

众岭纠纷，大川涌溢；岸阔潮平，山深林密……江南江北，工师之熔铸何奇；桥后桥前，行李之往来甚疾。度游人如鱼贯，居然天下无双；跨长链于龙宫，共说西南第一……欲入哀牢之境，难寻乘象之庄。迢遥金齿城中，云山万里踟蹰。博南岭下，秋水一方。浮王瓜独木之船，虽武侯亦难飞渡；睹叠浪倾潮之水，岂孺子可咏澜沧。

致李印泉书

（民国）吴廷锡

《云南通志》久闻重修，竟未脱稿……我公于金石等门早精讨论，倘能督促馆中诸贤，分门细究，并蓄兼收，不难荟萃成编……大金沙江之源流，古哀牢国之掌故，五金矿产，八关地形，胥有关乎中外之要害，汇而录之，俾一孔之儒，放开眼界。

高黎贡山铭

（民国）李厚杰

巍巍峻岭……屏藩边疆……声教西讫，汉县哀牢。徼外译献，慕义风高。

博南山铭

（民国）刘一清

巍巍博南，屏蔽西藩……汉入版图，列县建官；隶益州郡，华夷乂安。类牢之变，腥闻于天；大张挞伐，歼厥凶顽。

滇西总司令部文电二十件

（民国）李根源

（之十三）饬永昌府知府
由云龙改文昌宫为乡贤祠令

吾郡自澜沧始渡，哀牢置县，渐染声教，其来已远。唯兹郡治犹被汉名，于今遗俗尚同吴会，盖声明文物彬彬，与中土同风者久矣。

杉木和记

（民国）喻德美

杉木和位于保山、永平两县之间，东傍博南山，西临澜沧江，迤西干道必经之路也。汉明帝永平十二年，哀牢王柳貌率众内附，置永昌郡，通博南山，渡澜沧水……杉木和直然为永昌大道之门户矣。

西南属夷小记

（民国）章太炎

《蜀志·李恢传》："恢为庲降都督（治永昌等滇黔七郡），赋出叟濮、耕牛、战马、金银、犀革充继军资。"，常璩《南中志》："建宁郡（治在今曲靖）谈稿县有濮僚，永昌郡有闽濮。"……濮之得名盖因于濮水，犹因天齐以命齐，因晋水以命晋，因荆山以命荆也……郭义恭《广志》说有五濮，曰木绵濮、文面濮、折腰濮、赤口濮、黑僰濮，唐《南蛮传》因之，谓在云南徼外千五百里，既以僰濮累言矣。李元阳、顾祖禹、洪亮吉又皆以顺宁蒲蛮为濮人。顾炎武、师范述其迁徙之迹尤详。其言曰，百濮本为永昌徼外，误濮为蒲，有以名其地者，若"蒲缥""蒲干"之类是也。永昌凤溪、施甸皆其种，勤力耕锄，徒跣登山，旧时有事多资其力，今渐弱而贫，其流入新兴（今玉溪）、禄丰、阿迷（今开远）、镇南（今南华）者，形质纯黑，不畏深渊，能浮以渡。在蒙自及开化（今文山）三部十八寨皆号野蒲，桀骜甚诸夷。在景东，淳朴务农。在顺宁沿澜沧江居者号普蛮，亦曰朴子蛮，性尤悍恶，专为盗贼，不鞍而骑，驰突迅疾，善用枪弩。二家所言蒲人，皆与百夷少异。然又言百夷种出黑水之外，则与百濮在永昌徼外者同地。明清《职贡》永昌、顺宁皆贡濮竹，而顺宁专贡矮犬，与《王会》百濮献短狗相契。以音读之，蒲、普皆与濮近，而朴子蛮与濮尤近。然濮转为僰，于双音亦切。则疑古者通称为濮，秦汉以降又以其小别分之，若者言濮，若者言僰。于是汉之僰人局于犍为（郡治在僰道，今四川宜宾）十二县，其专称僰道者，局于今宜宾、南溪、屏山诸县，而说濮者多指永昌、建宁。

检《南中志》永昌郡有闽濮、鸠僚、僄越、裸濮、身毒之民。晋元康末，吕凯之孙为永昌太守，值南夷作乱，闽濮反，乃南移永寿，撰曰"南域处邛笮五夷之表，不毛闽濮之乡，固九服之外也"云云，乃知云南西境自闽濮，濮宜其与福建土人种类相似。

杨慎《滇载记》乃谓汉时有白仁果强大，居昆弥川，传十七世至龙祐那，武侯南征赐姓张氏。邵远平《续宏简录》谓汉武恶滇王不逊，因册天竺白饭王后名仁果者为滇王。其言与《西南夷传》悖，且天竺至滇，中隔掸国、哀牢、昆明诸部，故汉使求身毒，滇王常羌留道，皆闭昆明，莫能通，又焉得以白饭王后主滇也。依慎所述，其言出云南旧家《白古通》《云峰年运志书》，用僰文。此皆稗官杂录之类，南中信佛，故以释典附会成之，非事实也。

《西南夷传》明言"北至叶榆名为巂、昆明"，则巂、昆明必近今大理……以汉造昆明池教战考之，其地必多湖泽，今大理洱海，稍西北则邓川有西湖，剑川有剑湖，此皆汉叶榆县，则前此皆昆明地。其所谓巂者，则汉改置之巂唐县，今云龙是也。要之，金沙江以外，澜沧江以内，清时大理七属，并巂、昆明故壤也。

云南濮族考

（民国）朱希祖

吾国濮族发迹云南，其后散布西南各省，蔓延甚广。《周书·王会》：

"伊尹为四方献令曰：正南瓯、邓、桂国、损子、产里、百濮、九菌，请令以珠玑、毒瑁、象齿、文犀、翠羽、菌鹤、短狗为献。"先师章先生《西南属夷小记》言"明清职贡，永昌、顺宁皆贡濮竹，而顺宁专贡矮犬，与《王会》百濮献短狗相契"。是濮族发迹于今云南之证也。《小记》又言"濮之得名盖因于濮水……源出赵州南山，合东南流至于元江"。按濮族以仆（僰）水得名说甚精确，前哲所未能道也。唯以元江当仆水说，本阮元《云南通志稿》、王先谦《汉书补注》，阮王二氏之说实误也。按，仆水即澜沧江。陈澧《汉书·地理志·水道图说》："仆水，今云南维西厅澜沧江，源出西藏，东南流至车里土司西北境，其下则为劳水也。劳水之源未详，其下流则合今云南车里土司西北境之澜沧江，东曰九龙江，过南掌国至越南曰洮江，曰富良江，至越南东境入海。"陈氏释仆水本流如此。又云"贪水，今云南邓川漾濞江首受澜沧江支水南流至云州入澜沧江"。又云"叶榆泽，今云南太和县（今大理）洱海也，其水入漾备江"。陈氏释仆水支流如此。按汉志明言仆水出徼外，至越巂郡青蛉入境，青蛉，今大姚县也。东南至来唯（今南涧）入劳，来唯，今车里西北境也。贪水首受青蛉，至益州郡叶榆入境。叶榆，今大理县也。南至邪龙入仆……仆水行于今大理、永昌间，此为澜沧江而非元江明矣。陈氏释仆水本流、支流是矣。然其言澜沧发源西藏，其下流为富良江，由越南东境入海则亦非也。考今地理书皆云"澜沧江有二源，出于青海、西康（今四川西部、西藏东部），纵贯云南省，经安南（今越南）、缅甸、暹罗（今泰国）间称湄公河，入于南海"。富良江源出云南、有二源，一曰元江，一曰李仙江，至安南合称富良江，入东京湾。又曰"湄公河自青海发源，经西康、云南入印度支那半岛，注南海，长约二千六百里"……而黄河亦自青海发源，东注渤海，仅长二千四百里。濮族之于仆水，犹汉族之于黄河，繁衍生息于焉有关。非详考其源流不能明其发展、分布之踪迹焉。《周书·王会》百濮以短狗为献，明清职贡顺宁专贡矮犬，哀牢为濮族大宗。《后汉书·哀牢传》："显宗以其地置哀牢、博南二县，割益州郡西部都尉所领六县，合为永昌郡，始通博南山，度兰仓水。其竹节相去一丈，名曰濮竹。"明清职贡永昌、顺宁皆贡濮竹。汉哀牢县在今保山县东，与顺宁县皆在澜沧江西岸；汉博南县，今永平县，在澜沧江东岸。然则濮族繁衍于濮水两岸甚明。至东汉时，仆水已名兰仓水，仆（僕）加水旁而为"濮"，犹兰（蘭）仓加水旁而为"澜沧"也。

余谓濮族因仆水而得名，不如谓仆水因仆族而得名，犹僰道因僰族而得名也。云南境内山川以夷族得名者甚多，邛笮山、哀牢山、滇池、邛河皆是。因仆族而名仆水，因仆水而变其文为濮，因而种族之名亦为濮。其名百濮者，《后汉书·哀牢传》云："王九隆死，世世相继，注引汉杨终《哀牢传》云九隆代代相传，名号不可得而数，至于禁高乃可记知，禁高子吸，吸子建非，建非子哀牢，哀牢子桑藕，桑藕子柳承，柳承子柳貌。按柳貌在汉明帝永平中降汉，杨终所撰《传》仅知其七世祖，而其始祖九隆已不知始于何时，盖亦百濮之共同始祖。远起商周，哀牢亦不过百濮之一，而为其大宗耳。乃分置小王，往往邑居，散在溪谷，绝域荒外，山川阻深，生人以来未尝交通中国。永平十二年，哀牢王柳貌遣子率种人内属，其称邑王者七十七人。"按哀牢王柳貌所率邑王七十七人，不过濮族之一支，散在仆水两岸；而役属于哀牢者，其自九隆以来分置小王，散在溪谷，绝域荒外，山川阻深，生人以来未尝交通中国者不知凡几。盖仆水上下流六七千里间，必皆有濮族踪迹。

仆水合上下游既长七千余里，为濮族发祥之地，则其最初族类，自上游高原而下乎？抑自下游海滨而上乎？余则主后说，有数证焉。一曰文身，《南史》"扶南（令广西扶绥）文身被发"，濮族大宗为哀牢，《后汉书·哀牢传》："种人皆刻画其身，象龙文。"二曰裸俗，《晋书》："林邑（今越南中南部）人皆裸露徒跣，以黑色为美，扶南人皆丑黑拳发，裸身跣行。"；《华阳国志·南中志》"永昌郡有裸濮"。三曰儋耳，《北史》真腊（今柬埔寨）人形小而色黑，悉拳发垂耳"，《后汉书·南蛮传》："珠崖（今广东琼山）、儋耳（今海南岛）二郡在海州上，其渠帅贵长耳，皆穿而缒之，垂肩三寸。"；《哀牢传》："哀牢人皆穿鼻儋耳，其渠帅自为王者，耳皆下垂三寸，庶人则至肩而已。"今云南僰人文身之风仍盛，裸露亦间有之，此皆足证濮族初为沿海民族，后乃溯仆水而上，繁衍广殖，遍布西南各省及深入于羌境也。

百濮之说始见于《周书·王会》，至于汉代，濮族大宗建哀牢国于仆水两岸，分布小王七十余邑。其他若离水以西今广西西南部、贵州西部以及云南全省、四川西南部皆有濮族踪迹……《尚书·牧誓》武王伐纣率庸、蜀、羌、髳、微、庐、彭、濮人，此濮盖亦在今四川、湖北间，未必远征及于今云南也。

濮族文化，以织业为最著，《后汉书·哀牢传》云："土地沃美，宜五谷蚕桑，知染采文绣，罽毲、帛叠、兰干细布，织成文章如绫锦，有梧桐木华，绩以为布。"按：蚕桑文绣则为丝织，罽毲则为毛织，帛叠布、桐华布 日本藤田丰八考定 "帛叠布为草木棉所成，即吉贝。桐华布为木本棉所成"，见《中国南海古代交通丛考》第456页。则为棉织。兰干 《华阳国志》曰 "兰干，僚言纻"。则为麻织。此等技术，为濮族所创造乎？抑传自他族乎？此宜深考者也。考中国古代有丝织、麻织而无棉织。氐羌有毛织，《后汉书·冉駹传》："武帝以为汶山郡，其人能作旄毡、班罽、青顿、毞毲、羊羖之属。"，则丝织、麻织盖传自西蜀，而毛织则传自氐羌，此自仆水上游传入者也 中国技术则传入之道尚多，如巴中、黔中皆是。唯棉织则疑为濮族特创。吾国棉织品之传入，其最著者为孙吴。吴大帝孙权曾遣朱应、康泰出使扶南，归而撰《吴时外国传》及《扶南记》。《吴时外国传》云："诸薄国女子织作白叠花布 《御览》八百二十引。按诸薄即后阇婆、今爪哇也"。晋张勃、吴录《地理志》云："交趾安定县有木棉树，高大，实如酒杯，口有绵如蚕之作绵也，又可作布，名曰白绁，一名毛布 北魏贾思勰《齐民要术》卷十引。"《后汉书·哀牢传》"桐华布"注引晋郭义恭《广志》曰："梧桐有白者，剽国有桐木华，有白毳，取其毳，淹渍缉织以为布。"按剽国，今缅甸东部，则棉织亦似仆水下游沿海诸国所传入。然考《后汉书·哀牢传》本汉明帝时杨终所撰《哀牢传》……则汉明帝时哀牢已有帛叠布也。《后汉书·王符传》载符《潜夫论浮侈篇》云："今京师贵戚……皆服文组采牒锦绣绮纨……"；李贤注 "牒，今叠布"。按帛叠、白叠、白绁，绁或作牒，皆出自译音，盖或为濮夷语，如兰干之比。《汉书·货殖传》："荅布，皮革千石，比千乘之家。"魏孟康注云 "荅布，白叠也"。《史记·货殖传》作 "榻布、皮革千石"，集解骃案《汉书音义》曰 "榻布，白叠也"。《汉书音义》为晋晋灼撰，其说盖即本于孟康榻、荅、叠双声音通，其说甚是。颜师古以为 "粗厚之布，其价贱非白叠"。张守节以为 "白叠，木棉所织，非中国有"。非也。榻、荅音转为 "都"，《后汉书·马援传》："……（公孙述）为援制都布单衣，交让冠会百官于宗庙中"，注引《东观记》曰 "都作荅"。据此则都布即荅布，用以作贵客单衣，非贱价之布可知。杨雄《蜀都赋》："其布则细都弱折"，细都即细荅，又非粗厚之布可知。晋左思

《蜀都赋》"布有桐华"，晋刘逵注云："桐华者树名，桐其花，柔毳可绩为布也，出永昌。"按永昌之桐华，即哀牢之桐华。汉武帝平西南夷，设益州郡，置不韦县，即后汉之永昌郡治，则谓木棉非中国所有，帛叠不能列汉《货殖传》亦非通论也杨终于明帝时撰《哀牢传》，叙列哀牢七代王名，盖亦略当武帝时，唯未属汉耳，然其国与不韦县接壤。《汉书·张骞传》："骞曰：'臣在大夏时，见邛竹杖、蜀布，问安得此？大夏国人曰：吾贾人往市之身毒国。'又曰：'昆明之属无君长，善寇盗，辄杀略汉使，终莫得道，然闻其西可千余里有乘象国，名滇越，而蜀贾间出物者或至焉。"颜师古注"间出物谓私往市者"。按骞所见蜀布盖即答布，亦即帛叠布。余别有《汉代蜀布考》以证明蜀布即帛叠、桐华等棉织布。其时未平西南夷，棉织之布中国尚无，而蜀贾市于濮族，贩卖至于身毒，转入大夏，而后人据《赵书》"石勒建平二年（公元331年），大宛（今乌兹别克）献珊瑚、琉璃、犎牛、白叠"《御览》八百二十引，《梁书·西域传》"高昌国（今新疆吐鲁番）多草木，草实如茧，茧中丝细如纑，名白叠子，国人多取织以为布，布甚软白，交市用焉"，以为白纑由西域传入。又据《水经·河水篇》注引支僧载《外国事》云"佛泥洹后天人以新白緤裹佛，以香花供养，满七日盛以金棺"支僧载，晋时月氏人，以为白叠由身毒传入。夫佛典多神话，好张皇之辞，鲜足征信唐若那跋陀罗译《大般涅槃经》后分云："即持无数妙兜罗绵，从头至足缠裹如来金刚，色身既缠，身已复以上妙无价白叠千张于兜罗绵上，次第相重缠如来身。"夫白叠缠至千张，何能盛之金棺？此所谓张皇之辞也。

上引天人云云，此谓神话也；造佛经者，好以后代事物增饰佛事，亦其常也。使身毒早有白叠，何故市之于蜀贾？使西域早有白叠，则大夏何以市蜀布于身毒？晋白法祖译《佛般泥洹经》云："用新制锦牢缠身体，新劫波育复以缠上"，又云："以制锦缠身，劫波育千张交缠其上。"夫锦为丝织，育蚕织锦莫先于蜀；白叠为棉织，亦莫先于濮族。而自蜀传入于身毒。其后，育蚕织绢之法远传于大秦，植棉织布之法亦远传于身毒、西域、越南。

夫百濮既发明棉织之法，与吾华夏之胄发明丝织之法实比肩而宜为兄弟。今百濮之地既为吾族郡县，宜善为振拔提携，使吾两族丝织棉织之业发扬光大，甲于世界。

哀牢与南诏

（民国）闻宥

《后汉书》哀牢夷章之故事，又见于《华阳国志·南中志》及《水经注·淹水》下，内容大抵相同。数书而外，依章怀太子注语所述，又尝别见于《风俗通义》，虽今本已佚，而大致当亦无甚出入，唯《太平御览》786引"因名子曰九隆"语下多"沙壹将九隆居龙山下"一语，又沙壹之名《国志》作"沙壶"或作"沙壹"，郦注作"沙臺"，"背龙而坐"《国志》作"陪龙"，"龙因舐之"郦注作"抌之"，"谓背为九"《国志》作"为元"，皆当为讹误，"衣皆著尾"《国志》作"衣后著十尾"，亦为小异。

诸家而外，别有汉蜀郡成都人杨终曾作《哀牢传》，见于《论衡·佚文篇》及章怀太子注所引，惜今不传。至晚出诸书如《南诏野史》，引哀牢夷传谓沙壹之夫为蒙迦独，《白古记》又作蒙苴笃，谓为阿育王骠苴低子低蒙苴之第五子，则皆后来增饰之词，而非唐以前所本有。两《唐书》记南诏，但言其为哀牢后，又别述蒙氏父子世次，无沙壹夫妇之说，亦无阿育王后云云也。

至西方学者之注意于此者，依作者所知，似以 A.Wylic 为最早，其译文曰 History of the Southern and South‑western Barbarians，载于1882年之 Revue del Extreme Orient T.I.NO.2，惜旅次无书，尚未得见。其后五年 Terrien de Lacouperie 教授著 The Languages of China Before the Chinese 重事译述 [①]，且复加以诠释。Terrien 以今越南西南部仍有其承袭旧名之后裔，故以为 "The parentage of the Ngailao is pretty well shown by all their particulars to be Taic, and the evidence of their language so far as exhihited by the two words above quoted confirms this plainly." 伯希和教授在其 Deux itinerairesde Chine en inde a la findu Ⅷ e Siecle(B.E.F.E.–O.Ⅳ) 亦复译及而称之为"中国史文"，视之为"歹种之一传说" 手头无原书，此仅依冯承钧君译。殆亦以今日暹、越之交

---

① Terrien所译与原文可谓无甚出入，唯"九隆兄弟皆取以为妻"句译为Kin‑lung and his brothers respec tively took them for wives则稍未妥，以此语所反映之婚制，究为群婚抑为一夫一妻，意义固不甚明也。

尚有操 Taic 之 Laos 故。其他译者尚多 ①，不复备举。以下谨先述 Terrien 之论证。其言曰：Kiu 'back' is still existing in the Tsing Miao Kiau Kie, where Kiau is the class article, Lung, to slt is the Tchung Miao lang, the Siamese nang,the Shan nang, with the same meaning, 此所谓青苗语，依其同书105节所称，乃据 I. Edkins, Vocubulary of the Miao Dialects 所译 Hing –Y – Fu – Tchi《兴义府志》之195字，余一时无从得府志及 Edkins 书，不知其原语何若。唯以其所述若干 determinative prefixes 观之，此青苗似非真确之苗人，而为通常所称之青仲家，故 Ternen 以之入 Tei – shan family。兴义府之纪录，其准确与否既难保证，益以 Edkins 之译写去真相必更远。故以今日观之，绝不足引为论证之根据。退一步言，即使 Edkins 所译可信，而如所谓 Kiau 为 Class-article 亦显然与"背"义相隔一间。第二字虽比较近似，然现代 Taic 中 nl 对立之例至多，我人今日尚从为原型之测定，若以暹文较具历史性言之，则毋宁信 n- 为近，古是与隆［Liung］又不甚密合，固不仅母音之小异而已。综上所述，可知 Terrien 所为 identifi-cation 之工作，实绝不足取。

于是请得述吾人之新释。以拙见言之，此两字诚为忠实之记录，且亦诚留存于现代口语之中，唯其所属乃非 Taic 而为 Ti-bete-Burmese。以第一字"九"言，此字古读为 Kieu，正与藏语称"背"rgyab 相近似。他若 Lolo, Ku-［to］剌鸟 Ku［naw］亦密迩，且较 Terrien 所谓 class-article 为合理。第二字"隆"尤重要。今怒子［A-nung］语中称"坐"正若此。Barnard 所纪 Rawang dialect 作 rung，Davies 引 Desgodins 所纪作 rong，正与"隆"完全一致。藏语称 Sitting cross legged 作 Skyil-Krung 亦足以资参考。

语言而外，其足以与此相参证者尚有数点。以今日所知，藏缅族中诚少文身之习，然怒子、曲子多文身，具见于中外游历家纪行之作。上述之 Barnard 书，亦言 Nung 之 Darn 支妇女有绣面之习。旧《丽江府志》言，怒人男女十岁后皆面刺龙凤花文，尤与范书所纪密合，此一事也。衣皆著尾虽似神话，且言之不甚明晰，但《说文解字》"尾"字下明言古人或

---

① 如Rocher, histoirs des princes du yun-nan，写"九"为tsion即不合。见《通报》第十卷。

饰系尾。西南夷亦然。民国十九年中山大学地理系师生旅行滇西,仍见有饰系尾者,亦与范书所纪一致,此又一事也。范书后半又言知染采文绣、罽毲、帛叠、兰干细布,织成文章绫锦,今滇西诸土族中,唯怒子长于编织,余庆远《维西闻见记》云人精为竹器,织红文麻布,摩些不远千里往购之,今人纪录仍云然,此又一事也。以上云云,虽皆仅为文化事象,且亦未必即为此族之特征,然合而观之,足以明哀牢即怒子之祖先,怒子即哀牢之后裔。换言之,今日澜怒两江之间,其土著民族之状况,较之一千五百年前史家所纪[①],尚无若何出入,而 Terrien 别倡新说,以为此龙山相当于今川鄂间之九龙山脉云云,其言乃完全不足以信赖。

此新释之所以胜于旧释者,约有二点:

(一)可以解范书"南蛮""西南夷"之区别。范书虽承袭《史记》《汉书》而来,然博采异说,别立新名曰"南蛮"则明与马、班不同,全篇两大部分分别显然,惜范氏未言其所以分别之界,后者学人亦未有垂意于此者。今以大体观之,则南蛮部分大抵皆 Monkhmer 或 Taic,西南夷部分大抵皆 Tibete Burmese。范氏本人本不知有后世所谓人种之学,而其取材皆有所本,依之以为排列,不期而自合于真际。唯哀牢夷属于后者,而向来皆目为 Tai 人之祖先,于是前后抵牾,疆界不明。以新释观之,则知其自应与邛筰、冉駹等同传,而范氏述作之苦心亦复得以大白。

(二)可以解南诏与哀牢之关系。《旧唐书》称南诏蛮"自言哀牢之后",与樊绰《蛮书》所记略同;《新唐书》则但言"本哀牢夷后",为说略宽。今证以蒙舍诏起于永昌、姚州之间,知此传说尚可信。南诏创建者之种属,自来目为 Tai 人,正与哀牢之被目为 Laocien 相似。然拙见以为不然。《蛮书》言六诏并乌蛮,两《唐书》言"南诏本乌蛮别种",知南诏与乌蛮之关系较深于白蛮。而唐代所谓乌蛮正完全为 Tibeto Burmese,此稍检《蛮书》而可立辨者。《蛮书·名类第四》言"异牟寻母,独锦蛮之女也,牟寻之姑亦嫁独锦蛮,独锦蛮之女为牟寻妻"。而独锦蛮正乌蛮苗裔;又言"磨些蛮与南诏为婚家",磨些更明为 Tibeto Burmese,同时

---

① 此见于上述书。又在Colquhoun Amongest the Shans书首所为引论The Cradle coef the Shan Race中,尚有较长之论列,以无佐验,不复觇述。

与白蛮缔婚之事则未之见，以尔时汉化程度言，白蛮甚于乌蛮。若南诏非乌蛮，必不与之世为婚娅，此一事也。《蛮书·蛮夷风俗第八》又言"西爨及白蛮死后，三日内埋殡，以汉法为墓……蒙舍及乌蛮不墓葬，凡死后三日焚尸，其余灰烬掩以土壤，唯收两耳，南诏家则贮以金瓶"。今罗罗、磨些尚存焚尸之习。尔时南诏虽贵，而习尚亦未改，此二事也。以语言论，谓王曰"诏"[暹语 Chao]，谓州为"睑"[Xieng]，固如通常所论近似 Tai 语，至低程限，亦得谓为尚存于现代 Tai 语之中，而藏缅语中则绝无此痕迹。然此两者正皆通常所谓文化字。文化字中政治制度之称谓尤易于互借，和突厥文牌中有 Sang'un[＝将军]、蒙古语中有 Taivsi[＝太子]，其情状正与相似，故即使此两字确为 Taic Oriyin①，亦不足为南诏为 Tai 人之确证。况以基本日用字言，兄曰"容"，弟曰"钟"，即与 Taic 之 nung 完全无涉，而只能与藏缅诸语相比拟参照 Laufer, 西藏人之《乌卜通报》第15卷"荷兰"及拙作《民家语中同义字之研究》，《华大集刊》一卷，其称山坡陀为"和"[rua]亦与 Nage 语相近，此三事也。至于父子以名相属，则更如伯希和所证，显然为藏缅人之习尚，而绝不见于 Tai 人。若哀牢果为 Tai 人，则"哀牢夷后""乌蛮别种"两语便无一字可以通解。即如通常所信哀牢本为 Tai 人，而"乌蛮别种"一语仍无法可以通解。何况为哀牢所击之鹿茤[Lukta]，正如 Terrien 所读，甚似暹语之 Lok-tai，而以文义观之，此鹿茤又显然非哀牢同种也。

① 此Xieng字，今虽用于Taic中，然其语序与南诏不同。此同位[apposition]之两名，其序列本得有两式。其一视专名近genitive，则置于共名之前。其一视专名如adjective，则置于共名之后。南诏属前者，故曰某睑某睑，Taic属后者，故曰Xieng某Xieng某，而前者正藏缅语之通式也。又"睑"之一字，《蛮书》作"睑"，他本作"睑"或作"睒"，参较观之，其原值为Kl-m今暹语之X-明为复纽衍化后之变读-ng亦为-m之变，则此字果为Taic本语与否尤尚难言。

中国民族史

（民国）吕思勉

第九章　粤族

其留居川、滇境者，曰哀牢，曰僚。哀牢缘起，《后汉书》述之曰（下录九隆史事，略）。

哀牢夷之改设郡县始于后汉明帝时。以其地为永昌郡，今云南之保山县也。《唐书》称南诏为哀牢夷之后，然南诏系出两爨……古哀牢夷之族，见于《唐书》者亦不少，今为料拣之：其居古永昌郡者，谓之永昌蛮，永昌蛮之西有朴子蛮……又有望蛮……茫蛮……望苴蛮……寻传蛮……裸蛮，亦曰野蛮……黑齿、金齿、银齿……绣面种……雕题种……穿鼻种……长鬃种、栋锋种……又有三濮……文面濮……赤口濮……黑僰濮……凡此诸蛮，观其习俗及其分布之地，皆可知其为古粤族也。今云南元江、临安（现新平、红河等地）、广西（现泸水等县）、广南之扑喇蛮，相传为九隆之裔。

中国民族史

（民国）林惠祥

第十六章　僰掸系

僰掸系即所谓泰掸族（Tai-Shans），掸为种族名，泰其自称之语，意为自由者……名称随地而异，在缅甸者仍称掸，在暹罗北部及安南西部者则称老挝，在云南者称僰夷或摆夷、白夷、蒲蛮，在贵州者谓之仲家或水家。

哀牢夷——哀牢夷住今云南西部，属今之僰掸族。其人以龙为图腾，有文身俗。后汉光武时内属，以其地置永昌郡，汉委太守与其王并治之。后汉章帝建初元年反，为汉、夷合兵所平。蜀汉诸葛亮南征，哀牢亦渐与汉人同化。哀牢之后尚有金齿等号（下录《后汉书》《峒溪纤志》等原文，略）。

保山县志

（民国）张笏　方国瑜　等

大事记

自古以永昌为重镇，经略边境，直达伊洛瓦底江两岸，军事、政治之号令自永昌出，即经济文化亦莫不以永昌为中心。故其地今虽不属保山，然历史之事昭然。

永昌之濮人即哀牢也，其证有七。濮人衣饰系尾，为其装束之特著者，《华阳国志·南中志·永昌郡》曰："哀牢人民皆象之，衣后著十尾。"《后汉书·西南夷·哀牢传》："象龙文，衣着尾。"以系尾为衣饰，知哀牢即濮也，证一。郭义恭《广志》曰："文面濮，其俗劗面，而以青画之。"《南中志》曰："哀牢臂胫刻文"。《后汉书·哀牢传》曰："种人皆刻画其身"。则哀牢与濮人之俗尚同，证二。永昌郡以濮人为主要民族，又以哀牢人为主要民族，则哀牢即濮也，证三。《南中志》曰："元康末，值南夷作乱，闽濮反，乃南移永寿"。按，反者哀牢，而曰闽濮——按闽与尾古音相近，可知哀牢即濮也，证四。《南中志》曰："哀牢地有大竹，名濮竹"，即哀牢竹，则哀牢即濮也，证五。郭义恭《广志》云："木棉濮，土有木棉树"。又曰："黑蜒濮，其境出桐华布"。《南中志》曰："哀牢有梧桐木，其华柔如丝，民绩以为布"。哀牢所产以桐华布为著，即木棉布，为濮人所作，则哀牢即濮人也，证六。郭义恭《广志》曰："黑蜒濮，其衣服或以贯头"。《后汉书·哀牢传》曰："永昌太守郑纯与哀牢夷约，邑豪岁输布贯头衣二领。"贯头衣为哀牢人所服，即濮人之服，知哀牢即濮也，证七……凡见于载籍哀牢之事迹与濮人之事迹，几无一不相同，又无一事相悖，则哀牢与濮为同种而异名，此可知也。

然当附说者，以濮为名不止一种，江汉、南中之濮不必为同种，即建宁之濮与永昌之濮，亦不必为同种。兹所举濮人事迹，限于永昌之濮，不及其余之濮，不必以同名而牵附皆为哀牢人也。

今之言民族史者，辄谓哀牢为泰［tai］族，断不可信。兹申辩之。《后汉纪》及《后汉书》纪、传，屡载掸国入贡，掸即缅甸史所谓之 Shan，亦即泰族。今缅甸之掸、暹罗之泰、安南之老 Laos、云南之摆夷，即其同类，此无可疑，言民族史者亦莫不承认。然《后汉书》曰："掸在永昌徼外。"其时，哀牢全境已隶永昌郡，而掸在哀牢边外，哀牢非掸，掸非哀牢，古籍记录，分别甚为明白。即知掸为泰族，则哀牢非泰族，不可相混，证一。哀牢境内民族以濮为主，尚有其他种族。《南中志》曰："有穿鼻、儋耳、闽越濮、鸠僚"。又曰："有闽濮、鸠僚、僄越、裸濮、身毒之民"。按身毒、僄越距永昌远，移民当少数，常《志》且举之，独无掸人，则不仅哀牢非泰族，即哀牢境内无泰族也，证二。泰人风尚，以金齿、漆齿为著，自来纪泰族事迹者多言之。而纪录哀牢事迹最详之常《志》、范《书》及《永昌郡志》《水经注》诸书，独无金齿、漆齿之说。知哀牢非泰族也，证三。哀牢传说其先有沙壹、九隆。此故事西洱河民至今传之。因西洱河民之一部为哀牢裔也，而泰族中无此传说。则泰族不以沙壹、九隆为其祖，安得谓泰族为哀牢之裔？证四。《后汉书·西南夷·哀牢传》释"九隆"名义："谓背为九，谓坐为隆。"《南中志》曰："元乃九字笔误隆，犹汉言'陪坐'。"此哀牢语也。闻宥撰《哀牢与南诏》一文，谓断非泰族语。知泰语与哀牢语不相关，证五。至于哀牢文身，泰族亦文身，所相同者仅此一事。然文身非泰族所独有，濮人习尚亦如此。且如《左》哀公七年传，《墨子·公孟篇》《战国策·赵策》《史记》吴世家、越世家，并言吴、越有文身之俗，今海南岛土人、滇西北怒俅人及南洋土人，亦多有文身者。则不得以哀牢臂胫刻文，而谓为泰族也。

总之，商周时期朝贡于中国之永昌濮人，即哀牢民族，亦今之蒲曼。永昌境内古民族不止一种，而以濮人为主。濮人部落之事迹，远古不可考，可知者自战国始。（下录《后汉书》九隆传说，此略。）

按九隆故事亦见《南中志》，与《后汉书》稍有异同。又《水经叶榆河注》、李冗《独异记》《太平广记》卷四八二、《太平御览》卷七八六、《太平寰宇记》……诸书亦载此故事……疑九隆故事即出自杨终《哀牢传》……是时已有故事流传于哀牢，至今犹不绝，唯口耳相传，愈说愈异。见于记录者，元初张道宗《记古滇说集》，明万历年间李元阳修《云南通志》卷十七，《南诏野史》引《白古记》，清康熙间圣元寺刊《白国因由》诸书，愈后而愈变。杨慎《滇载记》、王崧《道光志钞》所载，则又出自《记古滇说集》也。九隆感木而生之说……虽事不足征信，不能谓无九隆其人也。称九隆为龙种者，盖因其族刻画龙文，或即其图腾，故谓出于龙。而九隆之意为背坐，乃传背龙而坐之故事，愈传而愈变耳。

《后汉书》注引《哀牢传》曰："九隆代代相传，名号不可得而数，至于禁高乃可记知。"所载禁高至扈栗凡八代。扈栗即汉光武帝时内属之哀牢王。以三十年为一代推之，禁高应生于汉惠帝之世。禁高以前，名号既不可记知，则至少中隔五代，九隆生于周显王之世，约当西历纪元前三百七十年。九隆为哀牢部族大长，传至东汉末衰替，九隆以前之部族则不得而知也。

哀牢之主要地域，在今腾龙一带，又名滇越，而保山时为哀牢属境。

腾越之名甚古。汉之滇越为腾越说可信。汉初尚无哀牢地名……原称滇越也。

又张骞在大夏所见之蜀布，据日本学者藤田丰八考证，谓即史汉所载之都布或荅布，亦即哀牢布，由哀牢运至蜀，复转输至昆明、中原，故汉人视为蜀布耳。所说可信，则输至大夏者，亦哀牢布也。

东晋成帝咸和八年（公元333年）正月丙寅，李雄陷宁州，刺史尹奉及建宁太守霍彪并降——《晋书·成帝纪》。吕祥孙（吕凯重孙）为永昌太守，李雄破宁州，诸吕不肯附，举郡固守——《三国志》注引孙盛《蜀世谱》。按李雄据蜀，南中数郡叛晋降于李雄，至是破宁州，唯永昌吕氏守节不降……《晋书·地理志》于李寿立汉州后曰，咸宁（应为咸康）四年立安州，八年（公元342年）"省永昌郡"……谓"省永昌郡"者，永昌吕氏始终不服于蜀……永昌不降蜀，自为治理。

桓温伐蜀，李势出降以后，蜀中扰攘不宁，初为苻坚寇陷成都，继为桓玄叛乱，又为武都杨氏所据，北降元魏，南中亦随之争扰。南朝治理益、宁诸州，疲于祸乱相随，渐成雄长割据之局，故虽命官，不易治理。永昌距远，声闻亦希，故《宋书·州郡志》已无永昌郡，《齐书·州郡志》于永昌郡下注曰："有名无民，曰空荒不立。"梁陶弘景《名医别录》谓"永昌本属益州，今属宁州"，似是时又设治，然《梁书》无州郡志，事不可考。梁末不复问南中事，至陈更无论也。

隋文帝开皇十七年（公元597年）二月，太平公史万岁击南宁——《隋书·文帝纪》，入自蜻蛉川，经弄栋（今姚安），次小勃弄、大勃弄（今弥渡红崖），渡西二河（西洱河）、入渠滥川（今凤仪），行千余里，破其三十余部，虏获男女二万余口，诸夷大惧，遣使请降……史万岁虽不至永昌，兵威所及，哀牢亦必震恐，则所谓"诸夷大惧，遣使请降"者，为史万岁所至以外之部族……万历《云南通志》"永昌府沿革表"谓隋为益州总管府地。

建　置

景泰《云南志》曰："永平元年诸郡叛，遣张翕讨之，立澜沧郡，后改永昌郡。"正德、万历、天启三本志书并同此说。唯按《后汉书》纪、传，永平元年作乱者为姑复夷，不及永昌地。又，张翕为越巂太守，未闻有澜沧郡之设，盖明初设澜沧卫于北胜州，后改澜沧卫军民指挥使司，而姑复属越巂郡，在北胜州地，故谓汉时曾置澜沧郡。又澜沧江在永昌境，故又谓澜沧郡改永昌郡。以地名之相同而附会，毫无可信之证据也。

汉之永昌郡治，在今保山平原。

哀牢境域，东西三千里，南北四千六百里，应包括滇南、缅甸北部、澜沧江以西博南在内广大地区，为其邑王七十七部族所居，而其总王在今保山。

舆地·山脉水系

由太保山西行，为九隆山，有九峰，再西南行为法宝山。

凤溪山，山麓为金鸡村，或曰不韦县故址——再转向东为哀牢山，山上有哀牢金井。

玛瑙山。旧《通志》《府志》并曰：在保山县（今隆阳区）西一百里，产玛瑙石……《一统志》言："玛瑙山，哀牢支陇。"

法宝山。《府志》曰："在保山县城南十里，与九隆相望，中隔沙河，东临诸葛堰，昔异牟寻于此建寺曰法宝，因名。"

交椅山。沙河出其西麓，西南流两山间，至九隆山南、法宝山北，折东流入东河。

太保山……掘地者往往得巨砖，上有"平好"二字，相传为武侯所遗。

九龙山。旧《通志》曰：在保山县城西龙泉门外，绵亘数里，一名九坡岭。世传九隆氏兄弟居此……谨按：此山亦曰九岭岗，其麓有泉，自地涌出，凡九窦，居民甃石为池，是为易罗池，其下会为大池，广三十亩，曰九隆池，相传九隆兄弟居此，池即沙壹浣于水感沉木处。

哀牢山。旧《通志》曰：在保山县城东二十五里。

东河。为保山坝内中贯之大河。西纳……易罗池水——又名九隆池——黄龙河水……

古迹·名胜

濯缨亭……前临易罗池，左倚高城，右环九隆诸峰。

哀牢夫人墓——在哀牢山……

赠金都指挥使胡琛墓——正统间赐葬于城南九隆山。

都督佥事胡志墓——成化间赐葬于城南九隆山南。——万历《通志》。

闪继迪墓——在哀牢山闪庄。

金井观鱼——旧志载玉泉观鱼，在哀牢山下，即玉泉也。相传泉内偶有比目鱼出。按，此即哀牢金井，古时哀牢王辟此池蓄鱼，供观赏，故有金井观鱼之事。

东林鹤瑞——在哀牢山之东南，昔尝有鹤栖于树间，故名山曰鹤山。

梨花香雪——即梨花坞，在城西南五里九隆岗下。

春满隆阳——永昌古郡数万人家，城中树木最为繁多，春时群花尽放，凭高望之，满城花花世界，如锦如云，极为佳丽。

哀牢寺——在城东二十五里哀牢山，《府志》曰："兵燹焚毁，今士庶重建"；又曰："香象院，在哀牢山北，僧续宗建。"

金石·碑版·古物

哀牢夫人墓碑　万历《云南通志》卷二永昌府冢墓曰："正德间，乡人于哀牢山掘地，得碑志，剥落，段中庸撰文。其略曰："夫人讳福则，伽宗胄裔之嫡女也。事君子也，乐其道而不淫，逮下人也，用其能而不妒。"又曰："月出碧鸡，照哀牢之名县；鸿飞滇渚，下浔阳之长江。"志哀牢夫人者，志其世也，非其人。按此碑，《天启滇志》卷三及后来志书多著录，碑已剥蚀，文又不能尽识。读残文，难辨其时代。万历《志》列于汉墓，道光《云南通志》卷195列于唐代，亦非有确据也。

景泰《云南图经志书》卷一："呈贡县，旧曰伽宗部"，又曰："伽宗城，在呈贡县西一里，蒙段时土官皎宗所筑，濠垒俱存。"亦载万历《云南通志》卷一。康熙《云南通志》卷十九曰："皎宗为段氏土官。"雍正《云南通志》卷二十六曰："大理高智升令土官伽宗筑城。"《元史·地理志》："呈贡世为些莫强宗部所居。"按，伽、皎、强三字音并相近，盖以土官皎宗而得部名。此碑所谓伽宗胄裔之嫡女者，盖即呈贡土官之女也。若然，则在大理国时。元至元十二年（公元1275年）设呈贡县，已废土职也。碑又有"月出碧鸡，照哀牢之名县"句，则或喻夫人自滇池嫁至永昌。而"鸿飞滇渚，下浔阳之长江"句，又或喻其夫婿自滇海赴九江不归也。如此推测，文句似可通。然全文既已不存，难确为之说也。撰文段中庸，不获知何许人，唯疑为大理段氏之族娴于经史者。

又按张志淳《南园续录》曰："尝见掘地得哀牢夫人李氏墓志，计亦蒙段封王于此之一证也。"疑此碑即万历《云南通志》所载之哀牢夫人墓碑。称哀牢者，沿用古地名。南园以为蒙段时物者甚是。李中溪则以哀牢二字误为汉代也。

昭勇将军金齿司赠金都指挥使胡公墓碑铭……在城西九隆岗。公讳琛，凤阳人，渊子。

明右军都督佥事胡公神道碑铭……在九隆岗。公讳志，渊孙、琛子。

都督佥事胡志谕祭碑　成化间赐祭葬。在九隆山。见岑《志》。

卧佛寺诗刻……九隆邑吏矣（吴）士鲸七律一首，钟山游人戴之绮七律一首，高一尺四寸，广二尺八寸，草书。

农　业

哀牢金井验雨水多寡：哀牢山上北角有石穴二，在山脊上，形同药碾，大亦如之，深二尺二寸许。春日往验之，若无水，必主天年干旱，水浅主雨水少，水满主雨水多。

物 产

比目鱼 境内哀牢山下之池中及马王屯后之白龙潭有之，近年不恒见。

教 育

九隆书院……康熙三十八年知府罗伦建……按，九隆书院即以保山书院旧址重建。

国立华侨中学 民国二十九年教育部令就保山龙泉门外之腾越会馆旧址，并推广至九隆山下之菜花旷地，扩建临时房屋数十间，开办华侨中学，收高、初中学生各十二班。

交 通

自永昌东，由哀牢山至竹鲁凹一百二十里。

永昌府文征

（民国）李根源

《永昌府文征序》：根源……鼓箧海外，潜心军旅，辛亥之役幸而集事……疾疴相侵，遄回故里，道经九隆，两宿府学，伤先民之不作，痛沧海之横流，孤愤之情寄寓无所，欲为《永昌府文征》若干卷……绍往哲之徽献，扬大汉之声教，后贤有作亦将有取于是也。

《史记·西南夷列传》按语：永昌境自汉武元封二年设治，至后汉明帝时哀牢内属开为郡，辟土至大金沙江（伊洛瓦底江），复招徕掸诸部。

《〈论衡〉杨子山（哀牢传）》按语：杨子山，光武时人，其作书当在建武二十三年哀牢王扈栗遣使诣越巂太守时。

《司马彪〈续汉书·郡国志·永昌郡〉》按语：考不韦当即今保山（指今隆阳）、施甸及镇康、湾甸、孟定、耿马、昌宁、缅宁（今临沧）、双江诸地，至潞江下游东西皆是也。博南即永平、漾濞。哀牢、巂唐当在今保山平原及腾冲、龙陵暨诸土司境，至大金沙江内外皆是也。明清永昌府所辖即此。

《后汉书·哀牢传》按语：哀牢九隆故事，始见于常璩《华阳国志·南中志》，范晔采之，益以永昌郡事迹，较为详尽，故录之。而张道宗《记古滇说集》、李元阳《云南通志》卷十七、《白国因由》七、八两章所载多异，盖民间传说经久愈讹也。

《后汉书·西南夷传》跋：按李贤注，哀牢夷伐鹿茤不得，乃归中国，故言"肇自远离"，西南以永昌最远，徼外蛮夷咸归永昌节制焉。

《〈汉晋春秋〉记孟获》按语：彭嘉霖曰，孟获，建宁巍山人，为诸葛忠武誊服。忠武饬获集三十七部蛮会于白崖，遂筑建宁城，立铁柱纪功。获弟优有高行，往来博南、叶榆间，以医术济人，甚得民和。获裔耕于巍山麓，至细奴逻，为众所归，张乐进求逊位于奴逻，遂为蒙氏祖。九隆遗胤乃……绝无足据。

《一切经音义·蜀川通天竺国永昌道》"哀牢本先祖龙种胤也"后按语：此指九隆故事。

《道光云南通志·永昌府山川·交椅山》按语：沙河出其西麓，西南流两山间，至九隆山南、法宝山北，折东流入清水河。

《道光云南通志·永昌府山川·九龙山》按语：亦曰九岭岗，其麓有泉，自地涌出凡九窦，土人甃石为池，曰易罗池。其下会为大池，广三十亩，曰九隆池。相传九隆兄弟居此，池即沙壹浣于水感沉木处。

《道光云南通志·永昌府山川·南甸河》夹注：沙河源出保山县北一百八十里北冲南山，南转之交椅山西南，经虎坡东，又南经九隆岗西。又南东折出九隆、法宝两山间，东流纳九隆池水。九隆池源出太保山西南易罗池。

《清史稿·地理志·永昌府》夹注：太保山，县以此名，东哀牢山，西九隆，南法宝。

《西南属夷小记》"汉武恶滇王不逊，因册天竺白饭王后名仁果者为滇王"后夹注：永昌有身毒之民者……非哀牢之属。身毒种尚不得王哀牢，况王滇乎？

《永昌山脉记》夹注：按元江有山名哀牢，永昌有山亦名哀牢山，北距东南千余里，中隔澜沧江，不应跨永昌、顺宁、景东、元江四府之地。意哀牢古国名，政通称之，非指定一山也。

梅尧臣诗《春雪》注：……《春雪》诗已为西南夷人织于蛮锦……欧公（阳修）用作琴囊，为传家宝玩。现夷人织锦，吾永（昌）、腾（冲）、龙（陵）各土司地随处可见，花样新奇，汉人多购之以为枕、为囊、为被。

清史稿

（民国）赵尔巽

保山太保山，县以此名。东：哀牢山。西：九隆。南：法宝。

李自锦寿域志

（民国）李自信　等

运一恩师李老先生自锦，字秀山（取名于徐霞客到哀牢寺时之提词"秀甲群山"）……光绪二十七新建哀牢寺之西楼，十八年已，继道源郭老恩师之后执掌顶航法船，往来于腾冲、龙陵、永平、云龙、昌宁、顺宁、新平、洱源、景东、鹤庆等县，不辞劳瘁，办理普渡。

大理古代文化史稿

徐嘉瑞

第一章　远古期（略）

第二章　南诏以前时期（略）

第三章　南诏期

第一节　蒙氏祖先之来源

《蛮书》谓六诏皆乌蛮，是蒙氏为乌蛮之一支，本非"哀牢夷"。其言"本哀牢后"者，南中诸部皆以哀牢为祖，且欲借九隆以神其先世也。

九隆神话，本哀牢族之神话。下距蒙氏立诏至少已六百余年（由光武建武元年至唐永徽四年蒙氏细奴逻入朝，计六百二十八年），蒙氏何以知之？故《旧唐书》云："自言本哀牢之后。"则已疑其为假托，故曰"自言"。又九隆神话，当以《南中志》及《后汉书》为正，此外皆后人伪托。《南中志》《后汉书》皆不言九隆之父为何姓，《南中志》仅云"沉木化为龙"，《后汉书》亦然，是龙实无姓名也。章怀太子（唐高宗之子李贤）注《西南夷传》引《哀牢传》曰："九隆代代相传，名号不可得而数，至于禁高，乃可记知。"《哀牢传》作者杨终是汉（代）人，于九隆之祖尚未详悉，后人妄改沉木化龙为蒙迦独，其无稽可知。且《哀牢传》载禁高以后世系皆非连名制，而南诏父子连名，其非哀牢之后可知。

又按哀牢十姓，董、洪、段、施、何、王、张、杨、李、赵，中无蒙姓。或谓十姓之父为蒙迦独，然汉史无征。至蒙氏之族反可于邛都得之……想南诏祖先，本巂州蒙蛮，乃乌蛮之一支。入永昌后寖以强大，遂自言本哀牢后，以便统治永昌之哀牢夷。且哀牢为南中所共祖，《华阳国志》云："南中昆明祖之，故诸葛亮为其国谱也。"所谓南中昆明，盖指大理、丽江、盐源、西昌一带之土人，皆以哀牢为祖。亦如中原古代殷周，皆以帝喾为祖。然殷周本非一族，东胡称其先出于高辛氏；匈奴之先，称为黄帝之后，则南中昆明，以哀牢为共同之祖，其理亦同……蒙氏一支入永昌后，以九隆为其远祖，自言本哀牢后，乃极自然之事，但不能谓其即汉代定居永昌之哀牢夷也。

诸葛亮之足迹，仅由西昌、会理渡金沙江，而昆明。《南中志》云："南中昆明祖之，故诸葛亮为其图谱也。"则诸葛亮未至永昌，此所谓南中者，盖指西昌、盐源一带。《南中志》又云："诸葛亮乃为夷作图谱，先画天地日月……次画神龙，龙生夷……以赐夷，夷甚重之。"所赐之"夷"，乃西昌、盐源一带之"夷"，其中包括有乌蛮、白蛮、蒙蛮、浪稽蛮、勿邓蛮、婆秋蛮、乌皮蛮、哀牢等。然诸葛亮何以必画此图？"夷"人又何以重视此图？则因诸葛所画，乃乌、白蛮共同信仰之神话。而"龙生夷"者，即九隆神话也。是九隆神话，不仅流行于永昌，亦流行于西昌、盐源。盖西昌、盐源，亦有"哀牢夷"也……故蒙氏之信九隆神话，乃其最古之风习。其自言为哀牢之后者，乃为统治哀牢之便利，后人谓其为哀牢种者，盖不察之误也。

第四章　段氏期

第一节　段氏之渊源

按三灵庙碑云："院榜（村）有一长者乏嗣，默祷其圃，种一李树，结一大实坠地，现一女子，姿禀非凡，长者爱育，号白姐阿妹，蒙清平官段宝瓃，娉为夫人，浴濯霞移江，见木一段，逆流触阿妹足，化为龙，感而有孕，将段木培于庙庭之右，吐木莲二枝，生思平、思胄……思平立位，国号大理……封母曰天应景星懿慈圣母。"三灵庙碑乃景泰元年所立，是"白姐"之神话，由来已久，然在此以前，尚有正统六年《故处士杨公同妻墓志铭》中，亦保有此种传说。文云："昔有一长者（下佚），字女□告三苍，怒，一夜，李树上一实中，生出一女子，养之于家（下佚），白姐阿妹嫁段氏珑酋长，段先帝（盖指思平）生焉。"……由正统碑、景泰碑、《白古通》证之，则白姐之神话，断非私人臆说，至少可相信为段氏开国时，已有"白姐"神话，至迟亦在元末明初。

至于触木有孕，及元祖化为龙之神话，乃段氏立国后，抄袭九隆沙壹神话，转变为段氏开国神话，而"白姐"即沙壹之转换，故神其说，以便统治，非臆造妄说可比。而木莲及李树，又为沙壹神话中之沉木转换而来，由沉木开花结实，或为木莲，或为李树，皆与沙壹神话为同一之体系。

主要参考书目：

1. （民国）李根源纂辑：《永昌府文征》。
2. 宁超主编：《滇国、滇越国、哀牢国、掸国、八百媳妇国史料汇编》。
3. 王叔武辑著：《云南古佚书钞》。
4. （清）刘毓珂等：《永昌府志》。
5. （民国）周钟岳等：《新纂云南通志》。
6. （民国）方国瑜等：《保山县志》。

7.（清）屠述濂：《腾越州志》。

8. 翦伯赞等：《中国通史参考资料》。

9.（东汉）班固等：《汉书》。

10.（北魏）郦道元：《水经注》。

11. 木芹：《云南志补注》《南诏野史会证》。

12. 周祜：《南诏德化碑校译》。

13. 尤中：《僰古通记浅述校注》。

14.（明）诸葛元声撰，刘亚朝校点：《滇史》。

15. 朱惠荣：《徐霞客游记校注》。

16.（清）师范纂辑：《滇系》。

17.（清）倪蜕撰，李埏校点：《滇云历年传》。

18. 方国瑜主编，林超民编写：《云南郡县两千年》。

19. 方国瑜：《云南史料目录概说》。

20. 马曜主编：《云南各族古代史略》。

21.《云南辞典》。

22. 范文澜：《中国通史简编》。

23. 保山历代碎碣。

哀牢历代诗抄

　　笔者于古典诗歌是门外汉。1994年为撰写《哀牢文化研究》一书，一边综合研究滇西哀牢故地出土的考古材料，一边遍查史籍、文献，期间时见与哀牢相关的历代诗词，偶或录之，四五年间竟得百首之多。它们多数录自《永昌府文征》，少数录自其他文献如《华阳国志》《滇略》和邓子龙将军《横戈集》，有的则是在文物调查中录自野外石刻。

　　云南古典诗歌勃兴于唐代（南诏时不仅诗人、诗作很多，而且大理地区有些诗歌被收入了《全唐诗》），宋元明清以迄民国长盛不衰。以今保山为腹心的永昌地区，由于高山峡谷交通不便，加之爨、南诏、大理等地方民族割据政权的阻隔，文化发展长期滞后于内地，元代以前没有留下任何本土诗人、诗作的记载，汉、唐、元三代仅见外籍诗人哀牢诗五首。到洪武十五年（公元1382年）明朝平定云南，永昌再度打破闭塞状态，与内地有了密切的经济文化交往，并随朱元璋诏谕"府、州、县学校宜加兴举，教养子弟，使知礼义，以美风俗"，兴办起一批批学校，后来科举及第者渐代不乏人，再后又得谪戍保山36年的文坛巨星、著名诗人杨慎给文化发展以巨大推进，永昌古典诗歌在明代出现了兴旺繁荣景象，在名冠全滇的20多位诗人中，永昌汤琼、陶宁、张志淳、张含榜上有名，张含被称为"云南首席诗翁""一代诗豪"。到了清代，诗人、诗作更多。民国时期古典诗歌虽然出现颓势，但诗风仍盛。哀牢诗歌也就在明、清、民国三个时期数量最多。

　　在一百多首哀牢古典诗歌中，数量较多的是山水诗、记游诗、军旅诗、凭吊诗，其次有风物诗、事亲诗、祭祀诗，还有不同于军旅、记游而写途中苦乐的行役诗。诗人们涉猎到了哀牢生活的方方面面，哀牢山川气象万千，哀牢民族生生不息，哀牢社会时而平静流移，时而激浪翻滚。诗中记写的好些地名和哀牢地域，具有不容忽视的史学价值。李根源和张问德的老师杜光远诗称南方丝路永昌道为"哀牢驿路汉时关"。古代哀牢山远不止今保山坝东山一小片，明毛铉诗就说："欲登哀牢山，先过金鸡村。"诗人们大量记写到今保山城西南的九隆山、九隆池和因在"九隆山之阳"而得名的隆阳城（今保山城），"春满隆阳"则因"桃红柳绿，绮丽明媚之盛"而被列为永昌"内八景"之首。九隆山也称九隆岗；九隆池也称易罗池（按府、县志记载，易罗池应指凸出于中西部的小池，现已被压盖，小池之东的大池为九隆池）；隆阳城又称九隆城，简称隆城，也有称哀牢城的；哀牢一名，还有用来泛指永昌郡、府的。哀牢国东北疆界，大多认为是澜沧江一带，有的认为是"苍洱之西"；哀牢北疆，有的诗说邻接吐蕃（今西藏）；西部边界，光绪云南通志馆馆长赵式铭游卧佛寺诗说："旷莽哀牢国，毗连印度疆。"不少诗人盛赞哀牢山川景物，描写最多的是九隆山水和隆阳城，其次是澜沧江峡谷胜景，再次是保山坝哀牢山、高黎贡山以及腾冲雄山秀水。嘉靖云南巡按朱永祯写永昌城内虹景诗说："哀牢城北倚穹窿，拔地拿云雉堞雄。"陈树勋《九隆岗》诗说："岗峦起伏并豪雄，疑是群龙腾太空。"刘锴、张自明以太保山为题的诗有"花村逶迤接隆阳……森岩独峙城之西"，"一城抱西山，山向城中放"，"万古哀牢人，资之为保障"，邓子龙等人诗还写到金井、玉泉、比目鱼、哀牢夫人墓等等文物胜迹。诗人们在写到九隆传说和哀牢归汉、吕凯扶蜀、南诏西征、永历高黎贡山之战、辛亥腾永起义等历史事件时，热烈颂扬其辉煌事迹，高度赞扬扈栗、柳貌、郑纯、吕凯以至沐英、王骥、邓子龙、杨象山等人在历史上的卓越贡献和人品气节。王景常、张继昭、魏上暹诗词有句："古有哀牢炎汉时，声势能令东京知"，"哀牢归永昌，锁钥金汤"，"汉关哀牢开沫若，千载天威此徼福……拓开重关奠光轴……西南万里一正朔"。到永昌巡边的乾隆进士、云贵总督阮元诗："勒石先题古柳貌……政事从头学郑纯。"王灿《太保山》诗："道入哀牢国，平地或开旷。中峙一山尊……楼台疑天上……吕凯安反侧，辅佐诸葛相。郑纯政化俗，民德弗能忘。"赵尚质《过杨象山先生祠》："先生风范重隆阳……道学名闻柳貌乡。"张含《兰津渡》诗称澜沧江西的"哀牢国"人为"百蛮"，说"梯云路"开通后，哀牢人的见面礼物有不少珍宝。整个哀牢古典诗歌的基调是深沉执着的爱国爱乡情结，诗中洋溢着热烈的爱国主义精神，表现着对哀牢家乡的深厚感情，就连随傅恒征缅的乾隆江苏进士、刑部右侍郎王昶《同副将军温公赴蜀发永昌》也流露出了对这片大地的深深眷恋："故乡却望今谁是？回首哀牢涕泪横。"有许多名宦良吏和其他贴近劳动人民的诗人，主题思想都是对国运兴衰的深切关怀和对人民疾苦的无限关心，也有一些诗歌专写家庭、友人之间的真挚感情或抒发乡愁，大都写得至情至性。当然，由于历史的、阶级的局限，有些诗歌也明显包含一些封建主义尤其是民族歧视的消极因素。诗人几乎全是汉族，诗歌中明显表现出与哀牢各族的心理和生活隔膜；我们只能批判地鉴赏。

应该强调指出的是，汉唐元三代所存五首哀牢诗，不仅因时代早、数量少，而且内容涉及当时政治、军事、民族关系，有特殊重要意义。《兰沧歌》是云南省有记载的最早诗歌，它记述并盛赞了开发哀牢地的一代盛事，并传达出了广大民工的艰辛苦痛情怀，虽然文字非常简短，但在云南诗歌史上闪射着耀眼的光辉。"初唐四杰"之一骆宾王的诗，描写了内地人进入哀牢地便见"绝壁千重险"的环境，指出哀牢是"中外分区域"之地，这里的民族民俗、风土人情与内地汉族大不一样。元代翰林国史院检阅官袁桷诗，描写的是"哀牢夷"跨"绳桥"（溜索）东渡澜沧江以至大理苍洱景物，哀牢人到大理送别签事（宣慰司官员）张子元的情景（当时永昌、大理统属大理金齿等处宣慰司，治在永昌即今保山），还写到哀牢人的"儋耳"之俗和吹芦笙、击铜鼓的集体舞蹈；由袁诗可知元代"哀牢夷"政治地位、活动范围、传统风俗及与大理关系的若干情况。

纵览哀牢古典诗歌，律、绝、歌行都有，以七律为最多。诗人们大都深谙中国古典诗歌的音韵声律，表现出较高的艺术水平。诗的风格有的雄浑，有的雅丽，有的带民歌风，其中以杨慎、张含、邓子龙、袁文揆、阮元、林则徐等一批诗人功力最为深厚，诗风凝练典雅。明代后期和清代末期朝政腐败，社会黑暗，抨击朝政和鞭挞贪官污吏的一些诗歌则采用了比较多的比喻手法。有少数诗歌艺术上较为粗糙，不甚工巧。

哀牢历代诗歌还有一个鲜明特点，就是汉、唐、元作者全为外籍诗人，明、清、民国时期本土诗人崛起，渐成主体，但外籍诗人诗歌仍然量大质高，双峰合峙，交相辉映。千百年来，许多外籍命官使臣、学者名士、贬官流囚，带着不同的人生遭际和追求来到永昌，有些驻留短暂，有些则长期盘桓甚至定居终生，其中不少诗人诗作其实都已"本土化"。只有个别人是未到永昌而在区外吟咏赞叹哀牢。在哀牢诗人中，仕宦诗人和学者名士占绝大多数，仅见个别布衣诗人。不少仕宦诗人既政声宏盛而又赋诗名，学者、名士的人品、学识多为世所称著。

由于笔者录记历代哀牢诗歌的初衷，完全出自史学研究参考这一特殊角度，当时也没有想到编辑发表，有些组诗、长诗，仅录其一首或摘其一段，对于文学欣赏或古典诗歌研究者来说，"诗抄"工作难免失之粗糙，仅可供全面欣赏和深入研究做向导。本《诗抄》大致依时序先后排列，个别时代不明者列于最末。在标题与诗文之间列入笔者撰写的诗作者简介。原有诗序者置于作者简介之后。诗末注释包括诗作者原作诗句间双行小字夹注、题下小引和少量笔者注文，笔者注文以其内容与前二者明显区别。

兰沧歌

（汉）佚名

汉德广，开不宾。度博南，越兰津。度兰沧，为他人。

军中行路难

（唐）骆宾王

骆宾王，浙江义乌人，文学家，"初唐四杰"之一，有《骆宾王文集》。

……去去指哀牢，行行入不毛。绝壁千重险，连山四望高。中外分区宇，夷夏殊风土。交趾枕南荒，昆弥临北户……沧江绿水东流驶，炎方丹徼南中地。

哀牢夷送张子元佥事云南

（元）袁桷

袁桷，文学家，浙江鄞县人，翰林国史院检阅官，有《清容居士集》。

哀牢夷，苍山叠翠云无梯，洱河西倾去无底，晴日倒射红琉璃。相传沉木儿，背坐曾游嬉。筑城蜿蜒似龙尾，千古髳君乃其始。缚绳驾长桥，皮船中荡摇。危巅石楼高百尺，子孙生长今渔樵。空林明月手可拾，仰饮飞流须发湿……

送濯伯玉之官云南

（元）袁桷

荡荡哀牢国，耕桑拨不毛。皮船乘驿稳，铜鼓报衙高。事简归王化，民淳汰吏曹。端知清净理，山水纵游遨。

龙尾歌

——送文子方著作调官云南

（元）袁桷

朝辞龙尾道，暮往龙尾城，七尺游尾当道鸣，春雪未解四蹄轻。忆昔哀牢夷，来汉宾，兰仓夜渡歌苦辛，皮船之浪墨云沈，沈绳桥之雨青泥。淫淫登山采桐皮，侧见五粒松，手攀欲入口，疑是沉木背坐。惨澹悲回风，鸟飞不能住，哀猿忽相逢。忽有儋耳翁，为言太古之遗踪，诸葛丞相韦郡王，村村列祠堂，瓢笙铜鼓群巫舞，牛骰兰籍羞琼浆……

博南山

（明）方沆

方沆，世籍不详，此诗录自《滇略》卷二，诗前引言："博南山乃蒲蛮出入之所，昔南诏遣将军征缅，回师多赍金宝，经此山遇盗，将军死之，后立祠于此。"

万里哀牢地，双旌度博南。林开山列障，天远树如簪。岚气征衣重，霜华旅鬓含。兰津看渐近，访古一停骖。

金齿安边定远楼

（明）王景常

王景常，浙江松阳人，洪武年任山西右参政，后为翰林侍读，与修《太祖实录》，因事谪戍临安期间纂《云南图经志》等。

汉关哀牢开沫若，况有博望相驰逐，勐获七擒雍闿戮，千载天威此徼福。……我皇恩泽融渗漉，拓开重关奠光轴。朱雀南飞象天宿，西南万里一正朔。

金齿八景（之五、八）

（明）毛铉

毛铉，浙江人，翰林院侍读，洪武间以事安置金齿。

龙祠望云[1]

昔有一夷妇，捕鱼此江中。水浅见沉木，触若有所通。一乳生九子，一子化为龙。居人为立祠，祭礼何虔恭。龙心合人意，祷之无不从。再拜望云气，顷刻生晴空。初看散白衣，复睹成奇峰。因之卜岁计，可识歉与丰。

鸡村观稼

欲登哀牢山，先过金鸡村。时当九月秋，白谷如黄云。畇畇原隰间，沟浍不可分。路逢一农夫，植杖向我言：力田幸有秋，亦足饷吾军。邀我坐树荫，酌以老瓦盆。击壤且为乐，辛苦何足论。雨旸固时若，安知非帝恩。

送本学往金齿

（明）郭文

郭文，号舟屋，昆明人，明初高士，隐滇池清草湖，以舟为屋，著有《舟屋集》。

两袖清风明月，孤筇楚水吴云。千里哀牢又去，家声何处传闻。的的西来祖意，悠悠南去风光。老矣乡情灰冷，随缘到处扶桑。

哀 牢

（明）杨士云

杨士云，大理人，弘治辛酉解元、正德进士，官给事中，著述丰多，《弘山诗文集》刻入《云南丛书》。

---

[1]　金齿张力先生《九隆三题》说，明代诗人毛铉《龙祠望云》一诗写易罗池。

树头甘露殿前芝，更兼神雀集京师。哀牢贡献先诸种，西域争来质子时。

兰津桥

（明）杨慎

杨慎，号升庵，四川新安人，进士，翰林修撰，才雄文苑，著述宏富达 400 余种。36 岁因"议大礼"案被谪戍永昌至 72 岁逝世，其间遍访哀牢遗踪，编纂了以九隆世族及云南各部姓种类之"颠末"为内容的《滇载记》，隆阳曾设"状元楼""杨公祠"以志其范。

织铁悬梯飞步惊，独立缥缈青霄平。腾蛇游雾瘴氛恶，孔雀饮江烟濑清。兰津南渡哀牢国，蒲塞西连诸葛营。中原回首逾万里，怀古思归何限情。

行路难呈升庵

（明）张含

张含，户部右侍郎张志淳之子，正德举人，七岁能诗，绝意仕进，终身从事著述，每岁一集。与杨慎诗扎唱酬，往还尤密。

……世路茫茫老未识，谁人得意，谁人沾臆，仰天大叫天地黑，人间世，行路难，吁嗟乎，碧鸡山、金马山、哀牢山、点苍山！

兰津渡

（明）张含

山形宛抱哀牢国，千崖万壑生松风。石路真从汉诸葛，铁柱或传唐鄂公。桥通赤霄俯碧马，江含紫烟浮白龙。鱼梁鹊架得有此，绝顶只尺樊桐宫。黑水之西哀牢东，岩峣山色开鸿蒙；鱼龙战斗日月暗，鹳鹤喧呼烟雾浓；木阁倚石架朱凤，铁索横空飞彩虹；江流迸激待禹凿，百蛮琛赆梯航通。

丹　青

（明）张含

贾长沙，流涕书，为何事？韩潮阳，佛骨表，有何意？一时国史一收之，万古丹青照天地。有我书，不能投，我有表，空自收，三绛兵戈不肯息，九隆象马亦堪忧，乘时翼虎乘风出，汉人欢笑夷人哭，涂炭疮痍不忍言，寒烟满地逃亡屋。逃亡屋，将奈何，兰津渡，赤虺河！世事无端只可恼，长沙潮阳何足道，仙人楼阁好盘桓，我欲从之无羽翰。

山城难居重忆故乡兼怀升庵

（明）张含

九隆传七叶，族系百余春，伤心望故国，钟阜满龙鳞。……

哀牢山

（明）张含

公府亲邻无足迹，独伴风流沧海客。酒肆藏名李白春，蓬蒿随分扬雄宅。行路方知蜀道难，壮士涉历无欢颜。哀牢山在青山外，蜀道只在青山间。

七绝句

（明）张含

铁楼古城西，下瞰哀牢山。城中纷纷子，试问何者闲？

绿篆园独坐怀升庵

（明）张含

绿篆园深紫燕飞，伤时感物重暌违。池中春草愁中发，客里王孙梦里归。太华峰高龙树近，哀牢山回雁书稀。离心别思关河杳，携酒看花怅落晖。

岁暮太保山骋望

（明）张含

怅望关河逢岁暮，荒凉城郭使人悲。金鸡村北太守墓[①]，白马庙东丞相祠[②]。墓上草深群兔宿，祠前松老一龙随。千年踪迹成尘土，感慨挥毫独赋诗。

过哀牢祠

（明）邓子龙

邓子龙，江西丰城人，嘉靖年间以军功官都指挥佥事、浙江都司。万历十一年（公元1583年）缅大军入侵滇西南，邓受永昌参将职率军予以歼灭。万历二十七年（公元1599年）奉诏抗倭，壮烈牺牲于朝鲜釜山南海。

---

① 村北有吕凯墓。
② 庙东有孔明祠。

哀牢前属国，山川尚有灵。水池分冷暖，金井幻阴晴。比目鱼还在，封神识汉名。独怜征战地，岁岁草青青。

赠永昌郡公陈笔山入觐三十韵

（明）邓子龙

万里癸未初识荆，相欢握手倾生平。眼空愀然论边事，慷慨将将非将兵。授我三宣六慰策，期年悉扫如雷霆。恢复疆土二十郡，运机帏幄皆纵横。狄夷折关先报警，角巾野服呼登城。九隆万姓受将命，虎符六尺孤忠诚。怒江猛淋归瘴丁，木姑卧佛黄粱醒。赏善计恶乖崖明，省运就籴文康平。元均田公多政声，中廉张老称水晶。素怀大义功名轻，谈笑碌碌三尺缨。梁山虎头莫入梦，夹江白龟钟真英。三载哀牢苦万状，半肩图册朝神京。双节红旆对便殿，玉麟乌鹊高阳迎。九重喜览动颜色，铨才开府来边庭。自此南人不复反，乾坤金沙黄河清。

遁痴堂题记张愈光

（明）木公

木公，丽江人，嘉靖时土知府，著述颇多。

哀牢四月莺花尽，丽水经秋雁信稀。杯酒不妨山客醉，暮云常带野人归。哀年膝痛知阴雨，晚岁眸昏近夕晖。富贵畏人贫肆志，洒然胸次更无机。

金腾道中十首（之九、十）

（明）张佳胤

张佳胤，四川铜梁人，进士，云南提学金事，邓子龙靖边时在边守御，边务多取决之。

高台曾是汉时营，千载天威尚有名。日暮九隆何处望，夏云飞满不韦城。

千山忽尽见哀牢，野阔天空俯佩刀。风雨骤随游客到，雷声吹散大江涛。

永昌城从太保山脊蜿蜒而下若干尺长虹，武侯祠在其顶，宽平百丈可习骑射

（明）朱泰祯

朱泰祯，江苏东海人，嘉靖年间云南巡按，有《巡滇纪行》诗集。

哀牢城北倚穹窿，拔地拿云雉堞雄。岭锡嘉名周太保，祠深忠武汉司空。森森栝柏春先绿，落落岞岩晚逗风。戏马台高临万仞，大秦今欲挂雕弓。

过哀牢故县 ①

（明）郭春震

郭春震，江西万安人，进士，官云南按察司副使，金腾兵备道。

骢马南嘶欲曙天，哀牢城外吐蕃连。空江暮雨沉虹影，古洞春流杂蜃涎。高下人家多傍箐，寻常客路半侵烟。相逢莫笑无拘束，藉草看山亦自便。

春日出仁寿郭门有感

（明）马继龙

马继龙，保山人，举人，官南京兵部车驾司员外郎，著《梅

---

① 按在永昌城内太和坊之东。

樵诗》二卷。

天开形胜古隆州，罨画青山镜里楼。野遍桑麻休问俗，春深花鸟漫生愁。三千客路多乡梦，四十年华半白头。壮志于今萧瑟尽，逢人惭愧说封侯。

题镇南楼①

（明）刘叔让

刘叔让，江西人，监生，成化间任邓川州知州。

排空雉堞接层楼，薄暮登临万古愁。红树一村蒲甸晚，黄云满地僰人秋。江通平缅蛮烟重，山耸哀牢毒雾收。极目乡关何处是，西风衰草思悠悠。

永昌怀古

（明）万嗣达

万嗣达，江西九江人，分守金沧道。

险箐维千里，重关扼九隆。金沙神禹迹，越柝汉唐王。蜃气兰津重，龙珠鹤岭崇。万年当锁钥，古郡此为雄。

兰津谒武侯祠

（明）毛堪

毛堪，江苏吴县人，进士，官云南巡按，卒赠工部侍郎。

---

① 按在保山镇南门。

罗岷山势接哀牢，丞相曾经驻节旄。尚有里巫鸣社鼓，依然阵石出江槽。偏安西蜀非初愿，深入南方岂惮劳。精爽不随炎汉尽，兰津终古荐溪毛。

寄闪广山铨部时有星变

（明）王来仪

王来仪，昆明人，万历举人，吴县教谕。

冬尽南中雁阵疏，闻君新辟羽岑居。山公罢去无衡鉴，中散慵来自龃龉。花放九隆冲雪好，书回千里逼年除。少微夜夜含光秋，未许欃枪自发舒。

永昌词

（明）施武

施武，江苏无锡人，崇祯间遍游滇西南。

永昌，故哀牢国也，国初流配独多吴人，故语言风俗宛似南都，为滇之首郡。

汉武穷边开永昌，哀牢部落散丁当。流人不学花蛮语，城郭风烟半建康。

丙寅秋日广南奉寄仲兄家报并缄
永昌陈陆诸子五首（之五）

（明）刘坊

刘坊，永昌（今保山）人，永昌通判刘廷标之孙，户部主事刘之谦之子，全家80余口随永历帝殉难。坊儿时能诗，壮年愈进。

诗多兴亡之感和故国之悲。

娟娟初月照衡阳，梦到隆山亦断肠。年少风尘轻弃掷，故人音讯总荒凉。春风酒后怀金马，夜雨诗成忆点苍。即使归来寻旧约，可堪双鬓已苍黄。

永昌八景（之五）·哀牢金井

（明）刘坊

九子见龙走，小子背龙坐？史传荒诞事，鸟语谁能破？

重入永昌道中

（清）冯甦

冯甦，浙江临海人，进士，曾官永昌府推官、楚雄知府、刑部侍郎，有《滇考》等著作。

澜沧鸟道汉时通，绝壁千寻拥霁虹。风里悬梯吹缥缈，云边飞阁望玲珑。郑纯名忆循良外，吕凯功留战伐中。七载重来惭问渡，曾无芳躅古人同。

过兰津渡二首（之一）

（清）寿以仁

寿以仁，浙江余姚人，康熙年任云南提学，曾至永昌。

哀牢之东黑水西，水不可航山难梯。江开绝域兼山涌，天尽回峰与水迷。虹霓久悬江岸锁，风雨时蚀石中题。萧条诸葛祠堂暮，古戍芦笙明月凄。

偕轩诗

（清）刘尔立

刘尔立，世籍不详，康熙初年至永昌。

谁家池馆委路旁，独许山公入醉乡。不及九隆司马良，公余雅况怀湖湘。为月新开数亩塘，方壶圆峤曲折藏。花编屏外竹围墙，徐引清风坐袭香。来游有兴随徜徉，直如信步野人庄。有客浩歌叹隆昌，十年无地倒壶觞。司马此轩而韵芳，鱼鸟相对乐未央。

永昌怀古

（清）吴自肃

吴自肃，山东海丰人，进士，官云南督学道佥事，有《云南通志》等撰著，康熙年间两至永昌。

隆城雉堞倚云开，辟地曾经汉使来。三齿烟霞随剑佩，五城风雨入楼台。翻书尚见功曹檄，谪戍谁怜太史才。只觉频年兵火后，凋残满目动人哀。

太保山

（清）刘锴

刘锴，保山小北门街人，乾隆丁卯举人。

神京遥指万千里，梯云迢递兰津水。花村逶迤接隆阳，保山端秀隆隆起。森岩独峙城之西，拾翠时时胜景齐。中天月朗心俱静，古树云封路欲迷。……

将往腾越先寄云松四首（之四）

（清）王昶

王昶，江苏青浦人，乾隆年进士，官至刑部右侍郎，随傅恒征缅至腾冲，著作甚富。

一麾出守历蛮邦，又向哀牢拥碧幢。方寸久知生五岳，前筹竟拟渡三江。鹳鹅阵合将军令，龟象琛期属国降。金印果堪求斗大，深谭还欲剪银钉。

游宝山寺 ①

（清）王昶

客中情绪如眠蚕，亡何日饮谁能堪。忽闻城东山寺古，走马一径送烟岚。苔崖翠厂俨屏扇，九隆离立高相参。危埼短彴度村聚，山椒杂沓围松枬。……

同副将军温公福赴蜀发永昌

（清）王昶

露重风凄月半明，萧萧班马出岩城。循陔将践三军约，绝塞仍为万里行。井钺参旗垂浩荡，松潘雪岭倍峥嵘。故乡却望今谁是？回首哀牢涕泪横。

---

① 寺在法宝山，蒙氏异牟寻所建。

永昌寓舍即事书怀一百韵寄京师及吴中故人

（清）赵文哲

赵文哲，上海人，举人，与王昶等同为"吴中七子"，官内阁中书、户部河南司主事，从阿桂征缅出万仞关、猛养、猛拱，攻老官屯，乾隆三十八年（公元1773年）殁于阵，赠光禄寺少卿。

万里程初届，三年迹乍淹。力犹冲瘴疠，身已混闾阎。相愧逢梁举，居思卜楚詹。坐愁书咄咄，卧疾梦谵谵。风何陋哀牢，地最炎迅湍。飞弩骇乱石，淬刀铦雾暖。……

宿云涛寺浴温泉用东坡白水山佛足岩诗韵

（清）赵文哲

汗漫万里游，重茧积尻股。……愿求作汤沐，巡卫烦哑虎。濯缨兼濯足，渔父莫或侮。庶以娱景光，暂驻离弦弩。天公闻大笑，六博尔试赌。麻姑抓背痒，妄想问予取。生世已多幸，得作穷塞主。行行向哀牢，逍遥比县圃。

薏苡粥

（清）赵文哲

载书讵为贪，兼两乃惑人。满车薏珠子，适以戕厥身。我衰薄梁肉，朱门避振振。谪居苦无俚，自冬候徂春。龙泉手亲汲，松毛炊作薪。爱兹玉颗颗，其性清且醇。琼饴调一色，细漉从受辛。御瘴岂尔力，甘作斯我珍。一饱重三叹，余味从津津。不见哀牢城，万家釜生尘。

九月次云岩先生韵

（清）赵文哲

今年重九迟，置闰记夏五。闲庭宛东篱，露英粲可数。一尊辄呼醉，酒痕上双辅。天知旅吟悲，助以满城雨。哀牢吾久淹，非农亦非贾。军中颂一范，笑作穷塞主。人如冬日衰，诗比清风甫。无穷望京心，絮语共童竖。忽梦待秋巡，射鹿伏而鹽。

杜鹃吟

（清）张纬

张纬，字裁时，张志淳裔孙，乾隆丙子举人。

九隆春满桃兼李，海棠犹溯神坪紫。风力夜夜剪绯罗，正值子规啼血始。纵非合抱似高河，丈许成丛万蕊多。唤作石榴都未肖，火云结簇锦为㡥。闻说天台花异品，鹤林焚后无双本。唐宫敕赐更何来，灵鹫嵩阳红蒟蒻。又如五色记昆明，开南哪及不韦城。黄泥豆汁龙门水，培出氍毹一片生。欲借氍毹惜繁艳，仰卧花天花影乱。折枝拟赠拣花人，多恐漫山开不算。窃叹司徒记二芳，至今犹说金齿张。花开花落等闲事，愁对名花空断肠。

澜沧铁锁桥

（清）严烺

严烺，宜良人，乾隆丙午解元，癸丑进士，官甘肃布政使。

千寻铁锁跨江干，鸟道蚕丛路不刊。自昔兰津空写怨，于今黑水早安澜。洪钟入峡苍龙吼，白日沉江孔雀寒。多少哀牢山外客，暮烟朝雨泪阑珊。

重阳阻雨少仪先生招饮官局次韵

（清）袁文典

袁文典，保山人，乾隆举人，广西州（今泸西）学正，能文善诗，有诗文各一卷行世。

海天眼界本来宽，何必登高始尽欢。即此潇潇听旧雨，肯教寂寂对儒冠。花边小隐容疏懒，客里豪饮洗瘦寒。漫向楞伽山怅望，九隆且作两峰看。

路过漾水及门饯别云龙桥诗以勖之

（清）袁文揆

袁文揆，保山人，乾隆拔贡，官云南县（今祥云）儒学教谕，后入永昌知府陈孝升幕。能文善诗，著述丰多，与兄文典知名于世。

人生聚散如浮萍，地角天涯胜比邻。九隆发轫家乡春，迢递云桥认故津。春江浩浩春水新，千流万派浸花茵。及门祖道江之滨，藕船赵子尤闾阎。……

丁未十月初一日生子作

（清）袁文揆

惭愧今为父，何曾解事亲？震爻怜一索，冬序喜初辰。枹罕雪方重，哀牢梅欲新。早将占梦吉，报与弄孙人。

九隆山谒墓作

（清）袁文揆

九隆山巍巍，中有冢累累。哀生见丘陇，拜扫恒在兹。我行别坟墓，十载奠一卮。今又隔三载，乃来扪薛碑。父生母育我，养祭或交亏！……

云岩先生六十初度得一千二百字

（清）袁文揆

……河内才归节，哀牢遂置盂。勤农崇祀事，茸舍接师儒。狱可片言折，量无铢黍殊。霁威惩魍魉，柔远制貐貐。……

滇南乐府二十章（之三）

（清）袁文揆

郡太守　著一方安危所系也

汉昭帝五年，田广明昀町侯毋波，共引兵入滇，捕斩五万余人，帝封毋波为昀町王。成帝时昀町王禹、漏卧侯俞、夜郎王兴举兵相攻，以陈立为牂牁太守，讨斩兴，俞、禹皆输粟犒士。公孙述据蜀，以封侯招益州太守文齐，齐拒之，至光武兴乃归命。建武二十三年，哀牢王扈栗内附，永平中以郑纯为永昌太守，纯益励清操，诸夷悦服。蜀汉时，永昌功曹吕凯与郡丞王伉，拒孟获以待武侯，其后马忠、张嶷相继为庲降都督，皆能讨平叛蛮；又有李永、景毅、张翕、王阜、冯灏皆任职太守，唯刘安世铸金蛇献梁冀，斯开掊克之风矣。

昀町侯，哀牢国，毋波贤（扈）栗知慕德。柔远人，无奇策，只在太守能任职。立瑰奇，纯清白，铸蛇安世真掊克。效忠贞，辨顺逆，齐凯功不下忠嶷。

题永昌府志

（清）桂馥

桂馥，山东曲阜人，乾隆进士，永平知县，深于经训，有《说文解字义证》及《未谷诗集》。

初辟蛮疆徙万丁，千秋纪载首南征。天威到处祠丞相，战阵逢人说沐英。元狩武功夸展土，哀牢旧部尽投诚。只今缅甸仍输贡，休息边民不用兵。

哀牢山四首

（清）黄奎光

黄奎光，福建晋江人，举人，恩乐知县，工书，善楹联。

未能制锦学操刀，竞业铭心敢惮劳。历尽崎岖知世路，三年两度过哀牢。

幸无歧路误三义，九折羊肠一径斜。难得暗香香不断，春风开遍野茶花。

滇蒙不辨向东西，铃铎声中送马蹄。无谱宫商自酬苔，隔林又听竹鸡啼。

三间古庙枕山隈，生面翻处绝处开。暂住半肩齐顶礼，赛神还抱只鸡来。

永昌怀古

（清）王毓麟

王毓麟，昆明人，嘉庆举人，有诗集。

风烟莽荡暮云平，南走哀牢瘴水横。战骨锁残诸葛垒，霹图荒冷细奴城。碧鸡祠庙空神祀，元凤功刀怨远征。世代萧条陵谷异，登临不尽古今情。

纪宋芷湾太守莅永

（清）范仕义

范仕义，号廉泉，保山二府街人，嘉庆甲戌进士，在浙江、江苏任知县、同知，居官30余年，重农桑，兴文教，洁己爱民，政绩显著，奉诏三次觐见。有《廉泉诗钞》四卷传世。

使君古循良，治为天下最。后乐与先忧，平生此素志。昔为侍人臣，十年香案吏。文章海内惊，崇论复宏议。一麾乃出守，绩比淮阳异。移节至隆昌①，惠政尤堪志。疏河民奠居，绥役民安食。种遍棠千株，颖出麦双穗。更饶经济才，文事兼武备。……

兰津行客至

（清）戴淳

戴淳，呈贡人，道光拔贡，"五华五子"之一。

兰津行客至，下马述兵戈。白昼人烟少，黄昏鬼火多。亟需官吏善，顿与岁时和。庶听哀牢域，重兴乐土歌。

---

① 范仕义后裔范国富先生《清代永昌进士范仕义及其诗作》一文说，此诗中"隆昌"一词指隆阳、永昌。

古哀牢

（清）阮元

阮元，江苏仪征人，乾隆进士，道光六年（公元 1826 年）任云贵总督，累官东阁大学士，巡边曾至永昌、腾越。

万里哀牢外，高秋驻马时。彩云连百濮，黑水下三危。元老曾经略，神功屡创垂。漫言平定易，轻视此西陲。

宿永昌池馆流泉树木湛然清华名之曰小兰津并诗示镇府诸公

（清）阮元

莫言传舍为他人，汉郡莫如此郡真①。勒石先题古柳貌②，引泉应号小兰津。治功俯首思张翕，政事从头学郑纯。今日升平同在此，一池秋水十分春。

梦入迤西道中

（清）曹楙坚

曹楙坚，江苏吴县人，道光进士，官御史，擢按察司，曾随父来云南。

疑入哀牢境，千盘绕石梯。岭腰埋雪断，峡口束云低。毒瘴侵人面，寒冰裂马蹄。劳生原是梦，落月晓鸡啼。

---

① 府治平畅，东汉立郡必在此地。郡名沿东汉至今不改者，此亦最难。
② 《后汉书》，明帝时哀牢王柳貌内附。

哀牢夫人墓碑[1]

（清）黄琮

黄琮，昆明人，道光进士，官兵部左侍郎。

太保山前一片石，石文青苍土花碧。剔藓剥苔反复看，鲁鱼焉乌求字迹。就中数行未全磨，哀牢夫人字不讹。名曰福则伽宗胄，文词古奥气冲和。叙述生平颇雍容，谁兮撰者段中庸。滇海浔阳瞻瞩远，鸿飞鸡鸣对仗工。我闻哀牢实开南诏统，沙壹十子皆龙种。九隆一族独盛强，九十九部何繁冗。墓中葬者究属谁？是耶非耶九隆支？阿母原名奴波息，女以母姓亦可知。哀牢立国称大蒙，是时已在贞觀中。不应仍署哀牢号，或者后世追所宗。追宗特书夫人字，是犹循分知大义。何事中年又叛唐，竟与雍闿同一例？唐家乱始天宝初，弄权宰相党阉奴。贪立边功求货贿，南中抛弃若土苴。中朝已若土苴弃，何怪强蛮遂窃据。仲通一死李宓囚，从此益州无寸土。南诏尊崇王右军，国中人士皆能文。中庸想亦清平职，铁画银钩肖几分？中原世族工谀墓，蛮夷闻之知餉慕。砌成窆石隧中藏，琢将华表坟前树。此时掘自正德年，王骥甫经平麓川。见碑若鉴唐朝事，应惭勒石潞江边。

贺制府林宫保平定迤西

（清）顾壬濬

顾壬濬，四川郫县贡生，官云南平彝（今富源）、南宁（今曲靖）、定远（今牟定）、晋宁、丽江、浪穹（今洱源）、云州（今云县）知县，镇沅直隶同知，著有《杏墅琐言》。

胸藏万甲树先声，传檄隆昌弭战争。筹笔武乡能制虏，安边充国肯穷

[1] 前明正德间，永昌太保山陷一古冢，曰哀牢夫人墓，段中庸撰文。

兵。铁桥险越哀牢界，铜柱勋标上将名。万户遍歌来暮曲，久将负溺系苍生。

哀　牢

（清）吴存义

吴存义，江苏泰兴人，道光丙午编修，两任云南学正，数至永昌，官至侍郎，有诗文集。

见说哀牢顶，树留盘古窝。万牛难挽运，百里接枝柯。魑魅藏晴昼，冰霜沍涧阿。因知穷谷里，寥落大材多。

兰津怀古

（清）杨逢原

杨逢原，龙陵人，道光举人，历任甘肃永昌、武威等县知县，居官廉惠，人不敢干以私。

利济西南第一桥，顽谗何故肆焚烧？挡车螳臂登时碎，扑火蛾身即刻销。庙算安平欣此日，天威震慑记先朝。从今寄语哀牢国，各保身家莫惑妖。

高黎贡山

（清）革焕章

革焕章，腾冲人，道光举人，授山西知县后主讲腾冲来凤书院。

高峰矗立晓烟迷，蒙诏崇封岳正西。万仞山从分水过，三冬雪积与天齐。嶙峋苍岭犹输峻，迢递哀牢转觉低。传说南征经此道，边疆胜迹少人题。

兰沧江桥

（清）刘晋康

刘晋康，腾冲人，道光拔贡，历参郡守厅幕。

诸葛南征后，崇祠尽日闲。长江蟠石硖，古木老寒山。路达华夷界，涛喧天地间。至今来往客，犹自说平蛮。

梯云小径①

（清）尹艺

尹艺，腾冲人，道光举人，官广东知县，著述甚富。

五丁开不到，奇险扼哀牢。野水争流急，悬崖久仰高。天惊顽石破，人踏彩云豪。我亦登临客，乘风一叱鳌。

法明寺②有感

（清）尹艺

疏河井井见经营，误学天文附石亨。半夜钟声迎故帝，九隆僧舍贷余生。云横万里乡何处？斗转三更寐不成。莫是忏愆兼悔过，功臣西市死无名。

牛角关望太保山

（清）尹艺

飞渡兰津渡，长坡弯复弯。马头低夕照，牛角锁雄关。风变哀牢国，

---

① 即水石坎。

② 徐武功有贞谪金齿诗所寓。

云蒸太保山。明诗台上月，今夜照人还。

孙和梧江学使

（清）林则徐

林则徐，福建人，进士，任湖广总督、钦差大臣时坚决禁烟、抗英，烧毁鸦片200多万斤，后任云贵总督，至永昌办理"回汉争斗案"。

九隆山翠锁重重，蛮俗难驯旧段蒙。愧乏龙韬摅胜策，翻叨凤绰奖边功。频年芽蘖期除秀，半载驰驱笑转篷。臣力就衰天宠渥，感恩长此惕微躬。

感　事

（清）汪世泽

汪世泽，世籍不详，诗载《永昌府文征》。

蠹蠹迤西道，百货通异域。滇土旧脊贫，赖此国税出。昨岁古哀牢，羽书飞告急。格斗间阎翻，千村撑白骨。……遂使商贾衢。荆棘久充塞，……方今西路忧，岂止国税缺。天门万里遥，叫呼何由达！

双节歌①

（清）田建邦

田建邦，漾濞宣化里人，咸丰初贡生。

---

① 吊水平县知县朱公庆堂、保山县知县周公锡桐。

丙辰建岁八月秋，汹汹回纥恣乱谋，苍洱陷后哀牢继，迤西处处皆逆酋。……

题觐光集七律四首（之三）

（清）简宗杰

简宗杰，昆明人，同治进士，官户部郎中。

君家璘玠本齐名，酌水循声更励清。季重风流曾典郡，子华才调复知兵。匡时骏烈垂湘鄂，报国鸿章见性情。毕竟九隆山色好，还资彩笔赋西平。

滇军平定迤西即事有作

（清）简宗杰

金齿频年战血殷，阵云愁锁九隆山。谁知骁将杨无敌，百战先声定两关。

题觐光日纪诗二首（之一）

（清）王家璧

王家璧，武昌人。

旧梦绕滇云，哀牢近息氛。楚疆能服我，燕市又逢君。家国平生感，江湖战伐勋。劳劳磨不折，相顾有铜筋。

题永昌忠烈录

（清）刘中鹤

刘中鹤，文山人，同治举人，直隶知县。

滇云浩劫溯庚辛，话到哀牢倍怆神。痛哭奏庭宁有路，坚持汉节更何人。重围不救燎原火，鼙鼓偏迟将帅臣。记得唾壶声击碎，伤心曾过鹿城闉。

别永昌

（清）董大醇

董大醇，腾冲人，岁贡生，乡居授徒。

旧曾游处曾缠绵，一别隆阳便黯然。山水欲留前度客，年华难问再来缘。满城风景回头认，沿路烟霞分外妍。最是平生觞咏地，山桥野寺亦情牵。

和芝轩广文途中原韵

（清）董大醇

隆山雄秀水清遒，金齿烟云望里收。万里岩疆通汉使，一城风味似南州。乡闾文献前朝盛，使者轺轩此地留。邑里繁华人辐辏，至今荆棘满荒丘。

九日登高

（清）黄万春

黄万春，保山人，光绪举人，历任敦煌、礼县知县，有诗集。

太息隆山数亦奇，沧桑剧变竟如斯。连年灾厄谁能避[①]，此日登临我独悲。延寿除邪如何信？簪茱泛菊亦堪为。何当遍授长房术，挽起乾坤万姓危。

仲冬朔日到家

（清）黄万春

万里游子归，高堂色自喜。示以穷达言，精微发妙理。不用显贵仕远方，但愿膝下供甘旨。天伦之乐乐无穷，读书志岂为青紫！自此虔体双亲心，讵肯栖栖风尘里。九隆山下且躬耕，朝夕承欢有菽水。

永昌竹枝词十二首（之三）

（清）顾文熙

顾文熙，保山东门街人，光绪丁酉举人，主讲永保书院，著有《龙剑草堂全书》。

哀牢山下哀牢国，哀牢山上夫人碑。山山满地红心草，不是夫人年少时。

---

① 登高为避灾耳。永昌自壬申岁始有新症患者，十无一活，廿余年间相继而亡不知凡几，安得尽如桓景一避之耶。

易罗池吊杨升庵

（清）顾文熙

九隆烟景半苍苍，太史淹留滞此乡。鼓角五更归梦破，江山四壁别愁长。龙池坐月频牵兴，雁寒惊秋早断肠。北望浮云万余里，可怜凭吊使人伤。

永昌八景（录二首）

（清）顾文熙

金鸡温泉

银塘水满水欲煎，中有火龙抱珠眠。温温试浴三春日，濯濯临风歌幕天。隆阳东北三十里，疗病游人常到此。我有愁疾不能痊，安得一浴使之止！

春满隆阳

晴雪初消西山曲，春风城上吹草绿。莺花一片满隆阳，边城虽远春光足。桃李频开树树香，龙泉池上柳千行。吟诗凭吊怀古昔，更迭唱和思张杨。

兰津渡

（清）杜光远

杜光远，四川宁远人，廪生，曾入总兵岑有富幕，又随永昌府邹馨兰至腾越，后课徒自赡，李根源、张问德等皆受其学。

哀牢驿路汉时关，九转江峰十八湾。渡过兰津回首望，木棉开遍博南山。

— 375 —

题指挥金事李公镇雄墓

（清）秦树声

秦树声，河南固始人，光绪进士，官迤西道，升云贵按察使、广东提学使。

春梦哀牢已壑舟，论心真负赞皇楼。卞公墓下虚花种，王氏腊前肯食求。太庙有灵唯一矢，中原无女岂高邱。首阳薇蕨非今日，不敢希贤但涕流。

赠保山徐从先二首（之一）

（清）谢宇俊

谢宇俊，贵州普安人，官永昌府知府，入民国不仕，流寓昆明，著诗多卷。

讵是识神如阮咸，明明樗栎异松山。哀牢面试升堂日，斗觉吞牛气不凡。

隆阳九友逍遥图 [①]

（清）万允廉

万允廉，保山朱市街人，光绪举人，主讲永保书院，学行高洁。

九隆之阳有散人焉。王子尚礼字用和，刘子树堂字玉泉，王子治国字佐才，王子承仲字友棠，林子自和字子靖，林子自顺字子健，李子炳南字少华，魏子凤翔字九皋，继之以余，数合乎九，性皆习于疏慵，年复邻于迟暮，纵观六合，悲人事之靡穷，静验

---

① 宣统三年（公元1911年）作。此处录九首之七。

此身，知命途之有定。惠庄大树，自合植于无何有之乡；蜩鸠榆枋，孰谓非其决而飞之所。遂以宣统辛亥之春，共订及时逍遥之约。芒鞋黎杖，安步当车，宝剑素琴，轻装付仆。花晨月夕，辄据为酒国之资；水郭山村，尽收作诗囊之稿。值兹欢宴咸集山阴，绘此一图，当留鸿爪，声华本不逮乎洛水之堂，风趣窃有慕于香山之社。爰为之序，更为之歌。歌曰：

九叠隆山妙境开，欣然把酒上高台。吟声欲自林间出，书稿都从眼底来。落落襟怀期共喻，茫茫天意待人猜。闾阎生计萧条甚，怕听边城鼓角哀。

浪淘沙·赞哀牢金井

（清）魏上暹

魏上暹，保山人，光绪间贡生，修《永昌府志》。

哀牢归永昌，锁钥金汤。横江铁索渡澜沧。无异洛阳三月景，四季如常。石窦石泉香，咫尺波光。一盂涧水最清凉。多少游人饮不尽，胜似琼浆。

题指挥佥事李公镇雄墓

（民国）段宇清

段宇清，保山人，光绪举人，贵州直隶州知州，清末任云南咨议局副议长，光复后被推为云南赴南京组织政府代表，并被选为参议员。

大明天子奔南荒，扈跸诸君多豪良。哀哉磨盘功不就，黄帝覆败蚩尤强。……指挥旧有李将军，忠精贯日气干云。……哀牢残破兵燹余，忍使名郡成丘墟。

九隆岗

（民国）杨觐东

杨觐东，保山人，光绪举人，留学日本，官腾越道尹、广东粤海道尹，著《滇事危言》等。

滇西灵气九隆钟，岗下矗来有卧龙。时至兴云天上去，群山泽润郁葱茏。

吊杨秋帆二首（之一）

（民国）曹琨

曹琨，腾冲布衣，熟史事，具卓识，著诗文各一卷，李根源撰墓表。

谈心萧寺雨绵绵，话到陆沉心似煎。慷慨一身甘救国，激昂只手誓回天。隆城未拔胡廷帜，怒水即遭瘴岭烟。曾几何日光汉土，忠魂夜不泣山巅。

隆城竹枝词五首（之二、三）

（民国）李叶荫

李叶荫，腾冲人，廪生，教读终身，志行高洁，著诗四卷。

家家门外浣衣石，溪水当门汩汩流。最好将溪分作镜，镜中各自蛾眉修。

太保山前香社开，如云士女炫妆来。寻芳浪蝶知多少，栩栩随风上寺台。

登太保山

（民国）李叶荫

名山一别几经秋，前度人来今又游。万户人家环堵接，九隆风物望中收。天空缥缈聆仙曲，木落依稀楼见寺。便好濯缨亭上立，一轮明月映芳洲。

重至永昌

（民国）赵藩

赵藩（1851～1927），剑川人，清举人，历任四川酉阳知州、按察使、辛亥革命时大理迤西自治机关总部总理、腾永巡按使兼迤西道尹，后参加护国、护法，任广州军政府交通部长，1920年回滇任云南图书馆长、《云南丛书》总理，著述丰多。此诗镌刻于方碑，现存太保山碑林。

城郭人民感令威，卅年前此佐戎归。路从铁锁横江渡，山似金陵抱郭围。崆虎雄猜谁负险，海鸥心事我忘机。易罗池上仙娥渺[1]，虚费明珠缀宝衣。

陪友兰太守游云岩卧佛寺

（民国）赵式铭

赵式铭，邓川人，光绪副榜，任习峨县知事、交通部司长、云南通志馆馆长，宣统间襄办永昌府知府彭继志幕，创办《永昌白话报》。

---

[1] 金齿张力先生《赵藩在保山的三首诗》："'仙娥'，指九隆之母沙壹故事。"

旷莽哀牢国，毗连印度疆。花犹显龙女，石亦化空王。大将挥神力，中涓施道场。我来清净地，不费一炉香。

光绪乙酉春初北上与腾越番庆春同行
宿红岩和壁间韵

（民国）耿煊

耿煊，保山城菊巷人，岁贡，官奉仪、都康两州知州，回籍后行医，有诗集和医著问世。

九隆岗下是侬家，几树榆桑几树麻。万种乡思何所寄？年年犹自问梅花。

纪永昌疫事

（民国）李学诗

李学诗，腾冲人，清庠生，1911 年与张文光光复腾越任第二路统领，下永昌后署顺宁知府，滇军援藏任先遣第一支队长，后为督军公署少将参谋。著述丰多。

九隆城头愁云昏，城中白日鬼打门。长街阴冷绝人迹，山寺灯火如营屯[1]。疫鬼势若风雨骤，但见血光即不救。一日疫死数百人，苦雨凄风黯清昼。百般社祷天不灵，八月十五度新年[2]。金珠委地不敢拾[3]，拾之恐为鬼所缠。日犹未没鬼即出，与人争道入人室。析声飘忽心胆惊，直到鸡鸣

---

① 城内居民尽避入太保山寺内，一院住数十家。
② 谣言鬼云须过年后离此地，故八月十五家家换桃符、栽年松"过年"也。
③ 途中时有人以金银钗钏遗之，行路者不敢取也。

声始毕[①]。我时赴试留不归，日向龙泉观鱼飞[②]。城下骷髅血模糊，犬目深红豺狼肥[③]。一日偶游梨花坞，归来已是日过午。忽逢鬼市半途中，磷火万千莫能数。冷风吹面声啾啾，幢幢其影来往稠。不觉寒噤毛发竖，行住不得心移游。山月昏昏恰半吐，秃木疑人石疑虎。林中宿鸟和梦飞，草际寒虫咽露苦。四顾苍茫我心怯，蹩躠乱将山月踏。东西不辨路高低，青烟一抹认孤塔。自夏经秋冬又过，猖狂无奈疫鬼何。往来人民日渐少，新鬼故鬼转更多。东邻一家廿余口，西邻人亦十八九；东邻今已无人烟，西邻尚存一老妇。死不敢哭声暗吞，九原无人为招魂。如斯惨劫天何忍？我欲问天天无言。

罗岷山[④]

（民国）李学诗

罗岷之山石峥嵘，悬若断涧孤云横；下有混流澜沧水，上有飞石苍猿精；但见白日照幽谷，荒荒鸟道无人行；何年凿穿碧玉峡，铁蹄得入九隆城！天梯石磴但容趾，危径水与人相争；空山鹦鹉学人语，寒雨鹧鸪终日鸣；底事行人不畏险，暮云无际频长征。

普 洱

（民国）李学诗

貂猇倭泥俗朴醇，人家三五便成村；平湖水涨桃花浪，南涧春归杜宇

---

① 日未落即闻析声忽远忽近至，鸡鸣始止，所与人异者，始终三响不转更也。
② 府试毕，诸生俱归，余与段大启、罗正川侍业师段子群先生，移居腾越会馆，日至龙泉池观鱼。
③ 疫死者初尚棺殓之，后棺木罄尽，则以薄板钉之草草入殓，无人埋葬，堆于城下，为犬狼所食，骨肉狼藉，臭不可闻；尚有尸在家中无人收殓者，惨矣！
④ 俗名水石坎。

魂；整董无人问神井，哀牢极处是天根①；东风远近开茶市，腰鼓芦笙彻晓昏。

读昆明杨秋帆先生墓表拓本感赋

（民国）李学诗

杨公人中杰，昂然鹤在皋……功成公不见，思公神怅悒。李也西巡防，访墓遍牧樵。浅土薄木棺，久为狐兔巢。峨峨太保山，灵秀九隆饶。以此妥公灵，永为来许昭。尧阶亦志士，早受公甄陶。一朝喋血死，龙泉水悲号。祔公公不孤，月夜相游遨。……

怀从叔父雨农公

（民国）李学诗

……地辟三鸦碛，言通诸夷辞。蛮夷争识面，孤寒尽展眉。小子受恩重，滇缅久相随。弦歌五华月，巾湿九隆醨②。消夏水映寺，辟寒曼得黎。月夜金沙泪，荒江靖远碑……

太保山城

（民国）张自明

张自明，龙陵人，云南讲武堂毕业，历任江西进贤县长、云南马关县长、麻栗坡督办，纂成《马关县志》。后穷愁死于昆明。有诗集。

---

① 哀牢非永昌之哀牢，今在普洱西大江外，绵亘八百余里，山顶冰雪终古不化。余意两哀牢为永普两府主要之山，不宜同名致涉牵混，余拟易此名爱劳山。
② 公尝于太保山午云轩宴客，学诗均陪末座。

一城抱西山，山向城中放。城高山亦高，山高城在上。山成鳌背形，城如井田样。入城山更亲，登山城愈旷。城无山不雄，山无城不壮。此山何时生？此城何时创？创城上山隈，古人殊倜傥。古人有深意，难度复难量。万古哀牢人，资之为保障。

杨弗庭先生邀游哀牢山歌

（民国）张继昭

张继昭，浙江山阴人，流寓鹤庆，有诗四卷。

古有哀牢炎汉时，声势能令东京知。永明降谕柳貌附，永昌开郡先诸夷。二千余年名未换，今忽降郡为列县。哀牢名仅此山存，酉长基是二官殿。杨侯政暇喜探寻，联骑共入东山深。太保山头孔明庙，对面遥峙碧森森。来时曾绕横塘路，莲菂娉婷不遑顾。马蹄铿苔石梯高，扬鞭直至登临处。大官古刹山之坳，昔日饶盛今萧条。老僧疲癃不问客，促迫生涯剩一瓢。层楼高敞可望远，掌纹历历了往返。泥深水阻奈行何，一示安遂众生愿。众生争媚须菩提，大官崔巍小官低。两两遍观生感慨，循环成败一般迷。米汁欢恰同游客，浪籍杯盘资谑戏。杨侯达者出至言，学佛以心莫以迹。况乃逃墨必归儒，仁者之勇乃吾徒。千秋虚诞今勘破，何有哀牢蕞尔之遗模。

哭韦濂浦同年四首（之四）

（民国）杨金铠

杨金铠，鹤庆人，光绪进士，四川顺庆府知府，入民国官永昌府知府兼摄保山县事，有诗文集。

九隆山势失嵯峨，太息斯人竟逝波。万里首邱归计还，一家背壁泣声多。怀清合偶巴台妇，御侮应侪佩剑科。颜卜修文君护法，孔门一样得韦驮。

永昌杂咏·九隆岗

（民国）陈树勋

陈树勋，广西梧州人，民国15年（公元1926年）来游永昌。

冈峦起伏并豪雄，疑是群龙腾太空，日暮云归春寂寂，有人高卧在隆中。

博南山中

（民国）王灿

王灿，昆明人，留学日本，云南省政府秘书长、高等法院院长、最高法院首席推事。著述丰多，并纂修了《腾冲县志》。

鸟道猿岩雾气濛，车行镇日在山中。万峰塞路天疑尽，一水横江地又通。史纪哀牢滇古郡，边开武帝汉雄风。兰沧渡险飞桥跨，夹岸冬花耀晚红。

太保山

（民国）王灿

道入哀牢国，平地或开旷。中峙一山尊，势欲绝依傍。昔别今重来，城郭尚无恙。山似有旧识，独与吾亲向。拾翠一为登，楼台疑天上。四周峻岭环，天然成保障。烟火万千家，安乐可想象。汉代昔开滇，文化兹首创。吕凯安反侧，辅佐诸葛相。郑纯政化俗，民德弗能忘。至明人物盛，文藻中原抗。风雅代有人，江山发高唱。愧无凌云笔，一写雄奇状。如此好风光，建康宁多让。

来凤山晚眺

（民国）刘楚湘

刘楚湘，腾冲人，众议院议员，元江县知县，腾越中学校长、图书馆长，分纂《云南通志》，总纂《腾冲县志》初稿。

夕阳开晚霁，散步凤山麓。策杖陟其巅，披襟延眺瞩。夏雨积经旬，繁愤发草木。罽毯铺连山，秧波荡平陆。城郭楸掩翳，万家树绕屋。盈江流浩淼，潆回成九曲。飞凤跱欲翔，将举势先伏。峭崿余晚照，朱霞光炫目。雪岭望若屏，排嶂列旗纛。宠炎半晦明，阴晴藉可卜。山川势雄丽，扶舆气清淑。自古称边徼，屹然镇南服。周师会孟津，慕义及彭濮。汉代虽哀牢，声灵远覆育。有唐来骠乐，犀象贡使属。元人跨革囊，建官纪有偰。朱明重开边，旁午趋鞬箙。伟烈诵邓刘，大勋集王沐。胜清迨末叶，国运逢百六。开关延敌人，交绥屡挫衄。庙堂乏胜算，屏翰嗟倾覆。朱波遽沦陷，势逼兹他族。铁壁难固扃，虎踞成蕉鹿。天马脱缰絷，汉龙无豢术。去年已覆辙，来轸慎转毂。曹沫耻三北，侵地终可复。勾践耻会稽，沼吴终雪辱。振衣蹑高冈，长啸激林谷。苍翠失襟袂，松风鸣谡谡。俯视归巢鸟，飞掠瞥过目。远山翠色合，壑雾腾忽倏。浩歌感鬼神，何畏行幽独。归径迷榛莽，新月吐微煜。

吕侯点将台歌 [①]

（民国）张笏

张笏，保山人，云南教育厅视察、保山师范学校校长，纂修《保山县志》。

阎获骄横背蜀主，不韦古县飞檄羽。吕侯渺渺一功曹，全凭只手将天

---

① 台在金鸡村西北云台寺，系砂土筑成，历千余年尚未坍塌，高三丈余，宽约四丈余，有大树径七八尺，名黄楝树，枝干拳曲夭矫，高约十丈。

补。先就云台筑将台，缮甲修兵奋厥武。兰津敌未越雷池，得保天南干净土。功成将台成云台，勋业悠悠昭万古。君不见，台畔古木作龙形，腾拿夭矫随风舞；霜叶红于二月花，行人指点将军树。

省立保山第四中学 [①] 校歌（四首之一）

（民国）张笏

沧潞文澜起春风，十属英才荟萃黉宫。滇西文化此朝宗，莘莘济济学究西东。彩云深处杏坛中，风乎九隆浴乎九龙。韶华光阴岂易逢，凭记取担当宇宙功。

龙泉池步范廉泉先生

（民国）李景泰

李景泰，保山人，云南大学毕业，官嵩明、禄丰县长。

看花名士爱方塘，百战将军此咏觞；胜迹湖山传大笔，风流文采满隆阳 [②]。

过杨象山先生祠

（民国）赵尚质

赵尚质，保山人。

瞻望徘徊古道旁，先生风范重隆阳。诗书泽被兰津地，道学名闻柳貌乡。户外高山空寂寞，祠前流水自汪洋。回看明社今何在？百世犹传姓字香。

---

① 今为保山第一中学。
② 名士谓张禹山，将军谓邓武桥也。

健行斋集·永昌

（民国）李希泌

李希泌，腾冲人，西南联大毕业。

哀牢古国亦名城，山水清佳驻客旌。丞相尚留遗迹在，烟墟人指汉家营。

腾冲十二景小诗

玉泉夜月①

金塔月明映玉泉，莹莹天水目双悬。看破大千唯莞尔，鱼龙犹自斗婵娟。

（《腾冲十二景小诗》，见于龙光台墙壁镶嵌的石刻，1997年笔者始见时仅存三景，另九景刻石失落无存，作者及年代均不详。）

寄李根源诗

（民国）杨琼

杨琼，洱源邓川镇人，清举人，曾赴日本留学，归任省会师范传习所教员、国学社理事长。后入佛门。民国5年（公元1916年）丙辰，以新建所住持地之哀牢寺面殿，除公众帮助银币二百，不敷尚巨，于是倾囊以助之，不足，复募化以完之。后被推为国会议员。著有《肄雅释词》《形声通》《论语案》《寄苍楼赋》等。

……辛亥季秋日重九，振臂一呼金碧吼。……诸兵交关澜沧间，操戈同室何争喧！士会晋人熟晋鄙，共推持钺旋乡关。西征一路朔风紧，火热

---

① 在城西观音塘金塔坡大佛寺，在其后为古哀牢国王宫遗址。

水深待援拯。就歼螽贼与蠹胥，虎狼惬惬窜郊垌。拔剑击柱称功高，一时将悍兵犹骄。弗戢即有如焚势，结党况复招逋逃。伊时唯有安反侧，去火抽薪尚良策。腾冲甫赖曲徙安，金齿又报烂头额。萧王奋怒归殛诛，哀牢城外坑百夫。乃调三农籍新伍，遂散万骑归故庐。惯盗连诛老父伧，诱淫不赦么女娘。或谓将军稍残酷，岂知黎庶咸歌扬。……

哀牢文化：不尽江河万古流

一

　　哀牢文化是古代西南巨大的民族群体"哀牢夷"创造的一种区域性民族历史文化。哀牢国地域辽阔，人口和民族众多，盛产五谷蚕桑、铜铁铅锡，尤多珍奇宝货，经济、政治、军事、文化发展水平较高，东汉初期归属汉朝后成为全国第二大郡，对南方丝路的畅通和中外关系的发展产生了巨大影响。哀牢人及其后裔一直繁衍生息在保山和周围七地州等地，他们的文化历史绵延发展直至今天从未中断，两千多年史不绝书。前哀牢国地各族人民一直承传着哀牢归汉前后的许多优秀文化传统，如为祖国开疆拓土后，英勇顽强守土卫国，维护统一；各民族相融共荣；重农耕，重蚕桑纺织；率先对外开放交流；以及其他很多生产生活特征，等等。

　　哀牢夷区设县置郡后，汉文化在汉晋时代逐渐成为区境文化的主导和"龙头"，哀牢文化处于第一个重要转型期，逐渐演进为哀牢文化与汉文化的融合体——永昌文化。但是，在永昌文化的长久发展过程中，"夷文化"即土著的哀牢文化仍然是"龙身"，是主体。苍铭《云南民族迁徙文化研究》一书对此作过比较充分的论证，该书认为：秦代以后中央王朝开始在云南设郡置县、移民戍守，汉族人口始终远低于土著民族，加之中央王朝政权时有更迭，在云南的设治时张时弛，云南的汉族移民文化就难以得到发展；汉晋时期，即使最接近内地的滇东爨文化，也还是被夷化了的汉文化。唐宋时期，云南境内先后崛起了两个少数民族地方政权，他们在军事上排斥中央政治势力，土著民族人口和文化在云南仍占主体地位，迁入洱海区域的汉族人口及其文化多融于白族中。古代因战争和政治因素迁入云南的汉族移民大多或全部为男性，为了生存繁衍，他们必须入赘原住民族，"从妻居"和"变服从其俗"是他们立足的根本途径，"从妻居"第二、三代即被夷化。直到明代汉族大规模入迁，太祖又强令驻军携带妻子随军，无妻者配以原籍女子，"汉变夷"历史才根本扭转，云南汉文化才得以巩固发展。到了清代，汉文化在大部分坝区和山区边沿影响扩大，夷文化发生了较大变迁，但在边疆和热带河谷等少数民族聚居地区仍一直处于"汉变夷"的情况。

永昌位于距离汉族内地最遥远的边区，汉文化的巩固发展相对滞后，自置郡至明代早期，汉族人口在全区均属极少数，哀牢文化一直处于主体地位。哀牢各族诚服于诸葛亮的怀柔政策，在东北三郡叛乱的几年中，一直在吕凯统领下坚守抗御，吕凯死后"岁时祭之"的都是"土人"即哀牢人。唐宋即南诏、大理国时代迁入永昌的汉族人口极少，南诏虽迁移了一大批西爨（今曲靖至楚雄等地）白蛮（白族先民）到永昌，但并未改变哀牢文化的主体地位。在强大的南诏军队中，战斗力最强的是哀牢濮人后裔朴子蛮、望蛮（今布朗、佤族先民），南诏四出用兵都以他们为"前驱"，南诏开拓东城（今昆明市）时，曾东迁千余户前往戍守关隘要道；南诏3万常备兵员，长驻永昌1万，其主力自然是哀牢各族。马可·波罗笔下的元代永昌城和"永昌平原地区"都是哀牢越人、濮人的生活、风俗情景。

明代汉族人口迁入云南不少于三百万，在府县治所在地及交通干道附近接近或超过了少数民族，哀牢文化处于第二个重要转型期，汉文化逐渐转而处于主体地位，其显著表现我们可以略举四例。第一，文庙的建盖是一个地方汉族聚落形成的标志，保山、腾冲等地诸多孔庙、文昌宫都始建于明代；第二，道教是植根于汉民族、具有浓郁汉文化特点的宗教，保山道教兴盛自明代；第三，永乐九年（公元1411年）云南开始实行科举制度，大批儒生热衷于奔求功名，相继出现大量同于内地"张扬文气"的"文笔塔"，象征"文运天开""文光射斗"，并和内地一样也称"雁塔"（得名于唐新进士"曲江宴客，雁塔题名"故事），保山九隆池畔建于唐代的慈云佛塔也于明代改称"文笔塔"，像其他地方一样，把喻想的文房四宝附着到了塔区景物中；第四，明王朝移民永昌，实行卫所制度，进行军屯戍守，"诸卫错布于府县，千屯遍列于原野"，保山出现了大量以屯、营、所、寨、铺、堡、哨为地名的村落，原有的哀牢地名纷纷改变，如蒲满寨，大蒲寨，上、下蒲满村，摆衣寨，变为福满屯、大寨、上营、下营、白玉寨等等。但中原王朝对此区仍坚持汉晋以来"蛮荒异域、瘴疠之地"的看法，视之为流放政治犯的理想地区，明代杨慎即谪戍今保山36年，期间他与名士张含遍访哀牢事迹，编纂了包括九隆世族及其各部族种类之"颠末"等内容的《滇载记》。元明清时期，今保山地区包括保山坝子，仍然是哀牢濮、越后裔的大本营，明代以来的大量史志、诗文、碑碣、地名详细记载着他们生活的方方面面：在政治上，他们有着土知府、土知州、土同知、长官司长官、土巡检、千夫长、百夫长、村寨土官等大量职衔；在军事上，各族官民大批参与了历次征讨，如三征麓川和邓子龙靖边卫国之战、清代蛮允和甘稗地抗英卫国之战、清代蒲人土官两次"合攻府城"、杜文秀起义、辛亥革命的大规模起义和抗日战争滇西战役，战争中涌现出不少名人和英雄勇士，傣、布朗等民族的一些土司、头目曾因功受到升赏；在文化方面，至今聚居在保山各片区的哀牢后裔各族还沿袭着自古以来的生活方式、风俗习惯、文学艺术等传统。现在的保山地区民族文化，实际上是三大组成部分交融混合的多元体：一是汉文化，二是哀牢后裔的古老文化，三是南诏至清代迁入的白、苗、傈僳族文化和回族伊斯兰文化。

二

近2万平方公里的保山大地，是哀牢历史和哀牢文化的自然载体。今保山市广大山区和热带河谷平原，还使用着大量哀牢濮、越族语地名，并有许多彝、景颇、阿昌等氐羌族系地名。与哀牢历史文化密切相关的地下地上文物点，星罗棋布于各区县乡镇，有些是游人如织的风景名胜。古猿化石和属于哀牢人祖先文化的新、旧石器出土地100多处，其中影响最大的是古猿化石，出土后轰动了国内外；其次是塘子沟文化遗址群，代表了全国独一无二的一种考古文化；再次是文化部的一个文物组于1957年调查发现梨花坞前的马鞍山新石器遗址，它是省内外关注较多的哀牢地考古文

腾冲曲石铜戈

化的最早闪光点。保山发现哀牢国前后约1 300年间的青铜器地点50多处，其中最具重要意义的有：保山九隆山战国墓葬铜剑和汉代铜镜，龙陵大花石和腾冲油灯庄遗址出土制作早期青铜器的石范、陶范，腾冲中、北部和隆阳区北部以及昌宁中、西、北部出土一大批礼、乐、兵器的10处墓葬或窖藏地，还有出土200多件青铜器中包括了铜鍪铁矛、一些布的残片的昌宁坟岭岗战国至西汉墓葬群，它们是我们据以对验史籍确认哀牢国家存在及其性质的物质和形象依据。哀牢后裔文物项目（有些是与汉文化的结合体），主要有一批保存较好的古城址（大多原属"蛮酋土城"），一批汉族和哀牢文物相伴出土的蜀汉墓和石棺、沙灰墓葬，一批历代"土官"衙署或故址（安抚司、长官司、巡检司、千户所、土把总等），一批与哀牢族裔重要历史事件有关的碑碣，一批与哀牢有关的历代寺庙，合计四五十项。撮其现存要者有：保山城（原名拓俞城、隆阳城），腾冲罗古城、罗密城（位于南诏、大理西部要冲越礼城地带）、西源城，昌宁湣氏土城，施甸长官司，胡志神道碑、重建永昌府敕谕碑、恤忠祠记碑和若干土舍碑，保山坝唐宋寺庙，等等。

保山坝是哀牢文化遗存、景物密集的地区。在汉族进入保山以前，坝子四周皆属全由哀牢人居住的哀牢山区。坝子周围发现距今4 000年前后的7处新石器，证明其时哀牢人的祖先都居住在半山腰地带，整个坝子都是碧波荡漾的哀牢古湖。大约过了一千五六百年，湖西一带陆地已露出水面，九隆池西黄龙山麓有了战国墓葬。距今约500万年的古猿化石出土于坝子南端的羊邑煤矿。保山城西连绵的群山古代曾得名于第一代哀牢王名而称九隆山，山前有九隆池。现在的九隆山区景物有太保山园林古建筑群，太保山碑林，九隆池风光，梨花坞及其东南侧的法宝山、诸葛堰、诸葛营汉晋古城、市博物馆等，保山城因在"九隆山之阳"古称"隆阳城""九隆城"。

2000年12月国务院决定保山地改市后，原保山市改称"隆阳区"。保山坝东山现仍称哀牢山，上有哀牢金井，下有哀牢王御花园，史书记载山上有哀牢王墓，明代在山麓掘出过哀牢夫人墓。统率哀牢各族和汉族军民长期抗御南中叛乱的吕凯（吕季平），在其故里金鸡村留有点将台、故居址、吕公巷、季平街、插戟石、大小辕门旧址、吕凯故里石表和祭祀吕凯的吕公祠等诸多遗迹。唐代前期近一百年哀牢各族所在的永昌，与南诏长久"闭绝"，后南诏军以今保山为基地，"西开寻传（缅北地区），南通骠国（今缅甸掸邦）"，南诏王族宣称自己是哀牢后裔，前来保山祭祀"哀牢之祖"，"以示不忘本始"，并在保山、腾冲建造了大批佛寺。

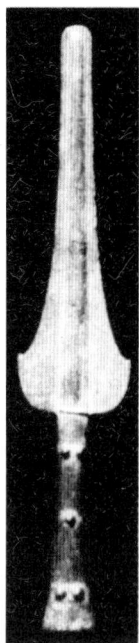

昌宁大田坝乡铜矛

今保山坝周围的七座唐宋寺庙均与哀牢有关，如哀牢山的哀牢寺原塑哀牢王和"哀牢娘娘"沙壹；山下大官庙、小官庙塑"哀牢大官、二官"；卧佛寺，据《保山宗教简介》，相传为东汉明帝时哀牢王辟建，南诏时扩建为佛寺。被视为"人类起源神话范例"之一的九隆传说，明确记述其发生地的各种史书都说在九隆池，民间广传也在九隆池，布朗族始祖龙的传说和傣族《九隆王》故事也说发生在保山易罗池；《白国因由》有"易罗丛"水中黄龙化木变人，与村女交媾而生九子、后幼子及母移居哀牢山下的故事；多种史籍记有诸葛亮军队凿断九隆山脉以破哀牢"王气"的传说。据口耳相传，哀牢山下的麦场村原为哀牢王的打麦场；麦场之南的白龙井又名公主泉，是哀牢王大公主跌死时，其宝壶砸破突然变出的清泉；金竹林村的永封寺，是汉王朝使臣郑纯与哀牢王柳貌谈判归附之处。保山坝历来在民间广传着与哀牢相关的歇后语和顺口溜，例如，购买不到某种商品时说："哀牢王的石犁——买不到了！"

哀牢后裔各族现今分小片聚居在热带河谷平原、坝子边缘和部分山区，大多还承续着基本的传统生活方式和文化艺术，留传着一些古老的生产生活器具、饮食、服饰、婚丧、宗教、节庆风俗、民间文学作品与音乐舞蹈艺术。文学遗产如被称为"傣族三大爱情悲剧"之一的《月罕姆卓与冒龙央》，故事发生地即在隆阳区勐来坝；保山布朗族山歌内容丰富，旋律优美，仅施甸流传的布朗传统山歌就有3 000多首。在保山的古老食品中，还保留着若干"哀牢美味"；马可·波罗所记哀牢族人所吃的生肉，其实种类很多，现经卫生防疫处理的"猪生""羊生""鱼生"，可称"哀牢三生"；傈僳族的"三杯酒"源于哀牢氏羌民族。服饰文化方面，布朗族、德昂族妇女的头箍、头链、手链、围腰、藤篾腰箍等等，殊显哀牢人特色；百鸟羽裳是花傈僳在哀牢环境中培育的灿烂山花。佤族清戏被视为"具有活化石意义的珍稀剧种"。近几年来，改革开放使保山正在出现哀牢国时曾有过的越、濮各族和"身毒之民"文化汇集的新景观。

三

关于哀牢文化和区境其他文化的关系：

1. 与永昌文化的关系

哀牢文化与永昌文化是相融相继为一个文化整体的两个名称，前者是民族名称，后者是郡府时代的汉族名称。哀牢文化包括了史前文化和后裔文化，其源极远而流极长。在郡府时代，汉文化和哀牢文化都是区境文化的组成部分，在彼此消长中交融发展，郡府文化既有汉文化的滋养，又有哀牢文化的润泽；民族迁徙带来的文化重新组合，必然构建出新的多元复合文化，不能把郡府文化视为宏大的中原汉文化扩散在遥远边地的原样小支。

2. 与腾越文化的关系

腾越（今腾冲）古称滇越，是哀牢主体民族之一的越人部族腹心区，其地质地貌、生态环境和人文历史，构成一种特色鲜明的地域民族历史文化，与哀牢文化有局部与整体的关系。

3. 与保山其他文化的关系

保山近几年提出或已构建的各种文化约有数十种。考古文化有古生物化石文化、塘子沟文化、大花石文化、青铜文化、古道文化、碑石文化；

以某段历史或事件命名的，如腾越起义文化、抗战文化；各民族文化如傣族文化、布朗族文化、彝族文化、土司文化；山水园陵文化如高黎贡山文化、国殇墓园文化；饮食文化如施甸腌辣文化、保山素食文化；名乡名村名街文化如和顺、金鸡、蒲缥、姚关、绮罗、青龙街文化；还有花街文化、侨乡文化、玉石文化、兰花文化等等。哀牢文化和它们应是宏观文化与中观文化、微观文化的关系。

　　无论就文化的内涵、外延，从汉代到近百年在国内外自然发生的巨大影响来说，哀牢文化在云南诸文化中都占有很高的地位。我们应尽速做出哀牢文化社科研究的战略部署，推进"基础工程"建设，在人类起源、历史发展、文化演进、民族传统等各方面进行系统深入研究，并建立研究机构，联合省内外、国内外学者参与，选定课题，制定规划，相互交流，合力攻关。

后 记①

　　澜沧江两岸及其以西这一广袤区域的历史，给予外界的印象曾经是"古怪"和矛盾的。她一方面被称作"茫荒""不毛"的"夷方地"，另一方面又是云贵川等地穷人为脱贫致富和冒险者为发财而争相投奔的"乐土"，"走进夷方闯一闯，驮回金银几百万"等说法到处流传。再一方面，起源于这里的哀牢"神王"九隆称王立国的故事，在区内乃至滇中、川西、东南亚广泛传扬了两千年，一百多年前就被美、欧、日本学者翻译、研究。这里究竟隐藏着一部什么样的历史？在我国近半个世纪以来的史学研究中，涉及者极少，在十多年前的考古著作中，则基本上一片空白。

　　20余年来，在考古学家张增祺、李昆声、邱宣充、王大道、熊正益、张兴永诸位先生的带领和指导下，我和这一地区的同事们共同开展了大量文物、考古工作。我参加或主持了200多处（次）调查、发掘，仔细观察了近3万年来的旧石器晚末期、新石器时代、青铜时代和铁器时代早期的种种文化遗迹、遗物，许多年艰苦地穿行、探索在这一遥远广阔的时空隧道之中，渐次发现他们之间既有清晰地传承轨迹，又有明显区别于境外各地的地域文化特征；期间竭尽一切可能，查阅了两汉至六朝史籍中涉及此区的记载，得知当时及其以前主居此区的是"哀牢夷"，而不少文物（特别是青铜器）特征与哀牢民族特征相吻合。考古材料和史籍记载所反映的历史片断渐相连接，哀牢文化的思路逐步形成。1992年又见黄德荣、刘小兵两位学者著作，也谈到此区青铜器的创造者是哀牢人，并提到了"哀牢

　　① 本书原名《哀牢国与哀牢文化》，现改名为《哀牢文化论》，本文是原书"后记"原文。

文化"概念，更启发和促进了我的认识框架的构建。1995年在云南人民出版社张波女士鼎力支持下，《哀牢文化研究》一书顺利出版。该书主体内容是综合介绍有关哀牢国地的考古发现。

《哀牢文化研究》一书出版后颇受各方垂青，兼之印量少，两个多月即全部售完，其后常有来人、来函、来电话索购，直至数日之前广西社科院学者还两次电话托人前来购买，无奈书已罄尽，只能深表歉疚。同时，哀牢文化受到了社会各界特别是云南省学术界的热情关注，有些学者再三鼓励一定要把研究工作继续下去。2000年初，保山市（今隆阳区）委书记杨经建和市长李树云同志大力支持再版，其后又得到保山行署正、副专员王广兴、施碧娟同志的关心和支持。经与出版社联系，张波同志鉴于近些年我发表了一批新的研究文章，建议另编新书。2001年，研著出版计划得到了云南省哲学社会科学规划领导小组批准，列为"哲学社会科学'十五'规划项目"，并给予了资助。后经一年多的整理和补撰，成为现今奉献给读者的这本《哀牢国与哀牢文化》。本书以史学研究和介绍两千年来有关哀牢国的史籍资料为主要内容，有关青铜器的介绍则较简略。

哀牢文化研究领域极其广阔，哀牢历史研究内容相当复杂。近些年我们虽然取得了一些新的成绩，但仍如我们在《哀牢文化研究》一书前言中所说："研究工作现尚处于初始阶段，对它的各种文化现象、文化内涵的概括和剖析，对它的深层结构、来龙去脉、沿革损益等等的深入揭示，还有待于今后长期的巨大努力"。本书出版的主旨，仍在于抛砖引玉，以期省内外专家学者更多的关注、参与和指导，以加速哀牢文化的研究进程。我自己由于治学水平有限，加之在边远地区工作的种种局限，书中疏失错漏在所难免，谨祈学界师友和读者批评指正。

《哀牢国与哀牢文化》得以顺利出版，除对上述诸位表示感谢之外，还要特别感谢前保山地委书记程振宁和课题主持人、文化局局长赵家华同志。赵家华同志不仅卓有成效地及时帮助协调上下左右的关系，而且著文（刊于《云南日报》）阐述开展哀牢文化研究的重要意义和价值，对我的工作提出宝贵意见。文化局最初呈请立项研究，程振宁同志迅即批示：1. 建立研究课题；2. 由文化局、文管所安排、支持耿德铭同志做好这一工作；3. 出版经费由财政和其他单位帮助解决。

学术名家文丛 · 云南文库

　　文化局副局长张建华、办公室主任邵立清等同志，对本书的撰写出版给予了具体支持和帮助；本书所用照片，除作者所摄9张外，李枝彩先生提供21张，段生馗8张，罗廷振、张绍全各3张，王国祥、线世海各2张，高庆鹤、毛三、刘人玉、王锦麟、黄明万、张四云、吴学明各1张；云南大学民族考古研究中心主任、宗教文化研究所所长李昆声和云南省文化厅文物处原处长邱宣充教授百忙中赐序；谨此一并衷心致谢！

作　者

2003 年元旦夜

学术年表

1950—1962年

在《云南日报》《新华日报》《新中国妇女》《边疆文艺》《支部生活》《团结报》《保山报》等十种出版物发表新闻和文学作品约六、七十万字。

1951—1952年

在施甸县摆榔、木老园等乡村，进行布朗等民族经济文化历史调查。

1953—1954年

多次参加隆阳区文物古迹保护调研。

1955—1959年

任《保山报》副总编辑，1955—1958年每份报纸都刊出作者1、2件作品，包括新闻报道、通讯、评论、科普文章，署名戈矛、夏风、马驰、耿介等等。

1958—1959年

驻隆阳区西山民族乡村调查采访民间文化一年半。其间两次出席省作家协会会议，撰写了《论诗的想象——关于革命现实主义与革命浪漫主义相结合的体会》等5篇文章，刊出于《边疆文艺》。

1961年

调查撰写了隆阳瓦马公社党委书记、辛街公社党委书记抵制"大跃进"极左风潮，坚持实事求是，保护和促进农业生产发展事迹简报，先后刊发

云南文库·学术名家文丛

于《团结报》。

调查撰写了瓦马白岩党支部抵制"大跃进"极左风潮，坚持实事求是，保护和促进了农业生产发展等一批简报，作内部文件下发。

1962—1963年

调查撰写了农村基层干部政治思想教育、正确引导农民群众学科学、破迷信等4份简报，地委、省委宣传部均予转发。

1965年

在大理"四清"工作团喜洲分团工作。大队支部书记陈汉章因贪污地下出土金银财宝、皇帝诏书等等，被揭发批斗。分团长杨善洲派作者调查核实，仔细查证，是属假案，公开昭雪，写出调查报告，总团和省委先后批示转发，作者调总团调研组工作。

1972—1973年

在瑞丽等县进行民族经济、文化历史调查。

1985年

在腾冲古永考察傈僳族刀杆节，写出《傈僳山寨烈火情——电视录像片〈傈僳族刀杆节〉解说词》，后刊出于《保山史志》。

1985—2015年，参加地（市）、县、区城乡建设、文化、旅游等保护、开发、建设方案的策划、研讨、评审100多项（次）。

1986年

在隆阳潞江、芒宽、杨柳等乡镇各村寨调查征集民族文物数百件，作者一一鉴别认定并写出文字资料，分两批送交省民族博物馆筹备处。

调查潞江坝德昂族婚俗，撰写《潞江坝德昂族婚俗研究》，发表于1990年第4期《云南教育学院学报》和《云南民俗集刊》，获民族研究会一等奖，后被收入中国文史出版社2010年出版的《中国少数民族文史书系》。

12月—1987年1月，参加省、地、市联合考古队，发掘隆阳蒲缥塘子沟旧石器遗址，作者被指定为资料整理和探方负责人。《人民日报》（1月6日）及其海外版（4月21日）、《中国文物报》（4月3日）、《云南日报》（4月4日）、《云南文史丛刊》第二期发表了作者执笔的报道和《八千年前的"蒲缥人"》《云南蒲缥出土人骨化石及大量共生物》等文。

1987年

1、2月参加省、地、市联合考古队调查、发掘隆阳龙王塘旧石器遗址，写出《保山市龙王塘旧石器遗址清理简报》，刊出于《云南文物》第22期。

同月，调查撰写省级文物保护单位《古建筑瑰宝——太保山玉皇阁》，刊出于2月15日《中国文物报》，现为国家级重点文物保护单位。

1、8、9月，参加或领队在保山坝周边山麓台地调查发现和复查新石器遗址、地点6处，写出《保山马鞍山遗址》和《保山坝新石器文化遗存》两份简报，收入云南科技出版社1992年出版的《保山史前考古》。

2、3、9月，四次到施甸太平、由旺、仁和、何元、甸阳、姚关、万兴等乡镇进行野外考古调查、发掘，60多天，发现史前、明代、民国时代遗址、古建筑、名人墓葬数十处（项），撰写3万多字的《施甸县新石器时代文化遗存》，收入《保山史前考古》，并在4月10日《春城晚报》发表了《得自虎穴的珍贵文物》，介绍虎头化石。

3月，参加隆阳龙王塘古建筑遗址清理发掘，撰写《从建筑遗存看保山汉唐社会》一文，收入云南人民出版社2013年出版的《保山文史纵横》。

4—7月在省博物馆清洗、整理、研究塘子沟出土的数千件标本，撰写发掘简报、报告（简报刊出于1989年第6期《考古与文物》），编纂《保山史前考古》一书。

9月4日，《中国文物报》发表作者长文《怒江中游发现一重要石器文化区域》。

两次调查太平铺烽火台、潞江坝驿站碑，《保山古驿站和烽火台》刊出于1988年1月16日《春城晚报》。

1988年

1月22日《中国文物报》刊出作者文章《"蒲缥人"文化又有新发现——

万仞岗出土人类化石及文化遗物》。第1期《云南文史丛刊》刊出作者《"姚关人"化石及其文化遗物简介》一文。《云南文物》第23期发表作者《施甸新发现八处石器文化遗址》一文。《保山民族研究》创刊号发表作者长文《保山史前文化及其族属》。

1—3月到龙陵九个乡镇50多个地点主持调查石器时代、青铜时代、抗日战争时期遗址及中共云南党组织创始人李鑫故居，仅大花石等新石器遗址、地点便发现42处，写成长文《云南龙陵怒江流域新石器文化遗存调查》，刊出于《考古》1991年第6期。

9月在潞江坝、道街坝主持进行史前时代、元明清时代遗址、土司衙门、民族和古驿站碑刻等考古调查，发现4个新石器遗址和元代象战后刻遗的近60个石制大象槽，写出《滇西潞江坝的新石器遗址》《南方丝路永昌道三大珍贵石刻群》两文，刊出于《东南文化》1991年第1、3期。

1989年

1月主持清理发掘3万年前的施甸姚关老虎洞旧石器遗址，撰写《保山发现时代较早的旧石器遗址》一文，后收入《保山文史纵横》。

作者执笔的《塘子沟遗址角、牙器研究》一文，发表在《云南文物》第1期。后收入云南人民出版社1991年出版的《云南人类起源和史前文化》一书。

7—9月接受北京大学田野考古培训，为探方负责人，完成15000字的发掘报告和百多幅遗迹、器物图稿。

《思想战线》第6期发表作者论文《怒江中游史前文化探析》。

省博物馆《云南古人类研究简报》第2期刊出作者《保山地区发现的旧石器遗址》。

《云南文史丛刊》第4期发表作者《怒江中游新石器文化概说》。

在元谋出席全国古环境古人类研讨会，宣读论文《塘子沟文化及其考古学意义》。

1990年

作者综合对比国内外发现的双肩石器，写出《试论怒江中游新石器时代的双肩石器》，刊出于《云南民族学院学报》第1期。

作者综合100多个地点的史前考古发现，写出《保山原始艺术谫议》，刊出于《民族艺术研究》第1期。

作者研究在施甸团山窝遗址调查发现的8件陶祖，写成《施甸陶祖和古代男性生殖崇拜》一文，刊出于《云南师范大学学报》第2期。

8月，随省文物鉴定组到各县、区，逐件鉴定馆藏文物和部分民间收藏文物。

10月17日在保山师专作《保山史前考古和人类史前史》演讲。

11月到隆阳蒲缥孔家山、碓房山进行考古调查，撰写《保山蒲缥孔家山新石器遗址调查简报》，刊出于《云南文物》第40期。

是年参加南方丝路14地、州、市文博部门学术讨论，1991年11月云南民族出版社出版的《南方丝路文化论》收入作者论文《怒江中游考古综说》。

1991年

1月出席保山地区城市规划研讨会，宣读论文《适应开放新形势 尽早创办保山地区博物馆》。

3月11—14日，陪同德国海德堡大学南亚研究所德瓦尔博士一行考察保山坝古遗址、古城址，观看地、市（区）馆藏文物，撰写《德国考古学家称赞保山青铜器独具特色》，刊出于《保山日报》，收入《保山文史纵横》。

《塘子沟文化及其考古学意义》刊发于第1期《考古与文物》。

3月20日至4月2日，参加省地县考古队勘探发掘昌宁营盘山新石器遗址，撰写《云南昌宁出土新石器时代房屋和稻米遗存》，刊发于《中国文物报》和《云南民族学院学报》第2期。

完成隆阳、腾冲、盈江考察，撰写《辛亥革命腾越起义诸英烈墓葬考察》，刊出于《四川文物》第4期"辛亥革命80周年纪念专辑"。

10、11月调查撰写《云南保山发现的蜀汉遗存》，刊出于《东南文化》1992年第3期。

11月出席在广西南宁召开的中国南方及东南亚青铜文化国际学术研讨会，大会宣读论文《云南昌宁青铜器综说》，该文刊发于1992年第5期

《考古》。

11月19日至1992年1月7日，参加龙陵大花石新石器遗址考古发掘，作者被指定为4个探方的负责人和《保山日报》文稿撰写人，写出三篇文章共9000多字，报纸刊出后收入《哀牢文化研究》一书。

当年还考察了腾冲罗哥城址和罗妹城址。

参加了保山历史文化名城申报和《南方丝路上的历史文化名城——保山》一书的撰写工作，该书于1993年3月由云南人民出版社出版。

1992年

1月，云南人民出版社出版《云南文物古迹大全》，作者为保山地区首席执笔人。

1月10日，同中科院副研究员徐庆华，到隆阳羊邑煤矿古猿化石出土地调查，11日写出《羊邑煤矿发现古猿化石，证明保山是人类起源地之一》一文，28日《保山报》发表后，迅速引起我省古人类学家们高度关注。继而深入搜集隆阳地质资料、煤系地层古生物化石资料和国内外古猿化石资料，写成《保山古猿化石在人类起源研究中的地位》，发表于《云南社会科学》1994年第1期。

1月，云南科技出版社出版《保山史前考古》一书，全书26篇，作者执笔17篇，绘图250余幅。该书于1994年10月获西南西北地区优秀科技图书三等奖，12月获滇版优秀科技图书三等奖。

4月获保山地区行政公署"保山地区有突出贡献的优秀科技人才"奖。

5月撰写《保山地区文博工作的回顾和展望》，刊出于中国民族学会《民族学通讯》第116、117期。

11月主持清理发掘隆阳白塔村10座火葬墓，撰写《白塔村火葬墓群文化遗存粗梳》，发表于第6期《保山师专学报》，署名戈矛。

1993年

2月，主持发掘隆阳白塔东汉墓，发掘成果入展保山地区博物馆，收入云南人民出版社出版的《保山历史文化辞典》等著作。

调查撰写《保山坝蜀汉墓考古发现与研究》，发表于《东南文化》第

3期。

《思想战线》第6期发表作者论文《怒江中游考古新成果》。

11月，云南民族出版社出版《中华人民共和国地方志丛书·保山市志》，作者任顾问，撰写第十九编"第五章·文物古迹"。

1994年

3月10日至4月11日，参加省地县考古队到腾冲油灯庄新石器遗址、西山坝古城址、昌宁白沙坡青铜墓地调查、发掘，发掘坟岭岗青铜墓葬4座，撰写《揭开了封面的地下史册》一文，刊出于5月14日《保山日报》。5月发掘坟岭岗46座墓，在《保山日报》发表《保山首次大规模发掘青铜时代墓葬群》。

根据历次调查，撰写《云南腾冲的国殇墓园及抗战遗址》，刊出于第1期《抗日战争研究》。台湾退役将军曹英哲等6月到保山出席第二次世界大战中缅战场国际学术研讨会，下车伊始便径驱作者家中，说"我们因为看了你的文章，才下决心到大陆、到保山来…我们太感动了！"

为配合第二次世界大战中缅战场国际学术研讨会的召开和推进滇西抗战研究的深入发展，作者搜集编列《滇西抗战五十年文献资料目录》刊出于《活水》专刊，代表们表示"十分高兴"，纷纷协助做出《补遗》篇。

6月出席在保山召开的第二次世界大战中缅战场国际学术研讨会，大会宣读论文《抗日战争滇西遗迹及其史学价值》，刊出于第2期《云南民族学院学报》。

《怒江中游原始农业述论》刊出于《农业考古》第3期，1996年获省科技协会优秀论文二等奖。收入2003年云南人民出版社出版的《哀牢国与哀牢文化》。

11月5日至12日，在泸水、福贡、漾濞出席滇西岩画研讨会，作题为《加强滇西各地州岩画调研》的大会发言。

1995年

论文《塘子沟文化人类生活环境试探》发表于《云南民族学院学报》第1期。

《滇西抗战中的怒江三桥》刊出于《抗日战争研究》第1期。

5月，根据历次调查、参观资料，撰写《英哲风范 故园长存——访哲学家艾思奇故居》，6月25日《云南日报》刊发后，被收载于北京编纂的《艾思奇纪念文集》（云南人民出版社1997年9月版）。

12月，云南人民出版社出版专著《哀牢文化研究》。

1996年

4月至1997年1月，《云南日报》"民族之声"专版连载作者"哀牢国地青铜器简介"文章11篇。

6月至1997年12月任《永昌文化报》常务副主编。

论文《怒江中游青铜斧钺纵横说》连载于《云南文史》第4期和1997年第1期。

1997年

4月中旬，在腾冲县城及界头坝子周边十多个村寨，调查发现一批新石器、青铜器遗址和出土点，复查了一批抗日战争旧址、墓葬、陵园和纪念碑，在4月20日《永昌文化报》发表《保山地区北部发现一批新石器遗址》。

10月至2014年12月，作者在市委党校领导干部培训班、保山学院、保山医专、市县区文广宣传系统、旅游骨干培训班、市文物普查骨干培训班、非物质文化遗产骨干培训班作历史文化和文化品牌讲座近30次。

《滇西抗战中的怒江三桥》收入军事科学院编纂、军事科学出版社7月出版的《中国军事文库》。

1998年

全年在美国，参观了一些博物馆、文化遗址、名胜。

作者《哀牢文化述略》刊出于《云南文史》第4期。

《辛亥革命云南腾越起义诸英烈墓葬考察》收入四川省社科院主编、西南财经大学出版社1月出版的《中国当代社会科学论文选粹》。

1999年

担任保山地区（今保山市）博物馆陈列展览总编审。

3月，德宏民族出版社出版《滇西抗战论文集》，收入作者《抗日战争中的三种国民党地方官吏》。

《永昌史·人物篇》收入《九隆池》杂志"中华人民共和国五十华诞特刊"。

2000年

第1期《保山师专学报》刊出作者《永昌濮史研读札记汇集》，收入《哀牢国与哀牢文化》时，标题改为《哀牢濮人源流》。

2001年

3月，云南科技出版社出版国家文物局主编的《中国文物地图集·云南分册》，收入了作者撰写保山地区36个项目的说明文字。

5月，《中国西南文化研究》发表作者论文《哀牢族属百年争议的再认识》。

2002年

2月至2004年5月，《保山日报》连载《滇西抗战歼狂寇 千秋首功卫立煌》。

《哀牢史地辨证》《哀牢奇俗探析》刊出于《保山日报》，后收入《哀牢国与哀牢文化》。

2003年

云南哲学社会科学"十五"规划项目《哀牢国与哀牢文化》按期完稿出版，2004年获省政府社会科学优秀成果三等奖。

获市委宣传部、市文联等单位"为保山做出特殊贡献的理论家"奖。

7月，受命撰写《发展保山旅游与打造文化品牌》，收入市委文件集，刊出于2005年第4期《云南文史》。

云南文库·学术名家文丛

2004年

5月，应《保山日报》城市建设征文约稿，写出《隆阳历史文化名城的过去、现在和未来》，转载于《云南城市规划》第4期。

6月，按6项要求写完《哀牢文化——横断山水多民族的历史涛声》，收入2006年中国社会科学文献出版社出版的《云南特色文化》。

6月15日在保山师专作《哀牢文化研究的现状和前程》讲座。

论文《腾冲抗战中的三个县长》，获市委宣传部、保山日报等单位"纪念滇西抗战胜利60周年征文"一等奖。

作者获"保山市十大优秀公民"奖。

受聘为市政协文史委员。

12月15日在保山师专作《哀牢文化研究》讲座。

2005年

4月完成长篇论文《滇西抗战 举世罕见的多民族壮丽史诗》，连载于5、6、7月《保山日报》，摘登于《大观周刊》第33期。

5月出席"云南省纪念中国人民抗日战争暨世界反法西斯战争胜利60周年学术研讨会"，大会宣读论文《滇西抗战多民族战事考说》，收入云南民族出版社8月出版的研讨会论文集。

10月，在李根源学术研讨会作题为《李根源的三大历史贡献》的发言，2006年第1期《云南文史》刊出发言摘要。

2006年

1月，《三位文化大师的抗日爱国情结》收入云南美术出版社出版的《云南历史文化丛书·李根源纪念文集》。

5月，云南人民出版社出版作者专著《滇西抗战史证》，其后《滇池晨报》、河北《藏书报》、新闻出版总署主办的《全国总书目》发表评论，称为"理想的爱国主义读物"，《全国总书目》在"特别推荐"栏加以推荐，2009年应北京要求再次出版。

6月获保山市人民政府"文化建设突出贡献奖"。

8月，作者被评定为"云南省有突出贡献的哲学社会科学专家"，四部专著和收入作者作品的《新世纪党政干部理论学习文集》等著作入列省社科成果展览。

作者在市委党校领导干部培训班所作《保山历史脉络和有重要影响的历史人物》修改为《保山史纲初拟》，刊出于第3期《保山师专学报》。

2007年

1至9月，市纪委、监察局在全国征集反腐倡廉楹联1126幅，作者撰联4幅，并任评委，评出获奖作品84幅，内部出版《反腐倡廉楹联汇编》。

2月，《保山日报》发表科普长文《张侍郎"驾临"市博引发的四个话题》，反响强烈。

6、7两月担任40万字的《保山掌故》特邀审稿人，该书于11月由云南民族出版社出版。

8月受聘为保山社会科学联合会名誉主席。

10月研究地方廉政史事，撰写《东汉永昌三太守》，刊出于保山纪委《清源》和2014年第1期《云南文史》。《云南广播电视报》转载题为《反腐倡廉的三面镜子》。

2008年

1月，云南美术出版社出版"保山乡土教材"《保山——我们的家园》，作者为首席撰稿人和特邀审稿人。

3月，在保山市第三次全国文物普查骨干培训班作《在改革开放中勃兴的保山文物事业》讲座，刊出于2010年第1期《云南文物》。

11月写成《龙陵文化产业的三张主牌》，2009年4月在龙陵文化及文化产业发展研讨会宣读，后收入《保山文史纵横》。

2009年

《哀牢夷青铜器种类分说》刊出于第1期《保山师专学报》。

10月，作者《中华历史缺失篇章的救护行动》，收入国家文物局与中国文物报社联办的"庆祝新中国60年华诞'我与文化遗产保护'大型征文活动"文选，获优秀奖。

12月，由作者主撰、统稿并任执行副主编的《保山历史文化辞典》由云南人民出版社出版。

2010年

9月7日《保山日报》刊出作者《滇西江山永固 卫国壮志长存——纪念滇西抗战胜利65周年》，后收入《保山文史纵横》。

2011年

10月，在腾冲出席省市县政协举办的纪念辛亥革命腾越起义100周年研讨会，在会上宣读和会后发表论文《擦亮滇西1911—对辛亥革命腾越起义几个问题的再认识》，后收入《保山文史纵横》。

《在改革开放中勃兴的保山文物事业》入载云南民族出版社8月出版的《保山发展研究》。

当选为保山市政协常委。

2012年

受命撰写《桥头堡建设与保山特色文化品牌》，刊出于《社会主义论坛》第4期，2014年获市委、市政府优秀社科论文一等奖。

完成对中国远征军统帅的研究，《卫立煌与滇西抗战》连载于2—10月《保山日报》，后收入《保山文史纵横》。

受聘为新一届保山市社会科学联合会名誉主席。

当选为保山市史志学会名誉会长。

2013年

1月，《保山文史纵横》由云南人民出版社出版。

7月，在保山市县区社科联授牌及培训会作《保山历史文化研究的几个问题》讲座。

12月，在昌宁召开的京、昆、保山专家学者"哀牢文化学术研讨会"作题为《大甸山青铜墓葬与哀牢文化研究》的发言，并在该县干部大会宣讲。

提交《关于提升隆阳区滇西抗战文化研究和资源开发利用的建议》，被推为重点提案呈报市委书记批示隆阳区委办理，并收入市政协提案选集和文件汇编的"重要提案"。

2014年

《保山社会科学》第1期刊出作者《闪侍郎科举家族考说》。

《保山社会科学》第4期刊出作者《保山历史名人和名人堂》。

2012—2014年承担保山历史名人堂400多名人陈列展览的业务工作，10月1日竣工开展，内部出版了作者编撰的《保山历史名人堂》一书。

12月19、26日《云南政协报》连载作者《修筑滇缅公路的三位县长》。

2015年

1月，带助手杨斌燚到缅甸中部进行"永（昌）缅（甸）关系史迹考察"12天，在市政协滇西抗战胜利70周年研讨会作题为《永缅关系史抗日遗迹考察感想》的发言，刊出于31日《保山日报》。《保山史志》第1期和5月9日《保山日报》发表杨斌燚纪事文章《从保山到缅中的历史之路——耿德铭先生永（昌）缅（甸）关系史迹考察随记》。

2月，联合国教科文组织驻京办事处专员、国际古迹遗址理事会副主席等24位领导、专家到保山调研，召开"保山文化遗产保护与文化提升战略研讨会"，作者发表《对滇缅公路文化遗产保护和文化提升的建议》，获得一致好评。

《张绳规与滇缅公路张绳规路线》刊出于3月15日《保山日报》。

《保山社会科学》第2期出版作者专辑"纪念滇西抗战胜利70周年特刊"。

3—9月，先后在保山军分区纪念中国抗日战争暨世界反法西斯战争胜利70周年形势报告会（11个分会场）、市委党校、隆阳区公安局（14个分会场）作《保山历史脉络和滇西抗战》讲座，在隆阳区宣传文化系统职工大会作《隆阳历史脉络和文化品牌》讲座。

8月，市政协《纪念滇西抗战胜利70周年文集》收入《滇缅公路文化遗产的保护与开发》《滇西抗战中的飞虎队》等4篇文章。

图书在版编目（CIP）数据

哀牢文化论 / 耿德铭著. — 昆明：云南人民出版社，
2016.4
　（云南文库.学术名家文丛）
　ISBN 978-7-222-14567-2

　Ⅰ.①哀… Ⅱ.①耿… Ⅲ.①哀牢夷—民族文化—研
究—云南省 Ⅳ.①K289

中国版本图书馆CIP数据核字（2016）第066788号

出　品　人：刘大伟
统筹编辑：马维聪
责任编辑：马维聪　李继孔　陈　亚
装帧设计：郑　治
责任校对：李继孔　余丽红
责任印刷：洪中丽

书 名　　**哀牢文化论**
作 者　　耿德铭　著
出 版　　云南人民出版社　云南大学出版社
发 行　　云南人民出版社　云南大学出版社
社 址　　昆明市环城西路 609 号
邮 编　　650034
网 址　　www.ynpph.com.cn
E-mail　　ynrms@sina.com
开 本　　787mm×1092mm　1/16
印 张　　26.5
字 数　　405千
版 次　　2016 年 4 月第 1 版第 1 次印刷
印 刷　　昆明卓林包装印刷有限公司
书 号　　ISBN 978-7-222-14567-2
定 价　　80.00元